目次 contents

緒言　憲法沿革及架構

第一節、憲政規劃遵循中山思想

國父孫中山先生在擘劃中華民國憲政發展的步驟時，是採取軍政、訓政、憲政三個階段逐一進行的。其中，軍政時期的主要任務是以軍事手段，完成國家統一在政府政權之內；訓政時期的主要任務在於培訓公務員，並訓練人民自治事項；憲政時期即開始實施憲法，國家進入憲政階段。我國在民國35年始進入「憲政準備時期」。

民國35年12月25日制憲國民大會通過制憲，36年元月1日國民政府公布憲法，12月25日開始施行。憲法本文揭櫫了「主權在民」的理念，明定人民自由權利的保障；規定五權分立的中央政府體制及地方自治制度，明示中央與地方權限劃分採取均權制度，並明列基本國策等等。

憲法前言「中華民國國民大會受全體國民之託付，依據孫中山先生創立中華民國之遺教，為鞏固國權，保障民權，奠定社會安寧，增進人民福利，制定本憲法，頒行全國，永矢咸遵」。其中，有關「依據孫中山先生創立中華民國之遺教」之內涵，應是我國制憲時之主要依據（秦孝儀主編，1989：623）。中山先生思想呈現於我國憲法，最顯著特色有以下三者：

1. 權能區分
2. 五權分立

3. 均權制度

中山先生設計憲政，主要是將統治權區分為政權與治權，且治權下又區分為五權。其中，權能區分是指「人民有權」，包含選舉、罷免、創制、複決；「政府有能」是將政府的「能」區分為行政、立法、司法、考試、監察等五權；而「均權制度」則是區分中央與地方權限之原則。

第二節、憲法更迭及歷次修憲

第一項、憲法更迭

自民35年開始制憲，到民國94完成第7次憲法增修，我國憲法重要更迭如下：

民國35年：12月25日制憲國民大會在南京通過憲法前言及本文175條。

民國36年：1月1日公布憲法。

民國36年：12月25日施行憲法。

民國37年：4月18日國民大會通過「動員勘亂時期臨時條款」，憲法規定各款暫停實施。

民國43年：3月31日國民大會決議臨時條款繼續施行。

民國49、55、61年：修正臨時條款部份內容。

民國76年宣佈解除臺灣戒嚴、同年開放民眾赴中國大陸探親。

民國76年黨外人士組黨，定名為民主進步黨。

民國77年解除報禁、黨禁。

民國80年：4月22日國民大會決議廢止動員勘亂時期臨時條款，通過「中華民國憲法增修條文」第1條至第10條，同年5月1日由總統公布。

民國80年：5月1日終止動員勘亂時期，國家逐步回歸憲政體制。

民國80至94年：共歷經7次憲法增修，在不更動憲法本文的前提下，現行的憲法增修條文，即第7次所完成的憲法增修共計12條。

第二項、動員戡亂時期臨時條款

我國憲法制定施行伊始，正值二次大戰結束，國家剛從戰後重建起步，國共內鬥復又加劇之時。彼時，內戰的戰火硝煙四起、到處蔓延；國民政府將共產黨定位為軍事叛亂組織。為了使「行憲與戡亂並行兼顧」，第一屆國民大會在第一次會議時，經由修憲程序，於民國37年4月18日議決通過「動員戡亂時期臨時條款」，同年5月10日由國民政府公布施行，並且優於憲法而適用。實施還不到一年的憲法，立即被此一「臨時條款」實質架空，憲政的精神與民主共和的理想，戛然而止。

臨時條款的內容，主要是將國家統治權集中於總統一身，規定了總統在動員戡亂時期，得為緊急處分、設置動員戡亂機構、調整中央政府的行政機構及人事機構、訂頒辦法充實中央民意機構等。此外，並規定總統、副總統連選連任不受憲法連任一次的限制。

政府遷台之初，政府在台灣主導塑造出「收復大陸國土、解救大陸同胞」的全民意志，全島軍民在各方面生聚教訓，準備反攻復國。因此，臨時條款實施的最初幾年，猶有可以取得相當的「合法性」與「合理性」。然而隨著物換星移，世代變遷，在台灣的中華民國欲反攻大陸，時間拖得愈久，愈來愈不可能發生時；「臨時條款」就愈來愈形成對憲政體制的破壞，並且相當嚴重的侵犯了人民的基本權利。

雖然說臨時條款是以「修憲程序」完成的，並無違憲之虞；但是畢竟只能用在國家處於「非常時期」，或「戰爭時期」。若是「非常時期」已經轉變為「平常時期」，戰爭也沒有明顯而立即的進行，則「臨時條款」即不應該長期凌駕於憲法之上。

隨著國家情勢與社會環境快速變遷，以及海峽兩岸關係的緩和，為謀求國家憲政體制的長遠發展，第一屆國民大會第二次臨時會經由修憲程序，在民國80年4月22日議決廢止動員戡亂時期臨時條款，5月1日由總統公布，並同日終止動員戡亂時期。

第三項、歷次修憲簡介及主要增修內容

從民國80年至94年，憲法本文歷經7次增修；第7次的增修條文計12條。中華民國總統府網頁「中華民國簡介」內文中，對於憲法增修過程有相關的介紹（參考中華民國總統府網頁，下載日期：2012年9月1日）。

一、憲法第一次增修

動員戡亂時期雖已宣告終止，但因國家尚未統一，原有憲法條文仍有窒礙難行之處，為因應國家統一前的憲政運作，第1屆國民大會第2次臨時會在不修改憲法本文、不變更五權憲法架構的原則下，在民國80年4月22日議決通過「中華民國憲法增修條文」第1至第10條，同年5月1日由總統公布，是為憲法第1次增修。主要內容為：

1. 明定第2屆中央民意代表產生的法源、名額、選舉方式、選出時間及任期。
2. 賦予總統發布緊急命令的職權。
3. 明定兩岸人民權利義務關係，得以法律為特別之規定。

二、憲法第二次增修

第2屆國民大會代表在民國80年12月底經由選舉產生後，於民國81年5月27日第2屆國民大會第1次臨時會議決通過「中華民國憲法增修條文」第11至第18條，同年5月28日由總統公布，是為憲法第2次增修。主要內容為：

1. 國民大會集會時，得聽取總統國情報告。國民大會代表自第3屆起，每4年改選一次。
2. 將總統、副總統的選舉方式，改由中華民國自由地區全體人民選舉產生，任期4年。
3. 賦予地方自治明確的法源基礎，並且開放省市長民選。
4. 將監察委員產生方式，由原來的由省市議會選舉，改為由總統提名；同時將總統對考試院、司法院、監察院有關人員的提名，改由國民大會行使同意權。
5. 充實基本國策，加強對文化、科技、環保與經濟發展，以及婦女、山胞、殘障同胞、離島居民的保障與照顧。
6. 明定司法院大法官組成憲法法庭，審理政黨違憲的解散事項。

三、憲法第三次增修

民國83年7月28日，第2屆國民大會第4次臨時會議決通過將憲法增修條文全盤調整，修正為10條，同年8月1日由總統公布，是為憲法第3次增修。主要內容為：

1. 國民大會自第三屆起設議長、副議長各一人。
2. 確定總統、副總統由人民直接選舉方式；至於罷免案，則須由國民大會提出，經人民投票同意通過。
3. 總統發布依憲法經國民大會或立法院同意任命人員的任免命令，無須行政院院長的副署。

四、憲法第四次增修

民國86年7月18日，第3屆國民大會第2次會議議決通過將憲法增修條文全盤調整，修正為第1至第11條，同年7月21日由總統公布，是為憲法第4次增修。主要內容為：

1. 行政院院長由總統任命之，毋庸經立法院同意。

2. 總統於立法院通過對行政院院長之不信任案後10日內，經諮詢立法院院長後，得宣告解散立法院。

3. 對於總統、副總統彈劾權改為由立法院行使之，並僅限於犯內亂、外患罪。

4. 將覆議門檻由三分之二降至二分之一。

5. 立法院立法委員自第4屆起增至225人。

6. 司法院設大法官15人，並以其中1人為院長、1人為副院長，自中華民國92年起實施；司法院大法官任期8年，不分屆次，個別計算，並不得連任。

7. 增列司法預算獨立條款。

8. 凍結省級自治選舉；省設省政府、省諮議會。省主席、省府委員、省諮議會議員均由行政院院長提請總統任命之。

9. 增列扶植中小型經濟事業條款。

10. 取消教科文預算下限。

五、憲法第五次增修

民國88年9月3日，第3屆國民大會第4次會議議決通過修正中華民國憲法增修條文第1條、第4條、第9條及第10條條文，同年9月15日由總統公布，是為憲法第5次增修。主要內容為：

1. 國民大會代表第4屆為300人，自第5屆起為150人，依規定以比例代表方式選出之。並以立法委員選舉，各政黨所推薦及獨立參選之候選人得票數之比例分配當選名額。

2. 國民大會代表於任期中遇立法委員改選時同時改選，連選得連任。第3屆國民大會代表任期至第4屆立法委員任期屆滿之日止，不適用憲法第28條第1項之規定。

3. 第4屆立法委員任期至中華民國91年6月30日止。第5屆立法委員任期自中華民國91年7月1日起為4年，連選得連任，其選舉應於

每屆任滿前或解散後60日內完成之。

4. 增訂國家應重視社會福利工作,對於社會救助和國民就業等救濟性支出應優先編列。

5. 增列保障退役軍人條款。

6. 針對保障離島居民條款,增列澎湖地區。

民國89年3月24日司法院大法官釋字499號解釋,宣告憲法第5次增修「修正之第一條、第四條、第九條暨第十條應自本解釋公布之日起失其效力,八十六年七月二十一日修正公布之原增修條文繼續適用。」

司法院大法官釋字499號解釋認為,第五次修憲關於「國民大會議事規則」失其效力的主要理由是「修正程序牴觸公開透明原則」,並稱:「此項修憲行為有明顯重大瑕疵,已違反修憲條文發生效力之基本規範。所謂明顯,係指事實不待調查即可認定;所謂重大,就議事程序而言則指瑕疵之存在已喪失其程序之正當性,而違反修憲條文成立或效力之基本規範」(《司法院公報》,2000年5月:1-59)。

同一解釋並指出:「修憲職權所制定之憲法增修條文與未經修改之憲法條文雖處於同等位階,惟憲法中具有本質之重要性而為規範秩序存立之基礎者,如聽任修改條文予以變更,則憲法整體規範秩序將形同破毀,該修改之條文即失其應有之正當性。憲法條文中,諸如:第一條所樹立之民主共和國原則、第二條國民主權原則、第二章保障人民權利、以及有關權力分立與制衡之原則,具有本質之重要性,亦為憲法整體基本原則之所在。基於前述規定所形成之自由民主憲政秩序,乃現行憲法賴以存立之基礎,凡憲法設置之機關均有遵守之義務。」

六、憲法第六次增修

民國89年4月24日,第3屆國民大會第5次會議議決通過將憲法增修條文以全文修正模式予以修正,同年4月25日由總統公布,是為憲法第6次增修。主要內容為:

1. 國民大會代表300人，於立法院提出憲法修正案、領土變更案，經公告半年，或提出總統、副總統彈劾案時，應於3個月內採比例代表制選出之。比例代表制之選舉方式以法律定之。

2. 國民大會之職權為複決立法院所提之憲法修正案、領土變更案；議決立法院提出之總統、副總統彈劾案。

3. 國民大會代表於選舉結果確認後10日內自行集會，國民大會集會以1個月為限。國民大會代表任期與集會期間相同。第3屆國民大會代表任期至中華民國89年5月19日止。

4. 副總統缺位時，改由立法院補選。

5. 總統、副總統之罷免案，改由立法院提出，經人民投票同意通過。

6. 立法院於每年集會時，得聽取總統國情報告。

7. 增列中華民國領土，依其固有之疆域，非經全體立法委員依法決議，並提經國民大會依法複決同意，不得變更之。

8. 司法院大法官除法官轉任者外，不適用憲法第81條及有關法官終身職待遇之規定。

9. 總統對司法院、考試院、監察院等三院有關人事的提名，改由立法院行使同意權。

七、憲法第七次增修

民國93年8月23日，立法院於第5屆第5會期第1次臨時會第3次會議，通過憲法修正案，並於8月26日公告，是為行憲以來第1次由立法院所提出之憲法修正案。民國94年6月7日，國民大會複決通過修正中華民國憲法增修條文第1條、第2條、第4條、第5條、第8條及增訂第12條條文，同年6月10日由總統公布，是為憲法第7次增修。綜合憲法第七次增修，共有五項重點：

1. 廢除國民大會，改由公民複決憲法修正案、領土變更案。

2. 總統副總統之彈劾改由司法院大法官審理。

3. 立法委員席次由二百二十五席減為一百十三席。

4. 立法委員選舉制度改為單一選區兩票制。

5. 立法委員任期由三年改為四年。

第三節、我國憲法架構

　　從民國36年行憲的憲法內容來看，中華民國的疆域涵蓋了台灣、大陸與蒙古、西藏地區。但是，以實際情勢來看，中華民國有效統治僅止台澎金馬地區而已；大陸地區的統治權實際上是中華人民共和國所擁有，至於蒙古地區的統治權則為蒙古人民共和國所有，因此與憲法本文所列明顯不符。此外，憲法本文關於國民大會代表、立法委員產生的方式，以及國家考試分省區舉行等等內容，全部都事涉大陸，今日已根本無法執行。因此兩岸關係實質影響我國憲法內容至鉅；憲法增修條文、司法院大法官解釋憲法等等，都必須以趨近於現實的方式，加以增修或者解釋以符現狀。

　　對於兩岸關係的現況，依據馬英九總統的解釋，兩岸關係目前處於「互不承認主權」、「互不否認治權」的情況。因為，廢止臨時條款後，台灣不再把大陸視為叛亂集團，但也無法承認它是一個主權國家，因此為了解釋並實現兩岸和平發展，目前能做的解釋就是這樣（陳思豪，2011年3月10日）。

　　縱觀上述，今日中華民國憲法是由三個部份構成，即憲法本文、憲法增修條文以及司法院大法官解釋。

第一項、憲法本文

　　本文計有14章、175條。憲法本文各章名稱如下：

第一章：總綱

第二章：人民之權利義務

第三章：國民大會

第四章：總統

第五章：行政

第六章：立法

第七章：司法

第八章：考試

第九章：監察

第十章：中央與地方之權限

第十一章：地方制度

　　第一節：省

　　第二節：縣

第十二章：選舉、罷免、創制、複決

第十三章：基本國策

　　第一節：國防

　　第二節：外交

　　第三節：國民經濟

　　第四節：社會安全

　　第五節：教育文化

　　第六節：邊疆地區

第十四章：憲法之施行及修改

第二項、憲法增修條文

現行增修條文計有12條，各條內容主題如下：

第一條：修憲或變更領土應由人民複決

第二條：總統

第三條：行政

第四條：立法

第五條：司法

第六條：考試

第七條：監察

第八條：立法委員酬勞待遇應以法律定之並於次屆實施

第九條：地方制度

第十條：充實基本國策

第十一條：兩岸關係應以法律定之

第十二條：憲法修正程序

第三項、司法院大法官解釋憲法

司法院大法官第1號大法官解釋，出自民國38年1月6日，最近一次則為民國101年7月27日第702號解釋文，合計司法院大法官對於憲法解釋已達702則。大法官釋憲的內容，有時是對憲法條文內容的說明與補充解釋，有時則是裁定各種現行法律是否有違反憲法之處。

第四節、國考憲法科目的命題範圍

自民國98年起實施，中華民國憲法國家考試命題大綱，各類科一體適用，相關規定如下：（參考考選部全球資訊網「命題大綱」http://www.moex.gov.tw，下載日期：2012年3月6日）

第一項、適用考試類別

1. 公務人員高等考試三級考試

2. 特種考試地方政府公務人員考試三等考試

3. 公務人員特種考試身心障礙人員考試三等考試

4. 公務人員特種考試原住民族考試三等考試等。

第二項、專業知識及核心能力

1. 瞭解憲法關於基本人權內涵、限制基本權之程序、及界限、憲法基本原則及與業務相關之國家組織法部分。

2. 結合憲法理論與實務，並從具體案例建立二者之間法學的關連，奠定未來業務處理所須具備之基礎憲法知識。

3. 綜合分析憲法中之人權保障之內涵並嚴守憲法對人權限制所要求之分際。

4. 將憲法規定與觀念運用於相關業務處理之能力。

5. 憲法基本法理之分析能力。

第三項、命題大綱

1. 憲法的基本原理原則

2. 憲法本文之內容

3. 憲法增修條文

4. 司法院大法官解釋

5. 總統府及五院組織法

6. 司法院大法官審理案件法

7. 國家安全會議組織法

8. 立法院職權行使法

9. 監察法

10. 公職人員選舉罷免法（包括總統、副總統選舉罷免法）

11. 國家賠償法

12. 地方制度法

13. 公民投票法

　　以上所列舉的命題大綱，僅為考試命題範圍之例示，實際試題仍可能命擬相關之綜合性試題。

　　依以上命題大綱所述「實際試題仍可能命擬相關之綜合性試題」，則與憲法相關的「人權保障」、「兩岸關係」都可能出現在綜合性試題內。

第四項、警察特考憲法科目題型

　　三、四等警察特考，憲法科採測驗題方式，即單一選擇題。二等特考題型為申論題或問答題。

　　參考101年的警察特考及一般警察特考，憲法題型如下：

1.四等考試

(1)一般警察：考試科目「中華民國憲法概要」，考試時間1小時。合計50題單一選擇題，每題2分。

(2)警察特考：考試科目「中華民國憲法與警察專業英文」，考試時間1小時。合計50題單一選擇題，每題2分，其中第1至25題為中華民國憲法範圍。

2.三等考試

(1)一般警察：考試科目「法學知識與英文」（包括中華民國憲法、法學緒論、英文），考試時間1小時。合計50題單一選擇題，每題2分，其中第1至30題為憲法或者法學緒論範圍。

(2)警察特考：考試科目「中華民國憲法與警察專業英文」，考試時間2小時。憲法考題合計40題單一選擇題，每題1.25分。

3.二等考試：

　　考試科目「憲法與英文」，考試時間2小時。憲法考題申論2題，每題25分。

第一章　憲法前言及總綱

第一節、憲法本文釋義

本章介紹憲法前言以及總綱，即本文第1至6條。顧名思義，總綱者，即為國家憲政的基本原則所在。在本章中，曾經過條文增修者為第5條。

司法院大法官釋憲文第499號稱：「憲法條文中，諸如第1條所樹立之民主共和國原則、第2條國民主權原則、第2章保障人民權利、以及有關權力分立與制衡之原則，具有本質之重要性，亦為憲法整體基本原則之所在。基於前述規定所形成之自由民主憲政秩序，乃現行憲法賴以存立之基礎，凡憲法設置之機關均有遵守之義務」。換言之，上述規定是任何修憲程序皆不可以變更的憲法基本內容。

第一項、憲法前言

憲法前言

中華民國國民大會受全體國民之付託，依據　孫中山先生創立中華民國之遺教，為鞏固國權，保障民權，奠定社會安寧，增進人民福利，制定本憲法，頒行全國，永矢咸遵。

一、孫中山先生事略

　　國父孫中山先生，1866年10月初6誕生於廣東省香山縣（今廣東省中山市），名文；稍長，自號日新，又號逸仙，32歲時旅居日本，曾署名中山樵，世人遂稱中山先生。

　　19世紀末由孫中山先生領導的中國革命運動，歷經不斷的革命宣傳及武裝行動，終於在20世紀初成功推翻了腐朽不堪的滿清政府，創建亞洲第一個民主共和國，國號定為中華民國。然而中華民國的國家建設及國家發展，在後來卻一直蒙受苦難。以致於過了一個世紀之後，在21世紀時，中華民國還面臨著國家生存和國家發展的難題。

　　1894年，孫中山從中日甲午戰爭的戰敗中認識到，只有推翻滿清政府的統治，才是救國的唯一出路。1894年10月，孫中山懷著救國的理想，遠去檀香山，建立革命團體興中會。1895年1月，孫中山在香港成立了興中會總部。不久，在廣州建立興中會組織。

　　1905年8月20日，中國同盟會在東京成立，其綱領是：「驅除韃虜，恢復中華，建立民國，平均地權」。1911年武昌起義後，孫中山從美國回到上海。1912年1月1日，中華民國臨時政府在南京成立，孫中山被選為臨時大總統。1912年2月12日，孫中山把臨時大總統讓給袁世凱。

　　辛亥革命推翻了滿清帝制，創立了亞洲第一個民主共和國，原本以為可以實現「四萬萬人作皇帝」的理想，但卻沒有料到，中國實現民主共和國家的理想，卻未見成功。由於滿清政府瓦解以後，各省紛紛宣佈獨立來支持革命行動，但事態的發展卻在後來演變出軍閥割據的分裂局面。民國初年發生袁世凱恢復帝制、張勳復辟兩次逆流事變，對於民主共和更是沉重打擊。

　　由於議會與政黨之間紛擾不斷，參與政治的人士及一般民眾，普遍欠缺良好的民主素養，以致於各地軍閥趁勢而起，擁兵為重。一段時間

以來，社會秩序無法維持，國家也一直處於動亂中（錢穆，1980：694-700）。

孫中山先生對此一發展深感遺憾，於是在民國3年，於日本成立中華革命黨，重新制訂革命方略，確定了「訓政」及「以黨治國」的綱領。

民國4年蔡鍔在雲南起義討伐袁世凱，中山先生一面令李烈鈞參加討伐，另一面發動各省同志響應。民國5年6月袁氏憂憤而死，黎元洪繼任總統。

民國6年成立軍政府，中山先生9月當選中華民國軍政府海陸軍大元帥。民國7年辭大元帥，從事著述，發表《孫文學說》。民國8年8月創辦《建設》雜誌於上海，將《實業計畫》內容分批發表。10月改中華革命黨為中國國民黨。民國9年3月著《地方自治開始實行法》。

民國10年4月軍政府取消，改設中華民國政府，5月中山先生就任非常大總統。6月討伐廣西軍閥，9月全省底定，11月抵桂林，籌備北伐。

民國11年3月自桂林回師，5月赴韶關督師，北伐入江西，6月回廣州，發生陳炯明叛變事件。

民國12年發表中國國民黨宣言，宣布世局主張，以及民族、民權、民生政策。陳炯明敗走後，2月自上海抵粵，設大元帥府；任命蔣中正為大本營參謀長；繼續北伐。

民國13年1月召開中國國民黨第一次全國代表大會，並在廣東高等師範學校開始講「三民主義」；4月公布「國民政府建國大綱」。5月任命蔣中正為陸軍軍官學校校長兼粵軍參謀長。學校位於廣州黃埔，招收優秀青年加入國民革命軍行列，該校亦通稱為「黃埔軍校」，以校訓「親愛精誠」為黃埔精神。13年底，中山先生率同志北上，主張召開國民會議及廢除不平等條約。12月抵天津，扶病至北京。

民國14年1月病勢加重，入協和醫院接受手術，2月自協和醫院移居行轅。3月11日簽字於遺囑，12日上午9時30分逝世。大星邃殞，舉世同哀（周世輔、周陽山，1995：1-12）。

二、國父孫中山先生遺教

民國29年4月1日，國民政府通令全國，尊稱孫中先先生為「國父」；孫中山在學術思想上亦留下珍貴遺產，遺教主要包括：建國方略、建國大綱、三民主義等。

三、制憲國民大會

民國35年11月，召開國民大會之前，全國各地、各職業與特種團體之選舉及遴選者均陸續辦理完成，實際選舉與遴選代表名額如次：

1. 區域選舉者共計770名。
2. 職業團體選出者共計437名。
3. 特種團體選出及遴選者共計843名。

以上合計制憲國民大會代表共2,050名。經於民國35年12月25日開幕前實際報到代表總數為1,701人。

制憲國民大會於民國35年11月15日上午舉行開幕典禮，隨即進行相關之程序性會議，28日由國民政府蔣中正主席正式向大會提出憲法草案，旋由立法院院長孫科報告憲法草案內容；隨即進行憲法草案之實質審議。大會最後通過《中華民國憲法草案一讀修正案》，於12月21日第14次大會提付二讀。

完成二讀修正案後，主席團依議事規則規定推定孫科等12位代表為決議案整理委員會委員，負責整理憲法草案修正案之條項文句。12月25日第20次大會進行第三讀會，首先由整理委員會所推胡代表適報告整理結果。大會接受整理委員會之意見，主席于右任宣告將修正通過之憲法草案整案提付表決，在場代表1,485人，全體一致起立鼓掌通過，中華民國憲法由此制定（國民大會網頁，下載日期：2012年12月25日）。

四、制憲權力來源與制憲機關

所謂的「國家權力」可以區分為「制定憲法的權力」與「憲法所賦與的權力」二者,「制定憲法的權力」屬於全體人民;「憲法所賦與的權力」就是指行政、立法、司法各權,可由國民委託議會及其他機關代為行使。由於憲法無法由全體國民親自制定,因此在民主原則條件下,透過全體國民選舉產生制憲者,也就是選出「代表」來制定憲法。我國的憲法權力來源是「全體國民」,制憲機關則是「制憲國民大會」。

第二項、國體

> **第一條**
>
> 中華民國基於三民主義,為民有民治民享之民主共和國。

一、三民主義

1905年10月20日,孫中山先生在《民報發刊詞》中首次提出民族、民權、民生三大主義,「是三大主義皆基本於民,誠可舉政治革命、社會革命畢其功於一役」。孫中山先生在以後的歲月中,構築了一套完整的、以林肯的民有、民治、民享為藍本的思想體系,三民主義是中國以至亞洲第一套民主理論體系,開創了民主意識之先河。

二、民有、民治、民享

1863年11月19日亞伯拉罕・林肯(Abraham Lincoln)在美國蓋茲堡演說的簡短致詞中提到:「吾等在此責無旁貸獻身於眼前之偉大使命:自光榮的亡者之處吾人肩起其終極之奉獻-吾等在此答應亡者之死當非徒然-此國度,於神佑之下,當享有自由之新生;民有、民治、民享之政府當免於凋零」(that we here highly resolve that these dead shall not have died in vain — that this nation, under God, shall have a new birth of freedom — and that government **of the people, by the people, for the people**, shall not perish from the earth.）。

　　《文言本三民主義》謂：「林肯氏曰：『為民而有，為民而治，為民而享』者，斯乃人民之政府也。有如此之政府，而民者始真為一國之主也」。1921年6月，孫文演說《三民主義之具體辦法》時說：「這句話的中文意思，沒有適當的譯文，兄弟就把它譯作：**民有、民治、民享**。of the people就是民有，by the people就是民治，for the people就是民享。林肯所主張的這民有、民治和民享主義，就是兄弟所主張底民族、民權和民生主義」。

三、孫中山的民有、民治、民享

　　孫中山遺教中，引用許多古代思想家的民本思想，如《尚書》「民為邦本，本固邦寧」的思想；孔子的「大道之行也，天下為公」的思想；孟子的「民為貴，社稷次之，君為輕」的思想等等。

　　中華民國建立後，中山先生主張團結全國人民，「建設一世界上最富強最快樂之國家為民所有、為民所治、為民所享者」。民有是指人民應是國家的主人；民治是指人民理應擁有四項基本政治權力，即選舉權、罷免權、創制權、複決權；民享則是指人民享有作為國家主人的自由平等的一切權利。

四、國體與政體

　　所謂「政體」，一般而言就是指政府的類型（form of government），也就是政府的組織形態。傳統上，政治學者多將立憲政府按行政與立法的關係區分為總統制、內閣制與委員制。其中委員制目前只有瑞士一國實施，因此，在討論民主立憲國家的政體類型時，學者多集中處理內閣制與總統制兩大類型。對於內閣制與總統制的特徵，學者的界定並不完

全相同；而多數學者認為內閣制的要素有三點（薩孟武，1996：181。李鴻禧，1995：72）：

信任制度：內閣基於國會信任而存立；

副署制度：元首虛有其位，故以元首之名義發佈之法律、命令，皆須總理或相關閣員副署；

責任制度：內閣在國會監督下運作，須對國會負責。

國體是國家的型態，以國家元首的產生方式為區分標準，分為君主國或民主國。政體是指國家統治權行使的方式，可分為民主國家、集權國家、獨裁國家。

五、警徽符號隱喻三民主義

我國警徽的設計，正面除國徽之外，主要是展翅的金黃色鴿子，外繞黃色嘉禾；警鴿的繪製包括鴿頭、翅膀、尾巴都有一定比例，且有嚴謹規範，例如鴿頭絕對不能朝右。一般人只知道鴿子代表和平，其實警鴿並沒有那麼簡單而已；從我國警徽來看，警鴿雙翅繪有大羽8支、小羽5支、尾羽3支，各代表三民主義、五權憲法和四維八德；黃色嘉禾的葉、穗則左右各7，代表周而復始、不眠不休的精神。至於警徽選擇鴿子為代表的由來，有人推測，應該是出於我國現代「警察之父」李士珍之手（陳金松，2007年8月30日）。

六、立國精神

討論中華民國的「立國精神」，不是一件容易的事。在憲法保障人民「表達自由」的前提下，在台灣社會中，每個人都可以擁有自己的政治信仰；若是有人公開主張「不承認中華民國」，而且主張要「建立新而獨立的國家」，也會獲得充份的表達自由。

在這樣的環境下，使得教育體系難以推動「愛國教育」或者「生命共同體的凝聚力」教育出現一些困難；這也使得探討中華民國立國精

神，格外存有困擾。

中華民國在2011年進入「建國百年」的重要時刻，然而在這百年當中，中華民國行使主權與治權的前38年是領有全中國的領土，包括大陸與台灣在內；之後，主權和治權只能有效行使於台澎金馬地區，也就是憲法增修條文所稱的「中華民國自由地區」。

從「全中國」到「中華民國台灣」的轉變，中華民國的百年歷史中，「立國精神」因為時間、空間的物換星移；加上國家生存發展的環境不同，也出現不同的詮釋與引申。學者石之瑜就有類此見解，他認為「立國精神之建構通常唯政治上層人物是聽，至於一般民眾之體會如何，則常非道統或法統維護者所關切」（石之瑜，1995：131）。

根據他的見解，在時間與空間的變化下，中華民國的政治變遷引申出「立國精神」，或許也有不同的解釋途徑與內容。

他認為，民國初年五四運動展現的磅礡的反思氣魄，迅速趨於消散，抗戰時期團結一致的現象，則在抗戰後因為政治力事實上沒有統一而破滅。一直到中共與國民黨分別在大陸和台灣建立了強固的政治體制之後，才由上層政治人物透過「群體主義」的模式，由上而下，由外而內的塑造了兩地的立國精神。間容或發生演化變動，不過綜合來看，立國精神之詮釋與展現，幾乎都是由政治人物主導的。

（一）以三民主義為立國精神

立國精神之意旨，有各種不同的說法。有稱之為國家目的或建國最高原則，有視之為國家認同或民族精神，更有認為是國民所願意共享並揭櫫的國家意義；歸納言之「立國精神」實指一個國家賴以生存發展的歷史動力與文化能量，亦即是一個國家的文化傳統與價值體系。

18世紀憲政主義流傳以來，民主國家憲法均以憲政主義為根基，制定各國憲法內容，同時並在憲法內容體現出該國的立國精神，呈現該國憲法之特殊性，以符合該國文化價值體系與人民的期盼。

美國的立國精神，在哲學上是實用主義，在經濟上是資本主義，在政治上是民主主義，而其核心價值則是個人主義。德國的立國精神，則與俾斯麥的鐵與血觀念，黑格爾的國家主義，以及神聖羅馬帝國與歐洲一統信念有關。至於法國所崇尚的自由、平等、博愛與英國的民主法治，皆有其立國精神在內。每個國家皆有立國精神，它是國家的靈魂。每個國家都需要立國精神，一如每個人需有靈魂一樣重要。三民主義之價值體系乃承續中華文化傳統而來，故而我國立國精神，亦為中華文化之倫理、民主與科學之精神。此倫理、民主與科學精神也是三民主義本質之所在，亦為我立國精神之所在（《青年日報》，2008年6月24日）。

我國憲法係依孫中山先生遺教設計，憲法前言開宗明義：「中華民國國民大會受全體國民之付託，依據孫中山先生創立中華民國之遺教，為鞏固國權，保障民權，奠定社會安寧，增進人民福利，制定本憲法，頒行全國，永矢咸遵」。因此，實現三民主義理想，可以視為我國憲法揭示之立國精神。

（二）以博愛、世界大同為立國精神

「博愛」是孫中山政治學說中的一個核心思想；他認為博愛是「人類寶筏，政治極則」；是「吾人無窮之希望，最偉大之思想」。

中山先生認為受教育的目的就是要把人性中的獸性、罪惡性去掉，然後有人性善，或可使之為善。而可臻於至善，堅信人類互相合作，協調漸進，以建民國，可以實現天下為公、世界大同的理想。

中山先生以天下為己任，以愛人類、愛和平、愛國家和愛民族作為其奮鬥的理想和目標。他的「博愛」思想反映了中國人民的共同願望和世界多數民眾的共同追求。他說：「欲泯除國界而進入大同，其道非易，必須人人尚道德，明公理…重人道，若能擴充其自由、平等、博愛之主義於世界人類，則大同盛軌，豈難致乎」？他以人道博愛的普遍形

式來解釋社會的發展和進步，設想用推廣「博愛主義」，來實現「世界大同」，使全世界不同人類相互愛慕，共同發展。有人以為，中山先生畢生追求的「博愛」、「世界大同」，可以視為我國之立國精神。

（三）以人權保障為立國精神

2000年政黨輪替之後，人權立國的理念成為政府努力推動的目標與方向，而人權保障的範圍，則被廣泛的界定為：「不限於憲法所保障的國民權利，還包括國際人權法和國際人權條約所保障的普世人權」（行政院研究發展考核委員會，2002：8）。

我國憲法除了第2章「人民的權利與義務」之外，另外又於第13章獨立列出「基本國策」，明列諸多關於國民經濟與社會安全的規範，做為國家施政之準繩，指引國家應採行的基本政策，以促進全民福祉的提昇；其中許多內容都屬於憲法具體的人權保障事項。

2009年9月，馬英九總統在公務人員「人權大步走」研習會致詞時指出：「『公民與政治權利國際公約』、『經濟社會文化權利國際公約』兩公約，以及兩公約的施行法在今年4月22日已經公布施行，成為國內法，行政機關及個人都可適用」（陳志賢，2009年9月18日）。

2010年10月，迎接民國99年國慶，馬英九總統以「改革、開創、追求公義」為題發表國慶演說，暢談政府再造、縣市合併升格、兩岸關係、國際參與、經濟復甦、競爭力等六大面向的努力。在致詞中，總統宣示將於總統府成立「人權諮詢委員會」，由副總統擔任召集人，邀集各界探討人權政策，定期發表人權報告，提升台灣人權水準（江慧真，2010年10月10日）。

從國家元首致力於人權保障，以及憲法內容促使國家必須盡力保障且追求「人民權利」來看，「人權保障」也可以解釋為我國的「立國精神」。

第三項、主權在民

> **第二條**
>
> 中華民國之主權屬於國民全體。

一、國民主權原理

　　國民是國家權力的擁有者，最早可以回溯到中世紀晚期為對抗教皇之絕對權威主張而發展出來的理性法法則。透過「原始狀態過渡到國家組織」的理論建構，該理性法則適用的對象不再是個人，而是全體國民，其內容為國民應享有自由、自決與主權。自從1776年美國獨立宣言，以及1789年法國大革命揭諸國民主權的理念以來，發展至今，幾乎所有的國家都由國民主權理論論證其統治基礎。國民作為國家權力的主體，國家權力的占有與行使皆須回溯到國民本身；因此，國家任務的承擔與國家權限的行使，皆必須能回溯到國民本身而被正當化。

二、國民主權的備位化

　　依國民主權原理，國家權力應直接由國民行使。但是國會政治制度的運作，卻是由人民選舉代議士，間接代表國民行使立法。國民主權意志的表徵，具體畢其功於制憲權一役當中，使得憲法規範體系取得最高權力位階。經由國民主權形塑的憲法架構，規範國家憲政行為模式，此後國民主權即處於「備位化」，或稱「虛位化」。國會政治制度就是在此種規範架構下，遵循憲法規範程序，行使代議權。所以，間接民主體制可說是當今憲政國家下，國家機器運轉的主要形式（蔡宗珍，1997：30-35）。

第四項、國民與國籍

> **第三條**
>
> 具中華民國國籍者為中華民國國民。

一、國民的定義

憲法文字中，「人民」與「國民」具有相同的意義。憲法第2條：「具有中華民國國籍者為中華民國國民」；第7條：「中華民國人民，無分男女、宗教、種族、階級、黨派，在法律上一律平等」；第48條總統就職宣誓誓詞：「余謹以至誠，向全國『人民』宣誓，余必遵守憲法，盡忠職務，增進人民福利，保衛國家，無負『國民』付託」。前3條例舉之「人民」、「國民」應可視為同義。

惟現行入出國及移民法第3條，則定義「國民」為：具有中華民國國籍之居住臺灣地區設有戶籍國民，或臺灣地區無戶籍國民。

二、公民的定義

公民，是指具有一個國家的國籍、根據該國的法律規範承擔義務和享有相應政治經濟社會權利的自然人。

從現行公民投票法來看，公民投票法第7條：「中華民國國民，年滿二十歲，除受監護宣告尚未撤銷者外，有公民投票權」。可以解釋，我國公民須具備以下要件：

1. 中華民國國民
2. 年滿20歲
3. 未受監護宣告；或雖受監護宣告然已撤銷者

三、國籍之機能

國籍，一般有廣狹二義。就廣義而言：係指權利義務之主體或客體隸屬於某一國家的關係而言，如自然人、法人、船舶、航空器等，均有其國籍。而就狹義而言：則僅係自然人而已。其所謂國籍者，係指個人隸屬於某一國家的關係而言，亦即表示其為國民之資格也。

就主權國家而言，國家係由人民、領土、政府、主權等四要素所構成，「人」為構成國家之最基本單位，亦為國家之基礎。國籍制度則在確定此一最基本單位，其直接關係到主權國之重要利益。就個人而言，國籍係決定個人歸屬於特定國家之法律聯繫，個人基於國籍而歸屬於特定之國家，因此國籍乃區別內國人及外國人之依據。

四、取得中華民國國籍

國籍法第2條：有下列各款情形之一者，屬中華民國國籍：

1. 出生時父或母為中華民國國民。
2. 出生於父或母死亡後，其父或母死亡時為中華民國國民。
3. 出生於中華民國領域內，父母均無可考，或均無國籍者。
4. 歸化者。

五、外國人或無國籍人歸化

國籍法第3條：外國人或無國籍人，現於中華民國領域內有住所，並具備下列各款要件者，得申請歸化：

1. 於中華民國領域內，每年合計有183日以上合法居留之事實繼續5年以上。
2. 年滿20歲並依中華民國法律及其本國法均有行為能力。
3. 品行端正，無犯罪紀錄。
4. 有相當之財產或專業技能，足以自立，或生活保障無虞。

5. 具備我國基本語言能力及國民權利義務基本常識。

前項第五款所定我國基本語言能力及國民權利義務基本常識，其認定、測試、免試、收費及其他應遵行事項之標準，由內政部定之。

國籍法第4條：外國人或無國籍人，現於中華民國領域內有住所，具備前條第1項第2款至第5款要件，於中華民國領域內，每年合計有183日以上合法居留之事實繼續3年以上，並有下列各款情形之一者，亦得申請歸化：

1. 為中華民國國民之配偶。

2. 父或母現為或曾為中華民國國民。

3. 為中華民國國民之養子女。

4. 出生於中華民國領域內。

未成年之外國人或無國籍人，其父、母或養父母現為中華民國國民者，在中華民國領域內合法居留雖未滿3年且未具備前條第1項第2款、第4款及第5款要件，亦得申請歸化。

六、喪失中華民國國籍

國籍法第11條：中華民國國民有下列各款情形之一者，經內政部許可，喪失中華民國國籍：

1. 生父為外國人，經其生父認領者。

2. 父無可考或生父未認領，母為外國人者。

3. 為外國人之配偶者。

4. 為外國人之養子女者。

5. 年滿20歲，依中華民國法律有行為能力人，自願取得外國國籍者。依前項規定喪失中華民國國籍者，其未成年子女，經內政部許可，隨同喪失中華民國國籍。

七、不得同意喪失中華民國國籍

國籍法第12條：依前條規定申請喪失國籍者，有下列各款情形之一，內政部不得為喪失國籍之許可：

1. 男子年滿15歲之翌年1月1日起，未免除服兵役義務，尚未服兵役者。但僑居國外國民，在國外出生且於國內無戶籍者或在年滿15歲當年12月31日以前遷出國外者，不在此限。
2. 現役軍人。
3. 現任中華民國公職者。

八、國籍唯一原則

所謂「國籍唯一原則」是指一個自然人只有一個國籍，不得同時擁有二個以上之國籍。國籍唯一原則乃國籍立法上之一大理想，雙重國籍現象最嚴重之問題在於忠誠義務、兵役義務之衝突及外交保護權行使上之衝突，這也是「國籍唯一」原則成為國籍法的重心。

雖然國籍唯一原則乃國籍立法上之一大理想，但是針對國籍唯一原則，各國國籍法之態度並不一致，部分國家態度強硬積極貫徹國籍唯一原則，部份國家則態度寬鬆並不採取國籍唯一原則。

九、雙重國籍或外國國籍不得擔任公職

國籍法第20條：中華民國國民取得外國國籍者，不得擔任中華民國公職；其已擔任者，除立法委員由立法院；直轄市、縣（市）、鄉（鎮、市）民選公職人員，分別由行政院、內政部、縣政府；村（里）長由鄉（鎮、市、區）公所解除其公職外，由各該機關免除其公職。但下列各款經該管主管機關核准者，不在此限：

1. 公立大學校長、公立各級學校教師兼任行政主管人員與研究機關（構）首長、副首長、研究人員（含兼任學術研究主管人員）及

經各級主管教育行政或文化機關核准設立之社會教育或文化機構首長、副首長、聘任之專業人員（含兼任主管人員）。

2. 公營事業中對經營政策負有主要決策責任以外之人員。

3. 各機關專司技術研究設計工作而以契約定期聘用之非主管職務。

4. 僑務主管機關依組織法遴聘僅供諮詢之無給職委員。

5. 其他法律另有規定者。

前項第1至第3款人員，以具有專長或特殊技能而在我國不易覓得之人才且不涉及國家機密之職務者為限。第1項之公職，不包括公立各級學校未兼任行政主管之教師、講座、研究人員、專業技術人員。中華民國國民兼具外國國籍者，擬任本條所定應受國籍限制之公職時，應於就（到）職前辦理放棄外國國籍，並於就（到）職之日起1年內，完成喪失該國國籍及取得證明文件。但其他法律另有規定者，從其規定。

十、引渡人犯

引渡法第4條：請求引渡之人犯，為中華民國國民時，應拒絕引渡。但該人犯取得中華民國國籍在請求引渡後者不在此限。中華民國國民在外國領域內犯本法第2條及第3條但書所定之罪，於拒絕外國政府引渡之請求時，應即移送該管法院審理。

上文所指但書內容為：「中華民國法律規定法定最重本刑為一年以下有期徒刑之刑者」。以及犯罪行為具有軍事、政治、宗教性時，得拒絕引渡。其中不得視為政治性之犯罪則包括：

1. 故意殺害國家元首或政府要員之行為。

2. 共產黨之叛亂活動。

第五項、國土

憲法本文第4條所載內容，已經憲法增修而變遷。現行規定為：「中華民國領土，依其固有疆域」不變。在「變更領土」的權力部份，

則更改為「由立法院發動，再經公民投票通過」後行之。

第四條

　中華民國領土，依其固有之疆域，非經國民大會之決議，不得變更之。

一、領土屬於全體國民

　憲法第143條：中華民國領土內之土地屬於國民全體。人民依法取得之土地所有權，應受法律之保障與限制。

二、固有疆域

　民國82年11月26日，司法院大法官釋字第328號，解釋要旨：

> 中華民國領土，憲法第四條不採列舉方式，而為「依其固有之疆域」之概括規定，並設領土變更之程序，以為限制，有其政治上及歷史上之理由。其所稱固有疆域範圍之界定，為重大之政治問題，不應由行使司法權之釋憲機關予以解釋。

三、固有疆域釋憲中的「政治問題」

　固有疆域釋憲屬於「政治問題」釋憲的例子，「政治問題」理論（The Doctrine of Political Questions）則是美國憲法上長期引起爭議的理論。自1803年Marbury v. Madison一案由當時最高法院首席大法官John Marshall首先提及「政治問題」此一概念之後，百餘年來不時為美國最高法院所採用。此一未見諸美國憲法文明而由釋憲者所自行創設的觀念，我國司法院大法官在釋字第328號解釋憲法「固有疆域」一詞也首度加以援用。「政治問題」的概念，當其最先於美國憲法史上出現時，指的是司法不應過問應由行政部門裁量決定的問題。Marshall寫到：

「本質上為政治性的問題，或依憲法或法律應交由行政部門決定的問題，不能由法院代為決定」（李念祖，2000：161）。

第六項、民族平等

第五條

中華民國各民族一律平等。

一、對內訴求各民族一律平等

「各民族一律平等」是國父創建民國的重大理想，也是極具動員能力，喚醒民眾的革命宣傳內容。因為當時的情況是少數的「滿人」統治了大多數的「漢人」；而且由於滿清統治者的無能腐敗，導致國家飽受異族欺凌，人民窮困，民不聊生。

創建民國以後，中華民國除了「漢族」人數最眾之外，還有許多少數民族。例如蒙古族、回族、藏族、滿族、維吾爾族、苗族、彝族、壯族、布依族、朝鮮族、侗族、瑤族、白族、土家族、哈尼族、哈薩克族、傣族、黎族、傈僳族、佤族、畬族、高山族、拉祜族、水族、東鄉族、納西族、景頗族、柯爾克孜族、土族、達斡爾族、仫佬族、羌族、布朗族、撒拉族、毛南族、仡佬族、錫伯族、阿昌族、普米族、塔吉克族、怒族、烏孜別克族、俄羅斯族、鄂溫克族、德昂族、保安族、裕固族、京族、塔塔爾族、獨龍族、鄂倫春族、赫哲族、門巴族、珞巴族、基諾族等等。

二、對外訴求各國平等待我民族

「各國平等待我民族」是國父領導革命時期對外訴求的重要內容，國父遺囑中也念茲在茲，提到：「余致力國民革命，凡四十年，其目的在求中國之自由平等…必須喚起民眾及聯合世界上以平等待我之民族，共同奮鬥」。

三、台灣原住民族

參考行政院原住民族委員會「台灣原住民族資源資訊網」的介紹，台灣原住民族簡介如下（台灣原住民族資源資訊網，下載日期：2012年11月10日）。

台灣原住民屬於南島語族（Austronesian）的一支，不到台灣總人口數2％的南島語族，居住活動地分布1.6萬餘平方公里，佔全台灣面積45％。在台灣變異性極大的自然環境中，原住民因應不同的生態而發展出不同型態的採集、狩獵、漁撈及農耕的方式；同時，也衍生出不同的聚落型態及建築方式。台灣各原住民族的地理分布簡介如下：

（一）布農族

布農族分布在埔里以南的中央山脈及其東側，到知本主山以北的山地，是部落的散居社會。布農族分為6大社群：卓社群（南投縣玉山一帶）、卡社群（南投縣東部山區一帶）、丹社群（南投與花蓮縣界一帶）、巒社群（南投縣、嘉義縣界玉山一帶）、郡社群、搭科布蘭郡（簡稱蘭社群，在今中央山脈南投，人數較少）。現今布農族的分布地以南投縣信義鄉最多、其次為花蓮卓溪鄉，另外還有分布於高雄縣桃園鄉、台東縣海端鄉。總人口數約5萬多人。布農人喜歡山居，高山深處常有他們的聚落。布農族是父系社會，行大家族制。

（二）泰雅族

泰雅族分布在台灣北部中央山脈兩側，以及花蓮、宜蘭等山區。又分為泰雅亞族（Tayal）和賽德克亞族（Sedek）。泰雅亞族又分為Sekoleq群和Tseole群。賽德克亞族又分為東賽德克群和西賽德克群。泰雅族居住地域境內的高山相當多，例如插天山、棲蘭山、合歡山、大霸尖山、奇萊山等都是。河川則有新店溪、大甲溪、秀姑巒溪等，以山田

燒墾和和狩獵採集為生。人口分佈以花蓮秀林鄉最多，分佈區尚有南投仁愛鄉、新竹尖石鄉、桃園復興鄉、花蓮縣萬榮鄉、宜蘭縣南澳鄉。總人口數約7.9萬餘人僅次於阿美族，為台灣原住民族的第三大族。

（三）魯凱族

魯凱族主要居住台灣南部中央山脈的東西兩側，高雄縣茂林鄉、屏東縣霧台鄉、三地門青葉村、馬家鄉三和村南三和及台東縣卑南鄉東興新村、金峰鄉嘉蘭村新富社區等處。人口總數約為1萬多人。語言學家及人類學家根據語言及文化的特徵，將魯凱族分為3群：住在西側為分布在荖濃溪支流濁口溪的下三社群，分布在隘寮溪流域的西魯凱群，以及住在山脈東側的一支則分佈在呂家溪流域，稱為大南群或東魯凱群。

（四）賽德克族

原本的泰雅族分為兩大群，其中的一群即為賽德克亞群，不過被學者分類為同一種族群，但是賽德克從以前就知道自己是Sediq，還是與另一群阿泰雅爾群（Atayal）不同。至於在中央山脈東側的東賽德克人（大部分為太魯閣群）已向政府正名為太魯閣族，其他德克塔雅群（Tgdaya）和都達群（Toda）的賽德克人展現了族群的主體意識，積極向政府提出正名，在2008年4月，賽德克族正式成為台灣原住民第14族。

賽德克族集中分布在南投縣仁愛鄉，以濁水溪上游一帶為腹地並建立7個村12部落。據說四、五百年以前，賽德克族就已經在濁水溪及其支流建立許多群落；因為部落分散，交通不便，各社群社會封閉，所以形成各部落的文化習俗，並且發展獨特的語言。而由於語言的差異、西賽德克族就分出3種語系，而且以濁水溪及其支流建立很多群。

（五）卑南族

卑南族位於中央山脈以東，卑南溪以南的海岸地區，台東縱谷南方的平原上。依其起源傳說，分為兩個系統：一是石生起源說的知本系統，發源地為Ruvoahan，包括知本、建和、利嘉、初鹿、泰安。一是竹生起源說的南王系統，發源地是Panapanayan，包括南王、檳榔、寶桑。昔稱「八社番」。人口集中在台東縣，其中以台東市比例最高；其次是卑南鄉，總人口數大約1萬1仟多人。卑南族分布於台東縣卑南鄉，共分為8個社，包括知本村、建和村、利嘉村、泰安村、檳榔村、美農村、初鹿村、南王村、溫泉村。

（六）排灣族

排灣族以台灣南部為活動區域，北起大武山地，南達恆春，西自隘寮，東到太麻里以南海岸。分為Raval亞族和vutsul亞族；vutsul群又分為paumaumaq群（北排灣族）、chaoboobol群和parilario群（南排灣族）、paqaroqaro群（東部排灣）。

依據現行的行政區域劃分，排灣族分布在屏東和台東的12個鄉和台東市一個里，分別是：屏東縣的三地門、瑪家、泰武、來義、春日、獅子、牡丹和滿州八個鄉，台東縣的金峰、達仁、大武、太麻里4個鄉，以及台東市的新園里，其中以屏東來義鄉分布最多排灣族人。總人口數約8.7萬多人。

（七）噶瑪蘭族

噶瑪蘭族以前稱為「蛤仔難36社」，但事實上其聚落的數量是超過60至70個社以上。主要分布於宜蘭、羅東、蘇澳一帶，以及花蓮市附近、東海岸之豐濱鄉、與台東縣長濱鄉等地，人口約1200人。原居於蘭陽平原，後因漢人爭地壓力而逐漸南遷，是最晚漢化的平埔族。

（八）太魯閣族

太魯閣（Truku）族語意為「山腰的平台」、「可居住之地」、「瞭望台之地」等等。清朝時期的太魯閣族群居於南投縣仁愛鄉靜觀一帶，及花蓮縣秀林鄉之山區；目前住於南投縣者，分佈於仁愛鄉之松林、盧山、靜觀；在花蓮縣者，除分布於秀林、萬榮兩鄉外，尚有一部分住於卓溪鄉立山村，及吉安鄉慶豐，南華與福興等三村。

1914年，日本發動20世紀台灣島上規模最大的「太魯閣族與日本的戰爭」，日本動用22,749兵力及先進武器，分別從南投及花蓮東西夾攻，太魯閣族人的兵力約只有2,500人，與之對抗，因寡不敵眾，族人幾乎滅絕。

（九）邵族

邵族分布在日月潭周圍地區，也就是舊稱「水沙連」的地方。相傳邵族的祖先在追逐一隻白鹿時，無意間來到了日月潭，發現周遭風光明媚且資源肥美，是個可讓子孫世代生存的地方，於是舉族搬遷於此。

日月潭位在台灣島的中央，被水社大山、卜吉山、益積山、潭頭山、松柏崙山、貓蘭山所圍繞，隸屬於南投縣魚池鄉，鄉內山岳甚多，並散布著大大小小十多個湖泊，構成台灣少見的鏡湖景觀。日月潭區含括水社、日月兩村；邵族人口最集中的「德化社」（Barawbaw）即屬於日月村。另外，頭社系統的邵族則位於南投縣水里鄉坎頂村的大平林。邵族目前人口約600多人，是台灣原住民族族群中人口最少、漢化較深的一族。

（十）達悟族

達悟族在行政區分上隸屬於台東縣蘭嶼鄉，總人口數約3千多人，分佈在紅頭、漁人、椰油、東清、胡島、銀野六村。由於地理隔絕，他

們是原住民族中較晚接觸漢人的一支。達悟族居住於台東外海的蘭嶼島上，達悟人自稱「達悟」，是「人」的意思。早期稱之為「雅美」一詞是日本人鳥居龍藏所命名，1995年，旅台的達悟青年成立「達悟同鄉會」希望正名「雅美」為「達悟」。

（十一）賽夏族

賽夏族分佈在新竹、苗栗兩縣交界的山區，和泰雅族毗鄰而居，傳說賽夏族祖先曾自大霸山山麓移至大湖及苗栗一帶，其後又繼續南移。族人分佈以苗栗縣南庄鄉最多，主要在東河、蓬萊、南江三村。其次為新竹縣五峰鄉，新竹縣竹東鎮亦有賽夏族人。賽夏深受泰雅族影響，也有紋面習俗，是父系社會，以矮靈祭聞名。總人口約有5千7百人。

（十二）撒奇萊雅族

撒奇萊雅族在阿美族語中被稱其為「Sakiraya」，噶瑪蘭族語中被稱為「Sukizaya」。撒奇萊雅族當中的飽干（Cipawkan）系統自稱為「Sakizaya」，達故部灣（Takobuan）系統則自稱「Sakidaya」，其差異在於飽干系統的「z」音，到了達故部灣系統時以「d」音代替。撒奇萊雅族原來分佈在奇萊平原（花蓮平原）上，範圍相當於現在的花蓮市區，花蓮舊稱「奇萊」，是阿美族稱其為「Sakiraya」擷取「kiray」的音而來。Sakizaya一詞意義傾向「真正之人」，是特定的一群人，使用的語言亦稱為「Sakizaya」。撒奇萊雅族的語言與周圍的其他阿美族部落（例如Natawran荳蘭、Pokpok薄薄、Lidaw里漏、Cikasuan七腳川）不同，兩者間的差異程度幾已達到無法溝通的地步。

（十三）阿美族

阿美族為台灣原住民14族中人口數最多的一族，大多分布於台灣東部地區，以花蓮到台東一帶的縱谷平原與海岸山脈外側之平地為主，也

有部分族人居住於屏東、恆春地區。日本學者在1899年依據地域、語言、風俗習慣的差異，將阿美族分為南勢阿美、秀姑巒阿美、海岸阿美、馬蘭阿美及恆春阿美五個地域。阿美族自稱「Pangcah」，是「人」或「同族人」的意思，而Amis原意為北方，是卑南族人對於其北方阿美族人的稱呼，久而久之，約定成俗，「阿美」漸漸成為通稱。但其實大部分的阿美族人仍多以「Pangcah」自稱，只有馬蘭阿美群才多使用「Amis」。

（十四）.鄒族

鄒族人現今的居住分布以嘉義縣阿里山鄉一帶的山區為主，亦即鄒族以阿里山山區、曾文溪流域與濁水溪上游流域為中心，東方在中央山脈玉山山麓與布農族的勢力範圍接壤，西與嘉南平原的漢族為鄰，南方則與魯凱族比鄰。鄒族人除了主要分布在阿里山一帶之外，另外還有少數聚落分布在高雄、南投二縣境內，與布農族人混居。阿里山鄉依部落區為分成北3村：來吉、拉拉屋雅、達邦村（包含兩個重要的部落達邦及特富野）；南4村：里佳村、山美村、新美村、茶山村。鄒族分為阿里山鄒亞族（又分為Tapagu-Tufuja群和Lututu群）、卡那布亞族、沙阿魯阿亞族。人口主要分佈在嘉義縣阿里山鄉，其次為高雄縣三民鄉，另外還零星分佈於高雄縣桃園鄉、南投縣信義鄉境內；總人口約6千多人。

第七項、國旗

> **第六條**
> 　　中華民國國旗定為紅地，左上角青天白日。

一、中華民國國旗

我國國旗是由中山先生以革命先烈陸皓東所設計的青天白日旗為藍本，加上紅色為底色，而形成「青天、白日、滿地紅」的國旗。民國17

年，北伐成功，全國統一，12月17日，青天白日滿地紅旗正式經由國民政府立法通過，頒行全國使用。

青天、白日、滿地紅國旗是建國先烈先賢拋頭顱、灑熱血而換來的。國旗的色彩及圖形布局來看，可以做如下的解釋，「藍色」代表光明純潔、民族和自由；「白色」代表坦白無私、民權和平等；「紅色」代表不畏犧牲、民生和博愛。白日的12道光芒，代表著1年12個月，1天12個時辰；也象徵著國家隨著時間前進，永存於世界。

二、國歌與國旗歌

（一）中華民國國國歌的誕生

中華民國國歌的歌詞內容，是孫中山先生在黃埔軍校開學典禮時，對全校500名師生頒布的訓詞。

民國13年6月16日，黃埔軍校舉行開學典禮，中山先生特親臨致詞並主持開訓。在開學典禮前，黨國元老胡漢民、戴季陶、廖仲愷及邵元沖等一致認為應該為中山先生準備一份文告，做為訓詞之用。當時胡漢民先生首先提筆說：「第一句話，應該是『三民主義，吾黨所宗』」，然後戴、廖、邵諸人，紛紛表示意見，繼而串連起來，成為一篇訓詞；訓詞的全文，即今日之國歌。民國17年，公開徵求曲譜，程懋筠先生的作品，獲評審委員一致認同，選為第1名。至民國32年，正式公布為我國國歌（中華民國總統府網頁，下載日期：2012年9月1日）。

（二）中華民國國歌歌詞

三民主義、吾黨所宗、以建民國、以進大同、咨爾多士、為民前鋒、夙夜匪懈、主義是從、矢勤矢勇、必信必忠、一心一德、貫徹始終。

（三）中華民國國旗歌歌詞

中華民國國旗歌的作詞者是戴傳賢（1891-1949）浙江吳興縣人，字季陶。作曲者為黃自，（1904-1938）江蘇沙縣人；黃自英年早逝，其傳世的音樂創作，還有「天倫歌」、「踏雪尋梅」、「花非花」、「採蓮謠」等等。國旗歌歌詞如下：

山川壯麗，物產豐隆，炎黃世冑，東亞稱雄。毋自暴自棄，毋故步自封，光我民族，促進大同。創業維艱，緬懷諸先烈，守成不易，莫徒務近功。同心同德，貫徹始終，青天白日滿地紅。同心同德，貫徹始終，青天白日滿地紅。

第二節、憲法變遷與現況

第一項、憲法增修之需要

憲法增修條文前言

為因應國家統一前之需要，依照憲法第二十七條第一項第三款及第一百七十四條第一款之規定，增修本憲法條文如下：（八十六年七月十八日第三屆國大第二次臨時會第三十三次大會三讀通過）

一、國家統一前的兩岸關係之特別立法

民國88年12月3日，司法院大法官釋字第497號，解釋要旨：

中華民國81年7月31日公布之臺灣地區與大陸地區人民關係條例係依據80年5月1日公布之憲法增修條文第10條（現行增修條文改

列為第11條）「自由地區與大陸地區間人民權利義務關係及其他事務之處理，得以法律為特別之規定」所制定，為國家統一前規範臺灣地區與大陸地區間人民權利義務之特別立法。內政部依該條例第10條及第17條之授權分別訂定「大陸地區人民進入臺灣地區許可辦法」及「大陸地區人民在臺灣地區定居或居留許可辦法」，明文規定大陸地區人民進入臺灣地區之資格要件、許可程序及停留期限，係在確保臺灣地區安全與民眾福祉，符合該條例之立法意旨，尚未逾越母法之授權範圍，為維持社會秩序或增進公共利益所必要，與上揭憲法增修條文無違，於憲法第23條之規定亦無牴觸。

二、國家統一前入出國的定義

入出國及移民法施行細則第2條：本法所稱入出國，在國家統一前，指入出臺灣地區。

臺灣地區與大陸地區人民關係條例第1條：國家統一前，為確保臺灣地區安全與民眾福祉，規範臺灣地區與大陸地區人民之往來，並處理衍生之法律事件，特制定本條例。本條例未規定者，適用其他有關法令之規定。

三、國家統一前不予處理事項

臺灣地區與大陸地區人民關係條例第26-1條（後段）：民國38年以前在大陸地區依法令核定應發給之各項公法給付，其權利人尚未領受或領受中斷者，於國家統一前，不予處理。

同法第63條：本條例施行前，臺灣地區人民與大陸地區人民間、大陸地區人民相互間及其與外國人間，在大陸地區成立之民事法律關係及因此取得之權利、負擔之義務，以不違背臺灣地區公共秩序或善良風俗者為限，承認其效力。前項規定，於本條例施行前已另有法令限制其權

利之行使或移轉者，不適用之。國家統一前，下列債務不予處理：利之行使或移轉者，不適用之。國家統一前，下列債務不予處理：

1. 民國38年以前在大陸發行尚未清償之外幣債券及民國38年黃金短期公債。
2. 國家行局及收受存款之金融機構在大陸撤退前所有各項債務。

四、現行兩岸空運直航規定

　　隨著兩岸關係逐漸緩和，兩岸開始實現空運、海運直航。民國99年6月修正公布的臺灣地區與大陸地區空運直航許可管理辦法，其第2條規定：臺灣地區民用航空運輸業應先取得航權後，始得申請飛航臺灣地區與大陸地區（簡稱兩岸）定期航線或客、貨運包機。

　　第3條：臺灣地區民用航空運輸業申請飛航兩岸定期航線，其航線籌辦、航機務審查、試航、航線證書申請、繳還、註銷或換發、航線暫停、終止或復航、定期飛航班機時間表報核、證書費及其有效期限等事項，準用民用航空運輸業管理規則相關規定。

　　臺灣地區民用航空運輸業應將前項定期航線之客、貨運價，報請交通部民用航空局轉報交通部備查，變更時，亦同。客、貨運價之使用限制、報請備查程序及生效日期等事項，準用航空客貨運價管理辦法相關國際定期航線規定。

　　第4條：臺灣地區民用航空運輸業申請飛航兩岸包機者，其航機務審查、試航、申請程序及申請費等事項，準用民用航空運輸業管理規則等規定規定。臺灣地區民用航空運輸業申請飛航兩岸空運相關協議明定以定期班機管理之包機者，依前條規定辦理。臺灣地區民用航空運輸業申請飛航兩岸包機之航線，已有業者經營定期航線班機者，應不予核准。但專案申請經民航局核准者，不在此限。

　　第5條：臺灣地區普通航空業申請執行兩岸緊急醫療或特定人道任務之飛航者，其申請程序，準用普通航空業管理規則之規定。

五、現行兩岸海運直航規定

依據民國98年9月28日修正公布的臺灣地區與大陸地區海運直航許可管理辦法第2條規定,臺灣地區與大陸地區直航港口包含下列港口:

1. 國際商港。

2. 國內商港。

3. 工業港。

前項港口由交通部報行政院指定後公告,並刊登政府公報。

第3條:依本辦法經許可得從事臺灣地區與大陸地區間海上客貨直接運輸之船舶,以臺灣地區或大陸地區船舶運送業經營之船舶,並符合下列情形之一者為限:

1. 臺灣地區或大陸地區資本,並在兩岸登記之船舶。

2. 臺灣地區或大陸地區資本,並在香港登記之船舶。

3. 本辦法施行前,已從事境外航運中心運輸、兩岸三地貨櫃班輪運輸或砂石運輸業務之臺灣地區或大陸地區資本之外國船舶。

前項第3款以外之外國船舶經當地航政機關核轉交通部許可者,得航行於臺灣地區與大陸地區港口。

第4條:臺灣地區或大陸地區船舶運送業申請經營客貨直航業務者,應檢附海運直航申請書、營業計畫書及相關文書,申請當地航政機關核轉交通部許可後,始得營運;外國船舶運送業經交通部許可者亦同。

第7條:船舶運送業經營臺灣地區與大陸地區航線之船舶,入出臺灣地區直航港口時,應全程開啟海事通信頻道,並裝設船舶自動識別系統。

第8條:大陸地區船舶入出臺灣地區直航港口期間,船舶懸掛公司旗,船艉及主桅不掛旗。

第9條:經營臺灣地區與大陸地區航線船舶入出臺灣地區直航港口,所經航路或航道,交通部得依實際需求,會同有關機關劃設公告,並刊登政府公報,船舶應依公告之航路或航道航行。

第二項、公民複決憲政重大變更案

> **憲法增修條文第一條**
>
> 　　中華民國自由地區選舉人於立法院提出憲法修正案、領土變更案，經公告半年，應於三個月內投票複決，不適用憲法第四條、第一百七十四條之規定。
>
> 　　憲法第二十五條至第三十四條及第一百三十五條之規定，停止適用。

一、中華民國自由地區

　　中華民國有「自由地區」這個名詞，對許多國民而言感覺有些奇怪。既然有「自由地區」，就必定會有相對應的「不自由地區」。其實這是在兩岸對峙時期，為了因應改選中央民意代表而首度出現的名詞，並一直沿用至今。其意指中華民國政府可以有效實施統治的地區，其覆蓋範圍包括台灣島、澎湖群島、金門群島、馬祖列島，東沙群島以及其他附屬島嶼。實務上「台灣地區」也有稱為「台澎金馬地區」者。

二、「自由地區」名詞的由來

　　民國58年公佈實施《動員戡亂時期自由地區中央公職人員增選補選辦法》共46條，其法源為動員戡亂時期臨時條款。「動員戡亂」係指國共內戰；「中央公職人員」包含立法委員、國大代表及監察委員三種國會議員；而「自由地區」除了台灣、澎湖之外，還有金門、馬祖等兩島。此一法規是「自由地區」名詞的濫觴。

　　民國61年訂頒《動員戡亂時期自由地區增加中央民意代表名額選舉辦法》，辦理增額中央民意代表選舉，於同年12月23日投票，共選出119位中央民意代表。64年辦理增額立法委員改選，於12月20日投票選

出52位立法委員。

　　民國79年6月21日，司法院大法官以釋字第261號解釋文終結了從來都不用改選的「第一屆立法委員」、「第一屆國大代表」，從此體認現實、回歸憲政，展開中華民國在台灣的中央民意代表定期改選，踏上了台灣「民主化」道路的重要一步。解釋文中提到：

> 　　中央民意代表之任期制度為憲法所明定，第一屆中央民意代表當選就任後，國家遭遇重大變故，因未能改選而繼續行使職權，乃為維繫憲政體制所必要。惟民意代表之定期改選，為反映民意，貫徹民主憲政之途徑，而本院釋字第31號解釋、憲法第28條第2項及動員戡亂時期臨時條款第6項第2款、第3款，既無使第一屆中央民意代表無限期繼續行使職權或變更其任期之意，亦未限制次屆中央民意代表之選舉。事實上，自中華民國58年以來，中央政府已在自由地區辦理中央民意代表之選舉，逐步充實中央民意機構。為適應當前情勢，第一屆未定期改選之中央民意代表除事實上已不能行使職權或經常不行使職權者，應即查明解職外，其餘應於中華民國80年12月31日以前終止行使職權，並由中央政府依憲法之精神、本解釋之意旨及有關法規，適時辦理全國性之次屆中央民意代表選舉，以確保憲政體制之運作。

第三項、兩岸人民關係法律

> **憲法增修條文第十一條**
> 　　自由地區與大陸地區間人民權利義務關係及其他事務之處理，得以法律為特別之規定。

一、兩岸關係下的「人民」定義

臺灣地區與大陸地區人民關係條例第2條規定本條例用詞，定義如下：

1. 臺灣地區：指臺灣、澎湖、金門、馬祖及政府統治權所及之其他地區。

2. 大陸地區：指臺灣地區以外之中華民國領土。

3. 臺灣地區人民：指在臺灣地區設有戶籍之人民。

4. 大陸地區人民：指在大陸地區設有戶籍之人民。

香港澳門關係條例施行細則第2條：本條例所稱大陸地區，係指臺灣地區以外，但不包括香港及澳門之中華民國領土；所稱大陸地區人民，指在大陸地區設有戶籍或臺灣地區人民前往大陸地區繼續居住逾4年之人民。

二、台灣地區人民進入大陸

臺灣地區與大陸地區人民關係條例第9條：臺灣地區人民進入大陸地區，應經一般出境查驗程序。主管機關得要求航空公司或旅行相關業者辦理前項出境申報程序。臺灣地區公務員，國家安全局、國防部、法務部調查局及其所屬各級機關未具公務員身分之人員，應向內政部申請許可，始得進入大陸地區。但簡任第十職等及警監四階以下未涉及國家安全機密之公務員及警察人員赴大陸地區，不在此限；其作業要點，於本法修正後3個月內，由內政部會同相關機關擬訂，報請行政院核定之。

三、公務員及特定身分人員進入大陸地區規定

臺灣地區公務員及特定身分人員進入大陸地區許可辦法第5條：臺灣地區未涉及國家安全機密之簡任或相當簡任第十一職等以上之公務員、警監三階以上之警察人員及第三條第三項第一款人員，應向主管機關申請許可，始得進入大陸地區。

　　臺灣地區未涉及國家安全機密之簡任或相當簡任第十職等以下之公務員、警監四階以下之警察人員進入大陸地區，應依簡任第十職等及警監四階以下未涉及國家安全機密之公務員及警察人員赴大陸地區作業要點辦理。

　　同法第6條：擔任行政職務之政務人員及直轄市長、縣（市）長，符合下列各款情形之一者，得申請進入大陸地區：

　1. 在大陸地區有設戶籍之配偶或四親等內之親屬。

　2. 其在臺灣地區配偶或四親等內之親屬進入大陸地區，罹患傷病或死亡未滿一年，或有其他危害生命之虞之情事，或確有探視之必要。

　3. 進入大陸地區從事與業務相關之交流活動或會議。

　4. 經所屬機關遴派或同意出席專案活動或會議。

　　同法第7條：臺灣地區涉及國家安全機密人員，除下列人員外，符合前條各款情形之一者，得申請進入大陸地區：

　1. 從事有關國防或機密科技研究者。

　2. 中央各機關所派駐外人員，及任職國家安全局、國防部、法務部調查局及其所屬各級機關人員。

　　前項各款所定人員，符合下列各款情形之一者，得申請進入大陸地區：

　1. 進入大陸地區從事與業務相關之交流活動或會議。

　2. 經所屬機關遴派或同意出席專案活動或會議。

　3. 其在臺灣地區配偶或四親等內之親屬進入大陸地區，罹患傷病或死亡未滿一年，或有其他危害生命之虞之情事，或確有探視之必要。

　　同法第8條：臺灣地區公務員及特定身分人員進入大陸地區，不得有下列情事：

　1. 從事妨害國家安全或利益之活動。

2. 違反本條例第五條之一或第三十三條之一第一項規定，擅自與大陸地區人民、法人、團體或其他機關（構），簽署協議或為其他任何形式之合作行為。

3. 洩漏或交付法令規定應保守秘密之文書、圖畫、消息、物品或資訊。

4. 從事其他法令所禁止或應經業務主管機關許可而未經許可之事項。

前項人員在大陸地區受強暴、脅迫、利誘或其他手段，致有違反前項規定或相關法令之虞，應立即或於回臺後一個月內通報所屬機關、委託機關或監督機關長官；必要時，請法務部調查局協助處理。

同法第9條：依本辦法申請進入大陸地區者，應填具進入大陸地區申請表，並詳閱公務員及特定身分人員進入大陸地區注意事項後簽章，經所屬中央機關、直轄市、縣（市）政府或其授權機關附註意見，向主管機關申請許可。但申請人為機關首長者，應先報經上一級機關核准。

第三條第三項第二款特定身分人員申請進入大陸地區，應填具進入大陸地區申請表，並詳閱公務員及特定身分人員進入大陸地區注意事項後簽章，向主管機關申請許可。

前二項人員於返臺上班後一星期內，應填具返臺意見反映表，現職人員送交所屬機關，機關首長送交上一級機關，受委託人員送交委託機關，依本條例第九條第四項第四款提出申請之退離職人員及縣（市）長送交主管機關，直轄市長送交行政院備查。有具體情事涉及其他主管機關業務者，移請各相關主管機關處理。

四、大陸船舶未經許可不得進入臺灣地區

臺灣地區與大陸地區人民關係條例第32條：大陸船舶未經許可進入臺灣地區限制或禁止水域，主管機關得逕行驅離或扣留其船舶、物品，留置其人員或為必要之防衛處置。前項扣留之船舶、物品，或留置之人

員，主管機關應於3個月內為下列之處分：

1. 扣留之船舶、物品未涉及違法情事，得發還；若違法情節重大者，得沒入。

2. 留置之人員經調查後移送有關機關依本條例第18條收容遣返或強制其出境。

本條例實施前，扣留之大陸船舶、物品及留置之人員，已由主管機關處理者，依其處理。

五、強制出境處理辦法

大陸地區人民及香港澳門居民強制出境處理辦法第2條：在臺灣地區限制或禁止水域內，查獲未經許可入境之大陸地區人民、香港或澳門居民，治安機關得逕行強制驅離。

同法第3條：在機場、港口查獲未經許可入境之大陸地區人民、香港或澳門居民，治安機關得責由原搭乘航空器、船舶之機（船）長或其所屬之代理人，安排當日或最近班次遣送離境。

同法第4條：進入臺灣地區之大陸地區人民、香港或澳門居民，有依法得強制出境之情形，未依前2條規定強制驅離或遣送離境者，治安機關於查無犯罪事實後，檢附相關案卷資料，移請內政部入出國及移民署收容或強制出境。依前項規定移送司法機關偵辦之大陸地區人民、香港或澳門居民，經不起訴處分、緩起訴處分、無罪或經宣告緩刑之判決確定，或於判決確定前經司法機關同意者，得執行強制出境。

其中可以申請暫緩被強制出境的情況有以下2類：

1. 懷胎5個月以上或生產、流產後2個月未滿。

2. 罹患疾病而強制其出境有生命危險之虞。

同法第7條：執行大陸地區人民、香港或澳門居民強制出境時，得請求警察機關或其他有關機關（單位）提供協助處理。

第三節、憲法通識

第一項、國旗及國父遺像

一、刑法明定尊重孫中山遺像

刑法第160條（後段）：意圖侮辱創立中華民國之孫先生，而公然損壞、除去或污辱其遺像者，處1年以下有期徒刑、拘役或300元以下罰金。

二、刑法明定尊重國徽、國旗

刑法第160條：意圖侮辱中華民國，而公然損壞、除去或污辱中華民國之國徽、國旗者，處1年以下有期徒刑、拘役或300元以下罰金。

三、政府機關學校團體應懸掛國旗

中華民國國徽國旗法第6條：政府機關學校團體，及軍事部隊，應於禮堂及集會場所之正面中央，懸掛國旗於國父遺像之上。

四、下半旗

國旗下半旗實施辦法第8條：下半旗時，應先將國旗升至桿頂，再下降至旗身橫長二分之一處。降旗時，仍應升至桿頂，再行下降。第9條：下半旗時，與國旗並列懸掛之旗幟，其高度不得高於國旗。

第二項、禁止殘害人群

禁止殘害民族

殘害人群治罪條例第2條摘要：意圖全部或一部消滅某一民族、種族或宗教之團體，而有左列行為之一者，為殘害人群罪，處死刑、無期徒刑或7年以上有期徒刑：

1. 殺害團體之分子者。
2. 使該團體之分子遭受身體上或精神上之嚴重傷害者。前項之未遂犯罪之。預備或陰謀犯第一項之罪者，處1年以上、7年以下有期徒刑。

第三項、現行領土及領海管轄

一、領土管轄權之延伸

社會秩序維護法第4條：在中華民國領域內違反本法者，適用本法。在中華民國領域外之中華民國船艦或航空器內違反本法者，以在中華民國領域內違反論。

同法第34條：在中華民國領域外之中華民國船艦或航空器內違反本法者，船艦本籍地、航空器出發地或行為後停泊地之地方法院或其分院或警察機關有管轄權。

二、外國人在華豁免權

駐華外國機構及其人員特權暨豁免條例第3條：駐華外國機構及其人員依本條例享受之特權暨豁免，應基於互惠原則，以該外國亦給予中華民國駐該外國之機構及人員同等之特權暨豁免者為限。但有特殊需要，經外交部特許享受特權者不在此限。

同法第5條，駐華外國機構得享受左列特權暨豁免：

1. 館舍不可侵犯，非經負責人同意，不得入內。但遇火災或其他災害須迅速採取行動時，得推定已獲其同意。

2. 財產免於搜索、扣押、執行及徵收。

3. 檔案文件不可侵犯。

4. 豁免民事、刑事及行政管轄。

但左列情形不在此限：

1. 捨棄豁免。

2. 為反訴之被告。

3. 因商業行為而涉訟。

4. 因在中華民國之不動產而涉訟。

5. 電信及郵件免除檢查，並得以密碼之方式行之。其需設置無線電臺者，應經外交部及有關機關之核可。

6. 稅捐之徵免比照駐華使領館待遇辦理。

7. 公務用品之進出口比照駐華使領館待遇辦理。

8. 其他經行政院於駐華使領館所享待遇範圍內核定之特權暨豁免。

另根據法律規定，享有豁免特權者，必須以非中華民國國民為限。

三、領海主權維護

中華民國領海及鄰接區法第2條：中華民國主權及於領海、領海之上空、海床及其底土。第3條：中華民國領海為自基線起至其外側12浬間之海域。第4條：中華民國領海基線之劃定，採用以直線基線為原則，正常基線為例外之混合基線法。第5條：中華民國領海之基線及領海外界線，由行政院訂定，並得分批公告之。

四、行政院公告及修正「中華民國第一批領海基線、領海及鄰接區外界線」

依據1982年聯合國海洋法公約，沿海國主張領海、鄰接區、專屬經濟海域及大陸礁層海域權利，其海域外界線及寬度之測算均自領海基線量起。為維護我國海域主權完整、國防安全及經濟利益，依「中華民國領海及鄰接區法」規定研訂我國第一批領海基線草案，行政院於民國88年2月10日公告「中華民國第一批領海基線、領海及鄰接區外界線」，範圍包括臺灣本島及其附屬島嶼（含釣魚台列嶼）、東沙群島、中沙群島、及南沙群島。

考量我國海岸環境變遷及測繪技術日益進步，為力求領海基點坐標與實地相符，行政院在96年起針對88年公告之第一批領海基線，進行更高精度之檢核作業。經國土測繪中心派遣測繪及潛水人員，現地檢測，坐標系統採國際海圖慣用之WGS-84坐標系統，經整理完成各領海基點檢測結果。

行政院民國98年11月18日公告修正「中華民國第一批領海基線、領海及鄰接區外界線」，並自當日生效。

現行「中華民國第一批領海基線表」如下：

表1：中華民國第一批領海基線表

區域	基點編號	基點名稱	地理坐標（WGS-84坐標系統）		迄點編號	基線種類
			經度（N）	緯度（N）		
臺灣本島及附屬島嶼	T1	三貂角	122° 00´ 27.97″	25° 00´ 29.83″	T2	直線基線
	T2	棉花嶼	122° 06´ 32.79″	25° 29´ 01.87″	T3	直線基線
	T3	彭佳嶼1	122° 05´ 09.69″	25° 37´ 47.51″	T4	正常基線
	T4	彭佳嶼2	122° 04´ 24.24″	25° 37´ 57.44″	T5	直線基線
	T5	麟山鼻	121° 30´ 33.94″	25° 17´ 29.23″	T6	直線基線
	T6	大崛溪	121° 05´ 53.57″	25° 04´ 05.59″	T7	直線基線
	T7	大潭	121° 01´ 58.49″	25° 01´ 57.38″	T8	直線基線
	T8	翁公石	119° 32´ 27.41″	23° 47´ 15.19″	T9	直線基線
	T9	花嶼1	119° 19´ 06.84″	23° 24´ 42.82″	T10	直線基線
	T10	花嶼3	119° 18´ 52.12″	23° 24´ 12.56″	T11	直線基線
	T11	花嶼2	119° 18´ 49.10″	23° 23´ 57.43″	T12	直線基線
	T12	貓嶼	119° 19´ 06.03″	23° 19´ 28.91″	T13	直線基線

	T13	七美嶼	119° 24´ 58.10″	23° 11´ 35.80″	T14	直線基線
	T14	琉球嶼	120° 21´ 13.13″	22° 19´ 25.73″	T15	直線基線
	T15	七星岩	120° 49´ 35.09″	21° 45´ 22.76″	T16	直線基線
	T16	小蘭嶼1	121° 36´ 48.45″	21° 56´ 18.23″	T17	直線基線
	T17	小蘭嶼2	121° 37´ 02.34″	21° 56´ 58.88″	T18	直線基線
	T18	飛岩	121° 31´ 21.17″	22° 41´ 07.53″	T19	直線基線
	T19	石梯鼻	121° 30´ 59.79″	23° 28´ 59.92″	T20	直線基線
	T20	烏石鼻	121° 51´ 43.71″	24° 28´ 49.82″	T21	直線基線
	T21	米島	121° 54´ 11.25″	24° 35´ 57.69″	T22	直線基線
	T22	龜頭岸	121° 57´ 52.78″	24° 50´ 22.24″	T1	直線基線
	-	釣魚台列嶼	-	-		正常基線
東沙群島	D1	西北角	116° 45´ 55.79″	20° 46´ 03.92″	D2	直線基線
	D2	東沙北角	116° 42´ 36.58″	20° 44´ 03.93″	D3	正常基線
	D3	東沙南角	116° 41´ 46.77″	20° 41´ 55.20″	D4	直線基線
	D4	西南角	116° 45´ 16.75″	20° 35´ 41.12″	D1	正常基線
中沙群島	-	黃岩島	-	-	-	正常基線
南沙群島	在我國傳統U形線內之南沙群島全部島礁均為我國領土，其領海基線採直線基線及正常基線混合基線法劃定，有關基點名稱、地理坐標及海圖另案公告。					

資料來源：中華民國第一批領海基線表中華民國88年2月10日行政院令公告。中華民國98年11月18日行政院院臺建字第0980097355號令修正。作者製表

五、領海主權維護及非屬無害通過

中華民國領海及鄰接區法第8條：外國船舶通過中華民國領海，有下列情形之一者，非屬無害通過：

1. 對中華民國主權或領土完整進行武力威脅或使用武力。

2. 以武器進行操練或演習。

3. 蒐集情報，使中華民國防務或安全有受損害之虞者。

4. 影響中華民國防務或安全之宣傳行為。

5. 起落各種飛行器或接載航行裝備。

6. 發射、降落或接載軍事裝置。

7. 裝卸或上下違反中華民國海關、財政、貿易、檢驗、移民、衛生或環保法令之商品、貨幣或人員。

8. 嚴重之污染行為。

9. 捕撈生物之活動。

10. 進行研究或測量活動。

11. 干擾中華民國通訊系統或其他設施或設備之行為。

12. 與無害通過無直接關係之其他活動。

六、領海執法

中華民國領海及鄰接區法第13條：在用於國際航行的臺灣海峽非領海海域部份，中華民國政府可就下列各項或任何一項，制定關於管理外國船舶和航空器過境通行之法令：

1. 維護航行安全及管理海上交通。

2. 防止、減少和控制環境可能受到之污染。

3. 禁止捕魚。

4. 防止及處罰違犯中華民國海關、財政、移民或衛生法令，上下任何商品、貨幣或人員之行為。

前項關於海峽過境通行之法令，由行政院公告之。

第14條：中華民國鄰接區為鄰接其領海外側至距離基線24浬間之海域；其外界線由行政院訂定，並得分批公告之。

第15條：中華民國政府得在鄰接區內為下列目的制定法令：

1. 防止在領土或領海內違犯有關海關、財政、貿易、檢驗、移民、衛生或環保法令、及非法廣播之情事發生。

2. 處罰在領土或領海內違犯有關海關、財政、貿易、檢驗、移民、衛生或環保法令、及非法廣播之行為。對於在公海或中華民國領海及鄰接區以外其他海域之任何未經許可之廣播，中華民國政府得制定法令，防止及處罰之。

前二項之法令由行政院公告之。

第16條：於中華民國領海及鄰接區中進行考古、科學研究、或其他任何活動所發現之歷史文物或遺跡等，屬於中華民國所有，並得由中華民國政府依相關法令加以處置。

第17條：中華民國之國防、警察、海關或其他有關機關人員，對於在領海或鄰接區內之人或物，認為有違犯中華民國相關法令之虞者，得進行緊追、登臨、檢查；必要時，得予扣留、逮捕或留置。

前項各有關機關人員在進行緊追、登臨、檢查時，得相互替補，接續為之。

第四項、兩岸關係發展

兩岸自1949年隔海而治後，直到1987年11月政府開放臺灣人民赴大陸地區探親，開始解凍，兩岸關係由軍事對峙與政治隔離的狀態進入交流互動。到了2010年時，已經呈現的是「兩岸全面大交流」狀態。這段過程的演變，都是先由兩岸個自在其內部發生變化，接著才帶動了彼此關係的轉變。

1978年中共在十一屆三中全會後，開始推動「對內改革，對外開放」政策，也開始調整對台灣的策略。中華民國政府則在1987年開放台灣居民到大陸探親後，大幅改變了兩岸關係；1991年我國宣告終止動員戡亂，形同片面終止了與大陸的軍事對立狀態。台灣在此時期推動了經濟與民主的現代化建設，締造了舉世聞名的「台灣奇蹟」。在兩岸都採行了開放政策下，台灣人有能力挾帶技術與資金進入大陸投資各種產業，出現了今日所謂的「台商」。

中國大陸的政治權力結構的依據是「以黨領政」，中國共產黨全國代表每五年舉行一次，並會選出新一屆中央委員會委員和候補委員，而中央委員會再選出中央政治局委員、常務委員、總書記等領導人。至2012年11月，中國共產黨第十八次全國代表大會（簡稱「十八大」），

於會議中完成國家領導人的交替，總書記及國家主席職務由胡錦濤轉移給習近平，展開新領導人的時代。

在大陸對臺政策部份，目前主要仍以「胡六點」為指導綱領，持續推進兩岸政治、經濟、文化、軍事、政黨各方面的交流，以建構兩岸「和平發展」框架。此外，大陸方面希望在持續擴大兩岸經貿交往之外，應進一步開展兩岸在文化、教育等領域的交流與協商。

溯自2008年以來，大陸方面推動兩岸關係的方針是「大交流、大合作、大發展」，持續落實擴大對臺交流之廣度與深度，全面開展對臺交流工作，加強對臺基層紮根，並且強調「向南移、向下沉」策略，試圖與台灣中南部、中小企業及中下階層進行密切互動，落實對臺工作目標。

在中華民國部份，隨著每四年一次的總統換屆選舉，不同的總統也採行了不同的大陸政策。

在1988年蔣經國總統生前與逝世時，所提出的大陸政策以「三民主義統一中國」，致力於光復大陸國土。繼任的李登輝總統，於接位之初，延續了「一個中國」的政策精神，主張全民應有「立足台灣，胸懷大陸，放眼世界」的使命感與責任。但自1996年總統由人民直接選舉後，中華民國第一任的民選總統李登輝逐步拋棄原有的大陸政策，漸進從台灣對大陸投資採行「戒急用忍」、「行穩致遠」政策到最終提出主張兩岸關係是「特殊國與國關係」，兩岸並不存在「同一國家」的概念。繼任的陳水扁總統在其2000年至2008年任內，先後提出對大陸投資的政策是「積極開放，有效管理」或者其後提出的「積極管理，有效開放」。而2008年5月就職的馬英九總統在主政之後，主張快速進入「全面大交流時期」，並且派出民間代表與大陸進行了八次「江陳會」，從各個層面進行兩岸交流。

一、馬總統的「大交流」政策

2008年5月20日就任中華民國第12任總統後，馬英九表達出他對於兩岸政策的基本態度，他認為目前兩岸關係是現實關係，很多問題必須擱置爭議面對現實，否則雙方關係無法改善。他認為：「根據中華民國憲法，中華民國『當然是獨立之主權國家，中國大陸亦為我中華民國領土』；憲法規定就是如此，『台灣』無法承認中華民國領土上還有另一個國家存在，中國大陸也無法承認台灣」。

馬總統還指出：「在憲法規定上，並不承認中國大陸為一個國家，無法適用與其他國家保持關係之法律架構，大陸方面亦然」。

馬總統提出的兩岸未來是：「台灣在設法使兩岸經貿關係正常化，進一步改善雙方在國際社會關係，以台灣在國際社會獲得合理空間為目標，最後與大陸締結和平協定，終結兩岸敵對狀態，使台灣海峽走向真正和平與繁榮的道路」（中央社東京電，2008年10月7日）。

2010年10月10日中華民國建國99年國慶日，馬總統發表國慶致詞中，可以清楚的看到國家元首對於「憲法架構下的兩岸關係」定位（王光慈、李光儀、鄭宏斌，2010年10月11日）：

> 馬總統國慶致詞中重申「九二共識」，強調主權獨立的中華民國，是在憲法架構下以「九二共識」為基礎，開展與大陸的關係；雖然現階段兩岸法理上不可能「相互承認」，但應以務實的精神，做到彼此在事實上「互不否認」。馬總統也向大陸喊話，強調兩岸人民同屬中華民族，「都是炎黃子孫」，雙方在深化交流之際，希望在國際社會上也擴大合作、避免對立，逐步開啟互利雙贏的良性循環。不過總統強調，雖然近來兩岸關係大幅改善，台海緊張情勢明顯緩和，但「台灣安全不能只寄望兩岸關係改善」，發展自主國防力量、持續向外購買無法自製的防衛性武

器，仍是「必要與不變的政策」。

2012年1月14日馬英九當選中華民國第13任總統，在5月20日的連任就職演說中，針對兩岸定位，馬總統提出「過去廿年來兩岸的憲法定位就是一個中華民國，兩個地區」，建議兩岸應該要正視這個現實，求同存異，建立「互不承認主權、互不否認治權」的共識，雙方才能放心向前走。根據聯合報的報導內容，摘要如下（王光慈、楊湘鈞，2012年5月21日）：

> 馬總統說，憲法定位歷經三位總統從未改變，「這是最理性務實的定位，也是中華民國長遠發展、保障台灣安全的憑藉」；期盼中國大陸政治參與逐步開放，人權與法治日漸完善，公民社會自主成長，進一步縮短兩岸人民的心理距離。馬總統表示，兩岸政策必須在中華民國憲法架構下，維持「不統、不獨、不武」現狀，在「九二共識、一中各表」的基礎上推動和平發展；「我們所說的『一中』，當然就是中華民國」；過去四年經驗顯示，這是一條「兩岸都可接受的路」，未來還會在這條路上繼續往前走。
>
> 馬總統指出，未來四年兩岸要開拓新的合作領域，繼續鞏固和平、擴大繁榮、深化互信。期盼兩岸民間團體在民主、人權、法治、公民社會領域，「有更多機會交流與對話，為兩岸和平發展創造更有利的環境」。媒體詢問與大陸洽簽「和平協議」，馬總統說，兩岸關係推動的原則是「先急後緩、先易後難、先經後政」，目前沒有任何迫切性要跟大陸討論和平協議議題。

二、八次「江陳會」開展海峽兩岸大交流時代

2008年6月兩岸恢復中斷近10年的兩岸制度化協商，展開「對等、尊嚴」的對話、交流，強化了兩岸間協商對話、共同處理問題的機制，

具體解決國人關切的議題。依據馬英九總統的大陸政策，所謂「兩岸制度化協商」的意涵包括：

1. 建立「機制對機制」、「官員對官員」的協商模式，兩岸進入實質「互不否認」的階段。

2. 堅持在「國家需要、民意支持、國會監督」的前提下，採取「先急後緩」、「先易後難」、「先經後政」的協商原則。

3. 兩岸政治性議題的處理，目前條件並不成熟

制度化協商的實際行動是「兩岸兩會協商」；在台灣被稱作「江陳會」的兩岸協商，在大陸被稱為「陳江會」。江、陳分別代表二人。「江」是台灣的海峽交流基金會董事長江丙坤；「陳」是大陸的海峽兩岸關係協會會長陳雲林。第一次江陳會在2008年6月馬英九就任總統後一個月就登場，是繼1998年第二次辜汪會談之後，兩會之間重新啟動的制度性協商。到2012年12月為止，共舉行了八次江陳會，總共簽署十八項兩岸交流協議。

第八次的江陳會是台灣代表江丙坤的「告別作」，在第八次會談後辭去海基會董事長，換言之，兩岸協商「江陳會」從而劃下句點，但也在兩岸交流的歷史上留下記錄。八次「江陳會」舉行的日期、地點，以及主要的會談結果，如下表所示：

表2：八次江陳會地點、日期及簽署文件概要

次別	地點	日期	簽署文件
第一次	北京	2008年6月	海峽兩岸包機會談紀要 海峽兩岸關於大陸居民赴台灣旅遊協議
第二次	台北	2008年11月	海峽兩岸空運協議 海峽兩岸食品安全協議 海峽兩岸海運協議 海峽兩岸郵政協議 ＊本次協議內容生效後，兩岸全面開啓大三通。
第三次	南京	2009年4月	海峽兩岸共同打擊犯罪及司法互助協議 海峽兩岸空運補充協議 海峽兩岸金融合作協議

第四次	台中	2009年12月	海峽兩岸標準檢測及認驗證合作協議 海峽兩岸漁船船員勞務合作協議 海峽兩岸農產品檢驗檢疫協議
第五次	重慶	2010年6月	海峽兩岸經濟合作框架（ECFA）協定 海峽兩岸知識產權保護合作協定 ＊為使兩岸民眾儘快享受到框架協議的利益，雙方同意先實施早期收穫計畫，在框架協定生效後對部分產品實行關稅減讓，並在部分服務貿易領域實施更加開放的政策措施。
第六次	台北	2010年12月	海峽兩岸醫藥衛生合作協議 ＊另決定成立協議落實的檢討機制，但在經濟合作方面仍無法達成共識。
第七次	天津	2011年10月	海峽兩岸核電安全合作協議
第八次	台北	2012年8月	海峽兩岸投資保障和促進協議 海峽兩岸海關合作協議

資料來源：作者製表

　　兩岸於2010年六月簽訂「兩岸經濟合作架構協議」（ECFA）後，還有許多後續談判需要落實，第八次江陳會所簽署的「海峽兩岸投資保障和促進協議」，就歷經較長時間的協商。從2012年8月簽署的投保協議內容來看，我方爭取到若干重大突破，但也有難以克服的障礙。例如台商關心的人身安全保障納入投保協議，並爭取到台商人身自由受限制時，須在二十四小時內通知家屬的「國民待遇」，但在訴求排除大陸新修正「刑事訴訟法」國安條款適用、「超國民待遇」的「無例外通知」，則不在協議之內。

三、ECFA內容摘錄

　　兩岸經濟合作架構協定（英文簡稱：ECFA, Economic Cooperation Framework Agreement）是指簽署正式協定之前所擬訂的綱要，因為要協商簽署正式協議曠日持久，緩不濟急，為了考量實際需要，僅先訂定架構及目標，具體內容日後再協商。ECFA並針對攸關生存關鍵之產業，可先進行互免關稅或優惠市場開放條件之協商，協商完成者先執行。其內容摘錄如下：

1. 同意逐步減少或消除彼此間的貿易和投資障礙，創造公平的貿易與投資環境。

2. 進一步增進雙方的投資貿易關係，建立有利於兩岸經濟繁榮與發展的合作機制。

3. 雙方同意逐步減少或消除雙方之間實質多數貨物貿易的關稅和非關稅壁壘；逐步減少或消除雙方之間涵蓋眾多部門的服務貿易限制性措施。

4. 雙方同意在不遲於協定生效後6個月內，就貨物貿易協定、服務貿易協定、建立適當的爭端解決程式以及建立投資保護機制等問題展開磋商，並盡速完成、達成協定。

5. 雙方同意在協定生效後6個月內開始實施貨物貿易早期收穫計畫，在協定生效後盡速實施服務貿易早期收穫計畫，以加速實現協定的目標。

6. 成立「兩岸經濟合作委員會」，由雙方指定的代表組成，負責處理與協議相關的事宜，包括磋商、監督、評估、解釋，解決任何關於協議解釋、實施和適用的爭端。

第五項、兩岸關係的民意調查

（一）兩岸分裂出現的制度差異

　　台灣與大陸從1949年開始分裂分治，60多年來因為採取了不同的制度，以致從政治制度、經濟制度到政治文化、意識型態各個方面，都出現了分岐。

　　兩岸之間最大的制度差異是自由主義與極權主義的對立感，這使得部份台灣人民難免存在著兩岸之間文明與野蠻對比的心理；即便中共積極對台統戰，仍舊難以扭轉部份台灣人民對中共政權本質的反感。

在兩岸分裂的現勢下，中共現時進行的統戰宣傳包括了以「一國兩制」併吞中華民國的企圖，台灣能做的除了等待大陸的自身變化以外，只能一方面在於引導中國人民走入全球經濟秩序之中，另一方面則是將台灣民主的價值觀做為引導大陸變革的動力。

兩岸之外，加上主權已回歸中華人民共和國，而卻採行「一國兩制」的香港、澳門兩個特別行政區，形成所謂的「兩岸四地」。「兩岸四地」的人們擁有一脈相承的血緣，使用共通的語言，繼承五千年的歷史文化，然而兩岸四地迄今仍然維持不盡相同的地區文化，其中最大的差異是「不同制度下涵化出來的不同價值觀」。

港澳地區脫離殖民地位，但是數百年被西方列強殖的社會經驗與記憶猶存，也留下了資本主義的制度。台灣被日本殖民51年之後，雖然也歷經極權統治，但是自八○年代開始便踏上民主化的政治改革大道，台灣社會已經享受並且認識到民主、自由與人權保障的可貴，也形成了人民與社會的集體價值觀，這是與中國大陸最大的不同。

中國大陸以「一黨專政」為其政治制度，短時間看不出來會出現重大的變化，這種極權統治方式與目前台灣社會的價值觀存有極大的扞格。

（二）對台灣人民所做的兩岸關係民意調查

參考2012年聯合報「兩岸關係年度大調查」結果有幾點值得注意之處：分別是兩岸關係敵對性明顯增加；兩岸經貿關係由互利轉成競爭；兩岸的社會與外交角力惡化；年輕人到大陸工作意願增加，中年人卻減少；台灣民眾對大陸人民和政府好印象比率減少；還有急獨增加。（郭乃日，2012年9月23日）

回顧前項調查在2010年9月時的調查結果，顯示在馬英九總統上任兩年多時，民眾對於台灣前途的看法逐漸朝著「永遠維持現狀」發展，贊成者的比率首次突破5成；此外，63％民眾則不認為大陸國力強盛將

危及台灣，樂見大陸持續發展（聯合報系民意調查中心，2010年9月11日）。

調查顯示，民眾對於台灣前途已多有定見；其中16％民眾主張盡快獨立，15％主張維持現況以後再獨立，5％主張急統，9％主張緩統，51％希望永遠維持現狀，僅4％無意見。

而與2000年7月所做的調查結果相比，民眾的統獨態度明顯轉變。主張急統或緩統者，2010比2000年合計減少15％，取而代之是主張永遠維持現狀者增加19％，主張急獨或緩獨的比率也略多5％。

2010年的調查中，有69％民眾認為大陸發展成「世界第一強國」的機會濃厚；30％民眾認為「兩岸國力發展懸殊可能對台不利」；63％認為不用擔心。分析顯示，主張急獨或緩獨民眾，有逾4成擔心大陸國力日漸強盛，比率明顯高於主張永遠維持現狀或統一者。

第六項、大陸地區人民來臺灣觀光

參考交通部觀光局統計，2012年從3月1至26日，每日來台陸客觀光團就有6,297人次，比去年同期成長64％，創單月陸客觀光團來台最高人次紀錄；若再加上參訪團及自由行旅客，每日來台陸客超過8千人次。此一「盛況」導致飯店與遊覽車吃緊，甚至有旅館違規擴大營業；墾丁、花蓮、台東、澎湖等觀光地區的飯店一宿難求。

大陸地區人民來臺從事觀光活動許可辦法第3條：大陸地區人民符合下列情形之一者，得申請許可來臺從事觀光活動：

1. 有固定正當職業或學生。

2. 有等值新臺幣20萬元以上之存款，並備有大陸地區金融機構出具之證明。

3. 赴國外留學、旅居國外取得當地永久居留權、旅居國外取得當地依親居留權並有等值新臺幣20萬元以上存款且備有金融機構出具之證明或旅居國外1年以上且領有工作證明及其隨行之旅居國外

配偶或二親等內血親。

4. 赴香港、澳門留學、旅居香港、澳門取得當地永久居留權、旅居香港、澳門取得當地依親居留權並有等值新臺幣20萬元以上存款且備有金融機構出具之證明或旅居香港、澳門1年以上且領有工作證明及其隨行之旅居香港、澳門配偶或二親等內血親。

5. 其他經大陸地區機關出具之證明文件。

同法第3-1條：大陸地區人民設籍於主管機關公告指定之區域，符合下列情形之一者，得申請許可來臺從事個人旅遊觀光活動（以下簡稱個人旅遊）：

1. 年滿20歲，且有相當新臺幣20萬元以上存款或持有銀行核發金卡或年工資所得相當新臺幣50萬元以上。

2. 年滿18歲以上在學學生。

前項第一款申請人之直系血親及配偶，得隨同本人申請來臺。

第4條：大陸地區人民來臺從事觀光活動，其數額得予限制，並由主管機關公告之。

前項公告之數額，由內政部入出國及移民署（以下簡稱入出國及移民署）依申請案次，依序核發予經交通部觀光局核准且已依第11條規定繳納保證金之旅行業。

旅行業辦理大陸地區人民來臺從事觀光活動業務配合政策，或經交通部觀光局調查來臺大陸旅客整體滿意度高且接待品質優良者，主管機關得依據交通部觀光局出具之數額建議文件，於第一項公告數額之10％範圍內，予以酌增數額，不受第一項公告數額之限制。

第5條：大陸地區人民來臺從事觀光活動，應由旅行業組團辦理，並以團進團出方式為之，每團人數限5人以上40人以下。

經國外轉來臺灣地區觀光之大陸地區人民，每團人數限7人以上。但符合第3條第3款或第4款規定之大陸地區人民，來臺從事觀光活動，得不以組團方式為之，其以組團方式為之者，得分批入出境。

　　第17條：大陸地區人民經許可來臺從事觀光活動，於抵達機場、港口之際，入出國及移民署應查驗入出境許可證及相關文件，有下列情形之一者，得禁止其入境；並廢止其許可及註銷其入出境許可證：

1. 未帶有效證照或拒不繳驗。
2. 持用不法取得、偽造、變造之證照。
3. 冒用證照或持用冒領之證照。
4. 申請來臺之目的作虛偽之陳述或隱瞞重要事實。
5. 攜帶違禁物。
6. 患有足以妨害公共衛生或社會安寧之傳染病、精神疾病或其他疾病。
7. 有違反公共秩序或善良風俗之言行。
8. 經許可自國外轉來臺灣地區從事觀光活動之大陸地區人民，未經入境第三國直接來臺。
9. 經許可來臺從事個人旅遊，未備妥回程機（船）票。

　　入出國及移民署依前項規定進行查驗，如經許可來臺從事觀光活動之大陸地區人民，其團體來臺人數不足5人者，禁止整團入境；經許可自國外轉來臺灣地區觀光之大陸地區人民，其團體來臺人數不足5人者，禁止整團入境。但符合第3條第3款或第4款規定之大陸地區人民，不在此限。

第七項、公務員進入大陸地區應注意事項

　　依臺灣地區與大陸地區人民關係條例（以下簡稱本條例）第9條第9項規定訂定之「臺灣地區公務員及特定身分人員進入大陸地區許可辦法」，第3條規定：本辦法所稱公務員，指公務員服務法第24條規定之人員。

　　本辦法所稱簡任或相當簡任第11職等以上公務員及警監三階以上警察人員，指所任職務之職務列等或職務等級跨列簡任或相當簡任第11職

等以上及警監三階以上者。

本辦法所稱特定身分人員，指下列各款人員：

1. 本條例第9條第3項所定國家安全局、國防部、法務部調查局及其所屬各級機關未具公務員身分之人員。

2. 本條例第9條第4項第3款及第四款所定人員。

第5條：臺灣地區未涉及國家安全機密之簡任或相當簡任第11職等以上之公務員、警監三階以上之警察人員及第3條第3項第1款人員，應向主管機關申請許可，始得進入大陸地區。

臺灣地區未涉及國家安全機密之簡任或相當簡任第10職等以下之公務員、警監四階以下之警察人員進入大陸地區，應依簡任第10職等及警監四階以下未涉及國家安全機密之公務員及警察人員赴大陸地區作業要點辦理。

第6條：擔任行政職務之政務人員及直轄市長、縣（市）長，符合下列各款情形之一者，得申請進入大陸地區：

1. 在大陸地區有設戶籍之配偶或四親等內之親屬。

2. 其在臺灣地區配偶或四親等內之親屬進入大陸地區，罹患傷病或死亡滿一年，或有其他危害生命之虞之情事，或確有探視之必要。

3. 進入大陸地區從事與業務相關之交流活動或會議。

4. 經所屬機關遴派或同意出席專案活動或會議。

第7條：臺灣地區涉及國家安全機密人員，除下列人員外，符合前條各款情形之一者，得申請進入大陸地區：

1. 從事有關國防或機密科技研究者。

2. 中央各機關所派駐外人員，及任職國家安全局、國防部、法務部調查局及其所屬各級機關人員。

前項各款所定人員，符合下列各款情形之一者，得申請進入大陸地區：

1. 進入大陸地區從事與業務相關之交流活動或會議。

2. 經所屬機關遴派或同意出席專案活動或會議。

3. 其在臺灣地區配偶或四親等內之親屬進入大陸地區，罹患傷病或死亡未滿一年，或有其他危害生命之虞之情事，或確有探視之必要。

第8條：臺灣地區公務員及特定身分人員進入大陸地區，不得有下列情事：

1. 從事妨害國家安全或利益之活動。

2. 違反本條例第5條之1或第33條之1第1項規定，擅自與大陸地區人民、法人、團體或其他機關（構），簽署協議或為其他任何形式之合作行為。

3. 洩漏或交付法令規定應保守秘密之文書、圖畫、消息、物品或資訊。

4. 從事其他法令所禁止或應經業務主管機關許可而未經許可之事項。

前項人員在大陸地區受強暴、脅迫、利誘或其他手段，致有違反前項規定或相關法令之虞，應立即或於回臺後一個月內通報所屬機關、委託機關或監督機關長官；必要時，請法務部調查局協助處理。

第9條：依本辦法申請進入大陸地區者，應填具進入大陸地區申請表，並詳閱公務員及特定身分人員進入大陸地區注意事項後簽章，經所屬中央機關、直轄市、縣（市）政府或其授權機關附註意見，向主管機關申請許可。但申請人為機關首長者，應先報經上一級機關核准。

第3條第3項第2款特定身分人員申請進入大陸地區，應填具進入大陸地區申請表，並詳閱公務員及特定身分人員進入大陸地區注意事項後簽章，向主管機關申請許可。

前二項人員於返臺上班後一星期內，應填具返臺意見反映表，現職人員送交所屬機關，機關首長送交上一級機關，受委託人員送交委託機

關，依本條例第9條第4項第4款提出申請之退離職人員及縣（市）長送交主管機關，直轄市長送交行政院備查。有具體情事涉及其他主管機關業務者，移請各相關主管機關處理。

第八項、兩岸共同打擊犯罪

一、警政署外事組職掌

內政部警政署辦事細則第9條第1項：警政署外事組職掌外國人、大陸地區人民、港澳居民及臺灣地區無戶籍國民非法活動調查之規劃、督導事項。

二、兩岸共同打擊犯罪

內政部警政署刑事警察局辦事細則第5條第11項：刑事警察局偵查科職掌兩岸共同打擊犯罪業務之規劃、督導、協調及執行事項。

法務部調查局處務規程第7條第5項：調查局經濟犯罪防制處掌理兩岸共同打擊犯罪工作之綜合業務。

看新聞學憲法

兩岸共同打擊犯罪及司法互助向前邁進

為有效打擊兩岸跨境犯罪，落實「兩岸共同打擊犯罪及司法互助協議」，警政署邀請中國警察協會副主席、大陸公安部副部長陳智敏等人在2010年9月來台參訪，並安排與內政部、陸委會、海巡署、法務部等單位工作會談交流。台灣警政高層亦於一個月後回訪大陸，為兩岸共同打擊犯罪及司法互助，向前邁進一大步。參考媒體報導，內容大致如下（林郁平，2010年11月13日）。

　　警政署長王卓鈞10月底應大陸公安部邀請，率團到大陸進行8天的參訪，這不但是兩岸警方有史以來層級最高的交流，雙方也就「協緝遣返潛逃大陸之重大刑事與經濟通緝要犯」達成共識，列為當前重點工作，在王卓鈞親自提交的20名指標性要犯名單中，張○○成為第一起合作遣返的案件。

　　兩岸警方合作，早期在政治原因等干擾下，只能鴨子滑水，透過不斷溝通慢慢進行，並逐漸達成一定的默契。不過，在去年第三次江陳會簽署「海峽兩岸共同打擊犯罪及司法互助協議」生效後，對岸也開始重視到跨境治安的問題，不再容忍大陸成為台灣犯罪者的天堂。

　　繼大陸公安部副部長到台灣參訪，警政署長王卓鈞也率團到大陸回訪，成為第一位到大陸訪問的署長，對岸也公開稱他是警政署長，讓兩岸警方合作達到高峰。

　　王卓鈞參訪大陸時，特地將國內重大經濟要犯、貪汙犯，及重大刑事要犯20名名單、重要線索交予大陸公安，其中包括昨天被遣返回台的張○○，以及廣三案的曾○○、劉○○、劉○○及槍擊要犯陳○○等人。

　　刑事局表示，這份名單會隨時變動，像張○○落網後，還將繼續遞補，希望兩岸警方在雙方法律都有認知及共識下，一起合作打擊犯罪，讓治安狀況不會因為跨境等問題或藏匿於境外而受到限制。

　　2009年兩岸簽定合作打擊犯罪及司法互助協議（南京協議）之後，截至2010年底，大陸方面協緝73名台灣罪犯返台；另有兩名大陸通緝犯被台方遣返大陸。此外，更為重大的成效是2011年「0310」、「0928」、「1129」連續三個專案大行動，威懾瓦解了橫行許久的跨境詐騙集團。

　　上述三項專案透過兩岸四地警方犯罪情資交換、案件協查、合作偵查，共同追查涉及兩岸詐欺集團的犯罪源頭及被害端末，並共同派員至第三地合作辦案，進行聯合查緝行動，成功建立了P-P的警務合作模式。

第一章　學習自我評量

一、問答題

1. 司法院大法官解釋「我國固有疆域」的核心內容為何？解釋者所持的關鍵的見解是什麼？

2. 試述現行關於「憲法修正案」的法律程序為何？

3. 試述現行關於「領土變更案」的法律程序為何？

4. 試述台灣現有的原住民族名稱及其主要地理分布為何？

二、測驗題

1. 依司法院大法官釋字第328號之見解，我國領土固有疆域範圍係屬何種問題，不應由行使司法權之釋憲機關予以解釋？（97基層警察四等）

   (A)統獨問題　(B)歷史爭議問題　(C)重大政治問題　(D)國際法問題

2. 下列何者在憲法總綱中均有規定？（97基層警察四等）

   (A)國體、政體　(B)國都、國旗　(C)領土、國語　(D)主權、國徽

3. 憲法第2條規定：「中華民國之主權屬於國民全體」，係基於下列何原則而來？（98基層警察）

   (A)法治國原則　(B)共和國原則　(C)民主國原則　(D)聯邦國原則

4. 領土為構成國家的重要要素，我國憲法總綱中亦有明定。現行法律規定，中華民國鄰接區為鄰接其領海外側至距離基線之間的海域為多少？（96警大二技）

   (A)四十八浬　(B)三十六浬　(C)二十四浬　(D)十二浬

5. 請問下列何者，與原住民族基本法的規定不合？（99警察三特）

    (A)原住民族基本法的立法目的：「為保障原住民族基本權利，促進原住民族生存發展，建立共存共榮之族群關係」

    (B)政府應依原住民族意願，保障原住民族之平等地位及自主發展，實行原住民族自治

    (C)政府應依原住民族意願，本多元、平等、尊重之精神，保障原住民族教育之權利

    (D)基於憲法平等原則，政府對原住民族傳統之生物多樣性知識及智慧創作，不應保護

6. 依憲法增修條文第4條規定，中華民國領土，依其固有疆域，全體立法委員依法提出領土變更案，並於依法公告後，再經中華民國自由地區選舉人投票複決，非經有效同意票過選舉人總額之多少比例，不得變更之？（101一般警察三等）

    (A)二分之一   (B)三分之一   (C)四分之一   (D)五分之一

7. 依據憲法前言，中華民國憲法係基於下列何者之付託而制定？（100一般警察三等）

    (A)全體國民   (B)立法院   (C)行政院   (D)總統

8. 依據司法院釋字第499號解釋，下列何者具有本質之重要性，屬於憲法整體之基本原則？（100一般警察三等）

    (A)國民主權原則   (B)信賴保護原則

9. 下列何組人選，曾被清廷任命為「修訂法律大臣」，領導晚清中國進行繼受外國法的艱鉅工程？（100一般警察三等）

    (A)梁啟超、康有為   (B)楊度、董康

    (C)沈家本、伍廷芳   (D)江庸、張之洞

10.憲法第2條國民主權之規定，與下列何項憲法基本原則關係最為密切？（100一般警察三等）

    (A)文化國原則   (B)民主原則   (C)法治國家原則   (D)社會國家原則

11.中華民國之國旗定為「紅地，左上角青天白日」係規定於：（100一般警察四等）

(A)憲法增修條文 (B)憲法本文 (C)總統府組織法 (D)以法規命令定之

12.有關我國憲法之發展，下列何者錯誤？（100一般警察四等）

(A)民國36年公布之中華民國憲法深受德國威瑪憲法之影響

(B)中華民國憲法明文規定自由權、平等權、財產權等人民基本權利之保障

(C)憲法增修條文已明文規定隱私權、新聞自由等人民基本權利之保障

(D)中華民國憲法本文與憲法增修條文皆有基本國策之相關規定

13.中華民國憲法第4條規定：「中華民國領土，依其固有之疆域，非經國民大會之決議，不得變更之」，依下列何一法律解釋方法之運用，該領土自應及於領海與領空？（100一般警察四等）

(A)擴充解釋 (B)目的解釋 (C)當然解釋 (D)歷史解釋

14.下列關於間接民主之敘述，何者錯誤？（100警察三等）

(A)又稱為代議民主

(B)國家權力之行使非由人民自己為之

(C)國家權力之正當性最後仍須回溯自人民意志

(D)為我國憲法及增修條文所採取之唯一民主體制

15.憲法第1條明定中華民國為民主共和國，下列何項原則並非由「民主共和國」所演繹出的原則？（100警察三等）

(A)不告不理原則 (B)權立分立原則

(C)法治國家原則 (D)國家責任原則

16.有關民主共和國之國家權力運作原則，下列何者不屬之？（100警察三等）

(A)權力分立原則 (B)法治國家原則

(C)君主立憲原則 (D)憲法優越原則

17.依憲法增修條文規定，自由地區與大陸地區人民之權利義務與其他事務之處理該如何規範？（101一般警察四等）

(A)由行政院院會決定 　　　　　(B)由兩岸共同約定

(C)以法律為特別規定 　　　　　(D)由總統決定

18.依憲法增修條文規定，我國現今有關領土變更之程序為何？（101警察三等）

(A)由立法院提出，國民大會複決之

(B)由立法院提出，自由地區選舉人複決之

(C)由國民大會提出，立法院複決之

(D)直接由全體公民投票

19.依憲法規定，具有中華民國國籍者為中華民國國民，而針對具有雙重國籍身分之國民，下列敘述何者是正確的？（101警察三等）

(A)具有雙重國籍者不能擔任立法委員

(B)我國不承認雙重國籍

(C)具有雙重國籍者絕對不能擔任任何職務的公務員

(D)對於具有雙重國籍者，政府可以限制其言論自由

20.下列何者在憲法中有明文規定？（101警察四等）

(A)國旗　(B)國歌　(C)國徽　(D)國花

| 正確答案 |

1.C	2.A	3.C	4.C	5.D	6.A	7.A	8.A	9.C	10.B
11.B	12.C	13.A	14.D	15.A	16.C	17.C	18.B	19.A	20.A

第二章　人民之權利與義務

第一節、憲法本文釋義

　　憲法為根本大法，規定事項廣泛，運作上的影響因素亦頗為繁多。整體上，憲法受政治、經濟與社會各面向之因素影響；細目上，尤受政黨體制、選舉制度以及人民的民主思想及態度直接影響（Wheare,1966）。

　　我國憲法前言表明「保障民權」是制憲的主要目的之一，此即中山先生指出的，憲法是「國家之構成法，人民權利之保障書」之意（董翔飛，1997：2）。保障人民的自由權利，規定政府的權限，原是制定憲法之目的，其有關規定構成憲法的主要內容（陳志華，2005：51）。

　　基本權是不分國籍，任何人皆得享有之權利，係「先國家性」的權利。一國之法律亦可直接將此種基本人權納入規範。其用語往往為「任何人」或「人民」；而非以國籍為限之「國民」（李宗惠，2003：35）。可以說人權（human rights）是做為一個「人」所必須擁有的自然權利（natural rights），與生俱來，神聖不可侵犯。國家機關不但不能侵犯人權，同時也有落實保障人權的責任與義務（洪葦倉，2002：69）。

　　基本權利將個人人格予以絕對化，而強調各種自由，但是這種自由並不意味毫無限制的絕對利己主義（egoism）。自由有其倫理的、法律

的內在界線，超過這條界線，亦不構成自由；此一思想同樣反映在憲法文件上（張世熒，2001：6）。

我國憲法第2章列舉之人民權利計28項，主要包括：平等權、自由權、參政權、受益權；憲法第22條更保障「其它自由權利」，使得人權保障的範圍更為廣泛。而1948年聯合國世界人權宣言，均已涵攝於民國36年制定的中華民國憲法中。其中人身自由的保障之嚴密，較之英美憲政先進國家法制毫不遜色（耿雲卿，1982：61）。而人民自由權利的內容，恆因時代進步而變動衍生，例如環境權、資訊權、隱私權、智慧財產權等，雖然憲法並未列舉，應涵蓋於「其他」自由權利的範圍（陳志華，2006：64）。

第一項、國民一律平等

> **第七條**
> 中華民國人民，無分男女、宗教、種族、階級、黨派，在法律上一律平等。

一、政治平等

（一）政治程序運作平等

所謂政治平等，乃指每一個公民都擁有同等參與政治決策過程的機會（林劍秋，1991：129）。在政治平等的理念之下，每個人都必須能夠參與政治程序的運作，並且有著實質的政治影響力。相對多元主義將每個人所表達的意見，都當作可能的真理而平等對待，所以當人們具體彰顯其自由意志時，都應獲得相同的尊重。因此，相對多元主義傾向支持政治平等，每個人對國家未來要發展的方向，都有權表達意見、參與國家施政，每個人的意見都應盡可能不分優劣，受平等之尊重。

（二）選舉平等

政治平等最具體的表現，在選舉權與被選舉權這兩方面。在選舉權上，政治平等要求「一人一票，票票等值」。其基礎在於，每個人神聖的一票，都是在追求真理的道路上自由意志的展現，所以都應該受平等尊重，不應有差別待遇。

公民投票法第4條規定：「公民投票，以普通、平等、直接及無記名投票之方法行之」。

公職人員選舉罷免法第3條規定：「公職人員選舉，以普通、平等、直接及無記名單記投票之方法行之」。普通、平等、直接及無記名投票之方法足以實現選舉平等之目標。

（三）反對歧視

入出國及移民法第62條：任何人不得以國籍、種族、膚色、階級、出生地等因素，對居住於臺灣地區之人民為歧視之行為。因前項歧視致權利受不法侵害者，除其他法律另有規定者外，得依其受侵害情況，向主管機關申訴。

二、宗教平等

看新聞學憲法

（一）犯法罰抄「靜思語」法官：違宗教平等

高雄縣胡姓女子把帳戶賣給詐騙集團，檢察官建議法官給予緩刑，緩刑期間須抄錄證嚴法師著作「靜思語」全集，但法官認為憲法保障宗教信仰自由，抄錄特定宗教論述，有違平等原則，改罰她緩刑期間勞動服務40小時。

高雄地檢署檢察長認同法官見解，認為要導正偏差行為、強化法律觀念，可要求被告參加法治教育或勞動服務，不必要求抄錄與宗教有關的書籍。檢察官尊重法官裁定，但也強調，靜思語是勵志書籍而非佛教書籍，只是作者是佛教界人士而已，若能從抄寫中學習善念，收穫會比勞動服務來得多。

26歲胡姓女子將三家金融機構帳戶賣給詐騙集團，警方調查詐騙案後將提供帳戶的胡姓女子移送法辦。檢察官認為胡姓女子沒前科，因缺錢一時失慮才犯罪，建請法官簡易判決，並准予緩刑，緩刑期間須在稿紙上抄寫靜思語全集一遍，共2冊700多頁。高雄地方法院簡易庭認為人民宗教信仰自由受憲法保障，國家應謹守平等原則（熊迺祺，2006年11月16日）。

（二）市地公園不得設土地公廟

在內政部認為有違憲之餘，且有違宗教平等原則下，台中市未來不可以在公園內設置土地公廟了，市府修訂「公園、綠地、園道及行道樹管理自治條例」，昨日召開法規審議委員會，決定刪除有關福德祠及百姓公廟管理專章，在提交市務會議討論後將送請議會審議。

建設局表示，現行之「公園、綠地、園道及行道樹管理自治條例」，共7章59條文，其中第五章為「公園、綠地、廣場、園道設置福德祠、百姓公廟」專章，內容為各里經里民大會通過成立管理委員會之福德祠及百姓公廟，因辦理公共設施須予遷建，而里內無適當私私有土地者，由市府訂定甲、乙、丙、丁四類規格，視公園面積大小予以設置，但每里以一處為限。

但此自治條例經市府送請內政部核定時，內政部表示其有違司法院大法官釋字第573號解釋，有違憲之虞；內政部認為市府之自治條例容許公園、綠地、廣場、園道設置福德祠或百姓公

廟，固為維護傳統民俗宗教之信仰，但宗教種類繁多，易引起爭議，有違公平原則，因此該專章應予刪除（諸葛志一，2006年4月19日）。

三、性別平等

（一）男女財產平等

現代婦女教育水準不斷提升，傳統根深蒂固「父權主義」思想日益式微，兩性平等觀念逐漸獲得社會大眾認同，民法親屬編亦配合時代的洪流，加入諸如「夫妻剩餘財產差額分配請求權」等男女平權條文，藉以肯定家務勞動價值性。

自民國91年6月起，夫妻財產制將原採用的「聯合財產制」修改為「法定財產制」，由「原有財產」的概念修正分為「婚前財產」及「婚後財產」，當法定財產制關係消滅（如夫妻一方死亡、離婚、改採約定財產制或婚姻撤銷時），即可就現存婚後財產（不包括因繼承或其他無償取得的財產及慰撫金），扣除婚姻關係存續中所負債務後，雙方剩餘財產差額部分，要求平均分配。

（二）性別工作平等法

性別工作平等法第1條規定，為保障性別工作權之平等、貫徹憲法消除性別歧視、促進性別地位實質平等之精神，爰制定本法。第2條：本法於公務人員、教育人員及軍職人員，亦適用之。公務人員、教育人員及軍職人員之申訴、救濟及處理程序，依各該人事法令之規定。

（三）職場性騷擾定義

性別工作平等法第12條規定，本法所稱性騷擾謂下列2款情形之一：

1. 受僱者於執行職務時，任何人以性要求、具有性意味或性別歧視之言詞或行為，對其造成敵意性、脅迫性或冒犯性之工作環境，致侵犯或干擾其人格尊嚴、人身自由或影響其工作表現。

2. 雇主對受僱者或求職者為明示或暗示之性要求、具有性意味或性別歧視之言詞或行為，作為勞務契約成立、存續、變更或分發、配置、報酬、考績、陞遷、降調、獎懲等之交換條件。

（四）女性受僱者特別照顧

性別工作平等法第14條規定，女性受僱者因生理日致工作有困難者，每月得請生理假1日，其請假日數併入病假計算。

第15條：雇主於女性受僱者分娩前後，應使其停止工作，給予產假8星期；妊娠3個月以上流產者，應使其停止工作，給予產假4星期；妊娠2個月以上未滿三個月流產者，應使其停止工作，給予產假1星期；妊娠未滿2個月流產者，應使其停止工作，給予產假5日。受僱者於其配偶分娩時，雇主應給予陪產假3日。陪產假期間工資照給。

同法第16條：受僱者任職滿1年後，於每一子女滿3歲前，得申請育嬰留職停薪，期間至該子女滿3歲止，但不得逾2年。同時撫育子女2人以上者，其育嬰留職停薪期間應合併計算，最長以最幼子女受撫育2年為限。

第6-1條：主管機關應就本法所訂之性別、性傾向歧視之禁止、性騷擾之防治及促進工作平等措施納入勞動檢查項目。

四、校園性別平等教育

（一）校園性別平等教育發展

我國「性別平等教育法」於民國93年6月公布實施，開啟校園人權新頁。

校園性別事件是指「性侵害、性騷擾或性霸凌事件之一方為學校

校長、教師、職員、工友或學生，他方為學生者」。換言之，校園性別事件區分為性侵害、性騷擾、性霸凌三類；關係人則包括校長、教師、職員、工友、學生等5種身份，但必須其中一方為「學生」。校園性別事件不限在校內發生，只要符合上述條件，即使事件發生於校外，也屬於「校園性別事件」。此類事件必須在一定的法律程序下，由學校性別平等教育委員會負責展開行政調查與處分建議。若是涉及刑事，案件就要同時受到刑事司法的追究。依刑法第228條：「對於因親屬、監護、教養、教育、訓練、救濟、醫療、公務、業務或其他相類關係受自己監督、扶助、照護之人，利用權勢或機會為性交者，處六個月以上五年以下有期徒刑」。

在性別平等教育法公布實施了一段時間後，仍然有許多案例被揭發，是在校長與教職員同事的隱匿包庇下持續作案的連續犯罪，但是犯罪者竟然能逃過法律制裁，這不但喪失公平正義，也對學生人權極為不利。性平法於是在民國100年6月修正，增列36條之1：「校長、教師、職員或工友違反疑似校園性侵害事件之通報規定，致再度發生校園性侵害事件；或偽造、變造、湮滅或隱匿他人所犯校園性侵害事件之證據者，應依法予以解聘或免職。學校或主管機關對違反前項規定之人員，應依法告發」。

在「性別平等教育法」之外，與之配套的「校園性侵害或性騷擾防治準則」也在101年5月變更法條名稱為「校園性侵害性騷擾或性霸凌防治準則」，並且增列第19條：「經媒體報導之校園性侵害、性騷擾或性霸凌事件，應視同檢舉，學校或主管機關應主動將事件交由所設之性平會調查處理。疑似被害人不願配合調查時，學校或主管機關仍應提供必要之輔導或協助」。

兩項新規定讓「新聞報導校園性別事件」另具意義；新的規定也帶出了兩個新的課題。第一：校園性別事的新聞媒體處理與發言人應對，已經不只是單純的「公共關係」課題，而是與「危機管理」、「性別平

等教育法」有直接關係。第二：若新聞報導揭發校園性別事件出現在校安通報之前，則學校除了必須根據「新聞剪報」啟動性平會調查處理之外，也可能會被追究學校應否負「隱匿」責任。

（二）校園性別事件定義

依性別平等教育法第2條規定，性別平等教育各種名詞定義如下：

1. 性別平等教育：指以教育方式教導尊重多元性別差異，消除性別歧視，促進性別地位之實質平等。

2. 學校：指公私立各級學校。

3. 性侵害：指性侵害犯罪防治法所稱性侵害犯罪之行為。

4. 性騷擾：指符合下列情形之一，且未達性侵害之程度者：

   (1)以明示或暗示之方式，從事不受歡迎且具有性意味或性別歧視之言詞或行為，致影響他人之人格尊嚴、學習、或工作之機會或表現者。

   (2)以性或性別有關之行為，作為自己或他人獲得、喪失或減損其學習或工作有關權益之條件者。

5. 性霸凌：指透過語言、肢體或其他暴力，對於他人之性別特徵、性別特質、性傾向或性別認同進行貶抑、攻擊或威脅之行為且非屬性騷擾者。

6. 性別認同：指個人對自我歸屬性別的自我認知與接受。

7. 校園性侵害、性騷擾或性霸凌事件：指性侵害、性騷擾或性霸凌事件之一方為學校校長、教師、職員、工友或學生，他方為學生者。

五、教育機會平等

（一）接受教育機會平等

教育基本法第4條規定：人民無分性別、年齡、能力、地域、族

群、宗教信仰、政治理念、社經地位及其他條件，接受教育之機會一律平等。對於原住民、身心障礙者及其他弱勢族群之教育，應考慮其自主性及特殊性，依法令予以特別保障，並扶助其發展。

（二）警大招生未違平等權

民國96年6月8日，司法院大法官釋字第626號，解釋要旨：

憲法第七條規定，人民在法律上一律平等；第一百五十九條復規定：「國民受教育之機會，一律平等。」旨在確保人民享有接受各階段教育之公平機會。中央警察大學九十一學年度研究所碩士班入學考試招生簡章第七點第二款及第八點第二款，以有無色盲決定能否取得入學資格之規定，係為培養理論與實務兼備之警察專門人才，並求教育資源之有效運用，藉以提升警政之素質，促進法治國家之發展，其欲達成之目的洵屬重要公共利益；因警察工作之範圍廣泛、內容繁雜，職務常須輪調，隨時可能發生判斷顏色之需要，色盲者因此確有不適合擔任警察之正當理由，是上開招生簡章之規定與其目的間尚非無實質關聯，與憲法第七條及第一百五十九條規定並無牴觸。

六、就業平等

（一）就業機會平等

就業服務法第5條規定，為保障國民就業機會平等，雇主對求職人或所僱用員工，不得以種族、階級、語言、思想、宗教、黨派、籍貫、出生地、性別、性傾向、年齡、婚姻、容貌、五官、身心障礙或以往工會會員身分為由，予以歧視；其他法律有明文規定者，從其規定。雇主招募或僱用員工，不得有下列情事：

1. 為不實之廣告或揭示。

2. 違反求職人或員工之意思，留置其國民身分證、工作憑證或其他證明文件。

3. 扣留求職人或員工財物或收取保證金。

4. 指派求職人或員工從事違背公共秩序或善良風俗之工作。

5. 辦理聘僱外國人之申請許可、招募、引進或管理事項，提供不實資料或健康檢查檢體。

（二）資方不得任意解僱勞工

大量解僱勞工保護法第13條規定，事業單位大量解僱勞工時，不得以種族、語言、階級、思想、宗教、黨派、籍貫、性別、容貌、身心障礙、年齡及擔任工會職務為由解僱勞工。違反前項規定或勞動基準法第11條規定者，其勞動契約之終止不生效力。主管機關發現事業單位違反第一項規定時，應即限期令事業單位回復被解僱勞工之職務，逾期仍不回復者，主管機關應協助被解僱勞工進行訴訟。

七、民族平等

原住民族基本法第4條規定：「政府應依原住民族意願，保障原住民族之平等地位及自主發展，實行原住民族自治；其相關事項，另以法律定之」。

同法第7條：政府應依原住民族意願，本多元、平等、尊重之精神，保障原住民族教育之權利；其相關事項，另以法律定之。

八、語言平等保障

大眾運輸工具播音語言平等保障法第6條規定，大眾運輸工具除國語外，另應以閩南語、客家語播音。其他原住民語言之播音，由主管機關視當地原住民族族群背景及地方特性酌予增加。但馬祖地區應加播閩

北（福州）語。從事國際交通運輸之大眾運輸工具，其播音服務至少應使用一種本國族群慣用之語言。

第二項、人身自由

> **第八條**
>
> 人民身體之自由應予保障。除現行犯之逮捕由法律另定外，非經司法或警察機關依法定程序，不得逮捕拘禁。非由法院依法定程序，不得審問處罰。非依法定程序之逮捕、拘禁、審問、處罰，得拒絕之。
>
> 人民因犯罪嫌疑被逮捕拘禁時，其逮捕拘禁機關應將逮捕拘禁原因，以書面告知本人及其本人指定之親友，並至遲於二十四小時內移送該管法院審問。本人或他人亦得聲請該管法院，於二十四小時內向逮捕之機關提審。
>
> 法院對於前項聲請，不得拒絕，並不得先令逮捕拘禁之機關查覆。逮捕拘禁之機關，對於法院之提審，不得拒絕或遲延。
>
> 人民遭受任何機關非法逮捕拘禁時，其本人或他人得向法院聲請追究，法院不得拒絕，並應於二十四小時內向逮捕拘禁之機關追究，依法處理。

一、身體自由

各種自由權中，以「人身自由」最為重要，若無人身自由，其他一切自由均將落空。個人將無法保衛自己的生命、財產。人一旦喪失自由，生命財產亦都成為他人囊中物了，所以洛克說：「凡意圖剝奪他人自由者，必然會被認為有意剝奪其餘一切，因為自由是其餘一切的基礎」（朱堅章，1988：4-14）。

司法院大法官釋字第523號，解釋要旨：凡限制人民身體自由之處

置，不問其是否屬於刑事被告之身分，國家機關所依據之程序，須依法律規定，其內容更須實質正當，並符合憲法第23條所定相關之條件，方符憲法第8條保障人身自由之意旨。

（一）現行犯

刑事訴訟法第88條：現行犯，不問何人得逕行逮捕之。犯罪在實施中或實施後即時發覺者，為現行犯。有左列情形之一者，以現行犯論：

1. 被追呼為犯罪人者。
2. 因持有兇器、贓物或其他物件、或於身體、衣服等處露有犯罪痕跡，顯可疑為犯罪人者。

（二）拘提

刑事訴訟法第88-1條規定，檢察官、司法警察官或司法警察偵查犯罪，有左列情形之一而情況急迫者，得逕行拘提之：

1. 因現行犯之供述，且有事實足認為共犯嫌疑重大者。
2. 在執行或在押中之脫逃者。
3. 有事實足認為犯罪嫌疑重大，經被盤查而逃逸者。但所犯顯係最重本刑為一年以下有期徒刑、拘役或專科罰金之罪者，不在此限。
4. 所犯為死刑、無期徒刑或最輕本刑為5年以上有期徒刑之罪，嫌疑重大，有事實足認為有逃亡之虞者。

（三）搜索

刑事訴訟法第131條規定，有左列情形之一者，檢察官、檢察事務官、司法警察官或司法警察，雖無搜索票，得逕行搜索住宅或其他處所：

1. 因逮捕被告、犯罪嫌疑人或執行拘提、羈押，有事實足認被告或犯罪嫌疑人確實在內者。

2. 因追躡現行犯或逮捕脫逃人，有事實足認現行犯或脫逃人確實在內者。

3. 有明顯事實足信為有人在內犯罪而情形急迫者。

檢察官於偵查中確有相當理由認為情況急迫，非迅速搜索，24小時內證據有偽造、變造、湮滅或隱匿之虞者，得逕行搜索，或指揮檢察事務官、司法警察官或司法警察執行搜索，並層報檢察長。

（四）逮捕

中華民國刑法第125條規定，有追訴或處罰犯罪職務之公務員，為左列行為之一者，處1年以上7年以下有期徒刑：

1. 濫用職權為逮捕或羈押者。

2. 意圖取供而施強暴脅迫者。

3. 明知為無罪之人，而使其受追訴或處罰，或明知為有罪之人，而無故不使其受追訴或處罰者。

因而致人於死者，處無期徒刑或7年以上有期徒刑。致重傷者，處3年以上10年以下有期徒刑。

刑法第163條：公務員縱放職務上依法逮捕拘禁之人或便利其脫逃者，處1年以上7年以下有期徒刑。因過失致前項之人脫逃者，處6月以下有期徒刑、拘役或300元以下罰金。第1項之未遂犯罰之。

刑事訴訟法第87條：通緝經通知或公告後，檢察官、司法警察官得拘提被告或逕行逮捕之。利害關係人，得逕行逮捕通緝之被告，送交檢察官、司法警察官或請求檢察官、司法警察官逮捕之。通緝於其原因消滅或已顯無必要時，應即撤銷。

第89條：執行拘提或逮捕，應注意被告之身體及名譽。

第90條：被告抗拒拘提、逮捕或脫逃者，得用強制力拘提或逮捕之。但不得逾必要之程度。

二、警察機關

警察法第5條：政部設警政署，執行全國警察行政事務並掌理左列全國性警察業務：

1. 關於拱衛中樞、準備應變及協助地方治安之保安警察業務。

2. 關於保護外僑及處理涉外案件之外事警察業務。

3. 關於管理出入國境及警備邊疆之國境警察業務。

4. 關於預防犯罪及協助偵查內亂外患重大犯罪之刑事警察業務。

5. 關於防護連跨數省河湖及警衛領海之水上警察業務。

6. 關於防護國營鐵路、航空、工礦、森林、漁鹽等事業設施之各種專業警察業務。

警察法第9條：警察依法行使左列職權：

1. 發佈警察命令。

2. 違警處分。

3. 協助偵查犯罪。

4. 執行搜索、扣押、拘提及逮捕。

5. 行政執行。

6. 使用警械。

7. 有關警察業務之保安、正俗、交通、衛生、消防、救災、營業建築、市容整理、戶口查察、外事處理等事項。

8. 其他應執行法令事項。

三、司法警察知有犯罪嫌疑者，應即開始調查

刑事訴訟法第229條規定，下列各員於其管轄區域內為司法警察官，有協助檢察官偵查犯罪之職權：

1. 警政署署長、警察局局長或警察總隊總隊長。

2. 憲兵隊長官。

3.依法令關於特定事項，得行相當於前二款司法警察官之職權者。

前項司法警察官，應將調查之結果，移送該管檢察官；如接受被拘提或逮捕之犯罪嫌疑人，除有特別規定外，應解送該管檢察官。但檢察官命其解送者，應即解送。被告或犯罪嫌疑人未經拘提或逮捕者，不得解送。

刑事訴訟法第230條規定，下列各員為司法警察官，應受檢察官之指揮，偵查犯罪：

1.警察官長。

2.憲兵隊官長、士官。

3.依法令關於特定事項，得行司法警察官之職權者。

前項司法警察官知有犯罪嫌疑者，應即開始調查，並將調查之情形報告該管檢察官及前條之司法警察官。

實施前項調查有必要時，得封鎖犯罪現場，並為即時之勘察。

刑事訴訟法第231條規定，下列各員為司法警察，應受檢察官及司法警察官之命令，偵查犯罪：

1.警察。

2.憲兵。

3.依法令關於特定事項，得行司法警察之職權者。

司法警察知有犯罪嫌疑者，應即開始調查，並將調查之情形報告該管檢察官及司法警察官。實施前項調查有必要時，得封鎖犯罪現場，並為即時之勘察。

四、提審

（一）提審制度

提審制度是指任何人為政府機關所逮捕拘禁者，可以請求司法機關命令該逮捕、拘禁之政府機關，在一定期間內，將被逮捕、拘禁者送交

司法機關，依法定程序進行審理。有罪依法論處，無罪應即釋放。

（二）二十四小時移送

刑事訴訟法第91條：拘提或因通緝逮捕之被告，應即解送指定之處所；如24小時內不能達到指定之處所者，應分別其命拘提或通緝者為法院或檢察官，先行解送較近之法院或檢察機關，訊問其人有無錯誤。

第93條：被告或犯罪嫌疑人因拘提或逮捕到場者，應即時訊問。偵查中經檢察官訊問後，認有羈押之必要者，應自拘提或逮捕之時起24小時內，敘明羈押之理由，聲請該管法院羈押之。前項情形，未經聲請者，檢察官應即將被告釋放。但如認有第101條第1項或第101條之1第1項各款所定情形之一而無聲請羈押之必要者，得逕命具保、責付或限制住居；如不能具保、責付或限制住居，而有必要情形者，仍得聲請法院羈押之。

前3項之規定，於檢察官接受法院依少年事件處理法或軍事審判機關依軍事審判法移送之被告時，準用之。法院於受理前3項羈押之聲請後，應即時訊問。但至深夜仍未訊問完畢，或深夜始受理聲請者，被告、辯護人及得為被告輔佐人之人得請求法院於翌日日間訊問。法院非有正當理由，不得拒絕。

前項但書所稱深夜，指午後11時至翌日午前8時。

第93-1條：第91條及前條第2項所定之24小時，有左列情形之一者，其經過之時間不予計入。但不得有不必要之遲延：

1. 因交通障礙或其他不可抗力事由所生不得已之遲滯。

2. 在途解送時間。

3. 依第100條之3第1項規定不得為詢問者。

4. 因被告或犯罪嫌疑人身體健康突發之事由，事實上不能訊問者。

5. 被告或犯罪嫌疑人表示已選任辯護人，因等候其辯護人到場致未予訊問者。但等候時間不得逾4小時。其因智能障礙無法為完全

之陳述，因等候第35條第3項經通知陪同在場之人到場致未予訊問者，亦同。

6. 被告或犯罪嫌疑人須由通譯傳譯，因等候其通譯到場致未予訊問者。但等候時間不得逾6小時。

7. 經檢察官命具保或責付之被告，在候保或候責付中者。但候保或候責付時間不得逾4小時。

8. 犯罪嫌疑人經法院提審之期間。

前項各款情形之經過時間內不得訊問。

因第一項之法定障礙事由致24小時內無法移送該管法院者，檢察官聲請羈押時，並應釋明其事由。

五、正當法律程序

程序保障功能發生在兩方面，在「積極面向」，課與國家有義務積極營造一個適合基本權事件的環境，以幫助落實基本權。在「消極面向」，單純在於減少基本權實害的發生，亦即在基本權的實害未造成前，事先透過適當程序的採用，將實害的「發生機率減至最低」。

程序保障實務，例如司法院釋字第384、396、436號：「非經法定程序不得逮捕拘禁，非經法院依法定程序不得審問處罰」。又如司法院釋字第535號：「臨檢自屬警察執行勤務方式之一種。臨檢實施之手段：檢查、路檢、取締或盤查等不問其名稱為何，均屬對人或物之查驗、干預，影響人民行動自由、財產權及隱私權等甚鉅，應恪遵法治國家警察執勤之原則。實施臨檢之要件、程序及對違法臨檢行為之救濟，均應有法律之明確規範，方符憲法保障人民自由權利之意旨」。如果人民受到國家違法干預或侵犯時，透過程序保障的客觀基本權利，請求透過司法之法律途徑加以排除或要求國家行政機關應遵行正當法律程序行政，這權利不須依賴立法，人民直接援引基本權即可主張（蕭文生，2000：29）。

看新聞學憲法

警開單又當證人，法官撤銷罰單

　　警察開出闖紅燈罰單，民眾不服聲明異議，法官認為，警察開單又當證人，違反刑事訴訟法，且只靠目視未拍照舉證，屏東地院交通法庭裁定撤銷全部罰單；警方表示尊重，將加強蒐證錄影。

　　39歲江姓男子騎乘機車在崁頂鄉中正、文化路口，因闖紅燈被距離125公尺外的警員攔下開單，記違規3點。

　　56歲鄭姓婦人騎乘機車至屏市民生、民教路口，被站在47公尺外的警員攔下，開單告發她闖越紅燈，罰款1800元，記違規3點。

　　61歲林姓婦人騎乘機車行經高屏交界處鳳屏路口，被站在70公尺遠的警員攔下，開單告發她闖紅燈，並記違規3點。

　　由於取締的員警都是逕行舉發，沒有拍照、錄影，被罰民眾不服，向屏東地院提出異議，由交通法庭審理。

　　3名取締開單的員警出庭，3人都指自己視力達1.0，強調與異議人不相識，也無私怨，堅稱異議人違規；不過，法官詳查認為，警察為舉發人又當證人，明顯違反權力分立原則，況且員警若舉發有誤，舉發人員將遭議處，試問有哪個公務員會承認自己舉發有誤？法官認為警員有畏懼接受行政處罰的疑慮，恐無法陳述客觀的事實，認定警察為證人違反刑事訴訟法。

　　此外，警員目視取締作為交通違規採證方法，行之有年，但因目視結果，往往因觀察者的視力、視野、距離及光線明暗等眾多主、客觀因素，左右取締的正確性，因此全部撤銷原處分，改為不罰（黃良傑，2010年7月12日）。

六、警察執法正當程序

民主法治國家之警察有其法定任務，其行使職權須遵守「法律優位」與「法律保留」原則，尤其當採取強制手段或措施，而涉及人民自由權利，特別是構成干預、限制時，更須有合憲法律的明授權依據，方符合法治國家依法行政原則之要求。

民國90年12月14日，司法院大法官釋字第535號，解釋要旨：

> 警察勤務條例規定警察機關執行勤務之編組及分工，並對執行勤務得採取之方式加以列舉，已非單純之組織法，實兼有行為法之性質。依該條例第十一條第三款，臨檢自屬警察執行勤務方式之一種。臨檢實施之手段：檢查、路檢、取締或盤查等不問其名稱為何，均屬對人或物之查驗、干預，影響人民行動自由、財產權及隱私權等甚鉅，應恪遵法治國家警察執勤之原則。實施臨檢之要件、程序及對違法臨檢行為之救濟，均應有法律之明確規範，方符憲法保障人民自由權利之意旨。
>
> 上開條例有關臨檢之規定，並無授權警察人員得不顧時間、地點及對象任意臨檢、取締或隨機檢查、盤查之立法本意。除法律另有規定外，警察人員執行場所之臨檢勤務，應限於已發生危害或依客觀、合理判斷易生危害之處所、交通工具或公共場所為之，其中處所為私人居住之空間者，並應受住宅相同之保障；對人實施之臨檢則須以有相當理由足認其行為已構成或即將發生危害者為限，且均應遵守比例原則，不得逾越必要程度。臨檢進行前應對在場者告以實施之事由，並出示證件表明其為執行人員之身分。臨檢應於現場實施，非經受臨檢人同意或無從確定其身分或現場為之對該受臨檢人將有不利影響或妨礙交通、安寧者，不得要求其同行至警察局、所進行盤查。其因發現違法事實，應依

法定程序處理者外，身分一經查明，即應任其離去，不得稽延。前述條例第十一條第三款之規定，於符合上開解釋意旨範圍內，予以適用，始無悖於維護人權之憲法意旨。現行警察執行職務法規有欠完備，有關機關應於本解釋公布之日起二年內依解釋意旨，且參酌社會實際狀況，賦予警察人員執行勤務時應付突發事故之權限，俾對人民自由與警察自身安全之維護兼籌並顧，通盤檢討訂定，併此指明。

看新聞學憲法

臨檢偷吃步，抓色情書刊踢鐵板

警察臨檢漫畫出租店，搜索色情書刊也會踢到鐵板！警方在一間漫畫出租店查扣25本有性器官、性交圖畫的漫畫書，依法送辦店家。桃園地方法院審理後認為，警方未經正當程序搜索，加上店家有警示禁止未成年人翻閱，不構成妨害風化，因此判定店家無罪。檢方則說，等收到判決書後，會與公訴組檢察官、原案承辦檢察官研擬是否上訴。

警方接獲檢舉有店家擺放色情漫畫，不過由於檢舉人不願意配合製作筆錄而無法聲請搜索票，警方改以臨檢方式，去年7月3日下午1時許進入後表明為警察身分，目的是查緝色情書刊，且未拿取書籍翻閱而將書籍查扣。

由於此行動非臨檢程序，因此員警將「臨檢紀錄表」改為「查訪紀錄表」，並等待漫畫出租店負責人到場後，簽署臨檢同意書，依違反兒少法將店家負責人及店員送辦。

法院審理後認為，警方事先未依規定申請搜索票，當時也身著便服到書店查訪，卻強迫店長簽署「同意臨檢證明書」，認定

查扣的書籍為非法取得；店家在限制級書刊設有隔間，也有禁止18歲以下人翻閱、借閱的標識等是合乎規定。

地院改判兩人無罪，法官認為，警察對於店家行使搜索、扣押處分，應事前或事後聲請搜索票，不能以查訪或臨檢來規避程序，既然證據取得有程序瑕疵，就不具證據力（甘嘉雯，2010年7月24日）。

第三項、非現役軍人不受軍事審判

> **第九條**
>
> 人民除現役軍人外，不受軍事審判。

一、現役軍人犯罪，由軍法機關追訴審判

國家安全法第8條：非現役軍人，不受軍事審判。現役軍人犯罪，由軍法機關追訴審判。但所犯為陸海空軍刑法及其特別法以外之罪，而屬刑法第61條所列各罪者，不在此限。第9條：戒嚴時期戒嚴地域內，經軍事審判機關審判之非現役軍人刑事案件，於解嚴後依左列規定處理：

1. 軍事審判程序尚未終結者，偵查中案件移送該管檢察官偵查，審判中案件移送該管法院審判。
2. 刑事裁判已確定者，不得向該管法院上訴或抗告。但有再審或非常上訴之原因者，得依法聲請再審或非常上訴。
3. 刑事裁判尚未執行或在執行中者，移送該管檢察官指揮執行。

二、現役軍人

陸海空軍懲罰法第2條規定，本法稱現役軍人者，謂陸、海、空軍軍官、士官及士兵在營服現役者而言。第3條規定，左列各款人員，視同現役軍人：

1. 陸、海、空軍所屬軍中文官及專任聘雇人員。

2. 戰時國民兵被召輔助戰時勤務或參加作戰者。

3. 戰時擔任警備地方之保安部隊官長、士官及士兵。

4. 戰時參加戰鬥序列之地方民眾自衛團隊，及其他特種部隊之官長、士官及士兵或隊員。

5. 應召期間之後備軍人。

三、軍事審判

軍事審判法第1條：現役軍人犯陸海空軍刑法或其特別法之罪，依本法之規定追訴審判之，其在戰時犯陸海空軍刑法或其特別法以外之罪者，亦同。非現役軍人不受軍事審判。但戒嚴法有特別規定者，從其規定。

第8條：本法所稱軍事法院分為下列三級：

1. 地方軍事法院。

2. 高等軍事法院。

3. 最高軍事法院。

第10條：本法稱軍法人員者，謂軍法機關之軍法官、主任公設辯護人、公設辯護人、觀護人、書記官、法醫官、檢驗員、通譯及執法官兵。本法稱軍法官者，謂軍事法院院長、庭長、軍事審判官、軍事法院檢察署檢察長、主任軍事檢察官、軍事檢察官。

四、軍法警察

軍事審判法第59條：下列人員為軍法警察官，應受軍事檢察官之指揮，偵查犯罪。

1. 憲兵官長、士官

2. 警察官長

3. 特設軍事機關之稽查官長

4. 依法令關於特定事項，得行使司法警察官之職權者

同法第60條：下列人員為軍法警察，應受軍事檢察官及軍法警察官之命令，偵查犯罪。

1. 憲兵

2. 警察

3. 特設軍事機關之巡查及稽查隊員

4. 依法令關於特定事項，得行使司法警察之職權者

五、平民遭軍事審判機關判刑可以違背法令為由請求救濟

「軍事審判法」於民國45年7月7日公布實施，。一直到了民國86年10月03日，因應立法委員之聲請所做出的釋字第436號解釋，才對軍事審判有所檢討。軍事審判最大的問題在於審判之獨立性，軍事裁判手續簡單敏捷，往往因過簡而有草菅人命之危險（雷震，1989：26）。

民國86年10月3日，司法院大法官釋字第436號，解釋要旨：

　　憲法第八條第一項規定，人民身體之自由應予保障，非由法院依法定程序不得審問處罰；憲法第十六條並規定人民有訴訟之權。現役軍人亦為人民，自應同受上開規定之保障。又憲法第九條規定：「人民除現役軍人外，不受軍事審判」，乃因現役軍人負有保衛國家之特別義務，基於國家安全與軍事需要，對其犯罪行為得設軍事審判之特別訴訟程序，非謂軍事審判機關對於軍人之犯罪有專屬之審判權。至軍事審判之建制，憲法未設明文規定，雖得以法律定之，惟軍事審判機關所行使者，亦屬國家刑罰權之一種，其發動與運作，必須符合正當法律程序之最低要求，包括獨立、公正之審判機關與程序，並不得違背憲法第七十七條、第八十條等有關司法權建制之憲政原理；規定軍事審判程序之法律涉及軍人權利之限制者，亦應遵守憲法第二十三條之比例原則。本於憲法保障人身自由、人民訴訟權利及第七十七條之意

旨，在平時經終審軍事審判機關宣告有期徒刑以上之案件，應許被告直接向普通法院以判決違背法令為理由請求救濟。軍事審判法第十一條，第一百三十三條第一項、第三項，第一百五十八條及其他不許被告逕向普通法院以判決違背法令為理由請求救濟部分，均與上開憲法意旨不符，應自本解釋公布之日起，至遲於滿二年時失其效力。有關機關應於上開期限內，就涉及之關係法律，本此原則作必要之修正，並對訴訟救濟相關之審級制度為配合調整，且為貫徹審判獨立原則，關於軍事審判之審檢分立、參與審判軍官之選任標準及軍法官之身分保障等事項，亦應一併檢討改進。

第四項、居住遷徙自由

第十條

人民有居住及遷徙之自由。

一、限制役男出境是否違反憲法居住及遷徙之自由

民國86年12月26日司法院大法官釋字第443號，解釋要旨：

憲法第10條規定人民有居住及遷徙之自由，旨在保障人民有任意移居或旅行各地之權利。若欲對人民之自由權利加以限制，必須符合憲法第23條所定必要之程度，並以法律定之或經立法機關明確授權由行政機關以命令訂定。限制役男出境係對人民居住遷徙自由之重大限制，兵役法及兵役法施行法均未設規定，亦未明確授權以命令定之。行政院發布之徵兵規則，委由內政部訂定役男出境處理辦法，欠缺法律授權之依據，該辦法第8條規定限制事由，與前開憲法意旨不符，應自本解釋公布日起至遲於屆滿6個月時，失其效力。

二、役男限制出境

年滿18歲之翌年1月1日起至屆滿36歲之年12月31日止，尚未履行兵役義務之役齡男子，簡稱為「役男」。役男出境處理辦法第9條規定，役男有下列情形之一者，限制其出境：

1. 已列入梯次徵集對象。
2. 經通知徵兵體檢處理。
3. 歸國僑民，依歸化我國國籍者及歸國僑民服役辦法規定，應履行兵役義務。
4. 依兵役及其他法規應管制出境。

前項第1款至第3款役男，因直系血親或配偶病危或死亡，須出境探病或奔喪，檢附經驗證之相關證明，經戶籍地直轄市、縣（市）政府核准者，得予出境，期間以30日為限。第1項第2款役男經完成徵兵體檢處理者，解除其限制。第1項第3款役男經履行兵役義務者，解除其限制。

役男有第1項第4款所定情形，由司法、軍法機關或該管中央主管機關函送移民署辦理。

三、興建水庫要求遷住並未違憲

民國91年4月4日司法院大法官解釋文釋字第542號要旨：

> 人民有居住及遷徙之自由，憲法第十條設有明文。對此自由之限制，不得逾憲法第二十三條所定必要之程度，且須有法律之明文依據，業經本院作成釋字第四四三號、第四五四號等解釋在案。自來水法第十一條授權行政機關得為「劃定公布水質水量保護區域，禁止在該區域內一切貽害水質與水量之行為」，主管機關依此授權訂定公告「翡翠水庫集水區石碇鄉碧山、永安、格頭三村遷村作業實施計畫」，雖對人民居住遷徙自由有所限制，惟

計畫遷村之手段與水資源之保護目的間尚符合比例原則，要難謂其有違憲法第十條之規定。

行政機關訂定之行政命令，其屬給付性之行政措施具授與人民利益之效果者，亦應受相關憲法原則，尤其是平等原則之拘束。系爭作業實施計畫中關於安遷救濟金之發放，係屬授與人民利益之給付行政，並以補助集水區內居民遷村所需費用為目的，既在排除村民之繼續居住，自應以有居住事實為前提，其認定之依據，設籍僅係其一而已，上開計畫竟以設籍與否作為認定是否居住於該水源區之唯一標準，雖不能謂有違平等原則，但未顧及其他居住事實之證明方法，有欠周延。相關領取安遷救濟金之規定應依本解釋意旨儘速檢討改進。

四、選舉幽靈人口

台灣社會各種種公職選舉頻繁，在「一人一票、戶籍地投票」的原則下，有些選舉人為了投票給特定候選人，會在選舉投票之前將戶口遷往特定選區內，選後即行遷出。類似這種「不曾在戶籍地居住」的短期戶籍人口，被稱為「幽靈人口」。「幽靈人口」是否觸法，在法官不同見解下，出現不同的判決結果。

中華民國刑法第146條：以詐術或其他非法之方法，使投票發生不正確之結果或變造投票之結果者，處5年以下有期徒刑。意圖使特定候選人當選，以虛偽遷徙戶籍取得投票權而為投票者，亦同。前2項之未遂犯罰之。

第五項、表現自由

> **第十一條**
> 人民有言論、講學、著作及出版之自由。

一、表現自由

　　言論、講學、著作、出版之自由，合稱為「表現自由」，是指個人基於內心自由思想與良心的各種精神性活動，可自由向外表達的權利，此不但是人民的基本權、文化進步的基礎，也是實現民主政治不可或缺的手段（許慶雄，2001：102）。表現自由也稱為意見自由、表現意見自由或意見表現自由。人民有將思想發表為意見，而不受非法侵害之自由（林騰鷂，2006：54）。

二、言論自由與新聞自由

（一）解嚴後言論自由大幅放寬

　　我國在戒嚴時期對於出版的相關管制甚為嚴格，出版法第36條至43條，賦予行政機關審核出版品是否有違反出版法所規定事項，並得科以行政處分。警備總部（解嚴後已撤除）可以根據「台灣地區戒嚴時期出版物管制辦法」執行檢查、取締。其第3條所列8項禁止刊載事項，賦予甚大的行政裁量空間。此8項禁止事項為：

1. 洩露國防、政治、外交機密者
2. 為匪宣傳者
3. 詆毀國家元首者
4. 違背反共國策之言論者
5. 洩露未經軍事新聞機關公布，屬於「軍機範圍令」所列之各項軍事消息者
6. 挑撥政府與人民情感者
7. 內容猥褻，有悖公序良俗或煽動他人犯罪
8. 淆亂視聽，足以影響民心士氣者。

　　時移勢易，民國76年解嚴，80年終止戡亂時期，意見表達自由大幅開放；出版法於民國88年1月廢止實施。

（二）傳播自由與隱私權

大法官釋字364號解釋，「以廣播及電視方式表達意見，屬於憲法第11條所保障言論自由之範圍」。509號解釋，「為兼顧對個人名譽、隱私及公共利益之保護，法律尚非不得對言論自由依其傳播方式為合理之限制」。相對而言，個人不願意曝光或接受傳播媒體採訪，是一種個人「沉默自由」（freedom of silence），也是隱私不受干擾的自由。

（一）言論自由不包括故意毀損他人名譽

民國89年7月7日，司法院大法官釋字第509號解釋要旨：

言論自由為人民之基本權利，憲法第十一條有明文保障，國家應給予最大限度之維護，俾其實現自我、溝通意見、追求真理及監督各種政治或社會活動之功能得以發揮。惟為兼顧對個人名譽、隱私及公共利益之保護，法律尚非不得對言論自由依其傳播方式為合理之限制。刑法第三百十條第一項及第二項誹謗罪即係保護個人法益而設，為防止妨礙他人之自由權利所必要，符合憲法第二十三條規定之意旨。至刑法同條第三項前段以對誹謗之事，能證明其為真實者不罰，係針對言論內容與事實相符者之保障，並藉以限定刑罰權之範圍，非謂指摘或傳述誹謗事項之行為人，必須自行證明其言論內容確屬真實，始能免於刑責。惟行為人雖不能證明言論內容為真實，但依其所提證據資料，認為行為人有相當理由確信其為真實者，即不能以誹謗罪之刑責相繩，亦不得以此項規定而免除檢察官或自訴人於訴訟程序中，依法應負行為人故意毀損他人名譽之舉證責任，或法院發現其為真實之義務。就此而言，刑法第三百十條第三項與憲法保障言論自由之旨趣並無牴觸。

（二）保障未成年人得限制出版自由

民國96年1月26日，司法院大法官釋字第623號解釋要旨：

　　憲法第十一條保障人民之言論自由，乃在保障意見之自由流通，使人民有取得充分資訊及自我實現之機會，包括政治、學術、宗教及商業言論等，並依其性質而有不同之保護範疇及限制之準則。商業言論所提供之訊息，內容為真實，無誤導性，以合法交易為目的而有助於消費大眾作出經濟上之合理抉擇者，應受憲法言論自由之保障。惟憲法之保障並非絕對，立法者於符合憲法第二十三條規定意旨之範圍內，得以法律明確規定對之予以適當之限制，業經本院釋字第四一四號、第五七七號及第六一七號解釋在案。

　　促使人為性交易之訊息，固為商業言論之一種，惟係促使非法交易活動，因此立法者基於維護公益之必要，自可對之為合理之限制。中華民國八十八年六月二日修正公布之兒童及少年性交易防制條例第二十九條規定：「以廣告物、出版品、廣播、電視、電子訊號、電腦網路或其他媒體，散布、播送或刊登足以引誘、媒介、暗示或其他促使人為性交易之訊息者，處五年以下有期徒刑，得併科新臺幣一百萬元以下罰金」，乃以科處刑罰之方式，限制人民傳布任何以兒童少年性交易或促使其為性交易為內容之訊息，或向兒童少年或不特定年齡之多數人，傳布足以促使一般人為性交易之訊息。是行為人所傳布之訊息如非以兒童少年性交易或促使其為性交易為內容，且已採取必要之隔絕措施，使其訊息之接收人僅限於十八歲以上之人者，即不屬該條規定規範之範圍。上開規定乃為達成防制、消弭以兒童少年為性交易對象事件之國家重大公益目的，所採取之合理與必要手段，與憲法第二十三條規定之比例原則，尚無牴觸。惟電子訊號、電腦網路與

廣告物、出版品、廣播、電視等其他媒體之資訊取得方式尚有不同，如衡酌科技之發展可嚴格區分其閱聽對象，應由主管機關建立分級管理制度，以符比例原則之要求，併此指明。

（三）猥褻出版品之出版自由

民國85年7月5，司法院大法官釋字第407號解釋要旨：

> 主管機關基於職權因執行特定法律之規定，得為必要之釋示，以供本機關或下級機關所屬公務員行使職權時之依據。行政院新聞局中華民國八十一年二月十日（八一）強版字第○二二七五號函係就出版品記載內容觸犯刑法第二百三十五條猥褻罪而違反出版法第三十二條第三款之禁止規定，所為例示性解釋，並附有足以引起性慾等特定條件，而非單純刊登文字、圖畫即屬相當，符合上開出版法規定之意旨，與憲法尚無牴觸。惟猥褻出版品，乃指一切在客觀上，足以刺激或滿足性慾，並引起普通一般人羞恥或厭惡感而侵害性的道德感情，有礙於社會風化之出版品而言。猥褻出版品與藝術性、醫學性、教育性等出版品之區別，應就出版品整體之特性及其目的而為觀察，並依當時之社會一般觀念定之。又有關風化之觀念，常隨社會發展、風俗變異而有所不同，主管機關所為釋示，自不能一成不變，應基於尊重憲法保障人民言論出版自由之本旨，兼顧善良風俗及青少年身心健康之維護，隨時檢討改進。至於個別案件是否已達猥褻程度，法官於審判時應就具體案情，適用法律，不受行政機關函釋之拘束，乃屬當然。

（四）藥品廣告言論應予限制

廣播電視法第34條：廣告內容涉及藥品、食品、化妝品、醫療器材、醫療技術及醫療業務者，應先送經衛生主管機關核准，取得證明文

件。除此之外，民國85年11月8日司法院大法官釋字第414號，對藥物廣告的刊播自由作成解釋。解釋要旨如下：

> 藥物廣告係為獲得財產而從事之經濟活動，涉及財產權之保障，並具商業上意見表達之性質，惟因與國民健康有重大關係，基於公共利益之維護，應受較嚴格之規範。藥事法第六十六條第一項規定：藥商刊播藥物廣告時，應於刊播前將所有文字、圖畫或言詞，申請省（市）衛生主管機關核准，指在確保藥物廣告之真實，維護國民健康，為增進公共利益所必要，與憲法第十一條及第十五條尚屬相符。又藥事法施行細則第四十七條第二款規定：藥物廣告之內容，利用容器包裝換獎或使用獎勵方法，有助長濫用藥物之虞者，主管機關應予刪除或不予核准，係依藥事法第一百零五條之授權，就同法第六十六條相關事宜為具體之規定，符合立法意旨，並未逾越母法之授權範圍，與憲法亦無牴觸。

四、講學自由

（一）尊重大學自治範圍

民國92年7月25日，司法院大法官釋字第563號，解釋要旨：

> 碩士學位之頒授依中華民國八十三年四月二十七日修正公布之學位授予法第六條第一項規定，應於研究生「完成碩士學位應修課程，提出論文，經碩士學位考試委員會考試通過」後，始得為之，此乃國家本於對大學之監督所為學位授予之基本規定。大學自治既受憲法制度性保障，則大學為確保學位之授予具備一定之水準，自得於合理及必要之範圍內，訂定有關取得學位之資格條件。國立政治大學於八十五年六月十四日訂定之國立政治大學

研究生學位考試要點規定，各系所得自訂碩士班研究生於提出論文前先行通過資格考核（第二點第一項），該校民族學系並訂定該系碩士候選人資格考試要點，辦理碩士候選人學科考試，此項資格考試之訂定，未逾越大學自治之範疇，不生憲法第二十三條之適用問題。

大學學生退學之有關事項，八十三年一月五日修正公布之大學法未設明文。為維持學術品質，健全學生人格發展，大學有考核學生學業與品行之權責，其依規定程序訂定有關章則，使成績未符一定標準或品行有重大偏差之學生予以退學處分，亦屬大學自治之範疇；立法機關對有關全國性之大學教育事項，固得制定法律予以適度之規範，惟大學於合理範圍內仍享有自主權。國立政治大學暨同校民族學系前開要點規定，民族學系碩士候選人兩次未通過學科考試者以退學論處，係就該校之自治事項所為之規定，與前開憲法意旨並無違背。大學對學生所為退學之處分行為，關係學生權益甚鉅，有關章則之訂定及執行自應遵守正當程序，其內容並應合理妥適，乃屬當然。

（二）大學法強制性規定設軍訓教官違憲

民國87年3月27日，司法院大法官釋字第450號，解釋要旨：

大學自治屬於憲法第十一條講學自由之保障範圍，舉凡教學、學習自由有關之重要事項，均屬大學自治之項目，又國家對大學之監督除應以法律明定外，其訂定亦應符合大學自治之原則，業經本院釋字第三八〇號解釋釋示在案。大學於上開教學研究相關之範圍內，就其內部組織亦應享有相當程度之自主組織權。各大學如依其自主之決策認有提供學生修習軍訓或護理課程之必要者，自得設置與課程相關之單位，並依法聘任適當之教學

人員。惟大學法第十一條第一項第六款及同法施行細則第九條第三項明定大學應設置軍訓室並配置人員，負責軍訓及護理課程之規劃與教學，此一強制性規定，有違憲法保障大學自治之意旨，應自本解釋公布之日起，至遲於屆滿一年時失其效力。

（三）大學應享研究自由、教學自由及學習自由

民國84年5月26日，司法院大法官釋字第380號，解釋要旨：

憲法第十一條關於講學自由之規定，係對學術自由之制度性保障；就大學教育而言，應包含研究自由、教學自由及學習自由等事項。大學法第一條第二項規定：「大學應受學術自由之保障，並在法律規定範圍內，享有自治權」，其自治權之範圍，應包含直接涉及研究與教學之學術重要事項。大學課程如何訂定，大學法未定有明文，然因直接與教學、學習自由相關，亦屬學術之重要事項，為大學自治之範圍。憲法第一百六十二條固規定：「全國公私立之教育文化機關，依法律受國家監督。」則國家對於大學自治之監督，應於法律規定範圍內為之，並須符合憲法第二十三條規定之法律保留原則。大學之必修課程，除法律有明文規定外，其訂定應符合上開大學自治之原則，大學法施行細則第二十二條第三項規定：「各大學共同必修科目，由教育部邀集各大學相關人員共同研訂之。」惟大學法並未授權教育部邀集各大學共同研訂共同必修科目，大學法施行細則所定內容即不得增加大學法所未規定限制。又同條第一項後段「各大學共同必修科目不及格者不得畢業」之規定，涉及對畢業條件之限制，致使各大學共同必修科目之訂定實質上發生限制畢業之效果，而依大學法第二十三條、第二十五條及學位授予法第二條、第三條規定，畢業之條件係大學自治權範疇。是大學法施行細則第二十二條第一

項後段逾越大學法規定,同條第三項未經大學法授權,均與上開憲法意旨不符,應自本釋公布之日起,至遲於屆滿一年時,失其效力。

五、著作自由

民國95年10月26日,司法院大法官釋字第617號,解釋要旨:

> 憲法第十一條保障人民之言論及出版自由,旨在確保意見之自由流通,使人民有取得充分資訊及實現自我之機會。性言論之表現與性資訊之流通,不問是否出於營利之目的,亦應受上開憲法對言論及出版自由之保障。惟憲法對言論及出版自由之保障並非絕對,應依其性質而有不同之保護範疇及限制之準則,國家於符合憲法第二十三條規定意旨之範圍內,得以法律明確規定對之予以適當之限制。

> 為維持男女生活中之性道德感情與社會風化,立法機關如制定法律加以規範,則釋憲者就立法者關於社會多數共通價值所為之判斷,原則上應予尊重。惟為貫徹憲法第十一條保障人民言論及出版自由之本旨,除為維護社會多數共通之性價值秩序所必要而得以法律加以限制者外,仍應對少數性文化族群依其性道德感情與對社會風化之認知而形諸為性言論表現或性資訊流通者,予以保障。

> 刑法第二百三十五條第一項規定所謂散布、播送、販賣、公然陳列猥褻之資訊或物品,或以他法供人觀覽、聽聞之行為,係指對含有暴力、性虐待或人獸性交等而無藝術性、醫學性或教育性價值之猥褻資訊或物品為傳布,或對其他客觀上足以刺激或滿足性慾,而令一般人感覺不堪呈現於眾或不能忍受而排拒之猥褻資訊或物品,未採取適當之安全隔絕措施而傳布,使一般人得

以見聞之行為；同條第二項規定所謂意圖散布、播送、販賣而製造、持有猥褻資訊、物品之行為，亦僅指意圖傳布含有暴力、性虐待或人獸性交等而無藝術性、醫學性或教育性價值之猥褻資訊或物品而製造、持有之行為，或對其他客觀上足以刺激或滿足性慾，而令一般人感覺不堪呈現於眾或不能忍受而排拒之猥褻資訊或物品，意圖不採取適當安全隔絕措施之傳布，使一般人得以見聞而製造或持有該等猥褻資訊、物品之情形，至對於製造、持有等原屬散布、播送及販賣等之預備行為，擬制為與散布、播送及販賣等傳布性資訊或物品之構成要件行為具有相同之不法程度，乃屬立法之形成自由；同條第三項規定針對猥褻之文字、圖畫、聲音或影像之附著物及物品，不問屬於犯人與否，一概沒收，亦僅限於違反前二項規定之猥褻資訊附著物及物品。依本解釋意旨，上開規定對性言論之表現與性資訊之流通，並未為過度之封鎖與歧視，對人民言論及出版自由之限制尚屬合理，與憲法第二十三條之比例原則要無不符，並未違背憲法第十一條保障人民言論及出版自由之本旨。

六、出版自由

表現自由中又以出版自由的影響最大，因其可以廣為流傳、溝通並形成輿論。各國對出版的限制大致可分為「事後之懲處」，即追懲制；或採「事前之檢查」，即預防制。事後追懲制是發表言論事先不予干涉，但事後如觸犯法律或損害他人利益，則應負民事或刑事責任。

我國於民國19年12月16日國民政府制定公布「出版法」全文44條；政府遷台後，於民國41年4月4修正全文45條；隨著解除戒嚴，回歸憲政後，於民國88年1月25日公布廢止，免除出版之前檢查，採行「事後懲處」之追懲制。

第六項、秘密通訊自由

> ### 第十二條
>
> 人民有秘密通訊之自由。

一、秘密通訊的範圍

由於電子科技發展日新月異，人與人之間通訊往來，不再限於以傳統之書信、電報、電話方式來傳遞信息，新型通訊技術諸如網際網路（internet）、電子郵件（e-mail）、傳真等的發明，已為現代的社會廣泛使用。

通訊保障及監察法第3條規定，本法所稱通訊如下：

1. 利用電信設備發送、儲存、傳輸或接收符號、文字、影像、聲音或其他信息之有線及無線電信。
2. 郵件及書信。
3. 言論及談話。

前項所稱之通訊，以有事實足認受監察人對其通訊內容有隱私或秘密之合理期待者為限。

二、通訊隱私與其它隱私權

資訊社會讓傳播科技益加發達、普遍，「私領域」的範圍也不斷擴充。隱私權之類型，至今約可分為通訊隱私權、資料隱私權、身體隱私權以及私領域隱私權等；而指紋檔案屬於個人資料隱私權的一部分（尤英夫，2002年8月7日。）。

（一）通訊隱私權

電話、電子郵件、網路的通訊內容、IP網址、號碼等資料。

（二）資料隱私權

例如銀行、信用卡公司、醫院、教育機關、保險公司、電話公司、證券公司、網路購物公司，所蒐集的個人身份、年籍、住址、帳號等資料；或者戶口資料、犯罪前科、指紋檔案等資料。

（三）身體隱私權

個人的身體不受非法搜查、不受強行檢視指紋、採尿或DNA樣本。

（四）私領域隱私權

私人事務自主權之範圍，例如家庭生活領域即屬之。

三、指紋屬於身體隱私權應受保障

前述指紋的保密，在被強求檢視時，可以視為身體隱私權；當其按捺完成，製作為檔案資料時，則成為資料隱私權。我國司法院大法官603號解釋：「指紋乃重要之個人資訊，個人對其指紋資訊之自主控制，受資訊隱私權之保障。而國民身分證發給與否，則直接影響人民基本權利之行使」。「對於未依規定捺指紋者，拒絕發給國民身分證，形同強制按捺並錄存指紋，以作為核發國民身分證之要件，其目的為何，戶籍法未設明文規定，於憲法保障人民資訊隱私權之意旨已有未合」。換言之，釋憲者認為，以「按捺指紋」作為發給國民身分證的必要，並不合乎憲法對隱私權的保護。

第七項、信仰宗教自由

第十三條

人民有信仰宗教之自由。

一、人民有信仰與不信仰任何宗教之自由

民國88年10月1日，司法院大法官解釋文釋字第490號解釋要旨：

> 人民有依法律服兵役之義務，為憲法第二十條所明定。惟人民如何履行兵役義務，憲法本身並無明文規定，有關人民服兵役之重要事項，應由立法者斟酌國家安全、社會發展之需要，以法律定之。憲法第十三條規定：「人民有信仰宗教之自由。」係指人民有信仰與不信仰任何宗教之自由，以及參與或不參與宗教活動之自由；國家不得對特定之宗教加以獎勵或禁制，或對人民特定信仰畀予優待或不利益。立法者鑒於男女生理上之差異及因此種差異所生之社會生活功能角色之不同，於兵役法第一條規定：中華民國男子依法皆有服兵役之義務，係為實踐國家目的及憲法上人民之基本義務而為之規定，原屬立法政策之考量，非為助長、促進或限制宗教而設，且無助長、促進或限制宗教之效果。復次，服兵役之義務，並無違反人性尊嚴亦未動搖憲法價值體系之基礎，且為大多數國家之法律所明定，更為保護人民，防衛國家之安全所必需，與憲法第七條平等原則及第十三條宗教信仰自由之保障，並無牴觸。

二、不得公然侮辱宗教

中華民國刑法第246條：對於壇廟、寺觀、教堂、墳墓或公眾紀念處所，公然侮辱者，處6月以下有期徒刑、拘役或300元以下罰金。妨害喪、葬、祭禮、說教、禮拜者，亦同。

三、受刑人得享宗教信仰

監獄行刑法第38條：受刑人得依其所屬之宗教舉行禮拜、祈禱，或其他適當之儀式。但以不妨害紀律者為限。

監獄行刑法施行細則第60條：監獄得依受刑人之宗教信仰，邀請宗教人士為其講解有助於教化之教義或舉行宗教儀式。宗教團體志願從事前項工作者，得許可之。前兩項宗教人士或宗教團體，得以富有教化意義之書刊、影片、幻燈片及錄音帶，供監獄使用。

同法第64條：監獄得因受刑人國籍或宗教信仰之不同，將應領之主副食換發適當之食物。疾患受刑人及受刑人子女之飲食，得依需要另訂標準，並換發適當之食物。

四、宗教活動免向主管機關申請許可

集會遊行法第8條規定，室外集會、遊行，應向主管機關申請許可。但左列各款情形不在此限：

1. 依法令規定舉行者。
2. 學術、藝文、旅遊、體育競賽或其他性質相類之活動。
3. 宗教、民俗、婚、喪、喜、慶活動。

室內集會無須申請許可。但使用擴音器或其他視聽器材足以形成室外集會者，以室外集會論。

第八項、集會結社自由

> **第十四條**
>
> 人民有集會及結社之自由。

一、釋字第445號保障集會、結社：警察不得事前審查集會遊行言論

民國87年1月23日，司法院大法官釋字第445號解釋文要旨：

憲法第十四條規定人民有集會之自由，此與憲法第十一條規定之言論、講學、著作及出版之自由，同屬表現自由之範疇，為

實施民主政治最重要的基本人權。國家為保障人民之集會自由，應提供適當集會場所，並保護集會、遊行之安全，使其得以順利進行。以法律限制集會、遊行之權利，必須符合明確性原則與憲法第二十三條之規定。集會遊行法第八條第一項規定室外集會、遊行除同條項但書所定各款情形外，應向主管機關申請許可。同法第十一條則規定申請室外集會、遊行除有同條所列情形之一者外，應予許可。其中有關時間、地點及方式等未涉及集會、遊行之目的或內容之事項，為維持社會秩序及增進公共利益所必要，屬立法自由形成之範圍，於表現自由之訴求不致有所侵害，與憲法保障集會自由之意旨尚無牴觸。

集會遊行法第十一條第一款規定違反同法第四條規定者，為不予許可之要件，乃對「主張共產主義或分裂國土」之言論，使主管機關於許可集會、遊行以前，得就人民政治上之言論而為審查，與憲法保障表現自由之意旨有違；同條第二款規定：「有事實足認為有危害國家安全、社會秩序或公共利益之虞者」，第三款規定：「有危害生命、身體、自由或對財物造成重大損壞之虞者」，有欠具體明確，對於在舉行集會、遊行以前，尚無明顯而立即危險之事實狀態，僅憑將來有發生之可能，即由主管機關以此作為集會、遊行准否之依據部分，與憲法保障集會自由之意旨不符，均應自本解釋公布之日起失其效力。

集會遊行法第六條規定集會遊行之禁制區，係為保護國家重要機關與軍事設施之安全、維持對外交通之暢通；同法第十條規定限制集會、遊行之負責人、其代理人或糾察員之資格；第十一條第四款規定同一時間、處所、路線已有他人申請並經許可者，為不許可集會、遊行之要件；第五款規定未經依法設立或經撤銷許可或命令解散之團體，以該團體名義申請者得不許可集會、遊行；第六款規定申請不合第九條有關責令申請人提出申請書填具

之各事項者為不許可之要件，係為確保集會、遊行活動之和平進
行，避免影響民眾之生活安寧，均屬防止妨礙他人自由、維持社
會秩序或增進公共利益所必要，與憲法第二十三條規定並無牴
觸。惟集會遊行法第九條第一項但書規定：「因天然災變或其他
不可預見之重大事故而有正當理由者，得於二日前提出申請。」
對此偶發性集會、遊行，不及於二日前申請者不予許可，與憲法
保障人民集會自由之意旨有違，亟待檢討改進。集會遊行法第
二十九條對於不遵從解散及制止命令之首謀者科以刑責，為立法
自由形成範圍，與憲法第二十三條之規定尚無牴觸。

二、保障集會自由之理由

國家保障人民之自由，其最終之理由無不在於使人民能藉著這些
自由追求更美好之生活。故對直接有關人民之生活，如生命、身體、財
產等，其保障理由是顯而易見。然而集會遊行涉及表現自由之方式，並
非直接影響人民生活者，何以有崇高地位，一般說法有三種（詹文凱，
1987：50）：

（一）為獲致真理之途徑

此項說法認為「真理」為社會所公認終極善之一種，而透過表達自
由可以使真理越辯越明。壓抑表達之自由，不僅限制了真理之追求，也
減低了真理的信服力。

（二）為個人自我實現之方法

國家的目的在於保障個人之生存與發展，則對個人之自我實現，自
應予以促進。憲法應保障個人加入一個團體中，並與他人相互依存，此
種與他人聚集之保障，有助於國民在群體中之人格發展，亦有助於人格
之實現。

（三）為民主參與之方式

國家政策之制訂應參酌人民之意見，為代議制之弊端，使政治上少數派或弱勢團體，在參與國家政策過程中，往往遭到完全的封閉，故這些人不得不藉由集會遊行的方式，表示自己的意見，達到參與政策之目的，故集會遊行的方式可保障少數人的意思，對抗大眾媒體的壟斷。由於大眾傳播媒體，常需有強大之資本，實非一般人民所能負擔，大眾媒體除將資訊強力輸出外，亦獨佔大部分言論市場。尤其在電視、廣播等媒體上，透過國家有電波管理權，造成國家可能與獨佔資本結合，同時對媒體內容加以直接或間接之限制，以操縱人民之思想（蔡進閱，1997：133）。保障集會自由，有利於將少數人的意見呈現於大眾，是民主參與的方式之一。

三、保障集會自由之方式

集會自由是表現自由的一種類型，與講學、著作、出版自由等量齊觀，前者是一般人民以行動為主所表現的言論自由，後者則大多數由知識分子以言語、文字表現之言論自由，制憲者將集會自由單獨類型化，並列於第14條，其主要係保障一般無法接近、掌握或利用媒體言論管道之人，亦有公開表示其意見之可能性，以保障人民參與政治意思決定之權利，使個人意思於公益形成之過程中，得充分表達，是為實施民主政治重要之基本人權，乃落實國民主權重要手段之一。

集會自由為憲法所直接保障之人民基本權利，因此為避免憲法之規定流於口號或形同具文，進而保障該自由之遂行，實有賴集會遊行法之正確執行，所以集會遊行法頒行之主要目的，就在於保障憲法賦予人民之基本權利，其次方是維持社會秩序。同時，集會自由之保障，不僅限於集會遊行法中所指之集會自由，因為集會遊行法在消極意義上，只不過是立法者本諸憲法委託之精神，為落實憲政理念，而在例外情形有

必要時，才得以作為限制集會自由依據之法律。因此，不適用於集會遊行法之集會類型，仍是憲法所應保障，此乃實質法治國家強調法位階，追求實質法正義下「法無明文禁止者，皆應受允許」理念之闡揚（李震山，1993：189）。

四、集會遊行的定義與主管機關

集會遊行法第2條：本法所稱集會，係指於公共場所或公眾得出入之場所舉行會議、演說或其他聚眾活動。本法所稱遊行，係指於市街、道路、巷弄或其他公共場所或公眾得出入之場所之集體行進。

第3條：本法所稱主管機關，係指集會、遊行所在地之警察分局。集會、遊行所在地跨越2個以上警察分局之轄區者，其主管機關為直轄市、縣（市）警察局。

第4條：集會遊行不得主張共產主義或分裂國土。

第5條：對於合法舉行之集會、遊行，不得以強暴、脅迫或其他非法方法予以妨害。

第6條：集會、遊行不得在左列地區及其週邊範圍舉行。但經主管機關核准者，不在此限：

1. 總統府、行政院、司法院、考試院、各級法院及總統、副總統官邸。
2. 國際機場、港口。
3. 重要軍事設施地區。
4. 各國駐華使領館、代表機構、國際組織駐華機構及其館長官邸。

前項第1款、第2款地區之週邊範圍，由內政部劃定公告；第3款地區之週邊範圍，由國防部劃定公告。但均不得逾300公尺。第4款地區之週邊範圍，由外交部劃定公告。但不得逾50公尺。

第7條：集會、遊行應有負責人。依法設立之團體舉行之集會、遊行，其負責人為該團體之代表人或其指定之人。

五、警察對集會遊行之蒐證

警察職權行使法第9條：警察依事實足認集會遊行或其他公共活動參與者之行為，對公共安全或秩序有危害之虞時，於該活動期間，得予攝影、錄音或以其他科技工具，蒐集參與者現場活動資料。資料蒐集無法避免涉及第三人者，得及於第三人。

依前項規定蒐集之資料，於集會遊行或其他公共活動結束後，應即銷毀之。但為調查犯罪或其他違法行為，而有保存之必要者，不在此限。

依第2項但書規定保存之資料，除經起訴且審判程序尚未終結或違反組織犯罪防制條例案件者外，至遲應於資料製作完成時起一年內銷毀之。

第九項、生存權、工作權、財產權

> **第十五條**
> 　人民之生存權、工作權及財產權，應予保障。

一、生存權

（一）死刑、無期徒刑之法定刑規定未違憲

民國88年1月29日，司法院大法官釋字第476號，解釋要旨：

> 人民身體之自由與生存權應予保障，固為憲法第八條、第十五條所明定；惟國家刑罰權之實現，對於特定事項而以特別刑法規定特別之罪刑所為之規範，倘與憲法第二十三條所要求之目的正當性、手段必要性、限制妥當性符合，即無乖於比例原則，要不得

僅以其關乎人民生命、身體之自由，遂執兩不相伴之普通刑法規定事項，而謂其係有違於前開憲法之意旨。中華民國八十一年七月二十七日修正公布之「肅清煙毒條例」、八十七年五月二十日修正公布之「毒品危害防制條例」，其立法目的，乃特別為肅清煙毒、防制毒品危害，藉以維護國民身心健康，進而維持社會秩序，俾免國家安全之陷於危殆。因是拔其貽害之本，首予杜絕流入之途，即著重煙毒來源之截堵，以求禍害之根絕；而製造、運輸、販賣行為乃煙毒禍害之源，其源不斷，則流毒所及，非僅多數人之生命、身體受其侵害，并社會、國家之法益亦不能免，為害之鉅，當非個人一己之生命、身體法益所可比擬。對於此等行為之以特別立法嚴厲規範，當已符合比例原則；抑且製造、運輸、販賣煙毒之行為，除有上述高度不法之內涵外，更具有暴利之特質，利之所在，不免群趨僥倖，若僅藉由長期自由刑措置，而欲達成肅清、防制之目的，非但成效難期，要亦有悖於公平與正義。肅清煙毒條例第五條第一項：「販賣、運輸、製造毒品、鴉片或麻煙者，處死刑或無期徒刑。」、毒品危害防制條例第四條第一項：「製造、運輸、販賣第一級毒品者，處死刑或無期徒刑；處無期徒刑者，得併科新臺幣一千萬元以下罰金。」其中關於死刑、無期徒刑之法定刑規定，係本於特別法嚴禁毒害之目的而為之處罰，乃維護國家安全、社會秩序及增進公共利益所必要，無違憲法第二十三條之規定，與憲法第十五條亦無牴觸。

（二）應維護被誣告者之個人法益

民國91年11月22日，司法院大法官釋字第551號，解釋要旨：

人民身體之自由與生存權應予保障，為憲法第八條、第十五條所明定，國家為實現刑罰權，將特定事項以特別刑法規定特別

之罪刑，其內容須符合目的正當性、手段必要性、限制妥當性，方符合憲法第二十三條之規定，業經本院釋字第四七六號解釋闡釋在案。中華民國八十七年五月二十日修正公布之毒品危害防制條例，其立法目的係為肅清煙毒、防制毒品危害，維護國民身心健康，藉以維持社會秩序及公共利益，乃以特別法加以規範。有關栽贓誣陷或捏造證據誣告他人犯該條例之罪者，固亦得於刑法普通誣告罪之外，斟酌立法目的而為特別處罰之規定。然同條例第十六條規定：「栽贓誣陷或捏造證據誣告他人犯本條例之罪者，處以其所誣告之罪之刑」，未顧及行為人負擔刑事責任應以其行為本身之惡害程度予以非難評價之刑法原則，強調同害之原始報應刑思想，以所誣告罪名反坐，所採措置與欲達成目的及所需程度有失均衡；其責任與刑罰不相對應，罪刑未臻相當，與憲法第二十三條所定比例原則未盡相符。有關機關應自本解釋公布之日起兩年內通盤檢討修正，以兼顧國家刑罰權之圓滿正確運作，並維護被誣告者之個人法益；逾期未為修正者，前開條例第十六條誣告反坐之規定失其效力。

二、工作權

（一）照顧被大量解僱勞工

大量解僱勞工保護法第14條：中央主管機關應編列專款預算，作為因違法大量解僱勞工所需訴訟及必要生活費用。

（二）保障原住民族工作權

各級政府機關、公立學校及公營事業機構，除位於澎湖、金門、連江縣外，其僱用下列人員之總額，每滿100人應有原住民1人：

1. 約僱人員。

2. 駐衛警察。

3. 技工、駕駛、工友、清潔工。

4. 收費管理員。

5. 其他不須具公務人員任用資格之非技術性工級職務。

原住民地區之各級政府機關、公立學校及公營事業機構，其僱用下列人員之總額，應有三分之一以上為原住民：

1. 約僱人員。

2. 駐衛警察。

3. 技工、駕駛、工友、清潔工。

4. 收費管理員。

5. 其他不須具公務人員任用資格之非技術性工級職務。

本法所稱原住民地區，指原住民族傳統居住，具有原住民族歷史淵源及文化特色，經中央主管機關報請行政院核定之地區。

（三）身心障礙者工作權

身心障礙者保護法第31條：各級政府機關、公立學校及公營事業機構員工總人數在50人以上者，進用具有工作能力之身心障礙者人數，不得低於員工總人數2％。私立學校、團體及民營事業機構員工總人數在100人以上者，進用具有工作能力之身心障礙者人數，不得低於員工總人數1％。

前2項各級政府機關、公、私立學校、團體及公、民營事業機構為進用身心障礙者義務機關（構），其進用身心障礙者人數，未達前2項標準者，應定期向機關（構）所在地之直轄市或縣（市）勞工主管機關設立之身心障礙者就業基金專戶繳納差額補助費；其金額依差額人數乘以每月基本工資計算。依第1項、第2項進用重度身心障礙者，每進用1人以2人核計。警政、消防、關務及法務等單位定額進用總人數之計算，得於本法施行細則另定之。

三、財產權

（一）徵收人民財產應盡速合理補償

民國97年12月5日，司法院大法官釋字第652號，解釋要旨：

> 憲法第十五條規定，人民之財產權應予保障，故國家因公用或其他公益目的之必要，雖得依法徵收人民之財產，但應給予合理之補償，且應儘速發給。倘原補償處分已因法定救濟期間經過而確定，且補償費業經依法發給完竣，嗣後直轄市或縣（市）政府始發現其據以作成原補償處分之地價標準認定錯誤，原發給之補償費短少，致原補償處分違法者，自應於相當期限內依職權撤銷該已確定之補償處分，另為適法之補償處分，並通知需用土地人繳交補償費差額轉發原土地所有權人。逾期未發給補償費差額者，原徵收土地核准案即應失其效力，本院釋字第五一六號解釋應予補充。

（二）偷竊而為暴力以強盜論

中華民國刑法第329條：竊盜或搶奪，因防護贓物、脫免逮捕或湮滅罪證，而當場施以強暴脅迫者，以強盜論。對於此項規定，民國96年7月13日，司法院大法官釋字第630號，解釋要旨：

> 刑法第三百二十九條之規定旨在以刑罰之手段，保障人民之身體自由、人身安全及財產權，免受他人非法之侵害，以實現憲法第八條、第二十二條及第十五條規定之意旨。立法者就竊盜或搶奪而當場施以強暴、脅迫者，僅列舉防護贓物、脫免逮捕或湮滅罪證三種經常導致強暴、脅迫行為之具體事由，係選擇對身體

自由與人身安全較為危險之情形，視為與強盜行為相同，而予以重罰。至於僅將上開情形之竊盜罪與搶奪罪擬制為強盜罪，乃因其他財產犯罪，其取財行為與強暴、脅迫行為間鮮有時空之緊密連接關係，故上開規定尚未逾越立法者合理之自由形成範圍，難謂係就相同事物為不合理之差別對待。經該規定擬制為強盜罪之強暴、脅迫構成要件行為，乃指達於使人難以抗拒之程度者而言，是與強盜罪同其法定刑，尚未違背罪刑相當原則，與憲法第二十三條比例原則之意旨並無不符。

（三）軍事審判法令適用冤獄賠償法

民國96年4月27日，司法院大法官釋字第624號，解釋要旨：

憲法第七條規定，人民在法律上一律平等。立法機關制定冤獄賠償法，對於人民犯罪案件，經國家實施刑事程序，符合該法第一條所定要件者，賦予身體自由、生命或財產權受損害之人民，向國家請求賠償之權利。凡自由、權利遭受同等損害者，應受平等之保障，始符憲法第七條規定之意旨。冤獄賠償法第一條規定，就國家對犯罪案件實施刑事程序致人民身體自由、生命或財產權遭受損害而得請求國家賠償者，依立法者明示之適用範圍及立法計畫，僅限於司法機關依刑事訴訟法令受理案件所致上開自由、權利受損害之人民，未包括軍事機關依軍事審判法令受理案件所致該等自由、權利受同等損害之人民，係對上開自由、權利遭受同等損害，應享有冤獄賠償請求權之人民，未具正當理由而為差別待遇，若仍令依軍事審判法令受理案件遭受上開冤獄之受害人，不能依冤獄賠償法行使賠償請求權，足以延續該等人民在法律上之不平等，自與憲法第七條之本旨有所牴觸。司法院與行政院會同訂定發布之辦理冤獄賠償事件應行注意事項第二點規定，

雖符合冤獄賠償法第一條之意旨，但依其規定內容，使依軍事審判法令受理案件遭受冤獄之人民不能依冤獄賠償法行使賠償請求權，同屬不符平等原則之要求。為符首揭憲法規定之本旨，在冤獄賠償法第一條修正施行前，或規範軍事審判所致冤獄賠償事項之法律制定施行前，凡自中華民國四十八年九月一日冤獄賠償法施行後，軍事機關依軍事審判法令受理之案件，合於冤獄賠償法第一條之規定者，均得於本解釋公布之日起二年內，依該法規定請求國家賠償。

（四）強制執行之財產權

強制執行法第11條：供強制執行之財產權，其取得、設定、喪失或變更，依法應登記者，為強制執行時，執行法院應即通知該管登記機關登記其事由。前項通知，執行法院得依債權人之聲請，交債權人逕行持送登記機關登記。債務人因繼承、強制執行、徵收或法院之判決，於登記前已取得不動產物權者，執行法院得因債權人之聲請，以債務人費用，通知登記機關登記為債務人所有後而為執行。前項規定，於第5條第3項之續行強制執行而有辦理繼承登記之必要者，準用之。但不影響繼承人拋棄繼承或限定繼承之權利。

強制執行法第119條：第三人不承認債務人之債權或其他財產權之存在，或於數額有爭議或有其他得對抗債務人請求之事由時，應於接受執行法院命令後10日內，提出書狀，向執行法院聲明異議。第三人不於前項期間內聲明異議，亦未依執行法院命令，將金錢支付債權人，或將金錢、動產或不動產支付或交付執行法院時，執行法院得因債權人之聲請，逕向該第三人為強制執行。

第十項、請願、訴願及訴訟權

> **第十六條**
>
> 　人民有請願、訴願及訴訟之權。

一、請願

　　請願法第2條：人民對國家政策、公共利害或其權益之維護，得向職權所屬之民意機關或主管行政機關請願。第3條：人民請願事項，不得牴觸憲法或干預審判。第4條：人民對於依法應提起訴訟或訴願之事項，不得請願。

　　同法第10條：地方民意機關代表人民向有關民意機關請願時，準用本法之規定。

二、訴願

　　訴願法第1條：人民對於中央或地方機關之行政處分，認為違法或不當，致損害其權利或利益者，得依本法提起訴願。但法律另有規定者，從其規定。各級地方自治團體或其他公法人對上級監督機關之行政處分，認為違法或不當，致損害其權利或利益者，亦同。

　　同法第2條：人民因中央或地方機關對其依法申請之案件，於法定期間內應作為而不作為，認為損害其權利或利益者，亦得提起訴願。前項期間，法令未規定者，自機關受理申請之日起為2個月。

　　同法第3條：本法所稱行政處分，係指中央或地方機關就公法上具體事件所為之決定或其他公權力措施而對外直接發生法律效果之單方行政行為。前項決定或措施之相對人雖非特定，而依一般性特徵可得確定其範圍者，亦為行政處分。有關公物之設定、變更、廢止或一般使用者，亦同。

三、行政訴訟

（一）行政訴訟事件

行政訴訟法第2條：公法上之爭議，除法律別有規定外，得依本法提起行政訴訟。

第3條：前條所稱之行政訴訟，指撤銷訴訟、確認訴訟及給付訴訟。

第4條：人民因中央或地方機關之違法行政處分，認為損害其權利或法律上之利益，經依訴願法提起訴願而不服其決定，或提起訴願逾3個月不為決定，或延長訴願決定期間逾2個月不為決定者，得向高等行政法院提起撤銷訴訟。

第5條：人民因中央或地方機關對其依法申請之案件，於法令所定期間內應作為而不作為，認為其權利或法律上利益受損害者，經依訴願程序後，得向高等行政法院提起請求該機關應為行政處分或應為特定內容之行政處分之訴訟。人民因中央或地方機關對其依法申請之案件，予以駁回，認為其權利或法律上利益受違法損害者，經依訴願程序後，得向高等行政法院提起請求該機關應為行政處分或應為特定內容之行政處分之訴訟。

第9條：人民為維護公益，就無關自己權利及法律上利益之事項，對於行政機關之違法行為，得提起行政訴訟。但以法律有特別規定者為限。

（二）行政訴訟管轄

行政訴訟法第13條：對於公法人之訴訟，由其公務所所在地之行政法院管轄。其以公法人之機關為被告時，由該機關所在地之行政法院管轄。對於私法人或其他得為訴訟當事人之團體之訴訟，由其主事務所或

主營業所所在地之行政法院管轄。對於外國法人或其他得為訴訟當事人之團體之訴訟，由其在中華民國之主事務所或主營業所所在地之行政法院管轄。

第14條：前條以外之訴訟，由被告住所地之行政法院管轄，其住所地之行政法院不能行使職權者，由其居所地之行政法院管轄。被告在中華民國現無住所或住所不明者，以其在中華民國之居所，視為其住所；無居所或居所不明者，以其在中華民國最後之住所，視為其住所；無最後住所者，以中央政府所在地，視為其最後住所地。訴訟事實發生於被告居所地者，得由其居所地之行政法院管轄。

（三）簡易訴訟程序

行政訴訟法第229條：下列各款行政訴訟事件，適用本章所定之簡易程序：

1. 關於稅捐課徵事件涉訟，所核課之稅額在新臺幣40萬元以下者。
2. 因不服行政機關所為新臺幣40萬元以下罰鍰處分而涉訟者。
3. 其他關於公法上財產關係之訴訟，其標的之金額或價額在新臺幣40萬元以下者。
4. 因不服行政機關所為告誡、警告、記點、記次或其他相類之輕微處分而涉訟者。
5. 依法律之規定應適用簡易訴訟程序者。

前項所定數額，司法院得因情勢需要，以命令減為新臺幣20萬元或增至新臺幣60萬元。

第十一項、參政權

第十七條

人民有選舉、罷免、創制及複決之權。

一、公職人員選舉罷免

（一）選舉人

公職人員選舉罷免法第14條：中華民國國民，年滿20歲，除受監護宣告尚未撤銷者外，有選舉權。

第15條：有選舉權人在各該選舉區繼續居住4個月以上者，為公職人員選舉各該選舉區之選舉人。前項之居住期間，在其行政區域劃分選舉區者，仍以行政區域為範圍計算之。但於選舉公告發布後，遷入各該選舉區者，無選舉投票權。

第16條：原住民公職人員選舉，以具有原住民身分並有前條資格之有選舉權人為選舉人。

第17條：選舉人，除另有規定外，應於戶籍地投票所投票。投票所工作人員，得在戶籍地或工作地之投票所投票。但在工作地之投票所投票者，以戶籍地及工作地在同一選舉區，並在同一直轄市、縣（市）為限。

（二）公職人員定義

公職人員選舉罷免法第2條：本法所稱公職人員，指下列人員：
1. 中央公職人員：立法院立法委員。
2. 地方公職人員：直轄市議會議員、縣（市）議會議員、鄉（鎮、市）民代表會代表、直轄市長、縣（市）長、鄉（鎮、市）長、村（里）長。

（三）公職人員投票方法

第3條：公職人員選舉，以普通、平等、直接及無記名單記投票之方法行之。全國不分區及僑居國外國民立法委員選舉，依政黨名單投票選出。公職人員罷免，由原選舉區之選舉人以無記名投票之方法決定。

（四）居住一定期間

第4條：選舉人、候選人年齡及居住期間之計算，均以算至投票日前1日為準，並以戶籍登記資料為依據。前項居住期間之計算，自戶籍遷入登記之日起算。重行投票者，仍依原投票日計算。

（五）選舉罷免機關

第6條：公職人員選舉，中央、直轄市、縣（市）各設選舉委員會辦理之。

第7條：立法委員、直轄市議員、直轄市長、縣（市）議員及縣（市）長選舉，由中央選舉委員會主管，並指揮、監督直轄市、縣（市）選舉委員會辦理之。鄉（鎮、市）民代表及鄉（鎮、市）長選舉，由縣選舉委員會辦理之。村（里）長選舉，由各該直轄市、縣（市）選舉委員會辦理之。直轄市、縣（市）選舉委員會辦理前二項之選舉，並受中央選舉委員會之監督。辦理選舉期間，直轄市、縣（市）選舉委員會並於鄉（鎮、市、區）設辦理選務單位。

（六）不得登記為候選人

公職人員選舉罷免法第26條規定，不得登記為候選人：

1. 動員戡亂時期終止後，曾犯內亂、外患罪，經依刑法判刑確定者。

2. 曾犯貪污罪，經判刑確定者。

3. 曾犯刑法第142條、第144條之罪，經判刑確定者。

4. 犯前3款以外之罪，判處有期徒刑以上之刑確定，尚未執行或執行未畢者。但受緩刑宣告者，不在此限。

5. 受保安處分或感訓處分之裁判確定，尚未執行或執行未畢者。

6. 受破產宣告確定，尚未復權者。

7. 依法停止任用或受休職處分，尚未期滿者。

8. 褫奪公權，尚未復權者。

9. 受禁治產宣告，尚未撤銷者。

公職人員選舉罷免法第27條規定，下列人員不得登記為候選人：

1. 現役軍人。

2. 服替代役之現役役男。

3. 軍事學校學生。

4. 各級選舉委員會之委員、監察人員、職員、鄉（鎮、市、區）公所辦理選舉事務人員及投票所、開票所工作人員。

5. 依其他法律規定不得登記為候選人者。

二、公民投票法實現創制複決權

依據憲法主權在民之原則，為確保國民直接民權之行使，制定公民投票法。依該法第2條規定，公民投票包括全國性及地方性公民投票。

（一）全國性與地方性公投

全國性公民投票適用事項如下：

1. 法律之複決。

2. 立法原則之創制。

3. 重大政策之創制或複決。

4. 憲法修正案之複決。

地方性公民投票適用事項如下：

1. 地方自治法規之複決。

2. 地方自治法規立法原則之創制。

3. 地方自治事項重大政策之創制或複決。

預算、租稅、投資、薪俸及人事事項不得作為公民投票之提案。公民投票事項之認定，由公民投票審議委員會為之。

（二）公民投票通過後之處理

公民投票案經通過者，各該選舉委員會應於投票完畢7日內公告公民投票結果，並依下列方式處理：

1. 有關法律、自治條例立法原則之創制案，行政院、直轄市政府、縣（市）政府應於3個月內研擬相關之法律、自治條例提案，並送立法院、直轄市議會、縣（市）議會審議。立法院、直轄市議會、縣（市）議會應於下一會期休會前完成審議程序。
2. 有關法律、自治條例之複決案，原法律或自治條例於公告之日算至第3日起，失其效力。
3. 有關重大政策者，應由權責機關為實現該公民投票案內容之必要處置。
4. 有關憲法修正案之公民投票，應依憲法修正程序為之。

（三）公民投票同一事項重行提出之限制

公民投票案之提案經通過或否決者，自各該選舉委員會公告該投票結果之日起3年內，不得就同一事項重行提出。但有關公共設施之重大政策複決案經否決者，自投票結果公告之日起至該設施完工啟用後8年內，不得重行提出。前項之同一事項，包括提案之基礎事實類似、擴張或減縮應受判斷事項者。前項之認定由審議委員會為之。

第十二項、應考試服公職權

> **第十八條**
> 人民有應考試服公職之權。

一、應考試之權

公務人員考試法第2條：公務人員之考試，以公開競爭方式行之，

其考試成績之計算，不得因身分而有特別規定。其他法律與本法規定不同時，適用本法。前項考試，應依用人機關年度任用需求決定正額錄取人數，依序分發任用。並得視考試成績增列增額錄取人員，列入候用名冊，於正額錄取人員分發完畢後，由分發機關配合用人機關任用需要依考試成績定期依序分發任用。正額錄取人員無法立即接受分發者，得檢具事證申請保留錄取資格，其事由及保留年限如下：

1. 服兵役，其保留期限不得逾法定役期。
2. 進修碩士，其保留期限不得逾3年；進修博士，其保留期限不得逾5年。
3. 疾病、懷孕、生產、父母病危及其他不可歸責事由，其保留期限不得逾2年。

同法第3條：公務人員之考試，分高等考試、普通考試、初等考試三等。高等考試按學歷分為一、二、三級。及格人員於服務1年內，不得轉調原分發任用之主管機關及其所屬機關、學校以外之機關、學校任職。

為因應特殊性質機關之需要及照顧身心障礙者、原住民族之就業權益，得比照前項考試之等級舉行一、二、三、四、五等之特種考試，除本法另有規定者外，及格人員於服務六年內，不得轉調申請舉辦特種考試機關及其所屬機關、學校以外之機關、學校任職。

二、不得應考者

公務人員考試法第7條：中華民國國民，年滿18歲，具有本法所定應考資格者，得應本法之考試。但有下列各款情事之一者，不得應考：

1. 動員戡亂時期終止後，曾犯內亂罪、外患罪，經判刑確定或通緝有案尚未結案。
2. 曾服公務有貪污行為，經判刑確定或通緝有案尚未結案。
3. 褫奪公權尚未復權。

4. 受監護或輔助宣告，尚未撤銷。

依法停止任用者，經公務人員考試錄取，於依法停止任用期間仍不得分發（配）任用為公務人員。

同法第9條：公務人員高等考試、普通考試、初等考試，得視需要合併或分等、分級、分科辦理。

三、服公職之權

公務人員任用法第10條：各機關初任各職等人員，除法律別有規定外，應由分發機關就公務人員各等級考試正額錄取，經訓練期滿成績及格人員分發任用。如可資分發之正額錄取人員已分發完畢，由分發機關就列入候用名冊之增額錄取人員按考試成績定期依序分發，經訓練期滿成績及格後予以任用。已無前項考試錄取人員可資分發時，得經分發機關同意，由各機關自行遴用具任用資格之合格人員。

同法第12條：公務人員各等級考試錄取，經訓練期滿成績及格者，應由分發機關分發各有關機關任用。前項分發機關、程序、辦理方式、限制及有關事項之辦法，由考試院會同行政院定之。

公務人員考試及格人員分發辦法第4條：考選部於舉辦各種公務人員考試前，應洽請分發機關協調有關機關預估年度需求人數，擬定年度需求計畫，以為舉辦考試、決定正額錄取人數、分配訓練及分發任用之依據。

四、任公務員之限制

（一）褫奪為公務員之資格

中華民國刑法第36條：褫奪公權者，褫奪下列資格：

1. 為公務員之資格。

2. 為公職候選人之資格。

（二）限制外國人或無國籍人歸化者為公務員之資格

國籍法第10條：外國人或無國籍人歸化者，不得擔任下列各款公職：

1. 總統、副總統。

2. 立法委員。

3. 行政院院長、副院長、政務委員；司法院院長、副院長、大法官；考試院院長、副院長、考試委員；監察院院長、副院長、監察委員、審計長。

4. 特任、特派之人員。

5. 各部政務次長。

6. 特命全權大使、特命全權公使。

7. 蒙藏委員會副委員長、委員；僑務委員會副委員長。

8. 其他比照簡任第十三職等以上職務之人員。

9. 陸海空軍將官。

10. 民選地方公職人員。

前項限制，自歸化日起滿10年後解除；但其他法律另有規定者，從其規定。

第十三項、納稅

> **第十九條**
>
> 人民有依法律納稅之義務。

一、國稅與地方稅

財政收支劃分法第6條：稅課劃分為國稅、直轄市及縣（市）稅。

同法第8條：下列各稅為國稅：

1. 所得稅。

2. 遺產及贈與稅。

3. 關稅。

4. 營業稅。

5. 貨物稅。

6. 菸酒稅。

7. 證券交易稅。

8. 期貨交易稅。

9. 礦區稅。

同法第12條：下列各稅為直轄市及縣（市）稅：

1. 土地稅，包括下列各稅：

   (1)地價稅。

   (2)田賦。

   (3)土地增值稅。

2. 房屋稅。

3. 使用牌照稅。

4. 契稅。

5. 印花稅。

6. 娛樂稅。

7. 特別稅課。

二、所得稅之課徵及免納稅範圍

所得稅法第2條：凡有中華民國來源所得之個人，應就其中華民國來源之所得，依本法規定，課徵綜合所得稅。非中華民國境內居住之個人，而有中華民國來源所得者，除本法另有規定外，其應納稅額，分別就源扣繳。

同法第4條：免納所得稅的規定計有24項，其中第1至7項如下：

1. 現役軍人之薪餉。

2. 托兒所、幼稚園、國民小學、國民中學、私立小學及私立初級中學之教職員薪資。

3. 傷害或死亡之損害賠償金，及依國家賠償法規定取得之賠償金。

4. 個人因執行職務而死亡，其遺族依法令或規定領取之撫卹金或死亡補償。個人非因執行職務而死亡，其遺族依法令或規定一次或按期領取之撫卹金或死亡補償，應以一次或全年按期領取總額，與第14條第1項規定之退職所得合計，其領取總額以不超過第14條第1項第9類規定減除之金額為限。

5. 公、教、軍、警人員及勞工所領政府發給之特支費、實物配給或其代金及房租津貼。公營機構服務人員所領單一薪俸中，包括相當於實物配給及房租津貼部分。

6. 依法令規定，具有強制性質儲蓄存款之利息。

7. 人身保險、勞工保險及軍、公、教保險之保險給付。

三、稅捐的核課期間

稅捐稽徵法第21條規定，稅捐之核課期間，依左列規定：

1. 依法應由納稅義務人申報繳納之稅捐，已在規定期間內申報，且無故意以詐欺或其他不正當方法逃漏稅捐者，其核課期間為5年。

2. 依法應由納稅義務人實貼之印花稅，及應由稅捐稽徵機關依稅籍底冊或查得資料核定課徵之稅捐，其核課期間為5年。

3. 未於規定期間內申報，或故意以詐欺或其他不正當方法逃漏稅捐者；其核課期間為7年。

在前項核課期間內，經另發現應徵之稅捐者，仍應依法補徵或並予處罰，在核課期間內未經發現者，以後不得再補稅處罰。

第十四項、服兵役

> **第二十條**
>
> 人民有依法律服兵役之義務。

一、服兵役義務

兵役法第1條：中華民國男子依法皆有服兵役之義務。第2條：本法所稱兵役，為軍官役、士官役、士兵役、替代役。

（一）服兵役

兵役法第3條：男子年滿18歲之翌年1月1日起役，至屆滿36歲之年12月31日除役，稱為役齡男子。但軍官、士官、志願士兵除役年齡，不在此限。男子年滿15歲之翌年1月1日起，至屆滿18歲之年12月31日止，稱為接近役齡男子。

（二）免服兵役

兵役法第4條：凡身心障礙或有痼疾達不堪服役標準者，免服兵役，稱為免役。

（三）禁服兵役

兵役法第5條規定，有下列情形之一者，禁服兵役，稱為禁役：

1. 曾判處5年以上有期徒刑者。

2. 執行有期徒刑在監合計滿3年者。

經裁定感訓處分者，其感訓處分期間應計入前項第2款期間。

二、士兵役

兵役法第15條：士兵役分為常備兵役、補充兵役。男子年滿18八歲之翌年，為士兵役之徵兵及齡。

第16條：常備兵役之區分如下：

1. 現役：以徵兵及齡男子，經徵兵檢查合格於除役前，徵集入營服之，為期1年，期滿退伍。

2. 軍事訓練：經徵兵檢查合格男子於除役前，徵集入營接受4個月以內軍事訓練，期滿結訓。

3. 後備役：以現役期滿退伍或軍事訓練結訓者服之，至除役時止。

前項第1款所定役期，於高級中等以上學校修習且成績合格之軍訓課程或全民國防教育軍事訓練課程，得以8堂課折算1日折減之。

第1項第2款所定常備兵役之軍事訓練期間，於高級中等以上學校修習且成績合格之全民國防教育軍事訓練課程，得折減之。

前二項得折減之現役役期或常備兵役軍事訓練之時數，均不得逾30日；前項得折減軍事訓練期間之全民國防教育軍事訓練課程內容、課目、時數與前2項課程之實施、管理、作業、考核及其他相關事項之辦法，由教育部會同國防部、內政部定之。

兵役法第16-1條：前條第1項第2款徵集入營接受常備兵役軍事訓練者，在營期間視同現役軍人。

常備兵役軍事訓練在營期間，除津貼由國防部擬訂，報請行政院核定外，其管理、福利、主副食、醫療、傷亡慰問、照護、喪葬補助、急難救助、保險、撫卹及其他權利，適用常備兵標準辦理。

兵役法第17條：補充兵役以適合服常備兵現役，因家庭因素，或經行政院核定之國家體育競技代表隊者，或替代役體位未服替代役者服之，由國防部依軍事需要，以2個月以內之軍事訓練，合格後列管、運用。

前項因家庭因素及替代役體位服補充兵之資格、申請、核准及程序等事項，由內政部定之；國家體育競技代表隊之資格、申請、核准及程序等事項，由行政院定之。

（一）提前退伍

兵役法第18條規定，常備兵現役在營期間，在平時有下列情形之一者，於國防軍事無妨礙時，得提前退伍：

1. 員額過剩時。
2. 完成兵科教育者。
3. 入營前曾修得相當於軍職專長之學能者。
4. 家庭發生重大變故，須負擔家庭生計主要責任。

（二）延役

兵役法第19條規定，常備兵現役在營期間，有下列情形之一者，得延期退伍，稱為延役：

1. 戰時或非常事變之際。
2. 航海中或在國外服勤時。
3. 重要演習、校閱或正服特別重要勤務時。
4. 因天災或其他不可避免之事故時。

（三）停役

兵役法第20條規定，常備兵現役在營期間，有下列情形之一者，停服現役，稱為停役：

1. 經診斷確定罹患足以危害團體健康及安全之疾病者。
2. 病傷殘廢經鑑定不堪服役者。
3. 經通緝、羈押，或經觀察勒戒或宣告徒刑、拘役確定在執行中者。

4. 受保安處分、強制戒治或感訓處分裁判確定，在執行中者。

5. 失蹤逾三個月者。

6. 被俘者。

前項停役原因消滅時，回復現役，稱為回役。國防軍事無妨礙時，得審查實際情形核定免予回役。

第1項第1款、第2款之病傷殘廢停役檢定標準，由國防部定之。

（四）替代役

兵役法第24條：在國防軍事無妨礙時，以不影響兵員補充、不降低兵員素質、不違背兵役公平前提下，得實施替代役。

各種專長人員，應優先滿足國防需求，基於國防軍事需要，行政院得停止辦理一部或全部替代役徵集。

第25條：替代役之基礎訓練，由內政部會同國防部辦理。服替代役期間連同基礎訓練，不得少於常備兵役現役役期；停止徵集常備兵役現役後，不得少於常備兵役軍事訓練期間。服役期間，均無現役軍人身分。

停止徵集服常備兵役現役年次前之役齡男子，未經徵集或補行徵集服役者，應服替代役，為期1年。

替代役實施條例第4條規定，替代役分為「一般替代役」與「研發替代役」二類，詳細區分如下：

1. 一般替代役：

(1)警察役

(2)消防役

(3)社會役

(4)環保役

(5)醫療役

(6)教育服務役

　　(7)農業服務役

　　(8)其他經行政院指定之役別

　2. 研發替代役

三、服兵役期間之權利

　　兵役法第44條規定，國民為國服兵役時，享有下列權利：

1. 在營服役期間，學生保留學籍，職工保留底缺年資，原無學籍與職業者，退伍、歸休、復員或解除召集後，有優先就學就業之權利。

2. 在營服役期間，其家屬不能維持生活時，應由政府負責扶助之。

3. 因服戰時勤務或執行公務受傷殘廢者，政府應負教養之責，或依其志願資送回鄉。

4. 戰死或因公殞命者之子女，其家庭無力教養時，政府應負責教養至其成年為止；戰訓或因公殞命者之遺族，比照國軍退除役官兵遺眷，由政府依相關法令妥善照顧。

5. 戰死或因公殞命者，政府應負安葬之責，並建祠立碑，定時祭祀，列敘方志，以資表彰。

6. 現役軍人因病或意外死亡，得葬厝於軍人公墓。

7. 其他勳賞、撫卹、優待等法令規定應享之權利。

　　國軍退除役官兵取得榮譽國民證死亡者，準用前項第6款之規定。

四、入營服役者之義務

　　兵役法第45條規定，凡入營服役者，應履行下列義務：

1. 應宣誓效忠中華民國。

2. 應遵守軍中法令。

3. 對公務有保守秘密之責任；除役後，亦同。

第十五項、國民教育

> ### 第二十一條
>
> 人民有受國民教育之權利與義務。

一、國民教育宗旨

國民教育法第1條：國民教育依中華民國憲法第158條之規定，以養成德、智、體、群、美五育均衡發展之健全國民為宗旨。

二、國民教育係強迫入學

國民教育法第2條：凡6歲至15歲之國民，應受國民教育；已逾齡未受國民教育之國民，應受國民補習教育。6歲至15歲國民之強迫入學，另以法律定之。

（一）各級政府負責執行強迫入學

強迫入學條例第3條：直轄市、縣市為辦理強迫入學事宜，設強迫入學委員會，由直轄市長、縣市長、教育、民政、財政、主計、警政等單位主管、議會代表及鄉（鎮、市、區）長組織之；縣市首長任主任委員，教育局局長為副主任委員。

第4條：鄉、鎮、市、區為辦理強迫入學事宜，設強迫入學委員會，由鄉（鎮、市、區）長、民政、財政、戶政、衛生等單位主管、地方民意代表及國民中、小學校長組織之；以鄉（鎮、市、區）長為主任委員。

（二）不能入學與中輟生之處理

強迫入學條例第9條：凡應入學而未入學、已入學而中途輟學或長期缺課之適齡國民，學校應報請鄉（鎮、市、區）強迫入學委員會派員作家庭訪問，勸告入學；其因家庭清寒或家庭變故而不能入學、已入學

而中途輟學或長期缺課者，報請當地直轄市、縣（市）政府，依社會福利法規或以特別救助方式協助解決其困難。前項適齡國民，除有第12條、第13條所定情形外，其父母或監護人經勸告後仍不送入學者，應由學校報請鄉（鎮、市、區）強迫入學委員會予以書面警告，並限期入學。經警告並限期入學，仍不遵行者，由鄉（鎮、市、區）公所處100元以下罰鍰，並限期入學；如未遵限入學，得繼續處罰至入學為止。

（三）得免強迫入學

強迫入學條例第12條：適齡國民因殘障、疾病、發育不良、性格或行為異常，達到不能入學之程度，經公立醫療機構證明者，得核定暫緩入學。但健康恢復後仍應入學。適齡國民經公立醫療機構鑑定證明，確屬重度智能不足者，得免強迫入學。

三、國民教育修業年限

國民教育法第3條：國民教育分為二階段：前6年為國民小學教育；後3年為國民中學教育。對於資賦優異之國民小學學生，得縮短其修業年限。但以1年為限。國民補習教育，由國民小學及國民中學附設國民補習學校實施；其辦法另定之。

四、國民教育免納學費

國民教育法第5條：國民小學及國民中學學生免納學費；貧苦者，由政府供給書籍，並免繳其他法令規定之費用。國民中學另設獎、助學金，獎助優秀、清寒學生。國民小學及國民中學雜費及各項代收代辦費之收支辦法，由直轄市、縣（市）政府定之。

五、國民教育之學習權

教育基本法第8條：教育人員之工作、待遇及進修等權利義務，應

以法律定之，教師之專業自主應予尊重。學生之學習權、受教育權、身體自主權及人格發展權，國家應予保障，並使學生不受任何體罰，造成身心之侵害。

國民教育階段內，家長負有輔導子女之責任；並得為其子女之最佳福祉，依法律選擇受教育之方式、內容及參與學校教育事務之權利。學校應在各級政府依法監督下，配合社區發展需要，提供良好學習環境。

六、國民教育與基本教育

憲法第21條的「國民教育」與憲法第160條所規定「基本教育」，這兩個名詞有何不同？學者林紀東、薩孟武認為憲法條文中的「國民教育」即「基本教育」（林紀東，1982：161-164。薩孟武，1985：100-101）。但是持不同見解者則認為，所謂「國民教育」是指國家依法律規定有「義務」設立供「國民」接受之「教育」，只要法律規定人民應受一定年限國民教育，人民便有受此「國民教育」之權利。至於「基本教育」，則是憲法要求國家有義務提供最短年限的教育，因此「基本教育」為最低度的「國民教育」，提供「基本教育」是國家的義務，而接受「基本教育」或「國民教育」則是人民權利（周志宏，2001：272）。

第十六項、概括人權

第二十二條

凡人民之其他自由及權利，不妨害社會秩序公共利益者，均受憲法之保障。

一、概括權利保障

憲法第22條為概括權利保障，彌補列舉之不足，相關釋憲例甚多。例如釋字第576號：「契約自由為個人自主發展與實現自我之重

要機制，並為私法自治之基礎，除依契約之具體內容受憲法各相關基本權利規定保障外，亦屬憲法第二十二條所保障其他自由權利之一種」。釋字第580號：「有關機關應衡酌憲法第二十二條保障契約自由之意旨及社會經濟條件之變遷等情事」。釋字第585號、606號：「隱私權乃為不可或缺之基本權利，而受憲法第二十二條所保障」等等；都是概括權利保障的例子。但概括權利亦有其界線，並非個人之任意自由權利。

二、概括權利以「不妨害社會秩序公共利益」為前提

民國91年12月27日，司法院大法官釋字第554號，解釋要旨：

> 婚姻與家庭為社會形成與發展之基礎，受憲法制度性保障（參照本院釋字第三六二號、第五五二號解釋）。婚姻制度植基於人格自由，具有維護人倫秩序、男女平等、養育子女等社會性功能，國家為確保婚姻制度之存續與圓滿，自得制定相關規範，約束夫妻雙方互負忠誠義務。性行為自由與個人之人格有不可分離之關係，固得自主決定是否及與何人發生性行為，惟依憲法第二十二條規定，於不妨害社會秩序公共利益之前提下，始受保障。是性行為之自由，自應受婚姻與家庭制度之制約。

> 婚姻關係存續中，配偶之一方與第三人間之性行為應為如何之限制，以及違反此項限制，應否以罪刑相加，各國國情不同，應由立法機關衡酌定之。刑法第二百三十九條對於通姦者、相姦者處一年以下有期徒刑之規定，固對人民之性行為自由有所限制，惟此為維護婚姻、家庭制度及社會生活秩序所必要。為免此項限制過嚴，同法第二百四十五條第一項規定通姦罪為告訴乃論，以及同條第二項經配偶縱容或宥恕者，不得告訴，對於通姦罪附加訴追條件，此乃立法者就婚姻、家庭制度之維護與性行為

自由間所為價值判斷，並未逾越立法形成自由之空間，與憲法第
二十三條比例原則之規定尚無違背。

第十七項、限制人民權利事項應以法律定之

第二十三條

以上各條列舉之自由權利，除為防止妨礙他人自由、避免緊急
危難、維持社會秩序，或增進公共利益所必要者外，不得以法律限
制之。

一、憲法保留

各國憲法對人民自由權利的保障，有兩種方式，一為間接保障主義
或稱法律保障主義，固然行政機關不得限制人民的自由，立法機關則得
以法律限制之。二為直接保障主義或稱憲法保障主義，縱使是立法機關
亦不得限制人民的自由權。我國憲法所列舉的自由權，均無「依法律」
之字句，原則上採取直接保障主義。我國憲法在第2章，第7條以下至第
23條為止，臚列了關於人民基本權利的保障及限制等要件。其中涉及人
民基本權利，依第23條規定，在為防止妨礙他人自由、避免緊急危難、
維持社會秩序或增進公共利益所必要的情形下，始得立法限制。其立法
用意，一方面限制立法機關制定限制人民自由權利的法律，另一方面亦
在表明人民的自由權利，在一定的範圍下，亦非漫無限制，是以限制人
民基本權利之條件即為：

1. 基於廣義的公共利益之考量。

2. 公益考量的必要性。

3. 須以法律限制之。

這三個要件是憲法所保留的要件，是決定任一個涉及侵犯人民基本權利之國家高權力（行政、立法及司法）行為的合憲性，因此這三個「保留」，可稱之為「憲法保留」（陳新民，1999：183）。

二、法律保留原則

中央法規標準法第5條規定，左列事項應以法律定之：

1. 憲法或法律有明文規定，應以法律定之者。

2. 關於人民之權利、義務者。

3. 關於國家各機關之組織者。

4. 其他重要事項之應以法律定之者。

第6條規定：「應以法律規定之事項，不得以命令定之」，即為法律保留原則之具體表現。

三、公共利益與維護社會秩序

憲法對人民基本權利有所限制，而非無約束的自由。限制的主要目的，是為了「公共利益」或者「社會秩序」。從基本權的行使所造成的結果來看，憲法限制人民基本權利目的在於排除個人「對社會有害之行為」，並保障「增進社會之行為」。在法治國家內，任何人的權利，完全透過國家的立法、司法及行政規範來加以界定，任何人不得超出權利範圍去侵犯他人之權利。

關於「避免緊急危難」，可以分為「個人緊急危難」及「社會、國家緊急危難」。而國家利用立法方式，在民事法及刑事法中，承認個人有「緊急避難」或「正當防衛、自助行為」等權利之制度，可以對他人之基本權利予以限制。關於「維持社會秩序」，若是採廣義的「社會秩序」概念，將可及於一切以維持國家、社會「秩序」為目的之法律，均可包括之。

第十八項、公務員違法侵害人民之自由或權利應負責任

> **第二十四條**
>
> 　　凡公務員違法侵害人民之自由或權利者，除依法律受懲戒外，應負刑事及民事責任。被害人民就其所受損害，並得依法律向國家請求賠償。

一、公務員侵犯人權的責任

　　公務員懲戒法第2條：公務員有違法、廢弛職務或其他失職行為，應受懲戒。公務員違法失職行為，可能構成民事、刑事、行政責任三者併存，惟公務員違失行為，未必皆應科以三種責任。

　　人民權利受侵害之救濟除可追究公務員之民事、刑事、行政責任外，並可依憲法第24條後段規定及國家賠償法或其他法律請求國家賠償。公務員侵害人民自由、權利係有故意或重大過失時，國家於賠償後，對公務員有求償權（林騰鷂，2005：177）。

二、公務員廢弛職務應受懲處並及於長官

　　刑法第130條：公務員廢弛職務釀成災害者，處3年以上10年以下有期徒刑。

　　地方制度法第84條：直轄市長、縣（市）長、鄉（鎮、市）長適用公務員服務法；其行為有違法、廢弛職務或其他失職情事者，準用政務人員之懲戒規定。

　　警察法第14條：刑事警察受檢察官之命執行職務時，如有廢弛職務情事，其主管長官應接受檢察官之提請依法予以懲處。

三、公務員受懲戒移送期間得被停止職務

公務員懲戒法第1條：公務員非依本法不受懲戒。但法律另有規定者，從其規定。第2條：公務員有左列各款情事之一者，應受懲戒：

1. 違法。

2. 廢弛職務或其他失職行為。

同法第4條：公務員懲戒委員會對於受移送之懲戒案件，認為情節重大，有先行停止職務之必要者，得通知該管主管長官，先行停止被付懲戒人之職務。主管長官對於所屬公務員，依第19條之規定送請監察院審查或公務員懲戒委員會審議而認為情節重大者，亦得依職權先行停止其職務。

第7條：公務員因案在公務員懲戒委員會審議中者，不得資遣或申請退休。其經監察院提出彈劾案者，亦同。前項情形，由其主管長官或監察院通知銓敘機關。

四、國家賠償法

（一）賠償責任

國家賠償法第2條：本法所稱公務員者，謂依法令從事於公務之人員。公務員於執行職務行使公權力時，因故意或過失不法侵害人民自由或權利者，國家應負損害賠償責任。公務員怠於執行職務，致人民自由或權利遭受損害者亦同。前項情形，公務員有故意或重大過失時，賠償義務機關對之有求償權。

同法第3條：公有公共設施因設置或管理有欠缺，致人民生命、身體或財產受損害者，國家應負損害賠償責任。前項情形，就損害原因有應負責任之人時，賠償義務機關對之有求償權。

（二）賠償方式

國家賠償法第7條：國家負損害賠償責任者，應以金錢為之。但以回復原狀為適當者，得依請求，回復損害發生前原狀。前項賠償所需經費，應由各級政府編列預算支應之。

（三）請求賠償時限

國家賠償法第8條：賠償請求權，自請求權人知有損害時起，因2年間不行使而消滅；自損害發生時起，逾5年者亦同。第2條第3項、第3條第2項及第4條第2項之求償權，自支付賠償金或回復原狀之日起，因2年間不行使而消滅。

（四）賠償機關

國家賠償法第9條：依第2條第2項請求損害賠償者，以該公務員所屬機關為賠償義務機關。依第3條第1項請求損害賠償者，以該公共設施

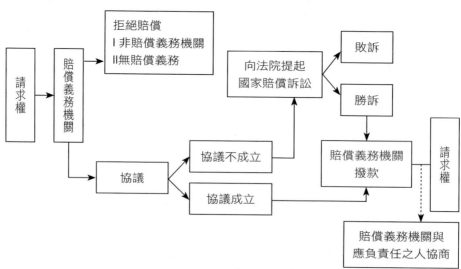

國家賠償處理流程圖

之設置或管理機關為賠償義務機關。前2項賠償義務機關經裁撤或改組者，以承受其業務之機關為賠償義務機關。無承受其業務之機關者，以其上級機關為賠償義務機關。不能依前3項確定賠償義務機關，或於賠償義務機關有爭議時，得請求其上級機關確定之。其上級機關自被請求之日起逾20日不為確定者，得逕以該上級機關為賠償義務機關。

第11條：賠償義務機關拒絕賠償，或自提出請求之日起逾30日不開始協議，或自開始協議之日起逾60日協議不成立時，請求權人得提起損害賠償之訴。但已依行政訴訟法規定，附帶請求損害賠償者，就同一原事實，不得更行起訴。依本法請求損害賠償時，法院得依聲請為假處分，命賠償義務機關暫先支付醫療費或喪葬費。

（五）外國人適用本法要件

國家賠償法第15條：本法於外國人為被害人時，以依條約或其本國法令或慣例，中華民國人得在該國與該國人享受同等權利者為限，適用之。

第二節、憲法變遷與現況

憲法第2章所規範的人民之權利，在中華民國因應解嚴後的7次修憲中，係唯一全文完整保留，既未增加，亦未修訂的專章。不過關於憲法人民權利保障的範圍，卻隨著時代變遷與普世價值的變化，有了更大更廣的衍生。這些衍生出來的規定，雖然不在憲法本文或者憲法增修條文中出現，卻可以視為憲法關於「保障人權」內容的補充。其中最顯著的就是「兩公約已經成為國內法」的發展。

第一項、世界人權宣言與「兩公約」

《世界人權宣言》是一項道德性的約束，不具拘束力。但是人權問題相關的條約則對簽約的國家產生拘束力。西歐各國即共同設立了歐洲人權法院，各國人民如果對政府的施政有所不滿，可以向這個「超國家」的法庭尋求救濟（周繼祥，2000：21）。

1971年我國退出聯合國前，曾經參與《世界人權宣言》之起草與通過，並於其後加入、簽署或批准26項人權公約。而後，我國於退出聯合國之同時，亦被迫脫離國際人權體系，重大人權基礎架構之建置進展不易，與亞洲國家相較，在成立國家人權專責機構及訂定人權法案等方面均相對落後，亟待急起直追。在我國所加入、簽署或批准26項人權公約中，最重要者為「經濟、社會與文化國際人權公約」（International Covenant on Economic Social and Cultural Rights,簡稱為ICESCR）與「公民與政治權利國際公約」（International Covenant on Civil and Political Rights,簡稱為ICCPR）(此二公約以下簡稱兩公約)。此兩公約與「世界人權宣言」合稱「國際人權憲章」，其重要性可想而知。我國雖於1967年簽署，惟及至2009年3月31日經立法院審查通過批准，並由總統簽署批准書，始正式完成批准程序，未來我國人權報告將俟「公民與政治權利國際公約及經濟社會文化權利國際公約施行法」正式施行後，依據其第六條規定：「政府應依兩公約規定，建立人權報告制度」。以具正式效力之報告格式辦理國家人權報告。

批准後之兩公約及兩公約施行法已具有國內法效力，並且須接受國際監督，未來雖然尚有不易解決之送存（deposit）聯合國問題；但批准後，我國仍可自行遵守公約義務，編寫國家人權報告，送存監測兩公約之專家委員會「參考」，作為「單邊遵守」（unilateral compliance）之實踐（行政院人權保障推動小組，2009）。

第二項、「兩公約」已成為我國國內法

民國98年3月31日立法院三讀通過「兩公約」及「兩公約施行法」，總統於4月公布，將兩公約內容國內法化，全文共計9條。

該法第1條：為實施聯合國1966年公民與政治權利國際公約及經濟社會文化權利國際公約（以下合稱兩公約），健全我國人權保障體系，特制定本法。

第2條：兩公約所揭示保障人權之規定，具有國內法律之效力。

第3條：適用兩公約規定，應參照其立法意旨及兩公約人權事務委員會之解釋。

第4條：各級政府機關行使其職權，應符合兩公約有關人權保障之規定，避免侵害人權，保護人民不受他人侵害，並應積極促進各項人權之實現。

第5條：各級政府機關應確實依現行法令規定之業務職掌，負責籌劃、推動及執行兩公約規定事項；其涉及不同機關業務職掌者，相互間應協調連繫辦理。

政府應與各國政府、國際間非政府組織及人權機構共同合作，以保護及促進兩公約所保障各項人權之實現。

第6條：政府應依兩公約規定，建立人權報告制度。

第7條：各級政府機關執行兩公約保障各項人權規定所需之經費，應依財政狀況，優先編列，逐步實施。

第8條：各級政府機關應依兩公約規定之內容，檢討所主管之法令及行政措施，有不符兩公約規定者，應於本法施行後二年內，完成法令之制（訂）定、修正或廢止及行政措施之改進。

第9條：本法施行日期，由行政院定之。

從國內法的意義來看，兩公約大致要義如下（行政院人權保障推動小組，2007）：

一、公民與政治權利

包括享有人性尊嚴、人道對待的權利及生命權、人身自由、居住與遷徙自由、秘密通訊自由、隱私權、宗教自由、表現自由、學術自由、集會與結社自由、知的權利、參政權、司法人權。

二、經濟、社會與文化權利

包括生存權、勞工權利、受教育權、文化權、健康權、環境權。

三、少數群體與特殊權利主體的保護

包括軍中人權、老人人權、女性人權與性別平等、兒童及少年人權、身心障礙者的人權、原住民族的平等權利與特別保障、性別認同的權利、人權教育等。

而隨著我國在台灣的民主化發展，解除戒嚴、開放黨禁，以及2000年及2008年的兩次政黨輪後，我國民主化的進程已經進入「民主鞏固」時期。

今日的台灣以定期、自由且公開的選舉來決定執掌政權者，不論就衡量民主體制的基本尺度或世界標準而言，台灣已具有相當的民主化程度。台灣在2000年、2008年兩次「政黨輪替」並且兩次都和平移轉政權，若以「雙流轉測試」為檢視標準，顯然台灣已經通過測試，進入了民主鞏固時期。

第三節、憲法通識

第一項、不得強制蒐集個人指紋

民國94年9月28日，司法院大法官釋字第603號，解釋要旨：

　　維護人性尊嚴與尊重人格自由發展，乃自由民主憲政秩序之核心價值。隱私權雖非憲法明文列舉之權利，惟基於人性尊嚴與個人主體性之維護及人格發展之完整，並為保障個人生活私密領域免於他人侵擾及個人資料之自主控制，隱私權乃為不可或缺之基本權利，而受憲法第二十二條所保障（本院釋字第五八五號解釋參照）。其中就個人自主控制個人資料之資訊隱私權而言，乃保障人民決定是否揭露其個人資料、及在何種範圍內、於何時、以何種方式、向何人揭露之決定權，並保障人民對其個人資料之使用有知悉與控制權及資料記載錯誤之更正權。惟憲法對資訊隱私權之保障並非絕對，國家得於符合憲法第二十三條規定意旨之範圍內，以法律明確規定對之予以適當之限制。

　　指紋乃重要之個人資訊，個人對其指紋資訊之自主控制，受資訊隱私權之保障。而國民身分證發給與否，則直接影響人民基本權利之行使。戶籍法第八條第二項規定：依前項請領國民身分證，應捺指紋並錄存。但未滿十四歲請領者，不予捺指紋，俟年滿十四歲時，應補捺指紋並錄存。第三項規定：請領國民身分證，不依前項規定捺指紋者，不予發給。對於未依規定捺指紋者，拒絕發給國民身分證，形同強制按捺並錄存指紋，以作為核發國民身分證之要件，其目的為何，戶籍法未設明文規定，於憲法保障人民資訊隱私權之意旨已有未合。縱用以達到國民身分證之防偽、防止冒領、冒用、辨識路倒病人、迷途失智者、無名屍體等目的而言，亦屬損益失衡、手段過當，不符比例原則之要求。戶籍法第八條第二項、第三項強制人民按捺指紋並予錄存否則不予發給國民身分證之規定，與憲法第二十二條、第二十三條規定之意旨不符，應自本解釋公布之日起不再適用。至依據戶籍法其他相關規定換發國民身分證之作業，仍得繼續進行，自不待言。

　　國家基於特定重大公益之目的而有大規模蒐集、錄存人民指紋、並有建立資料庫儲存之必要者，則應以法律明定其蒐集之目的，其蒐集應與重大公益目的之達成，具有密切之必要性與關聯性，並應明文禁止法定目的外之使用。主管機關尤應配合當代科技發展，運用足以確保資訊正確及安全之方式為之，並對所蒐集之指紋檔案採取組織上與程序上必要之防護措施，以符憲法保障人民資訊隱私權之本旨。

第二項、警察維護社會秩序

一、社會秩序維護法

（一）社會秩序維護法法例

　　社會秩序維護法第1條：為維護公共秩序，確保社會安寧，特制定本法。

　　同法第2條：違反社會秩序行為之處罰，以行為時本法有明文規定者為限。

　　第3條：行為後本法有變更者，適用裁處時之規定。但裁處前之規定有利於行為人者，適用最有利於行為人之規定。

　　第4條：在中華民國領域內違反本法者，適用本法。在中華民國領域外之中華民國船艦或航空器內違反本法者，以在中華民國領域內違反論。

　　第6條：本法規定之解散命令、檢查命令、禁止或勸阻，應以書面為之。但情況緊急時，得以口頭為之。

（二）社會秩序維護法責任

　　社會秩序維護法第7條：違反本法行為，不問出於故意或過失，均應處罰。但出於過失者，不得罰以拘留，並得減輕之。

第8條：左列各款之人之行為，不罰：

1. 未滿14歲人。

2. 心神喪失人。

未滿14歲人有違反本法之行為者，得責由其法定代理人或其他相當之人加以管教；無人管教時，得送交少年或兒童福利機構收容。心神喪失人有違反本法之行為者，得責由其監護人加以監護；無人監護或不能監護時，得送交療養處所監護或治療。

第9條：左列各款之人之行為，得減輕處罰：

1. 14歲以上未滿18歲人。

2. 滿70歲人。

3. 精神耗弱或瘖啞人。

（三）社會秩序維護法處罰之管轄

社會秩序維護法第33條：違反本法之案件，由行為地或行為人之住所、居所或所在地之地方法院或其分院或警察機關管轄。

第34條：在中華民國領域外之中華民國船艦或航空器內違反本法者，船艦本籍地、航空器出發地或行為後停泊地之地方法院或其分院或警察機關有管轄權。

第35條：警察局及其分局，就該管區域內之違反本法案件有管轄權。在地域遼闊交通不便地區，得由上級警察機關授權該管警察所、警察分駐所行使其管轄權。專業警察機關，得經內政部核准就該管區域內之違反本法案件行使其管轄權。

（四）社會秩序維護法處罰之調查

社會秩序維護法第39條：警察機關因警察人員發現、民眾舉報、行為人自首或其他情形知有違反本法行為之嫌疑者，應即開始調查。

第40條：可為證據或應予沒入之物，應妥予保管。但在裁處確定

後，保管物未經沒入者，予以發還所有人、持有人或保管人；如無所有人、持有人或保管人者，依法處理。

第三項、非關公共利益不得公開偵查內容

刑事訴訟法第245條：偵查，不公開之。被告或犯罪嫌疑人之辯護人，得於檢察官、檢察事務官、司法警察官或司法警察訊問該被告或犯罪嫌疑人時在場，並得陳述意見。但有事實足認其在場有妨害國家機密或有湮滅、偽造、變造證據或勾串共犯或證人或妨害他人名譽之虞，或其行為不當足以影響偵查秩序者，得限制或禁止之。檢察官、檢察事務官、司法警察官、司法警察、辯護人、告訴代理人或其他於偵查程序依法執行職務之人員，除依法令或為維護公共利益或保護合法權益有必要者外，不得公開揭露偵查中因執行職務知悉之事項。

第四項、公務員依法行政

一、公務員應依法執行職務

公務員服務法第1條：公務員應遵守誓言，忠心努力，依法律命令所定，執行其職務。第2條：長官就其監督範圍以內所發命令，屬官有服從之義務。但屬官對於長官所發命令，如有意見，得隨時陳述。

同法第21條：公務員對於左列各款與其職務有關係者，不得私相借貸，訂立互利契約，或享受其他不正利益：

1. 承辦本機關或所屬機關之工程者。

2. 經營本機關或所屬事業來往款項之銀行錢莊。

3. 承辦本機關或所屬事業公用物品之商號。

4. 受有官署補助費者。

二、公務員懲戒法

公務員懲戒法第2條：公務員有左列各款情事之一者，應受懲戒：

1. 違法。

2. 廢弛職務或其他失職行為。

公務員懲戒法第3條：公務員有左列各款情形之一者，其職務當然停止：

1. 依刑事訴訟程序被通緝或羈押者。

2. 依刑事確定判決，受褫奪公權之宣告者。

3. 依刑事確定判決，受徒刑之宣告，在執行中者。

公務員懲戒法第9條：公務員之懲戒處分如左：

1. 撤職。

2. 休職。

3. 降級。

4. 減俸。

5. 記過。

6. 申誡。

公務員懲戒法第10條：辦理懲戒案件，應審酌一切情狀，尤應注意左列事項，為處分輕重之標準：

1. 行為之動機。

2. 行為之目的。

3. 行為時所受之刺激。

4. 行為之手段。

5. 行為人之生活狀況。

6. 行為人之品行。

7. 行為所生之損害或影響。

8. 行為後之態度。

　　公務員懲戒法第11條：撤職，除撤其現職外，並於一定期間停止任用，其期間至少為1年。

　　第12條：休職，休其現職，停發薪給，並不得在其他機關任職，其期間為6個月以上。休職期滿，許其復職。自復職之日起，2年內不得晉敘、升職或調任主管職務。

　　第18條：監察院認為公務員有第2條所定情事，應付懲戒者，應將彈劾案連同證據，移送公務員懲戒委員會審議。

第二章　學習自我評量

一、請試回答以下問題

1. 警察依法限制人身自由時，應注意那些法律規定，以避免違反人權？

2. 試述我國憲法關於宗教平等的意涵，請舉出實例說明。

3. 請說明性別平等相關法律中，關於性侵害、性騷擾、校園性別事件的定義。

4. 試論現行集會遊行法的主管機關以及集會遊行之限制條款。

5. 試述若公務員侵犯或損害人民權益，依法應負那些責任？

二、請試作以下測驗題

1. 我國設立之「國家通訊傳播委員會」，即係為保障下列何種基本權利？（99年警察三等）

   (A)人身自由　(B)居住遷徙自由　(C)集會結社自由　(D)言論自由

2. 司法院大法官釋字第295號解釋，財政部會計師懲戒覆審委員會對會計師所為懲戒處分之覆審決議，被懲戒人如不服，可提起行政訴訟，旨在維護被懲戒人何項憲法保障之權利？（99年警察四等）

   (A)應考試權　(B)財產權　(C)訴訟權　(D)名譽權

3. 司法院大法官釋字第382號解釋，宣告學校對學生所為退學或類此之處分行為，受處分之學生得提起訴願及行政訴訟，主要係保障學生之何種人權？（99年警察四等）

   (A)受教育權及訴訟權　(B)言論自由權　(C)生存權　(D)參政權

4. 依司法院大法官釋字第514號解釋，主管機關以職權命令，規定電動玩具業不得容許未滿18歲之兒童及少年進入其營業場所，係影響人民何項受憲法保障之權利？（99年警察四等）

(A)言論自由　(B)營業自由　(C)人身自由　(D)訴訟權

5. 憲法第9條規定：「人民除現役軍人外，不受軍事審判」，依司法院釋字第436號解釋，下列敘述何者錯誤？（99年基層警察）

(A)憲法要求必須設立軍事審判制度以審判軍人犯罪

(B)軍事審判機關所行使者，亦屬國家刑罰權之一

(C)軍人犯罪未必均由軍事審判機關管轄

(D)軍事審判之發動與運作，必須符合正當法律程序之最低要求

6. 我國憲法對於人民自由權利之保障，係下列那種方式為之？(98年警察三等)

(A)人民於法律所定範圍內方享有憲法所列之各項自由權利

(B)憲法所定之人民各項自由權利受憲法直接保障，國家僅能於不違憲的範圍內，以法律限制

(C)人民自由權利既受憲法保障，故不得以法律限制之

(D)憲法所定之人民各項自由權利，經大法官確認者方受憲法直接保障

7. 政府為了闢建公共設施徵收人民土地，但不給予任何補償，主要係違反憲法何項權利之保障？（98年警察三等）

(A)生存權　(B)財產權　(C)工作權　(D)程序基本權

8. 關於人民之納稅義務，下列敘述何者正確？（98年警察三等）

(A)所有關於稅務之事，皆須由法律明確定之，不得授權行政命令定之

(B)特別公課之徵收，不受租稅法定原則之拘束

(C)課稅原因事實之有無的認定，不屬於租稅法定原則範圍內

(D)人民得以國家機關未妥善運用稅款為由，拒絕繳納稅款

9. 我國憲法中未明文規定，但依司法院大法官解釋，仍屬人民之基本權利者為：（98年警察三等）

　　(A)參政權　(B)工作權　(C)人身自由　(D)資訊隱私權

10. 關於宗教自由，下列何者正確？（98年基層警察）

　　(A)國家應獎勵特定之宗教

　　(B)人民應有宗教信仰

　　(C)國家應對無益於社會之信仰加以禁止

　　(D)人民可參與或不參與宗教活動

11. 人民依法組織政黨，是屬於憲法所保障之何項自由？（98年警察四等）

　　(A)思想自由　(B)言論自由　(C)信仰自由　(D)結社自由

12. 下列何者為結社自由的意涵？（98年基層警察）

　　(A)人民為一定目的，持續性的組織團體的自由

　　(B)多數人民為一定目的，而暫時集合於一特定地點的自由

　　(C)人民在公開場所，表達內心想法的自由

　　(D)人民於公眾得出入的場所，集體行進的自由

13. 下列何者不屬言論自由所具有之功能？（98年基層警察）

　　(A)實現自我　(B)促進經濟成長　(C)形成公意　(D)滿足人民知的權利

14. 下列何者可以歸類為行政上之受益權範圍？（98年基層警察）

　　(A)創制權　(B)提審權　(C)選舉權　(D)請願權

15. 下列那一項是人民之權利？（98年基層警察）

　　(A)依法律納稅　(B)工作權　(C)遵守法律　(D)依法律服兵役

16. 依司法院釋字第345號解釋，國家對欠稅之人限制出境之措施，主要係對其何項基本權之限制？（101一般警察三等）

　　(A)人身自由　(B)遷徙自由　(C)財產權　(D)人格權

17. 有關受國民教育的保障，下列敘述何項錯誤？（101一般警察三等）

　　(A)國民接受國家教育主要是一種義務，不是權利，所以一般稱之為

國民義務教育

(B)國家應保障教育內容客觀中立，不可強制國民接受特定思想或理念

(C)先進國家對受教育權利已發展為學習權理念

(D)設置並落實國民義務教育

18.依國家賠償法第8條之規定，賠償義務機關對於實際加害人之求償權的消滅時效為：（101一般警察三等）

(A)2年　(B)5年　(C)10年　(D)15年

19.名譽權旨在維護個人之主體性，為實現人性尊嚴所必要，受下列何規定所保障？（101一般警察三等）

(A)憲法第11條言論自由　　　　　　(B)憲法第22條憲法非明文列舉權利

(C)憲法第8條人身自由　　　　　　(D)憲法第15條生存權

20.依司法院釋字第445號解釋，下列之敘述何者正確？（101一般警察三等）

(A)集會自由屬表現自由之範疇

(B)偶發性集會仍須於事前申請許可

(C)集會主張共產主義或分裂國土者，得不予許可

(D)集會有危害生命或財產之虞者，得不予許可

21.下列何者較可能違反宗教自由之精神？（101一般警察三等）

(A)公立中小學懸掛耶穌受難十字架　(B)民間進行佛教婚禮儀式

(C)個人信仰風水易經　(D)個人主張無神論

22.依司法院釋字第644號解釋，下列何項人民團體法之規定違憲？

（101一般警察三等）

(A)人民團體得以行政區域為其組織區域，並得分級組織

(B)人民團體之組織與活動，不得主張共產主義，或主張分裂國土

(C)人民團體在同一組織區域內，除法律另有限制外，得組織2個以上同級同類之團體，但其名稱不得相同

⒟人民團體會址應設於主管機關所在地區，但報經主管機關核准者，得設於其他地區，並得設分支機構

23.國民請領新身分證，如果戶籍法規定申請者應先按指紋等措施始予以發給，此項措施可能侵犯人民何種權利？（100一般警察三等）

⒜財產權　⒝人身自由權　⒞身體權　⒟資訊隱私權

24.國家欲限制人民的自由及權利，依憲法第23條之規定，除為防止妨礙他人自由、避免緊急危難、維持社會秩序或增進公共利益所必要者外，不得以法律限制之。此種規定即係法治國之：（100一般警察三等）

⒜信賴保護原則　　　　　　⒝法律優位原則

⒞法律保留原則　　　　　　⒟憲法優位原則

25.下列關於「服兵役」的敘述，何者正確？（100一般警察三等）

⒜女性不用當兵，違反男女平等原則

⒝採徵兵制才符合憲法規定

⒞兵役體位判定如果發生錯誤，不得聲明不服

⒟後備軍人居住所遷移，無故不依規定申報者，而處以刑事罰，係合憲的措施

┌─| 正確答案 |──────────────────────
│ 1.D　　2.C　　3.A　　4.B　　5.A　　6.B　　7.B　　8.C　　9.D　　10.D
│ 11.D　12.A　13.B　14.D　15.B　16.B　17.A　18.A　19.B　20.A
│ 21.A　22.B　23.D　24.C　25.D
└

第三章　國民大會

第一節、憲法本文釋義

第一項、憲法第三章「國民大會」停止適用

　　依憲法增修條文第1條後段之規定，「憲法第25條至第34條及第135條之規定，停止適用」。2005年國代選舉是僅有的一次以「任務型」為前提的國民大會代表選舉，於2005年5月14日舉行投票，共選出300名國大代表，其任務旨在複決2004年8月立法院所提出的憲法增修案。任務型國大代表的選舉方式採取「政黨比例代表制」，是國民大會首次使用的選舉制度，這次選舉也是憲政史上最後一次的國大代表選舉。

　　完成該次修憲任務，國民大會即不存在；憲法第3章「國民大會」停止適用。

第二項、憲法本文

　　憲法本文關於國民大會的規定，列為第3章，條號自25至34條，內容如下：

> **第二十五條（國民大會地位）**
> 　　國民大會依本憲法之規定，代表全國國民行使政權。

第二十六條（國大代表產生方式）

國民大會以左列代表組織之：

一　每縣市及其同等區域各選出代表一人，但其人口逾五十萬人者，每增加五十萬人，增選代表一人。縣市同等區域以法律定之。

二　蒙古選出代表，每盟四人，每特別旗一人。

三　西藏選出代表，其名額以法律定之。

四　各民族在邊疆地區選出代表，其名額以法律定之。

五　僑居國外之國民選出代表，其名額以法律定之。

六　職業團體選出代表，其名額以法律定之。

七　婦女團體選出代表，其名額以法律定之。

第二十七條（國民大會職權）

國民大會之職權如左：

一　選舉總統、副總統。

二　罷免總統、副總統。

三　修改憲法。

四　複決立法院所提之憲法修正案。

關於創制複決兩權，除前項第三、第四兩款規定外，俟全國有半數之縣市曾經行使創制複決兩項政權時，由國民大會制定辦法並行使之。

第二十八條（國大代表任期）

國民大會代表每六年改選一次。

每屆國民大會代表之任期，至次屆國民大會開會之日為止。

現任官吏不得於其任所所在地之選舉區當選為國民大會代表。

第二十九條（國民大會集會）

國民大會於每屆總統任滿前九十日集會，由總統召集之。

第三十條（國民大會臨時會）

國民大會遇有左列情形之一時，召集臨時會：

一　依本憲法第四十九條之規定，應補選總統、副總統時。

二　依監察院之決議，對於總統、副總統提出彈劾案時。

三　依立法院之決議，提出憲法修正案時。

四　國民大會代表五分之二以上請求召集時。

國民大會臨時會，如依前項第一款或第二款應召集時，由立法院院長通告集會。依第三款或第四款應召集時，由總統召集之。

第三十一條（國民大會開會地點）

國民大會之開會地點在中央政府所在地。

第三十二條（國大代表言論免責權）

國民大會代表在會議時所為之言論及表決，對會外不負責任。

第三十三條（國大代表不被逮捕特權）

國民大會代表，除現行犯外，在會期中，非經國民大會許可，不得逮捕或拘禁。

第三十四條（國民大會法制化）

國民大會之組織，國民大會代表選舉、罷免，及國民大會行使職權之程序，以法律定之。

第三項、國民大會的理想功能與制憲

一、孫中山設計國民大會的理想

孫中山先生遺教中，載有關於中華民國建立之後，以國民大會來實現其權能區分的理想。此一部份，在國民大會網頁中皆有說明，摘要如下（國民大會網頁，下載日期：2012年10月25日）。

　　五權憲法是國父孫中山先生的創見，早在19世紀，中山先生就有五權憲法思想的醞釀，直到1906年12月2日才正式行諸文字。創始之初重點在於考選權與糾察權的獨立，以為補救三權分立的流弊。民國8年，中山先生完成「孫文學說」，就五權憲法的制度有了進一步的闡述，在五院之外加入國民大會組織。民國10年，中山先生演講五權憲法，提出權能區分初步構想。民國11年，中山先生撰「中華民國建設之基礎」一文，特別提出民治的方略：

1. 分縣自治
2. 全民政治
3. 五權分立
4. 國民大會

　　前二者為直接民權，由人民直接行使之，後二者為間接民權，由國民大會代表行使於中央。中山先生說，此四者兼備，則全民政治乃能實施。

二、五權憲法的政治實踐

　　依據中山先生對五權憲法的設計，其基本政治之實踐必須依下列各項原則進行，並清楚定位國民大會與五權制度的關係。

（一）完成地方自治

　　中山先生認為，實行民治，必先於分縣自治，蓋無分縣自治，則人民無所憑藉，所謂全民政治則無由實現，無全民政治，則無由五權分立，國民大會亦未有舉主權在民之實也。這說明人民主權，必須以地方自治為基礎，至於地方自治如何實施，則在「一完全自治之縣，其國民有直接選舉官員之權，有直接罷免官員之權，有直接創制法律之權，有直接複決法律之權」，這是直接民權，也是人民有權的真正表現。

（二）選舉國民大會代表

地方自治完成後，各縣即要選舉國民大會代表，參與中央政事，此項代表，屬於委任代表性質，政治之權，仍在於人民，為人民代表者，在受人民之委任，只盡其能，不竊其權。亦即國民大會代表必須依照地方人民的意思，行使其職權。至於國民大會應如何行使政權？依據「建國大綱」設計，對於中央官員，有選舉權、有罷免權；對於中央法律有創制權、有複決權，此四權必須充分行使，才能算是人民主權的完全實現。不過，人民有權之後，相對還要政府有能，才符合權能區分的精神。

（三）國民大會與五權制度的關係

五權憲法的基本精神，即在於權能區分與五權分立，這在中央政制上，即有國民大會的組織及五院的設立。至於權與能區分之後，兩者之間應維持何等關係，成為重要之課題。論者嘗謂，國民大會非經常集會，難以發揮功能，故有廢除之說，事實上，此乃對於權能區分的誤解所致，蓋代表人民在中央行使政權的國大代表，其實無須實際負責政事，只居於從旁監督的立場，監督治權機關發揮應有的效能，換言之，國民大會是以選舉、罷免、創制、複決四權，做為監督政府的施政，而非干預政事，此乃實施權能區分以創造萬能政府，並實現主權在民的基本精神。

中華民國憲法的政制設計，並未完全實現五權憲法的特點，但並不表示五權憲法的理論不具實踐性。

第四項、國民大會簡史

參考國民大會網頁，關於「國民大會」的簡史，有如下的說明（國民大會網頁，下載日期：2012年10月30日）。

一、中華民國憲法草案初稿

　　「國民大會」係依據孫中山先生五權憲法權能區分的理論而設計，為中華民國憲法特有的組織。中山先生於民國五年提出由各縣選舉代表組成國民大會的構想，及至民國10年，將五權憲法與國民大會的概念發展成為憲法權能區分的理論，並於「建國大綱」中，首度提出具體的制度設計，將國民大會制度規範於憲法條文內者，則是民國22年6月8日立法院憲法起草委員會委員吳經熊名義發表的中華民國憲法草案初稿，同年8月18日另一憲草委員張知本亦發表憲法草案初稿乙種，均明訂國民大會為代表全體人民行使中央政權之機關，憲法起草委員會以吳稿底本，參照張稿，進行討論與審查，前後歷經三年，並經徵詢各界意見。

二、五五憲草

　　民國25年5月5日由立法院三讀通過「中華民國憲法草案」，咸稱「五五憲草」。五五憲草中的國民大會大體依中山先生遺教而設計，具有三種權力：

1. 選舉權：選舉總統、副總統、立法院院長、副院長、監察院院長、副院長、立法委員、監察委員等。
2. 罷免權：罷免總統、副總統、立法院、司法院、考試院、監察院各院院長及副院長等；亦包括罷免立法委員、監察委員。
3. 立法權：複決法律權、修改憲法等。此外，總統及各院均對國民大會負責。

三、政治協商會議憲草

　　五五憲草公布後，原擬於民國25年11月25日召集國民大會，以五五憲草為基礎，制定憲法，惟因各省代表之選舉未能及時辦妥，翌年抗戰軍興，國民大會未能召集，制憲工作因而陷於停頓，迨至民國34年9月

抗戰勝利，政府乃欲召集國民大會，制定憲法，其時中國共產黨已然坐大，國家政治生態丕變，政府為加強共識，乃於民國35年召開政治協商會議，邀集各黨派及社會賢達人士，共商國是，政治協商會議達成有關憲法修改原則12項，其中有關國民大會部分，政協建議將之無形化，亦即由全國選民行使四權，名之曰國民大會。

嗣後，政協憲草審議委員會接受中國國民黨的修正意見，恢復國民大會為有形組織，但職權大為縮小，限於選舉及罷免總統、副總統，修憲的創議權和複決立法院所提憲法修正案，對於創制複決兩權的行使則有條件加以設限。政協憲草審議委員會完成憲法初稿後，送立法院於民國35年10月25日院會通過。

四、制憲國民大會

民國35年11月15日，國民政府召開制憲國民大會，審議立法院通過之中華民憲法草案，於民國35年12月25日完成「中華民國憲法」之三讀，嗣由國民政府公布，明訂於民國36年12月25日施行。

中華民國憲法「前言」揭櫫憲法係依據孫中山先生創立中華民國之遺教而制定，其政制屬政權與治權區分的五權憲法體制，國民大會為代表全國人民在中央行使政權之最高機構，但因受到政治協商會議的影響，國民大會的職權與功能，實不若五五憲草之宏規。

五、憲法頒布實施及動員戡亂時期臨時條款

中華民國憲法施行後，當即依規定選舉國民大會代表組成國民大會，行使憲法賦予之職權。行憲伊始，中共全面叛亂，國民大會乃於民國37年第一次集會時，制定動員戡亂時期臨時條款，授予總統緊急處分之權，以期行憲與戡亂並行，使民主憲政得以維護。其後政府播遷來臺，為因應復興基地情勢，國民大會先後四次修訂臨時條款。

六、憲法增修

隨著政治變遷，國民期盼憲政之革新日益殷切，國民大會適時體察民意，於民國80年4月召開臨時會，因應國家統一前之需要，在不修改憲法本文、不變更五權憲法架構原則下，制定中華民國憲法增修條文10條，以階段漸進方式，促進憲政改革，並廢除臨時條款；復於民國81年5月繼續增訂憲法增修條文為18條，進一步促進民主政治之推展。民國83年4月，國民大會再次召集第2屆第4次臨時會，遵循最新民意，修訂憲法增修條文為10條，並對若干中央政府體制之規定予以補強修正，其中尤以通過總統由中華民國自由地區全體人民直接選舉，最能落實主權在民理念。為因應實際需要，民國86年5月第3屆國民大會第2次會議，重行修訂憲法增修條文，並增加為11條，以加強政府職能，提昇國家競爭力，為我國憲政改革，提供厚實之根基。民國88年6月召集之第3屆國民大會第4次會議，修正憲法增修條文第1條、第4條、第9條及第10條條文，後經司法院大法官會議4月8日召集第3屆國民大會第5次會議，再行修訂憲法增修條文，將國民大會虛級化，除保留複決領土變更案、憲法修正案及議決總統、副總統彈劾案外，其餘職權移轉至立法院，以順應民意之所需。

第五項、國民大會廢除過程

一、末代國民大會採任務型國民大會

民國93年8月23日立法院在第5屆第5會期第1次臨時會第3次會議中通過憲法修正案，這是行憲以來立法院第一次提出憲法修正案。並依憲法增修條文第一條之規定，在8月26日公告半年。公告後並依憲法增修條文第1條第1項有關選出任務型國民大會之規定，制定「國民大會代表選舉法」及「國民大會職權行使法」。

二、第七次修憲完成

民國94年5月14日選出300國民大會代表，5月20日公告當選名單；依憲法增修條文第1條第3項國民大會須在選舉結果確認後10日內自行集會之規定，國民大會乃於5月30日集會，6月7日以249票贊成，48票反對，順利通過修憲案複決門檻，完成第7次修憲；也是最近的一次修憲。此次修憲要旨可分二大部分：

（一）有關國會改革部分

1. 立委任期自第7屆起由3年改為4年。
2. 立委總額自第7屆起由225人減為113人，席次減半。
3. 立委選區改採單一選區兩票制。
4. 落實婦女保障，明定婦女保障名額為不分區與僑居國外國民立委當選名單中婦女名額不得低於二分之一。

（二）有關廢除國民大會及職權配套轉移部分

1. 廢除國民大會。
2. 總統副總統彈劾案由司法院大法官組成憲法法庭審理。
3. 領土變更案，由公民投票複決。
4. 憲法修正案，由公民投票複決。
5. 配合廢除國民大會，刪除國大代表集會期間支領費用之規定。

第二節、憲法變遷與現況

第一項、憲法「國民大會」停止適用

依憲法增修條文第1條後段之規定，「憲法第25條至第34條及第135條之規定，停止適用」。2005年5月30日開議國民大會。完成該次修憲任務，國民大會即不存在。憲法第三章「國民大會」，均停止適用。而原先屬於國民大會職權的「領土變更案」及「修改憲法案」，增修條文均改列為立法院發動，並完成提案後，交由人民複決處理。

憲法增修條文第一條

中華民國自由地區選舉人於立法院提出憲法修正案、領土變更案，經公告半年，應於三個月內投票複決，不適用憲法第四條、第一百七十四條之規定。

憲法第二十五條至第三十四條及第一百三十五條之規定，停止適用。

第二項、憲法第5次增修條文失其效力

民國89年3月24日司法院公布大法官釋字499號解釋，宣告憲法第5次增修條文應自解釋公布之日起失其效力，86年7月21日公布之原憲法第四次增修條文繼續適用。民國89年3月24日，司法院大法官釋字第499號，解釋要旨：

一、憲法修改應循正當修憲程序為之

憲法為國家根本大法，其修改關係憲政秩序之安定及全國國民之福祉至鉅，應由修憲機關循正當修憲程序為之。又修改憲法

乃最直接體現國民主權之行為，應公開透明為之，以滿足理性溝通之條件，方能賦予憲政國家之正當性基礎。國民大會依憲法第二十五條、第二十七條第一項第三款及中華民國八十六年七月二十一日修正公布之憲法增修條文第一條第三項第四款規定，係代表全國國民行使修改憲法權限之唯一機關。其依修改憲法程序制定或修正憲法增修條文須符合公開透明原則，並應遵守憲法第一百七十四條及國民大會議事規則有關之規定，俾副全國國民之合理期待與信賴。是國民大會依八十三年八月一日修正公布憲法增修條文第一條第九項規定訂定之國民大會議事規則，其第三十八條第二項關於無記名投票之規定，於通過憲法修改案之讀會時，適用應受限制。而修改憲法亦係憲法上行為之一種，如有重大明顯瑕疵，即不生其應有之效力。所謂明顯，係指事實不待調查即可認定；所謂重大，就議事程序而言則指瑕疵之存在已喪失其程序之正當性，而違反修憲條文成立或效力之基本規範。國民大會於八十八年九月四日三讀通過修正憲法增修條文，其修正程序牴觸上開公開透明原則，且衡諸當時有效之國民大會議事規則第三十八條第二項規定，亦屬有違。依其議事錄及速記錄之記載，有不待調查即可發現之明顯瑕疵，國民因而不能知悉國民大會代表如何行使修憲職權，國民大會代表依憲法第一百三十三條規定或本院釋字第三三一號解釋對選區選民或所屬政黨所負政治責任之憲法意旨，亦無從貫徹。此項修憲行為有明顯重大瑕疵，已違反修憲條文發生效力之基本規範。

二、憲法中具有本質之重要性而為規範秩序基礎者不得變更

國民大會為憲法所設置之機關，其具有之職權亦為憲法所賦予，基於修憲職權所制定之憲法增修條文與未經修改之憲法條文雖處

於同等位階，惟憲法中具有本質之重要性而為規範秩序存立之基礎者，如聽任修改條文予以變更，則憲法整體規範秩序將形同破毀，該修改之條文即失其應有之正當性。憲法條文中，諸如：第一條所樹立之民主共和國原則、第二條國民主權原則、第二章保障人民權利以及有關權力分立與制衡之原則，具有本質之重要性，亦為憲法整體基本原則之所在。基於前述規定所形成之自由民主憲政秩序，乃現行憲法賴以存立之基礎，凡憲法設置之機關均有遵守之義務。

三、第四次修憲牴觸民主憲政之基本原則

第三屆國民大會八十八年九月四日通過之憲法增修條文第一條，國民大會代表第四屆起依比例代表方式選出，並以立法委員選舉各政黨所推薦及獨立參選之候選人得票之比例分配當選名額，係以性質不同、職掌互異之立法委員選舉計票結果，分配國民大會代表之議席，依此種方式產生之國民大會代表，本身既未經選舉程序，僅屬各黨派按其在立法院席次比例指派之代表，與憲法第二十五條國民大會代表全國國民行使政權之意旨，兩不相容，明顯構成規範衝突。若此等代表仍得行使憲法增修條文第一條以具有民選代表身分為前提之各項職權，將牴觸民主憲政之基本原則，是增修條文有關修改國民大會代表產生方式之規定，與自由民主之憲政秩序自屬有違。

四、國民大會代表自行延長任期，有違利益迴避原則與自由民主憲政秩序

上開增修條文第一條第三項後段規定：「第三屆國民大會代表任期至第四屆立法委員任期屆滿之日止」，復於第四條第三項前段

規定：「第四屆立法委員任期至中華民國九十一年六月三十日止」，計分別延長第三屆國民大會代表任期二年又四十二天及第四屆立法委員任期五個月。按國民主權原則，民意代表之權限，應直接源自國民之授權，是以代議民主之正當性，在於民意代表行使選民賦予之職權須遵守與選民約定，任期屆滿，除有不能改選之正當理由外應即改選，乃約定之首要者，否則將失其代表性。本院釋字第二六一號解釋：「民意代表之定期改選，為反映民意，貫徹民主憲政之途徑」亦係基於此一意旨。所謂不能改選之正當理由，須與本院釋字第三十一號解釋所指：「國家發生重大變故，事實上不能依法辦理次屆選舉」之情形相當。本件關於國民大會代表及立法委員任期之調整，並無憲政上不能依法改選之正當理由，逕以修改上開增修條文方式延長其任期，與首開原則不符。而國民大會代表之自行延長任期部分，於利益迴避原則亦屬有違，俱與自由民主憲政秩序不合。

五、第四次修憲程序違背公開透明原則及議事規則

第三屆國民大會於八十八年九月四日第四次會議第十八次大會以無記名投票方式表決通過憲法增修條文第一條、第四條、第九條暨第十條之修正，其程序違背公開透明原則及當時適用之國民大會議事規則第三十八條第二項規定，其瑕疵已達明顯重大之程度，違反修憲條文發生效力之基本規範；其中第一條第一項至第三項、第四條第三項內容並與憲法中具有本質重要性而為規範秩序賴以存立之基礎，產生規範衝突，為自由民主憲政秩序所不許。上開修正之第一條、第四條、第九條暨第十條應自本解釋公布之日起失其效力，八十六年七月二十一日修正公布之原增修條文繼續適用。

看新聞學憲法

　　2005年6月7日是國民大會的最後一天，中央日報在隔天刊登了一則分析稿〈國大走入歷史，未來修憲人民頭家〉，為劃下句點的國民大會寫下最後註腳。該則新聞內容如下（《中央日報》，2005年6月8日）：

　　　　任務型國大代表昨日複決通過廢除任務型國民大會、公投入憲等修憲案，第一屆任務型國代成為末代，國民大會正式走入歷史，未來立法院提出修憲案後，將交由人民投票複決，還憲於民，人民成為修憲的真正「頭家」。

　　　　中華民國憲法在民國三十五年十二月二十五日由制憲國民大會通過，三十六年一月一日公布，同年十二月二十五日施行。依照憲法規定，國民大會代表全國國民行使政權，其職權包括選舉、罷免總統及副總統；修改憲法；複決立法院所提憲法修正案。

　　　　第一屆國大在三十七年公布動員戡亂時期臨時條款，而後歷經四次修改。為了適應當前政治、社會需要，調整憲政體制，修改不合時宜的憲法條文，落實憲政主義制度，前總統李登輝就任第八任總統後，主張廢除動員戡亂時期，並積極推動憲政改革。

　　　　國民大會先後進行六次修憲，在憲法本文不變的情況下，透過增修條文就合理調整國會結構、省市長民選、總統直選、確立雙首長制、推動精省，到國大虛級化與建立單一國會等重大議題進行改革。

　　　　八十年四月國民大會臨時會第一次修憲，制定憲法增修條文十條，同年五月一日，公告終止動員戡亂時期、廢止臨時條款，結束長達四十多年的動員戡亂狀態，修憲內容還包括二屆國大、立委產生辦法，終結萬年民代。

　　第二次修憲在八十一年五月，內容包括大法官增設憲法法庭；監委由總統提名、國民大會任命之；國民大會每年集會，聽取總統國情報告；省市長直選；國代與總統任期改為四年。

　　第三次修憲在八十三年七月，內容為總統直接民選、國大設議長。第四次為八十六年七月，取消立法院閣揆同意權、增加倒閣及總統被動解散國會權、精簡省級政府組織。

　　八十八年第五次修憲，通過國代延任案、立委任期改為四年、國代改由政黨比例代表制產生、國代逐屆遞減為一百五十席止、省虛級化。這次修憲國代涉及自肥，引發輿論批評。因採無記名投票等爭議，大法官會議在八十九年做出第四九九號解釋，國大延任等修憲內容遭否決。

　　雖然外界人民複決修憲案的門檻過高，但是廢除國民大會後，修憲的最後決定權落在人民身上，還憲於民，落實主權在民，為憲改跨出歷史性的一大步，以後人民才是憲政體制上最大的「頭家」，至於國大多次修憲功過，則留待歷史公論。[1]

第三節、憲法通識

第一項、國大代表自願退職

　　民國78年2月3日公布實施的第一屆資深中央民意代表自願退職條例第2條：本條例所稱第一屆資深中央民意代表，指在職之左列人員：

1. 民國36年選舉產生之國民大會代表、立法院立法委員及監察院監察委員。

---

[1] 國民大會廢除一年之後，中央日報也停刊。中央日報是中國國民黨的機關報，1928年2月1日創刊於上海，後遷至南京；1949年遷台。2006年6月1日，發行逾79年的中央日報在台北停刊。

2. 民國58年增選、補選產生之國民大會代表、立法院立法委員及監察院監察委員。

3. 依法遞補之國民大會代表及立法院立法委員。

第4條：第2條人員有左列情形之一者，視為自願退職：

4. 罹患重病不能勝任職務連續達1年以上者。

5. 非因公居留國外逾半年者。

前項視為自願退職人員，經各該民意機關通知之次月起，6個月內不申請退職，由各該民意機關代辦之。

第5條：依本條例退職人員，按左列規定給與退職酬勞金：

1. 任職未滿15年者，給與一次退職酬勞金。

2. 任職15年以上者，由退職人員就左列給與擇一支領之：

　(1)一次退職酬勞金。

　(2)月退職酬勞金。

　(3)兼領二分之一一次退職酬勞金與二分之一月退職酬勞金。

第6條：依本條例退職人員，曾任軍公教人員之年資，得合併計算。

前項得合併計算之年資，以經原服務機關出具證明，未領退休金、退職酬勞金、退職金、資遣費、退伍金或退休俸者為限。國民大會代表在職期間，同時任軍公教人員者，其競合之年資，應擇一計算辦理退職、退休或退伍。

第二項、現代警察之父李士珍參與制憲國民大會

一、李士珍校長紀念網頁

李士珍（夢周）先生，係於民國25年春，接掌警官高等學校，同年9月中央警官學校成立，改任教育長，民國37年5月，升任校長，38年2月獲准辭職，主持我國高級警官教育歷14年。今天的中央警察大學，設在校園內的「世界警察博物館」，亦存有李士珍先生事略。.

　　根據「李士珍紀念網頁」的資料，李士珍先生對我國高級警官教育有開創性的貢獻。根據該網頁中李士珍的「自傳」，也提到他曾擔任制憲國大代表，主張並且制定憲法本文第108條的內容。參考「李士珍紀念網頁」，李士珍對我國現代警官教育的貢獻，以及他參與制憲的相關內容摘要如下（考李士珍紀念網頁，下載日期：2012年11月12日）。

二、李士珍校長與我國警官教育

> 我國之有高級警官教育，始於清光緒二十七年元月，在北平成立之警務學堂，迨後於光緒三十二年九月，改為高等巡警學堂，民國元年十一月改為警察學校，民國四年改為地方警察傳習所，民國六年九月改為警察高等學校，民國二十五年九月，在南京改為中央警官學校。其間雖六易校名，但其均為中央警官教育機關，辦理高級警官教育，則無二致也。

　　當夢周先生接掌警官高等教育之初，即建議將警官高等學校改為中央警官學校，恭請總統蔣公(當時為軍事委員會委員長，後為國民政府主席)兼任校長。此一建議實現之後，頓使中央警校與中央軍校以及中央政校成為鼎足而三之中央有名最高學府，從此聲望大振，舉國重視，此為夢周先生下車伊始，即對我國高級警官教育有此第一大貢獻。

　　中央警校改組就緒之後，夢周先生即兢兢業業從事學校設備之充實，教職員陣容之加強，學員生水準之提高，警察學術研究之倡導，不遺餘力，迨至抗戰勝利前後，更擴大學校增加訓練，除在南京本校外，並在西安、廣州、重慶、北平、瀋陽、蘭州先後成立六座分校，同時訓練員生一萬四千餘人，至此學校之輝煌發展，不能謂絕後，但可稱為空前，當時在復員接受大量需要警官幹部之情形下，中央警官學校能供應裕如，此為夢周先生對於我國高等警官教育第二大貢獻。

迨華中淪陷，南京告急，夢周先生鑑於國事日非，不易扭轉，乃將中央警官學校之大量圖書儀器運至台灣，使中央警校遷台後，教材不虞匱乏順利復課，此為夢周先生對於我國高級警官第三大貢獻。

三、李士珍自述參與中華民國制憲與移遷蔣公銅像

根據「李士珍自傳」網頁的介紹，有一段關於李士珍親身參與制憲的自述，彌足珍貴，節錄如下：

> 35年12月，中央召開制憲會議，余在制憲會中，力爭警察在憲法上之體制，始有憲法第108條之明白規定：「警察制度由中央立法並執行之，或交由省縣執行之」，由是警察業務之區分，警察體制之建立，由中央而省市而縣市，始有法律之依據。
>
> 36年　蔣公當選第一屆總統，手令生余為校長。翌年共匪全面叛亂，蔣公引退，余亦自請辭職，舉賢自代，所最關懷者蔣公銅像，如一旦京地淪陷，將是對國家元首之大不敬，乃設法將銅像遷建於台灣，於中央警校復校時，重建校內。蔣公銅像由大陸遷建於台灣省者，僅有此耳。

四、李士珍創設警察子弟獎學基金會

根據「李士珍自傳」網頁，李士珍自述對於警察教育的關心，除了致力著述，也成立警察大學學生獎學金，長期嘉惠警察學生，令後人景仰感佩，該網頁內容節錄如下：

> 余來台以後，以國大代表與設計委員贊襄國事，自第一屆至五屆國大會議被選為大會主席團。在此20餘年中，余曾三度赴美考察警政與市政，回國之暇，從事著述：一、現代各國警察「商務印

書館出版」。二、淞滬參戰前後日記。三、戰後各國考察記。四、周易分類研究「台灣書局出版」五、警察行政研究。六、戰時警察業務。七、警察行政之理論與實際。八、怎麼辦理警衛等書。近年來余以出席國大會議所節存之公費與出售新店住宅之款項，復由警校同學之熱忱之贊助，共集獎學金二百餘萬元，創設警察子弟獎學基金會，自六十四年起，每年遴選警察子弟就讀大專院校成績優異學生110餘名，給予協助與鼓勵，希望其求學有成，能蔚為國用也。

第三章 學習自我評量

一、請試回答以下問題

1. 試論國父遺教中關於設置國民大會的理想與政治實踐的方式。

2. 民國94年的「任務型國代」之後，關於國民大會職權移轉的方式，請以憲法增修條文內容加以說明。

3. 試以司法院大法官釋字499號解釋要旨，說明國民大會第五次修憲「失其效力」的理由。

4. 試述憲法108條文的制憲由來。

二、請試作以下測驗題

1. 根據憲法前言，下列何者為中華民國憲法之制定者？（99三等身心障）

    ⒜國民大會 ⒝省長聯席會議 ⒞政治協商會議 ⒟孫中山先生

2. 司法院釋字第499號解釋，認中華民國八十八年九月四日國民大會通過憲法增修條文自行延長任期，與自由民主憲政秩序不合，其具體理由，不包括下列何者？（97警察四特）

    ⒜違反國民主權原理　　　　　⒝違反與選民之約定

    ⒞違反利益迴避原則　　　　　⒟違反法律保留原則

3. 依據司法院釋字第499號解釋，修改憲法的主要界限在於：（98基層警察）

    ⒜國民大會作為複決修憲案之地位不得改變

(B)憲法條文中具有本質重要性者，不得聽任修改而變更

(C)立法院以絕對多數通過修憲案之門檻不得降低

(D)中央政府體制不得修改

4. 依憲法增修條文規定，何者可對總統提出罷免案？（95警察三特）

(A)國民大會　(B)公民連署　(C)立法院　(D)監察院

| 正確答案 |

1.A　　2.D　　3.B　　4.C

第四章　總統

第一節、憲法本文釋義

第一項、總統為國家元首

> **第三十五條**
>
> 　總統為國家元首，對外代表中華民國。

一、總統為元首，身分特殊並且尊崇

　　民國84年10月27日，司法院大法官釋字第388號，解釋要旨：

　　憲法第52條規定，總統除犯內亂或外患罪外，非經罷免或解職，不受刑事上之訴究。此係憲法基於總統為國家元首，對內肩負統率全國陸海空軍等重要職責，對外代表中華民國之特殊身分所為之尊崇與保障。現職總統競選連任時，其競選活動固應受總統副總統選舉罷免法有關規定之規範，惟其總統身分並未因參選而變更，自仍有憲法第52條之適用。

二、以總統為國家元首，但我國不是總統制國家

我國自行憲以來，有關政府體制是總統制或內閣制的詮釋問題，一直都隨著各種不同的政治立場與政治勢力的變化而有所不同。然依當前對體制認知而言，總統制是由人民直接選舉總統行使行政權且人民直接選舉國會議員行使立法權；而內閣制是由人民直接選舉國會議員行使立法權，並由國會議員的多數派出來組閣，行使行政權。同時，司法權之行使，乃由行政部門提請立法部門同意而獨立行使。

總統制的主要特徵是：

1. 立法與行政分立；

2. 行政與立法相互制衡；

3. 司法對行政及立法兩機關具制衡作用。

內閣制的主要特徵是：

1. 虛位元首；

2. 行政立法融合為一；

3. 國會至上原則。

從上述情況來看當前我國的權力制度安排，既不是總統制也不是內閣制，也稱不上「半總統制」。因為憲法規定「行政院為最高行政機關」，但行政院長卻不能類推為「最高行政首長」，因為總統的行政權可以超越行政院長，尤其是總統對於任用行政院長的權力性質，幾近「專斷權力」。因此，我國的現況既不是內閣制，又不是總統制；比較接近「不完全的總統制」。

三、世界各國元首制度

國家元首可以分為擁有實職的元首和虛位元首。由於國情與歷史傳統不同，目前全世界大概可以分為3種國家元首制度：

（一）君主元首制

分為實質上君主元首或禮儀上的君主元首，君主元首制的特點是終身而且世襲的。

（二）總統元首制

總統元首制的特點是以總統或國家主席作為國家元首，係經過選舉產生，並有一定任期。少數亞、非國家存在終身總統。總統兼任行政首長的是實質上的國家元首；例如美國的總統。總統不兼任行政首長的是形式上的國家元首；例如印度的總統。在共和制國家，國家元首可能的稱謂包括總統、國家主席、國務委員會主席、革命委員會主席、革命委員委員長等。

（三）集體元首制

集體元首制下的國家元首權力，有的是由一個集體機構來行使；有的是由幾個機構共同行使。集體元首制通常是社會主義國家採用，但資本主義國家中的瑞士，也採用集體元首制。

第二項、總統統帥權

第三十六條

總統統率全國陸海空軍。

三軍統帥

國防法第8條：總統統率全國陸海空軍，為三軍統帥，行使統帥權指揮軍隊，直接責成國防部部長，由部長命令參謀總長指揮執行之。

國防法第13條：國防部設參謀本部，為部長之軍令幕僚及三軍聯合作戰指揮機構，置參謀總長1人，承部長之命令負責軍令事項指揮軍隊。

第三項、總統公布法令權

> ### 第三十七條
> 　　總統依法公布法律，發布命令，須經行政院院長之副署，或行政院院長及有關部會首長之副署。

有條件的副署制度

　　憲法增修條文第2條第2段「總統發布行政院院長與依憲法經立法院同意任命人員之任免命令及解散立法院之命令，無須行政院院長之副署，不適用憲法第37條之規定」。

　　換言之，總統發布行政院院長與依憲法經立法院同意任命人員之任免命令及解散立法院之命令，無須行政院院長之副署，其餘命令或法律仍需行政院長副署。可以稱為是一種有條件的副署制度。

第四項、總統的締約、宣戰與媾和權

> ### 第三十八條
> 　　總統依本憲法之規定，行使締結條約及宣戰、媾和之權。

一、締結外交條約與立法院審議的必要性

　　民國82年12月24，司法院大法官釋字第329號，解釋要旨：

　　　　憲法所稱之條約係指中華民國與其他國家或國際組織所締約之國際書面協定，包括用條約或公約之名稱，或用協定等名稱而其內容直接涉及國家重要事項或人民之權利義務且具有法律上效力者而言。其中名稱為條約或公約或用協定等名稱而附有批准條款者，當然應送立法院審議，其餘國際書面協定，除經法律授權或

事先經立法院同意簽訂，或其內容與國內法律相同者外，亦應送立法院審議。

二、宣戰案應送立法院審查

立法院程序委員會組織規程第5條第2項規定，立法院外交及國防委員會審查外交、僑務、國防、退除役官兵輔導政策與宣戰案、媾和案、條約案、戒嚴案及有關外交部、僑務委員會、國防部、行政院國軍退除役官兵輔導委員會掌理事項之議案。

三、宣戰之後的動員召集

兵役法第37條規定，後備軍人及補充兵應下列召集：

1. 動員召集：戰爭或非常事變時，依作戰需要實施之。
2. 臨時召集：平時為現役補缺、停役原因消滅回役，戰時為人員補充或在軍事警備上有需要時實施之。
3. 教育召集：依軍事需要，於舉行訓練或演習時實施之。
4. 勤務召集：戰時或非常事變時，為輔助戰時勤務或地方自衛防空等勤務需要實施之。
5. 點閱召集：於點驗或校閱時實施之。

第39條：召集後備軍人及補充兵時，除軍官、士官之召集，應視軍事需要之軍職專長及階級、年齡、體力以定順序外，士兵之召集，依下列規定以定順序：

1. 動員召集及戰時人員補充與軍事警備之臨時召集，以適合作戰要求為準，按年次與軍職專長順序召集之。
2. 停役原因消滅回役、平時現役補缺之臨時召集，得優先辦理入營。
3. 教育召集及平時現役補缺之臨時召集，依軍職專長教育之需要召集之。

4. 勤務召集，依補充兵及常備兵後備役順序召集之。

5. 點閱召集，按離營時間之久暫及動員需要以定其順序。

第40條：戰時或非常事變時，依前條第1款實施動員召集或臨時召集之際，國家為支持戰爭保留前後方所不可缺少之人員，於作戰無妨礙時，對此項人員，得逐次列入召集；於應需員額無妨礙時，得儘後召集之。

四、宣戰地區與陸海空軍刑法

陸海空軍刑法第11條規定，本法關於戰時之規定，適用於總統依憲法宣戰之期間及地域。其因戰爭或叛亂發生而宣告戒嚴之期間及地域者，亦同。但宣戰或戒嚴未經立法院同意或追認者，不在此限。戰時犯本法之罪，縱經媾和、全部或局部有停火之事實或協定，仍依戰時之規定處罰。但按其情節顯然過重者，得減輕或免除其刑。

第五項、總統宣布戒嚴權

第三十九條

總統依法宣布戒嚴，但須經立法院之通過或追認。立法院認為必要時，得決議移請總統解嚴。

一、宣布戒嚴的程序

戒嚴法第1條：戰爭或叛亂發生，對於全國或某一地域應施行戒嚴時，總統得經行政院會議之議決，立法院之通過，依本法宣告戒嚴或使宣告之。總統於情勢緊急時，得經行政院之呈請，依本法宣告戒嚴或使宣告之。但應於1個月內提交立法院追認，在立法院休會期間，應於復會時即提交追認。

二、宣布戒嚴的地域

戒嚴法第2條規定，戒嚴地域分為2種：

1. 警戒地域：指戰爭或叛亂發生時受戰爭影響應警戒之地區。
2. 接戰地域：指作戰時攻守之地域。警戒地域或接戰地域，應於時機必要時，區劃布告之。

三、臨時戒嚴

戒嚴法第3條：戰爭或叛亂發生之際，某一地域猝受敵匪之攻圍或應付非常事變時，該地陸海空軍最高司令官，得依本法宣告臨時戒嚴；如該地無最高司令官，得由陸海空軍分駐團長以上之部隊長，依本法宣告戒嚴。前項臨時戒嚴之宣告，應由該地最高司令官或陸海空軍分駐團長以上之部隊長，迅速按級呈請，提交立法院追認。

第六項、總統赦免權

> **第四十條**
>
> 總統依法行使大赦、特赦、減刑及復權之權。

一、赦免的法律形式及效力

赦免法第1條：本法稱赦免者，謂大赦、特赦、減刑及復權。

赦免法第2條規定，大赦之效力如左：

1. 已受罪刑之宣告者，其宣告為無效。
2. 未受罪刑之宣告者，其追訴權消滅。

第3條：受罪刑宣告之人經特赦者，免除其刑之執行；其情節特殊者，得以其罪刑之宣告為無效。

第4條：受罪刑宣告之人經減刑者，減輕其所宣告之刑。

第5條：受褫奪公權宣告之人經復權者，回復其所褫奪之公權。

第5-1條：因有罪判決確定所生之既成效果，不因大赦、特赦、減刑或復權而受影響。但因罪刑之宣告而喪失之公職，經大赦或依第3條後段特赦後，有向將來回復之可能者，得由當事人申請該管主管機關回復。其經准許者，溯自申請之日起生效。

二、全國性減刑

赦免法第6條：總統得命令行政院轉令主管部為大赦、特赦、減刑、復權之研議。全國性之減刑，得依大赦程序辦理。

第7條：總統命令特赦、減刑或復權者，由主管部發給證明予受赦免人。

表：解嚴後全國性減刑法緣

年度	總統	制定減刑條例緣由
民國60年	蔣中正	為紀念中華民國開國六十年，予罪犯更新向善之機。
民國64年	嚴家淦	為追念先總統蔣公仁德愛民之遺志，予罪犯更新向善之機。
民國77年	李登輝	為追念蔣故總統經國先生仁德愛民之遺志，予罪犯更新向善之機。
民國80年	李登輝	為紀念中華民國開國八十年，予罪犯更新向善之機。
民國96年	陳水扁	為紀念解除戒嚴二十週年，予罪犯更新向善之機。

作者製表

第七項、總統任免官員權

第四十一條

總統依法任免文武官員。

公務人員任用法第25條：各機關初任簡任各職等職務公務人員、初任薦任公務人員，經銓敘部銓敘審定合格後，呈請總統任命。初任委任公務人員，經銓敘部銓敘審定合格後，由各主管機關任命之。

　　公務人員任用法施行細則第25條：本法第25條所稱初任簡任各職等職務公務人員、初任薦任公務人員，呈請總統任命，指初任或升任簡任官等各職等職務人員及初任薦任官等人員，經銓敘部銓敘審定合格後，由銓敘部呈請總統任命。所稱初任委任公務人員，由各主管機關任命之，指初任委任官等人員，經銓敘部銓敘審定合格後，由銓敘部函送各主管機關任命之。薦任及委任現職人員調任同官等內各職等職務時，均無需再報請任命。

第八項、總統授與榮典權

> **第四十二條**
> 　　總統依法授與榮典。

一、人民得授與勳章種類

　　勳章條例第1條：中華民國人民有勳勞於國家或社會者，得授予勳章。為敦睦邦交，得授予勳章於外國人。

　　第2條：勳章分左列5種：

1. 采玉大勳章。
2. 中山勳章。
3. 中正勳章。
4. 卿雲勳章。
5. 景星勳章。

　　第3條：總統佩帶采玉大勳章。采玉大勳章得特贈外國元首，並得派專使齎送。

（一）中山勳章

　　勳章條例第4條：有左列勳勞之一者，得授予中山勳章，由總統親授之：

1. 統籌大計，安定國家者。

2. 翊贊中樞，敉平禍亂者。

3. 其他對於建國事業有特殊勳勞者。

（二）中正勳章

第5條：有左列勳勞之一者，得授予中正勳章，由總統親授之：

1. 對實踐三民主義有特殊成就者。

2. 對反共建國大業有特殊貢獻者。

3. 對復興中華文化有特殊表現者。

4. 對實施民主憲政有特殊勳勞者。

（三）公務員得獸與卿雲勳章或景星勳章

第6條：公務人員有左列勳勞之一者，得授予卿雲勳章或景星勳章：

1. 於國家行政、立法、司法、考試、監察制度之設施，著有勳勞者。

2. 於國民經濟、教育、文化之建設，著有勳勞者。

3. 折衝樽俎，敦睦邦交，在外交上貢獻卓著者。

4. 宣揚德化，懷遠安邊，克固疆圉者。

5. 辦理僑務，悉協機宜，功績卓著者。

6. 救助災害，撫綏流亡，裨益民生者。

7. 維持地方秩序，消弭禍患，成績優異者。

8. 中央或地方官吏在職10年以上，成績昭著者。

9. 襄助治理，賢勞卓著，迭膺功賞者。

（四）平民得授與卿雲勳章或景星勳章

第7條：非公務人員有左列勳勞之一者，得授予卿雲勳章或景星勳章：

1. 有專門發明或偉大貢獻，有利國計民生者。

2. 創辦救濟事業，規模宏大，福利社會者。

3. 在國內外興辦教育、文化事業歷史深長，足資模範者。

4. 保衛地方，防禦災害，屢著功效，足資矜式者。

5. 經營企業，輔助政府，功在民生者。

6. 學識淵深・著述精宏，有功文化、教育者。

7. 致力國民外交，貢獻卓著者。

（五）外國人得授與卿雲勳章或景星勳章

第8條：外國人有左列勳勞之一者，得授予卿雲勳章或景星勳章：

1. 抑制強暴，伸張正義，有利我國者。

2. 宣揚我國文化，成績昭著者。

3. 周旋壇坫，有助我國外交者。

4. 促成其政府或人民，與我國以物資上或精神上之援助者。

5. 對於我國建設事業貢獻卓著者。

6. 創辦教育或救濟事業，有功於我國社會者。

（六）繳還勳章及證書

勳章條例第15條：因犯罪褫奪公權者，應繳還勳章及證書。

二、軍人得授與勳章種類

陸海空軍勳賞條例第1條規定：陸、海、空軍軍人著有戰功或勳績者，其敘勳行賞，除法律別有規定外，依本條例行之。

（一）軍人勳賞種類

第2條規定，勳賞之種類如左：

1. 國光勳章。

2. 青天白日勳章。

3. 寶鼎勳章。

4. 忠勇勳章。

5. 雲麾勳章。

6. 忠勤勳章。

7. 勳刀。

8. 榮譽旗。

（二）國光勳章

第3條：國光勳章不分等級，凡陸、海、空軍軍人，捍禦外侮，保衛國家，著有特殊戰功者頒給之。

（三）青天白日勳章

第4條：青天白日勳章不分等級，凡陸、海、空軍軍人，捍禦外侮，保衛國家，戰功卓著者頒給之。

（四）寶鼎勳章

第5條：寶鼎勳章分為九等，凡陸、海、空軍軍人，捍禦外侮，或鎮懾內亂，著有戰功者，依左列規定，分別頒給之：

將等官一等至四等。

校等官三等至六等。

尉等官四等至七等。

准尉及士兵六等至九等。

（五）忠勇勳章

第6條：忠勇勳章不分等級，凡陸、海、空軍軍人，捍禦外侮，英勇作戰，負傷不退者頒給之。

（六）雲麾勳章

第7條：雲麾勳章分為九等，凡陸、海、空軍軍人，對於國家建有勳績，或鎮懾內亂，立有功績者，依左列規定，分別頒給之：

將等官一等至四等。

校等官三等至六等。

尉等官四等至七等。

准尉及士兵六等至九等。

（七）忠勤勳章

第8條：忠勤勳章不分等級，凡陸、海、空軍軍人，連續服現役十年以上，其服務成績，足資矜式者頒給之。

（八）勳刀

第9條：勳刀分為三等。凡陸、海、空軍將等官，所授勳章晉至最高等，而復建有戰功或勳績者頒給之。

（九）榮譽旗

第10條：榮譽旗不分等級，凡陸、海、空軍部隊，特著忠勇戰功者，頒給之。

（十）非軍人身份得授與寶鼎或雲麾勳章

第11條：非陸、海、空軍軍人或在鄉軍人或外籍人員，對於戰事建有勳功者，得依本條例之規定，頒給寶鼎或雲麾勳章。

（十一）繳銷或禁止佩帶勳章、勳刀

第18條：有左列情事之一者，繳銷其勳章、勳刀：

1. 褫奪公權終身者。

2. 明令褫奪勳章、勳刀者。

3. 喪失中華民國國籍者。

第19條：有左列情事之一者，停止佩帶勳章、勳刀：

1. 褫奪公權尚未復權者。

2. 受有期徒刑未滿期者。

第九項、總統發布緊集命令權

第四十三條

　　國家遇有天然災害、癘疫，或國家財政經濟上有重大變故，須為急速處分時，總統於立法院休會期間，得經行政院會議之決議，依緊急命令法，發布緊急命令，為必要之處置，但須於發布命令後一個月內提交立法院追認。如立法院不同意時，該緊急命令立即失效。

　　憲法增修條文第2條第3段：總統為避免國家或人民遭遇緊急危難或應付財政經濟上重大變故，得經行政院會議之決議發布緊急命令，為必要之處置，不受憲法第43條之限制。但須於發布命令後10日內提交立法院追認，如立法院不同意時，該緊急命令立即失效。

　　換言之，總統發布緊急命令的外在原因及理由，已由「天然災害、癘疫，或國家財政經濟上有重大變故」變更為「為避免國家或人民遭遇緊急危難或應付財政經濟上重大變故」；而且無論是否在立法院休會期間都應由立法院追認。此外，緊急命令送交立法院的追認期限，也由原先發布命令後「一個月內」，縮短為「10日內」。

第十項、總統處理五院爭議權

第四十四條

　　總統對於院與院間之爭執，除本憲法有規定者外，得召集有關各院院長會商解決之。

總統有四院院長的提名權

　　在現行五院制度下，總統擁有四院院長的提名權，包括：

1. 行政院院長，總統提名，逕行任命。
2. 監察院院長，總統提名，經立法院行使人事同意權後任命。
3. 考試院院長，總統提名，經立法院行使人事同意權後任命。
4. 司法院院長，總統提名，經立法院行使人事同意權後任命。

　　五院院長之中唯一非由總統提名任命的係立法院院長，立法院係民意機關，其首長由立法委員相互選舉產生之。

第十一項、參選總統、副總統年齡限制

第四十五條

　　中華民國國民年滿四十歲者，得被選為總統、副總統。

一、總統、副總統候選人基本資格

　　在中華民國自由地區繼續居住6個月以上且曾設籍15年以上之選舉人，年滿40歲，得申請登記為總統、副總統候選人。

二、不得登記為總統、副總統候選人

　　具以下身份者，不得登記為總統、副總統候選人：

1. 回復中華民國國籍者。

2. 因歸化取得中華民國國籍者。

3. 大陸地區人民或香港、澳門居民經許可進入臺灣地區者。

我國憲法在設計之初，其實並不希望給予總統太大的實權，所以，行政實權落在行政院院長，而總統只是一個象徵性職位。不過在總統直選後，其權力是否增大與強化，便是一個引起熱烈討論的問題。就憲政主義精神而言，政府官員的權力來自憲法，與其民意基礎的多寡並無直接關係。總統直選雖導致其民意基礎的擴大，其所強化的僅係憲法所賦予總統行使國家元首權力的合法性基礎。其權力不會因為直選就變大，其位也不會因直選就由虛位元首變成實權總統。

第十二項、總統、副總統選舉以法律定之

第四十六條

總統、副總統之選舉，以法律定之。

一、立法依據

總統副總統選舉罷免法第1條：本法依憲法第46條及憲法增修條文第2條第1項制定之。總統、副總統選舉、罷免，依本法之規定，本法未規定者，依其他有關法令之規定。

二、選舉罷免機關

總統副總統選舉罷免法第6條：總統、副總統選舉、罷免，由中央選舉委員會主管，並指揮、監督省（市）、縣（市）選舉委員會辦理之。但總統、副總統罷免案之提議、提出及副總統之缺位補選，由立法院辦理之。各級選舉委員會應依據法令公正行使職權。

三、選舉人資格

總統副總統選舉罷免法第11條：中華民國自由地區人民，年滿20歲，除受監護宣告尚未撤銷者外，有選舉權。

第12條：前條有選舉權人具下列條件之一者，為選舉人：

1. 現在中華民國自由地區繼續居住6個月以上者。
2. 曾在中華民國自由地區繼續居住6個月以上，現在國外，持有效中華民國護照，並在規定期間內向其最後遷出國外時之原戶籍地戶政機關辦理選舉人登記者。

四、投票地點

總統副總統選舉罷免法第13條：選舉人，除另有規定外，應於戶籍地投票所投票。返國行使選舉權之選舉人，應於最後遷出國外時之原戶籍地投票所投票。投票所工作人員，得在戶籍地或工作地之投票所投票。但在工作地之投票所投票者，以戶籍地及工作地在同一直轄市、縣（市）為限。總統、副總統選舉與他種公職人員選舉同日舉行投票時，並應在該選舉人行使他種公職人員選舉權之選舉區內。

第15條：選舉人應於規定之投票時間內到投票所投票；逾時不得進入投票所。但已於規定時間內到達投票所尚未投票者，仍可投票。

五、候選人

（一）基本個人資格

總統副總統選舉罷免法第20條：在中華民國自由地區繼續居住6個月以上且曾設籍15年以上之選舉人，年滿40歲，得申請登記為總統、副總統候選人。回復中華民國國籍、因歸化取得中華民國國籍、大陸地區

人民或香港、澳門居民經許可進入臺灣地區者，不得登記為總統、副總統候選人。

（二）具政黨推薦或連署書之資格

第21條：總統、副總統候選人，應備具中央選舉委員會規定之表件及保證金，於規定時間內，向該會聯名申請登記。未聯名申請登記、表件或保證金不合規定，或未於規定時間內辦理者，不予受理。前項候選人，應經由政黨推薦或連署人連署。同1組總統、副總統候選人，如經審定1人或2人資格不符規定，則該組候選人，應不准予登記。

（三）推薦之政黨應備資格

第22條：依政黨推薦方式向中央選舉委員會申請登記為總統、副總統候選人者，應檢附加蓋內政部發給該政黨圖記之政黨推薦書；2個以上政黨共同推薦1組候選人時，應檢附1份政黨推薦書，排列推薦政黨之順序，並分別蓋用圖記。同一政黨，不得推薦2組以上候選人，推薦2組以上候選人者，其後登記者，不予受理。前項之政黨，於最近任何1次總統、副總統或立法委員選舉，其所推薦候選人得票數之和，應達該次選舉有效票總和5%以上。二個以上政黨共同推薦一組總統、副總統候選人者，各該政黨推薦候選人之得票數，以推薦政黨數除其推薦候選人得票數計算之。

（四）候選人及政黨不得撤回登記

第30條：經登記為總統、副總統候選人者，不得撤回其總統、副總統候選人登記。

經政黨推薦為總統、副總統候選人者，其推薦之政黨，不得撤回其推薦。

六、不得登記為候選人

總統副總統選舉罷免法第26條：有下列情事之一，不得登記為總統、副總統候選人：

1. 動員戡亂時期終止後，曾犯內亂、外患罪，經判刑確定者。

2. 曾犯貪污罪，經判刑確定者。

3. 曾犯本法或公職人員選舉罷免法部份條款，經判刑確定者。

4. 曾犯組織犯罪防制條例之罪，經判刑確定者。

5. 犯前4款以外之罪，判處有期徒刑以上之刑確定，尚未執行、執行未畢或於緩刑期間者。

6. 受死刑、無期徒刑或10年以上有期徒刑之判決尚未確定者。

7. 受宣告強制工作之保安處分或流氓感訓處分之裁判確定，尚未執行、執行未畢或執行完畢未滿10年者。

8. 受其他保安處分之裁判確定，尚未執行或執行未畢者。

9. 受破產宣告確定，尚未復權者。

10. 依法停止任用或受休職處分，尚未期滿者。

11. 褫奪公權，尚未復權者。

12. 受監護或輔助宣告，尚未撤銷者。

總統副總統選舉罷免法第27條：下列人員不得申請登記為總統、副總統候選人：

1. 現役軍人。

2. 辦理選舉事務人員。

3. 具有外國國籍者。前項第1款之現役軍人，屬於後備軍人應召者，在應召未入營前，或係受教育、勤務及點閱召集，均不受限制。當選人因第104條第1項第2款至第4款所定情事之一，經法院判決當選無效確定者，不得申請登記為該次總統、副總統補選候選人。

七、選舉各項公告與活動

總統副總統選舉罷免法第34條規定，選舉委員會應依下列規定期間，發布各種公告：

1. 選舉公告，須載明選舉種類、選舉區、投票日期及投票起、止時間，並應於總統、副總統任期屆滿120日前發布之。但重行選舉、重行投票或補選之公告日期，不在此限。

2. 候選人登記，應於投票日50日前公告，其登記期間，不得少於五日。但補選或重行選舉之候選人登記，應於投票日35日前公告，其登記期間，不得少於3日。

3. 選舉人名冊，應於投票日15日前公告，其公告期間，不得少於3日。

4. 候選人名單，應於競選活動開始前1日公告。

5. 選舉人人數，應於投票日3日前公告。

6. 當選人名單，應於投票日後7日內公告。

第36條：總統、副總統選舉，候選人競選活動期間為28日。

前項期間，以投票日前一日向前推算；其每日競選活動時間，自上午7時起至下午10時止。

八、電視政見發表

總統副總統選舉罷免法第45條：總統、副總統選舉，中央選舉委員會應以公費，在全國性無線電視頻道提供時段，供候選人發表政見，同一組候選人每次時間不得少於30分鐘，受指定之電視台，不得拒絕；其實施辦法，由中央選舉委員會定之。經2組以上候選人同意，個人或團體得舉辦全國性無線電視辯論會，電視台應予受理，並得向中央選舉委員會申請經費補助；其補助辦法，由中央選舉委員會定之。前項總統電視辯論會以3場為限，每場每人限30分鐘。副總統候選人電視辯論得比

照辦理。但以1場為限。第1項、第2項候選人發表政見或辯論內容,應由候選人自行負責。

九、選舉活動媒體公平

總統副總統選舉罷免法第46條:廣播電視事業得有償提供時段,供推薦候選人之政黨或候選人從事競選宣傳,並應為公正、公平之對待。廣播電視事業從事選舉相關議題之論政、新聞報導或邀請候選人參加節目,應為公正、公平之處理,不得為無正當理由之差別待遇。廣播電視事業有違反前2項規定之情事者,任何人得於播出後1個月內,檢具錄影帶、錄音帶等具體事證,向中央選舉委員會舉發。

第47條:報紙、雜誌所刊登之競選廣告,應於該廣告中載明政黨名稱或候選人姓名。

第48條:候選人印發以文字、圖畫從事競選之宣傳品,應親自簽名;政黨於競選活動期間,得為其所推薦之候選人印發以文字、圖畫從事競選之宣傳品,並應載明政黨名稱,二個以上政黨共同推薦1組候選人者,應同時載明共同推薦之所有政黨名稱。宣傳品之張貼,以候選人競選辦事處、政黨辦公處及宣傳車輛為限。政黨及任何人不得於道路、橋樑、公園、機關(構)、學校或其他公共設施及其用地,懸掛或豎立標語、看板、旗幟、布條等競選廣告物。但經直轄市、縣(市)政府公告指定之地點,不在此限。前項直轄市、縣(市)政府公告指定之地點,各政黨或候選人應公平合理使用;其使用管理規則,由直轄市、縣(市)政府定之。競選廣告物之懸掛或豎立,不得妨礙公共安全或交通秩序,並應於投票日後7日內自行清除;違反者,依有關法令規定處理。

十、選舉結果

總統副總統選舉罷免法第63條:選舉結果以候選人得票最多之1組為當選;得票相同時,應自投票之日起30日內重行投票。候選人僅有1

組時，其得票數須達選舉人總數百分之20以上，始為當選。選舉結果未能當選時，應自投票之日起3個月內，完成重行選舉投票。

第63-1條（部份）：選舉結果得票數最高與次高之候選人得票數差距，在有效票數千分之3以內時，次高票之候選人得於投票日後7日內，向第110條規定之管轄法院聲請查封全部或一部分投票所之選舉人名冊及選舉票，就查封之投票所於40日內完成重新計票，並將重新計票結果通知中央選舉委員會。中央選舉委員會應於7日內依管轄法院重新計票結果，重行審定選舉結果。審定結果，有不應當選而已公告當選之情形，應予撤銷；有應當選而未予公告之情形，應重行公告。

十一、副總統之缺位補選

總統副總統選舉罷免法第68條：副總統缺位時，總統應於3個月內提名候選人，由立法院補選之。

第69條：立法院補選之副總統，應於當選後20日內就任。

十二、選舉罷免訴訟

（一）選舉無效之訴

總統副總統選舉罷免法第102條：選舉罷免機關辦理選舉、罷免違法，足以影響選舉或罷免結果，檢察官、候選人、被罷免人或罷免案提議人，得自當選人名單或罷免投票結果公告之日起15日內，以各該選舉罷免機關為被告，向管轄法院提起選舉或罷免無效之訴。

第103條：選舉或罷免無效之訴，經法院判決無效確定者，其選舉或罷免無效，並定期重行選舉或罷免。其違法屬選舉或罷免之局部者，局部之選舉或罷免無效，並就該局部無效部分，定期重行投票。

（二）當選無效之訴

總統副總統選舉罷免法第104條：當選人有下列情事之一者，選舉罷免機關、檢察官或候選人得以當選人為被告，自公告當選之日起30日內，向管轄法院提起當選無效之訴：

1. 當選票數不實，足認有影響選舉結果之虞者。
2. 對於候選人、有投票權人或選務人員，以強暴、脅迫或其他非法之方法，妨害他人競選、自由行使投票權或執行職務者。
3. 有本法部份條款或刑法第146條第1項之行為者。
4. 有第86條第1項之行為，足認有影響選舉結果之虞者。前項各款情事，經判決當選無效確定者，不因同一事由經刑事判決無罪而受影響。

第105條：當選人有第28條各款規定情事之一者，選舉罷免機關、檢察官或候選人得以當選人為被告，於其任期屆滿前，向管轄法院提起當選無效之訴。

十三、訴訟效力

總統副總統選舉罷免法第106條：當選無效之訴經判決無效確定者，原當選人之當選，無效；如已就職，並應自判決確定之日起，解除職務。

第107條：選舉無效或當選無效之判決，不影響原當選人就職後職務上之行為。

十四、選舉訴訟管轄機關

總統副總統選舉罷免法第110條：選舉、罷免訴訟，專屬中央政府所在地之高等法院管轄。

第111條：選舉、罷免訴訟，設選舉法庭，採合議制審理，並應先

於其他訴訟審判之，以二審終結，並不得提起再審之訴。各審受理之法院應於6個月內審結。

第112條：選舉、罷免訴訟程序，除本法規定者外，準用民事訴訟法之規定。但關於捨棄、認諾、訴訟上自認或不爭執事實效力之規定，不在準用之列。

第十三項、總統、副總統任期限制

第四十七條

總統、副總統之任期為六年，連選得連任一次。

憲法增修條文第2條第6段：「總統、副總統之任期為4年，連選得連任一次，不適用憲法第47條之規定」。本憲法第47條現已不適用。

第十四項、總統就職宣誓誓詞

第四十八條

總統應於就職時宣誓，誓詞如左：「余謹以至誠，向全國人民宣誓，余必遵守憲法，盡忠職務，增進人民福利，保衛國家，無負國民付託。如違誓言，願受國家嚴厲之制裁。謹誓」

一、總統副總統於就職日宣誓

總統副總統宣誓條例第2條：總統、副總統宣誓，於總統就職之日行之。

二、總統副總統就職誓詞

總統副總統宣誓條例第3條：總統之誓詞，依憲法第48條之規定。副總統之誓詞如左：「余謹以至誠，向全國人民宣誓。余必遵守憲法，

效忠國家，如違誓言，願受國家嚴厲之制裁。謹誓」。

三、總統副總統就職宣誓地及監誓人

總統副總統宣誓條例第4條：總統、副總統宣誓，於中央政府所在地，以公開儀式分別行之，由大法官會議主席為監誓人。第6條：總統、副總統宣誓後，分別於誓詞上簽名、蓋章，送監誓人之機關存查。

第十五項、總統、副總統缺位

> ### 第四十九條
>
> 總統缺位時，由副總統繼任，至總統任期屆滿為止。總統、副總統均缺位時，由行政院院長代行其職權，並依本憲法第三十條之規定，召集國民大會臨時會，補選總統、副總統，其任期以補足原任總統未滿之任期為止。
>
> 總統因故不能視事時，由副總統代行其職權。總統、副總統均不能視事時，由行政院院長代行其職權。

憲法增修條文第2條（後段）：「總統、副總統均缺位時，由行政院院長代行其職權，並依本條第1項規定補選總統、副總統，繼任至原任期屆滿為止，不適用憲法第49條之有關規定」。本憲法第49條之相關規定已不適用。

第十六項、總統職權代行

> ### 第五十條
>
> 總統於任滿之日解職，如屆期次任總統尚未選出，或選出後總統、副總統均未就職時，由行政院院長代行總統職權。

總統缺位與副總統兼任行政院長

民國85年12月31日，司法院大法官釋字第419號，解釋要旨：

1. 副總統得否兼任行政院院長憲法並無明文規定，副總統與行政院院長二者職務性質亦非顯不相容，惟此項兼任如遇總統缺位或不能視事時，將影響憲法所規定繼任或代行職權之設計，與憲法設置副總統及行政院院長職位分由不同之人擔任之本旨未盡相符。引發本件解釋之事實，應依上開解釋意旨為適當之處理。

2. 行政院院長於新任總統就職時提出總辭，係基於尊重國家元首所為之禮貌性辭職，並非其憲法上之義務。對於行政院院長非憲法上義務之辭職應如何處理，乃總統之裁量權限，為學理上所稱統治行為之一種，非本院應作合憲性審查之事項。

3. 依憲法之規定，向立法院負責者為行政院，立法院除憲法所規定之事項外，並無決議要求總統為一定行為或不為一定行為之權限。故立法院於中華民國85年6月11日所為「咨請總統儘速重新提名行政院院長，並咨請立法院同意」之決議，逾越憲法所定立法院之職權，僅屬建議性質，對總統並無憲法上之拘束力。

第十七項、總統職權代行期限

> ### 第五十一條
> 行政院院長代行總統職權時，其期限不得逾三個月。

總統、副總統缺位三個月內應重新選出

總統副總統選舉罷免法第64條：同一組副總統候選人死亡，該組總統候選人仍當選為總統時，其副總統視同缺位。

　　總統或副總統當選人之一在就職前死亡或就職前經判決當選無效確定者，視同缺位。總統、副總統當選人在就職前死亡或就職前經判決當選無效確定，致同時視同缺位時，應自死亡之日或中央選舉委員會收到法院判決書之日起3個月內，完成重行選舉投票。

第十八項、總統刑事豁免權

> ### 第五十二條
> 　　總統除犯內亂或外患罪外，非經罷免或解職，不受刑事上之訴究。

一、總統之職不受刑事訴究之特權或豁免權

　　民國96年6月15日，司法院大法官釋憲案釋字第627號，解釋要旨：

　　　　憲法第52條規定，總統除犯內亂或外患罪外，非經罷免或解職，不受刑事上之訴究。此係憲法基於總統為國家元首，對內肩負統率全國陸海空軍等重要職責，對外代表中華民國之特殊身分所為之尊崇與保障，業經本院釋字第388號解釋在案。依本院釋字第388號解釋意旨，總統不受刑事上之訴究，乃在使總統涉犯內亂或外患罪以外之罪者，暫時不能為刑事上訴究，並非完全不適用刑法或相關法律之刑罰規定，故為一種暫時性之程序障礙，而非總統就其犯罪行為享有實體之免責權。是憲法第52條規定「不受刑事上之訴究」，係指刑事偵查及審判機關，於總統任職期間，就總統涉犯內亂或外患罪以外之罪者，暫時不得以總統為犯罪嫌疑人或被告而進行偵查、起訴與審判程序而言。但對總統身分之尊崇與職權之行使無直接關涉之措施，或對犯罪現場之即時勘察，不在此限。

　　總統之刑事豁免權，不及於因他人刑事案件而對總統所為之證據調查與證據保全。惟如因而發現總統有犯罪嫌疑者，雖不得開始以總統為犯罪嫌疑人或被告之偵查程序，但得依本解釋意旨，為必要之證據保全，即基於憲法第52條對總統特殊身分尊崇及對其行使職權保障之意旨，上開因不屬於總統刑事豁免權範圍所得進行之措施及保全證據之處分，均不得限制總統之人身自由，例如拘提或對其身體之搜索、勘驗與鑑定等，亦不得妨礙總統職權之正常行使。其有搜索與總統有關之特定處所以逮捕特定人、扣押特定物件或電磁紀錄之必要者，立法機關應就搜索處所之限制、總統得拒絕搜索或扣押之事由，及特別之司法審查與聲明不服等程序，增訂適用於總統之特別規定。於該法律公布施行前，除經總統同意者外，無論上開特定處所、物件或電磁紀錄是否涉及國家機密，均應由該管檢察官聲請高等法院或其分院以資深庭長為審判長之法官5人組成特別合議庭審查相關搜索、扣押之適當性與必要性，非經該特別合議庭裁定准許，不得為之，但搜索之處所應避免總統執行職務及居住之處所。其抗告程序，適用刑事訴訟法相關規定。

　　總統之刑事豁免權，亦不及於總統於他人刑事案件為證人之義務。惟以他人為被告之刑事程序，刑事偵查或審判機關以總統為證人時，應準用民事訴訟法第304條：「元首為證人者，應就其所在詢問之」之規定，以示對總統之尊崇。

　　總統不受刑事訴究之特權或豁免權，乃針對總統之職位而設，故僅擔任總統一職者，享有此一特權；擔任總統職位之個人，原則上不得拋棄此一特權。

二、總統、副總統犯內亂或外患罪，得提出彈劾案

　　立法院依憲法增修條文第4條第5項之規定，對總統、副總統犯內亂或外患罪，得提出彈劾案。依前條規定彈劾總統或副總統，須經全體立

法委員二分之一以上提議，以書面詳列彈劾事由，交由程序委員會編列議程提報院會，並不經討論，交付全院委員會審查。全院委員會審查時，得由立法院邀請被彈劾人列席說明。

三、立法院行使罷免總統或副總統之權

立法院依憲法增修條文第2條第9項規定提出罷免總統或副總統案，經全體立法委員四分之一之提議，附具罷免理由，交由程序委員會編列議程提報院會，並不經討論，交付全院委員會於15日內完成審查。全院委員會審查前，立法院應通知被提議罷免人於審查前7日內提出答辯書。前項答辯書，立法院於收到後，應即分送全體立法委員。被提議罷免人不提出答辯書時，全院委員會仍得逕行審查。全院委員會審查後，即提出院會以記名投票表決，經全體立法委員三分之二同意，罷免案成立，當即宣告並咨復被提議罷免人。

四、卸任總統副總統禮遇

卸任總統副總統禮遇條例第2條規定卸任總統享有下列禮遇。

1. 邀請參加國家大典。
2. 按月致送新臺幣25萬元禮遇金，並隨同公教人員待遇調整之。
3. 提供處理事務人員、司機、辦公室及各項事務等之費用，每年新臺幣800萬元，但第2年遞減為新臺幣700萬元，第3年遞減為新臺幣600萬元，第4年遞減為新臺幣500萬元，第5年以後不再遞減。
4. 供應保健醫療。
5. 供應安全護衛8至12人，必要時得加派之。

五、停止卸任總統副總統禮遇

卸任總統副總統禮遇條例第4條規定，卸任總統、副總統之禮遇，有下列情形之一者，停止之：

1. 再任有給公職。

2. 犯內亂、外患罪，經一審判決有罪。

3. 喪失中華民國國籍。

4. 移居國外定居。

卸任總統、副總統犯貪污罪經一審判決有罪者，供應安全護衛2或3人，不適用第2條第1項、前條第1項禮遇規定；若經判決有罪確定，停止供應安全護衛。

依第1項第2款及前項規定停止禮遇者，若經判決無罪確定，恢復禮遇並補發停止禮遇期間應有之各項禮遇費用。

此外，總統、副總統因罷免、彈劾或判刑確定解職者，亦不適用本條例之禮遇。

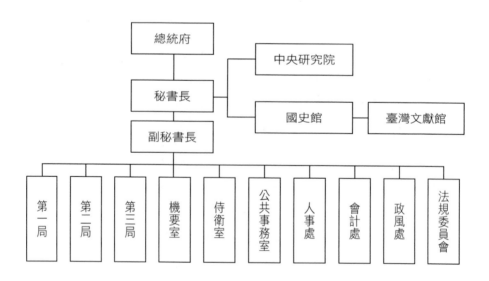

總統府組織圖

第二節、憲法變遷與現況

憲法增修條文第二條（與總統有關的憲法增修）

　　總統、副總統由中華民國自由地區全體人民直接選舉之，自中華民國八十五年第九任總統、副總統選舉實施。總統、副總統候選人應聯名登記，在選票上同列一組圈選，以得票最多之一組為當選。在國外之中華民國自由地區人民返國行使選舉權，以法律定之。（第一項）

　　總統發布行政院院長與依憲法經立法院同意任命人員之任免命令及解散立法院之命令，無須行政院院長之副署，不適用憲法第三十七條之規定。

　　總統為避免國家或人民遭遇緊急危難或應付財政經濟上重大變總統為避免國家或人民遭遇緊急危難或應付財政經濟上重大變故，得經行政院會議之決議發布緊急命令，為必要之處置，不受憲法第四十三條之限制。但須於發布命令後十日內提交立法院追認，如立法院不同意時，該緊急命令立即失效。

　　總統為決定國家安全有關大政方針，得設國家安全會議及所屬國家安全局，其組織以法律定之。

　　總統於立法院通過對行政院院長之不信任案後十日內，經諮詢立法院院長後，得宣告解散立法院。但總統於戒嚴或緊急命令生效期間，不得解散立法院。立法院解散後，應於六十日內舉行立法委員選舉，並於選舉結果確認後十日內自行集會，其任期重新起算。

　　總統、副總統之任期為四年，連選得連任一次，不適用憲法第四十七條之規定。副總統缺位時，總統應於三個月內提名候選人，由立法院補選，繼任至原任期屆滿為止。

> 　　總統、副總統均缺位時，由行政院院長代行其職權，並依本條第一項規定補選總統、副總統，繼任至原任期屆滿為止，不適用憲法第四十九條之有關規定。
>
> 　　總統、副總統之罷免案，須經全體立法委員四分之一之提議，全體立法委員三分之二之同意後提出，並經中華民國自由地區選舉人總額過半數之投票，有效票過半數同意罷免時，即為通過。
>
> 　　立法院提出總統、副總統彈劾案，聲請司法院大法官審理，經憲法法庭判決成立時，被彈劾人應即解職。

第一項、現行關於副署的規定

依憲法增修條文第2條第2項之規定，「總統發布行政院院長與依憲法經立法院同意任命人員之任免命令及解散立法院之命令，無須行政院院長之副署，不適用憲法第37條之規定」。因此現行關於副署的規定如下：

1. 總統依法公布法律，發布命令，須經行政院院長之副署。
2. 行政院院長與依憲法經立法院同意任命人員之任免命令及解散立法院之命令，無須行政院院長之副署。

第二項、總統發佈緊急命令

一、總統發布急命令程序

依憲法增修條文第2條第3項之規定，「據總統為避免國家或人民遭遇緊急危難或應付財政經濟上重大變故，得經行政院會議之決議發布緊急命令，為必要之處置，不受憲法第43條之限制。但須於發布命令後10日內提交立法院追認，如立法院不同意時，該緊急命令立即失效」。依據條文釋要如下：

1. 據總統為避免國家或人民遭遇緊急危難或應付財政經濟上重大變故，得經行政院會議之決議發布緊急命令。其理由不限定為天然災害、瘟疫或其它等原因。

2. 緊急命令做出行政處分，前提必須是「國家或人民遭遇緊急危難」或「應付財政經濟上重大變故」。如只是緊急事件，但不構成危難，或雖是危難，但並不緊急，或僅是一般尋常的變故，不宜運用緊急命令以為行政處分之依據。

3. 憲法直接授權總統緊急命令發布權，而非根據「緊急命令法」行使，在發布程序上，憲法本文規定要提交立法院追認的時限為「1個月內」，縮短為「10日內」。

4. 無論立法院是否為休會期間，總統均可經由行政院會議之決議發布緊急命令，再由立法院召開會議追認之。

二、立法院追認緊急命令程序

立法院職權行使法第15條規定，立法院追認緊急命令程序及追認效果如下：

1. 總統依憲法增修條文第2條第3項之規定發布緊急命令，提交立法院追認時，不經討論，交全院委員會審查；審查後提出院會以無記名投票表決。

2. 未獲同意者，該緊急命令立即失效。

3. 總統於立法院休會期間發布緊急命令提交追認時，立法院應即召開臨時會，依前項規定處理。

4. 總統於立法院解散後發布緊急命令，提交立法院追認時，立法院應於3日內召開臨時會，並於開議7日內議決，如未獲同意，該緊急命令立即失效。

5. 但於新任立法委員選舉投票日後發布者，由新任立法委員於就職後依第1項規定處理。

三、緊急命令不得再授權為補充規定

相對於常態的法律體系，緊急命令本質上應為「特別法」，亦即其為具有「落日條款」（sunset clause）的「限時法」。

民國91年5月3日，司法院大法官釋字第543號，解釋要旨：

憲法增修條文第2條第3項規定：「總統為避免國家或人民遭遇緊急危難或應付財政經濟上重大變故，得經行政院會議之決議發布緊急命令，為必要之處置，不受憲法第43條之限制。但須於發布命令後10日內提交立法院追認，如立法院不同意時，該緊急命令立即失效。由此可知，緊急命令係總統為應付緊急危難或重大變故，直接依憲法授權所發布，具有暫時替代或變更法律效力之命令，其內容應力求周延，以不得再授權為補充規定即可逕予執行為原則。若因事起倉促，一時之間不能就相關細節性、技術性事項鉅細靡遺悉加規範，而有待執行機關以命令補充，方能有效達成緊急命令之目的者，則應於緊急命令中明文規定其意旨，於立法院完成追認程序後，再行發布。此種補充規定應依行政命令之審查程序送交立法院審查，以符憲政秩序。又補充規定應隨緊急命令有效期限屆滿而失其效力，乃屬當然。

緊急命令係…於國家不能依現有法制，亦不及依循正常立法程序採取必要對策因應之緊急情況下，由總統經行政院會議之決議發布之不得已措施，其適用僅限於處置一定期間或地點發生之緊急事故，具有暫時替代法律、變更法律效力之功能。故緊急命令乃對立法部門代表國民制定法律、行政部門負責執行法律之憲法原則特設之例外…。

四、九二一地震總統緊急命令全文

在我國回歸憲政，結束「動員戡亂時期」以後，在「避免國家或人民遭遇緊急危難或應付財政經濟上重大變故」時，僅只在民國88年「921大地震」發生後，由總統依法頒布緊急命令，以有效徵調、徵用物資，進行救災與安置。該項緊急命令內容如下：

民國88年9月25日總統緊急命令（925緊急命令）

查臺灣地區於民國88年9月21日遭遇前所未有強烈地震，其中臺中縣、南投縣全縣受創甚深，臺北市、臺北縣、苗栗縣、臺中市、彰化縣、雲林縣及其他縣市亦有重大之災區及災戶，民眾生命、身體及財產蒙受重大損失，影響民生至鉅，災害救助、災民安置及災後重建，刻不容緩。爰經行政院會議之決議，依中華民國憲法增修條文第2條第3項規定，發布緊急命令如下：

1. 中央政府為籌措災區重建之財源，應縮減暫可緩支之經費，對各級政府預算得為必要之變更，調節收支移緩救急，並在新臺幣800億元限額內發行公債或借款，由行政院依救災、重建計畫統籌支用，並得由中央各機關逕行執行，必要時得先行支付其一部分款項。前項措施不受預算法及公共債務法之限制，但仍應於事後補辦預算。

2. 中央銀行得提撥專款，供銀行辦理災民重建家園所需長期低利、無息緊急融資，其融資作業由中央銀行予以規定，並管理之。

3. 各級政府機關為災後安置需要，得借用公有非公用財產，其借用期間由借用機關與管理機關議定，不受國有財產法第40條及地方財產管理規則關於借用期間之限制。各級政府機關管理之公有公用財產，適於供災後安置需要者，應即變更為非公用財產，並依前項規定辦理。

4.政府為安置受災戶，興建臨時住宅並進行災區重建，得簡化行政程序，不受都市計畫法、區域計畫法、環境影響評估法、水土保持法、建築法、土地法及國有財產法等有關規定之限制。

5.中央政府為執行災區交通及公共工程之搶修及重建工作，凡經過都市計畫區、山坡地、森林、河川及國家公園等範圍，得簡化行政程序，不受各該相關法令及環保法令有關規定之限制。

6.災民因本次災害申請補發證照書件或辦理繼承登記，得免繳納各項規費，並由主管機關簡化作業規定。

7.中央政府為迅速執行救災、安置及重建工作，得徵用水權，並得向民間徵用空地、空屋、救災器具及車、船、航空器，不受相關法令之限制。衛生醫療體系人員為救災所需而進用者，不受公務人員任用法之限制。

8.中央政府為維護災區秩序及迅速辦理救災、安置、重建工作，得調派國軍執行。

9.政府為救災、防疫、安置及重建工作之迅速有效執行，得指定災區之特定區域實施管制，必要時並得強制撤離居民。

10.受災戶之役男，得依規定徵服國民兵役。

11.因本次災害而有妨害救災、囤積居奇、哄抬物價之行為者，處1年以上7年以下有期徒刑，得併科新臺幣500萬元以下罰金。以詐欺、侵占、竊盜、恐嚇、搶奪、強盜或其他不正當之方法，取得賑災款項、物品或災民之財物者，按刑法或特別刑法之規定，加重其刑至二分之一。前二項之未遂犯罰之。

12.本命令施行期間自發布日起至民國89年3月24日止。此令。
總統李登輝。行政院院長蕭萬長（副署）

第三項、國家安全會議

一、總統主持國家安全會議

　　國家安全會議組織法第3條：國家安全會議以總統為主席；總統因事不能出席時，由副總統代理之。

二、國家安全會議出席人員

　　國家安全會議組織法第4條規定，國家安全會議之出席人員如下：

1. 副總統。
2. 行政院院長、副院長、內政部部長、外交部部長、國防部部長、財政部部長、經濟部部長、行政院大陸委員會主任委員、參謀總長。
3. 國家安全會議秘書長、國家安全局局長。

　　總統得指定有關人員列席國家安全會議。

　　第5條：國家安全會議之決議，作為總統決策之參考。

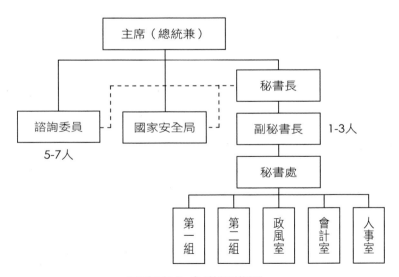

國家安全會議組織圖

第三節、憲法通識

第一項、國家安全與情報分析

一、國家情報工作

國家情報工作法第1條：為規範、監督、統合國家情報工作，維護國家安全及利益，並保障人民之權益，特制定本法。情報工作及其監督，依本法之規定，本法未規定者，適用相關法律之規定。

第2條：本法之主管機關為國家安全局。

第3條：本法用詞定義如下：

1. 情報機關：指國家安全局、國防部軍事情報局、國防部電訊發展室、國防部軍事安全總隊。

2. 情報工作：指情報機關基於職權，對足以影響國家安全或利益之資訊，所進行之蒐集、研析、處理及運用。應用保防、偵防、安全管制等措施，反制外國或敵對勢力對我國進行情報工作之行為，亦同。

3. 情報人員：指情報機關所屬從事相關情報工作之人員。

4. 情報協助人員：指情報機關遴選協助從事情報工作之人員。

5. 資訊：指以文書、圖畫、照片、磁碟、磁帶、光碟、微縮片、積體電路晶片等媒介物及其他得以讀、看、聽或以技術、輔助方法理解之任何紀錄內訊息。

6. 間諜行為：指為外國勢力、境外敵對勢力或其工作人員從事情報工作而收集、洩漏或交付依法應秘密之資訊者。

行政院海岸巡防署、國防部總政治作戰局、國防部憲兵司令部、內

政部警政署、內政部入出國及移民署及法務部調查局等機關，於其主管之有關國家情報事項範圍內，視同情報機關。

第4條：國家情報工作，應受立法院之監督。

主管機關首長，應於立法院每一會期率同各情報機關首長向相關之委員會做業務報告，並應邀列席做專案報告。

第7條情報機關應就足以影響國家安全或利益之下列資訊進行蒐集、研析、處理及運用：

1. 涉及國家安全或利益之大陸地區或外國資訊。

2. 涉及內亂、外患、洩漏國家機密、外諜、敵諜、跨國性犯罪或國內外恐怖份子之滲透破壞等資訊。

3. 其他有關總體國情、國防、外交、兩岸關係、經濟、科技、社會或重大治安事務等資訊。

前項資訊之蒐集，必要時得採取秘密方式為之，包括運用人員、電子偵測、通（資）訊截收、衛星（光纖）偵蒐（照）、跟監、錄影（音）及向有關機關（構）調閱資料等方式。

情報機關執行通訊監察蒐集資訊時，蒐集之對象於境內設有戶籍者，其範圍、程序、監督及應遵行事項，應以專法定之；專法未公布施行前，應遵守通訊保障及監察法等相關法令之規定。

外國人或大陸地區人民來臺從事與許可停留、居留目的不符之活動或工作者，主管機關得協調內政部警政署、內政部入出國及移民署或法務部調查局，對其實施查（約）訪。拒絕接受查（約）訪者，移請權責機關依法令處理。

第8條：涉及情報來源、管道或組織及有關情報人員與情報協助人員身分、行動或通訊安全管制之資訊，不得洩漏、交付、刺探、收集、毀棄、損壞或隱匿。但經權責人員書面同意者，得予交付。

人民申請前項規定資訊之閱覽、複製、抄錄、錄音、錄影或攝影者，情報機關得拒絕之。

第9條：情報機關為執行情報工作之必要，得採取身分掩護措施。

前項身分掩護有關戶籍、兵籍、稅籍、學籍、保險、身分證明等文件之申請、製作、登載、塗銷或管理等事項，其他政府機關應予以協助，相關規定由主管機關會同有關機關定之。

二、國家情報研析報告分發對象

國家情報研析報告分發及管理辦法第3條規定，國家情報研析報告分發對象如下：

1. 專報：總統、副總統、總統府秘書長、國家安全會議秘書長及行政院院長。

2. 一週安全情勢要況：總統、副總統、行政院院長、國家安全會議秘書長。

3. 每日國安內參：總統、副總統、行政院院長、國家安全會議秘書長。

4. 每週要情研析：總統、副總統、總統府秘書長、國家安全會議秘書長、行政院院長、外交部部長、國防部部長、參謀總長、國防部總政治作戰局局長、國防部參謀本部情報次長、行政院大陸委員會主任委員、行政院秘書長、國防部電訊發展室主任。

5. 年報：外交部部長、國防部部長、經濟部部長、行政院大陸委員會主任委員、法務部調查局局長、參謀總長、國防部軍事情報局局長、國防部電訊發展室主任、國防部參謀本部情報次長室主任。

6. 專題及其他涉及國家情報研析之相關報告：各級政府機關。

前項分發對象，主管機關得主動視國家情報研析報告之性質或應各級政府機關之需求調整之。

第二項、特勤中心安全勤務

一、特勤中心的指揮權

國家安全局特種勤務實施辦法第2條：國家安全局特種勤務指揮中心，得協同下列機關（構），執行安全維護之特種勤務：

1. 總統府侍衛室。
2. 行政院海岸巡防署。
3. 內政部警政署。
4. 國防部憲兵司令部。
5. 法務部調查局。

二、接受特勤安全保護對象

國家安全局特種勤務實施辦法第4條規定，接受特勤中心安全維護的對象如下：

1. 總統、副總統及其家屬。
2. 卸任總統、副總統。
3. 總統、副總統候選人。
4. 總統、副總統當選人及其家屬。

此外，其他經總統核定應予安全維護之下列人員，亦可接受特勤維護：

1. 代表總統於特定期間執行特定任務之特使。
2. 未與總統同住之直系血親尊親屬。
3. 國家緊急狀況時，代行總統職權及備位代行總統職權人員。

第三項、中華民國國家安全與中國大陸的威脅

中華民國國家安全威脅主要來自於中國大陸政權。

中共憲法歷經1954、1975、1978、1982等四個不同年度的憲法版本，每個版本內容都有極大差異。根據1982年12月中共五屆人大五次會議通過的憲法，其前言指出：「台灣是中華人民共和國的神聖領土的一部份。完成統一祖國的大業是包括台灣同胞在內的全中國人民的神聖職責」。

從大陸的角度來看，台灣毫無疑問的屬於中華人民共和國的；但是反對統一的台灣民眾則視此一憲法前言徒然顯露中共存心不忘「併吞台灣」的惡意。更何況，中華民國治權不只施行於台灣而已。考查這段中共憲法前言，刻意跳過「中華民國」存在的現實而未加以說明，顯然是存在著矛盾與語義瑕疵。

除此之外，中共進一步在2005年3月14日，第十屆全國人民代表大會第三次會議對反分裂國家法進行表決，最後表決結果是以2,896票贊成、0票反對、2票棄權、3人未按表決器而正式通過。國家主席胡錦濤在當天簽署第34號主席令，宣佈正式頒佈該法，並從即日起生效。

反分裂國家法共有10條，法律首先開宗明義表明「世界上只有一個中國，大陸和台灣同屬一個中國，中國的主權和領土完整不容分割，維護主權完整、促進兩岸統一是包括台灣同胞在內的全體中國人民的共同義務與神聖職責」。該法第3條則將台灣問題定調是「中國內戰的遺留問題」，因此是中國內部事務，「不受外國勢力干涉」。

該法第5條提出「一個中國原則是和平統一的基礎」，並且承諾未來統一後，台灣將可以實行不同於大陸的制度，實施高度自治。

該法第6條則要求政府推進兩岸人員的交往，鼓勵和推進經濟合作和直接三通，鼓勵和推進教育、科技、文化等各項事業的交流，並要保護台商的利益。

最受矚目的第8條則列明在三種情況下政府得採取「非和平方式」，即武力攻擊方式及其他必要措施，捍衛其國家主權和領土完整。這三種情況是：

1. 台灣從中國分裂形成事實

2. 將發生可能導致台灣從中國分裂的重大事變

3. 和平統一的可能性完全喪失

三項條件中的最後一項，即「和平統一的可能性完全喪失」，這被認為是一項掌握在中共手上，可以主動靈活解釋的條件。

另外該法第8條也允許國務院在必要時先採取行動，隨後再向全國最高權力機關人民代表大會通報，等於授權政府可以先斬後奏，對台動武。

無論從經濟發展、國際政治地位發展、國家安全發展等各方面來看；即使兩岸目前處於「全面大交流」的和平發展時期，但是中華民國始終要面對對岸造成的國家安全威脅。最具體的實例明證，就是中共第二砲兵部隊、解放軍陸軍部隊，配置飛彈瞄準台灣，並且還在增加。我國國防部在「九十八年國防報告書」中載明，中共2008年對台佈署各型短程戰術彈道飛彈及巡弋飛彈約1,300枚。

第四章　學習自我評量

一、請試回答以下問題

1. 請敘述我國總統、副總統候選人應備的資格。

2. 請明總統、副總統選舉無效之訴、當選無效之訴的適用時機，以及訴訟判決的效力。

3. 請說明憲法52條「總統刑事豁免」的範圍及大法官解釋要旨。

4. 請說明總統發布緊急命令的外在條件及理由；以及應具備的法律程序。

二、請試作以下測驗題

1. 依憲法增修條文規定，何者可對總統提出罷免案？（95警察三特）
   (A)國民大會　(B)公民連署　(C)立法院　(D)監察院

2. 總統於發布緊急命令後，執行機關以命令補充時，此一補充命令應送交何機關審查？（95警察三特）
   (A)立法院　(B)司法院大法官　(C)監察院　(D)國民大會

3. 依照憲法規定，總統應如何行使締結條約權？（95警察三特）
   (A)總統可以自行決定，無需其他機關議決
   (B)只需行政院院長副署即可
   (C)應咨請立法院議決通過
   (D)須先提出於行政院會議後，再經立法院議決通過

4. 依憲法增修條文之規定，行政院院長之產生程序為何？（95警察三特）

(A)總統直接任命之

(B)由總統提名，經立法院同意任命之

(C)由總統提名，經國民大會同意任命之

(D)由立法院提請總統任命之

5. 依據憲法第52條總統「除犯內亂或外患罪外，非經罷免或解職，不受刑事上之訴究」，此一規定意味著：（96第二次警察三特）

(A)總統可免於如交通罰鍰之行政罰

(B)總統於卸任後仍不得受刑事追訴

(C)現職總統競選連任時，即無此特權

(D)總統僅有刑事豁免權，並不包括民事責任之免責

6. 依我國現行憲政體制，下列總統發布的命令中，何者須經行政院院長之副署？（96第一次警察四特）

(A)公布司法院組織法 　　　　　　(B)行政院院長之任命

(C)考試院院長之任命 　　　　　　(D)宣告解散立法院

7. 依憲法增修條文規定，緊急命令發布之程序為何？（97公務員三等）

(A)經行政院會議決議後，由總統發布，並提交立法院追認

(B)經立法院決議後，由總統發布

(C)經立法院決議後，由總統發布，並提交公民複決

(D)經國家安全會議決議後，由總統發布

8. 副署制度源自下列何者？（97公務員三等）

(A)美國總統制　(B)英國內閣制　(C)法國雙首長制　(D)瑞士委員制

9. 依憲法規定，總統有大赦、特赦、減刑及復權之權，其中何者兼具消滅「罪」與「刑」之作用？（97公務員三等）

(A)大赦　(B)特赦　(C)減刑　(D)復權

10.依憲法增修條文規定，總統、副總統之罷免案係由何者所提出？（98警察三特）

(A)人民連署　(B)國民大會　(C)立法院　(D)監察院

11.依據憲法增修條文之規定，有關總統解散立法院之敘述，下列何者正確？（100一般警察三等）

(A)總統得隨時解散立法院

(B)總統於行政院院長呈請後，須即刻解散立法院

(C)總統在立法院休會期間不得解散立法院

(D)總統解散立法院後，新立法委員之任期重新起算

12.國家安全局隸屬何機關？（100一般警察三等）

(A)國防部　(B)國家安全會議　(C)法務部　(D)行政院

13.當總統犯內亂罪時，其他國家機關對總統得採取的行動中，不包括：（100警察三等）

(A)罷免總統　　　　　　　　(B)彈劾總統

(C)對總統為刑事上之訴究　　(D)對總統為民事上之訴究

14.有關總統發布緊急命令之條件，下列敘述何者錯誤？（100警察三等）

(A)須為避免國家或人民遭遇緊急危難或應付財政經濟上重大變故

(B)須依緊急命令法為之

(C)須經行政院會議之決議

(D)須於發布命令後十日內提交立法院追認

15.依憲法增修條文規定，總統對下列何人的任命，不須經立法院同意？（100警察三等）

(A)司法院大法官　(B)考試委員　(C)監察委員　(D)行政院院長

16.有關總統、副總統彈劾案之敘述，下列何者正確？（100警察三等）

(A)總統、副總統彈劾案由監察院提出

(B)總統、副總統彈劾案由司法院大法官審理

(C)經全體立法委員三分之二以上同意時，被彈劾人應即解職

(D)經中華民國自由地區選舉人總額過半數投票同意時，被彈劾人應即解職

17.依憲法本文之規定，總統行使下列何項職權，須經行政院會議之決議？（100警察三等）

(A)提名司法院院長　　　　　　(B)任命法務部部長

(C)任命國家安全局局長　　　　(D)宣戰媾和

18.依憲法增修條文之規定，總統為國情報告時，應向何者為之？（100警察三等）

(A)監察院　(B)立法院　(C)國家統一委員會　(D)國家安全會議

19.總統副總統選舉罷免法中有關候選人資格之規定，下列何者錯誤？（101一般警察三等）

(A)候選人須年滿40歲

(B)候選人應經由政黨推薦或連署人連署

(C)因歸化取得中華民國國籍者，不得登記為候選人

(D)候選人須為在中華民國自由地區繼續居住4個月以上且曾設籍10年以上

20.依現行法之規定，下列何者之任命，非由總統提名？（101一般警察三等）

(A)審計長　(B)考試委員　(C)國家通訊傳播委員會委員　(D)監察委員

21.依憲法增修條文之規定，有關立法院對於總統、副總統之彈劾案程序之敘述，下列何者錯誤？（101一般警察三等）

(A)須經全體立法委員1/2以上之提議，全體立法委員2/3以上決議

(B)立法院決議通過的總統、副總統之彈劾案，須聲請司法院大法官審理

(C)監察院仍可依憲法第100條規定，提出對於總統、副總統的彈劾案，故與立法院形成雙軌制

(D)彈劾的事由不限於內亂與外患罪

22.下列對於現行體制下司法院院長之敘述，何者錯誤？（101一般警察三等）

(A)綜理院務及監督所屬機關

(B)司法院人事審議委員會委員

(C)不能參與大法官解釋，以免影響司法獨立

(D)應總統之召，出席院際會議，會商院與院間之爭執

23.依憲法增修條文第2條之規定，副總統缺位時，總統至遲應於幾個月內提名候選人，由立法院補選？（101警察四等）

(A)半個月內　(B)一個月內　(C)二個月內　(D)三個月內

24.下列何者不受監察院之彈劾？（101警察四等）

(A)總統、副總統　(B)地方公務人員　(C)司法院人員　(D)考試院人員

25.有關總統、副總統彈劾案、罷免案之敘述，下列何者錯誤？（101警察三等）

(A)彈劾案須經全體立法委員二分之一以上之提議，全體立法委員三分之二以上之決議

(B)罷免案須經全體立法委員五分之一以上之提議，全體立法委員三分之二以上之同意

(C)彈劾案提出後，由司法院大法官組成憲法法庭審理

(D)罷免案提出後由中華民國自由地區選舉人投票

| 正確答案 |

1.C　2.A　3.D　4.A　5.D　6.A　7.A　8.B　9.A　10.C

11.D　12.B　13.D　14.B　15.D　16.B　17.D　18.B　19.D　20.C

21.C　22.C　23.D　24.A　25.B

第五章　行政

第一節、憲法本文釋義

第一項、行政院之地位

> **第五十三條**
>
> 　行政院為國家最高行政機關。

一、行政權的意義

　　所謂行政權（administrative power），依國內學者的看法，是主權對內表現的一種國家公權，是屬於在治權的範圍之內（林騰鷂，2005：215。涂懷瑩，1986：18）。或認為，行政實質上的意義其實就是在指政權（許慶雄，1998：111）。廣義的行政，乃指國家本於統治權的作用，所發動、推進或執行的一切事務，無論其是屬於立法、司法、考試或監察方面的事務皆包括之，凡屬於國家組織所屬各種機關的一切作為皆為行政。狹義的行政，指的是不屬於立法、司法、考試、監察四種機關內的統治作用而言。

二、行政院最高行政機關的詮釋

（一）「國家最高行政機關」說

　　依學者薩孟武的看法，行政院不僅是國家唯一的行政機關，而且是國家最高行政機關。所謂最高，不僅國內一切行政機關都要受行政院的指揮監督，而且在行政院之上，沒有一個更高的行政機關，總統是國家元首，不是行政機關。憲法雖然賦予總統有很多職權，但大多必須經由行政院會議之議決或副署，況總統行使職權，須以「命令」的形式為之，而總統發佈的命令，依法又必須行政院長的副署，也就是必須獲得行政院長的同意，重要行政政策，均須行政院院會議決，同時總統的命令，又須經行政院長的副署，即此二事，已可證明「行政院確是最高行政機關」（薩孟武，1990）。

（二）「國家行政中樞」說

　　根據權能區分之理論，治權機關原應受政權機關的節制與監督，本無「最高」可言。憲法若規定行政院長、總理或首相為國家最高行政首長，猶須視總統地位而定。各國總統的地位，有居於元首地位，重拱觀成，毫不過問政事者；有以國家元首兼行政首長之身份，參與實際政事者；而我國憲法上的總統，具有過問行政事務的權力，以國家元首兼具行政首長之地位，非內閣制國家統而不治之元首可比（林紀東，1971：211）。總統既享有若干行政事務，且對於行政院院長有相當之指揮權，則不應視行政院為國家最高行政機關，而祇能視為「行政中樞機關」，承上啟下，操行政權行使之關鍵耳（董翔飛，1998：301-302）。

三、行政機關的法律定義

行政程序法第2條規定，本法所稱行政機關，係指代表國家、地方自治團體或其他行政主體表示意思，從事公共事務，具有單獨法定地位之組織。受託行使公權力之個人或團體，於委託範圍內，視為行政機關。

四、行政權本質具有行政特權

民國93年12月15日，司法院大法官釋字第585號，解釋要旨：

> 立法院為有效行使憲法所賦予之立法職權，本其固有之權能自得享有一定之調查權，主動獲取行使職權所需之相關資訊，俾能充分思辯，審慎決定，以善盡民意機關之職責，發揮權力分立與制衡之機能。立法院調查權乃立法院行使其憲法職權所必要之輔助性權力，基於權力分立與制衡原則，立法院調查權所得調查之對象或事項，並非毫無限制。除所欲調查之事項必須與其行使憲法所賦予之職權有重大關聯者外，凡國家機關獨立行使職權受憲法之保障者，即非立法院所得調查之事物範圍。又如行政首長依其行政權固有之權能，對於可能影響或干預行政部門有效運作之資訊，均有決定不予公開之權力，乃屬**行政權本質所具有之行政特權**。立法院行使調查權如涉及此類事項，即應予以適當之尊重。如於具體案件，就所調查事項是否屬於國家機關獨立行使職權或行政特權之範疇，或就屬於行政特權之資訊應否接受調查或公開而有爭執時，立法院與其他國家機關宜循合理之途徑協商解決，或以法律明定相關要件與程序，由司法機關審理解決之。

第二項、行政院首長及設置人數

> **第五十四條**
>
> 　　行政院設院長、副院長各一人，各部會首長若干人，及不管部會之政務委員若干人。

一、政務委員

　　行政院各部會首長，均為政務委員。行政院置不管部會之政務委員5人至7人。行政院院長，綜理院務，並監督所屬機關。行政院院長因事故不能視事時，由副院長代理其職務。

二、行政院部會組織與人事變更自民國101年實施

　　行政院組織法於民國99年2月3日修正全文15條，自中華民國101年1月1日開始施行。新舊組織法規定比較如下表：

表：行政院組織新舊制比較

舊制	民國101年實施新規定
行政院組織法 第1條：本法依憲法第61條制定之。 第2條：行政院行使憲法所賦予之職權。 第3條：行政院設左列各部及各委員會： 　　(1) 內政部 　　(2) 外交部 　　(3) 國防部 　　(4) 財政部 　　(5) 教育部 　　(6) 法務部 　　(7) 經濟部 　　(8) 交通部 　　(9) 蒙藏委員會 　　(10) 僑務委員會 　　各部及各委員會之組織，以法律定之。 第4條：行政院各部會首長，均為政務委員。 　　　　行政院置不管部會之政務委員5人至7人。	**行政院組織法** 第1條：本法依憲法第61條制定之。 第2條：行政院行使憲法所賦予之職權。 第3條：行政院設下列各部： 　　(1) 內政部 　　(2) 外交部 　　(3) 國防部 　　(4) 財政部 　　(5) 教育部 　　(6) 法務部 　　(7) 經濟及能源部 　　(8) 交通及建設部 　　(9) 勞動部 　　(10) 農業部 　　(11) 衛生福利部 　　(12) 環境資源部 　　(13) 文化部 　　(14) 科技部 第4條：行政院設下列各委員會： 　　(1) 國家發展委員會 　　(2) 大陸委員會 　　(3) 金融監督管理委員會 　　(4) 海洋委員會 　　(5) 僑務委員會 　　(6) 國軍退除役官兵輔導委員會 　　(7) 原住民族委員會 　　(8) 客家委員會 第5條：行政院置政務委員7人至9人，特任。政務委員得兼任前條委員會之主任委員。 　　　　第6至9條規定，行政院設立以下機關： 　　　　2處：主計總處、人事行政總處 　　　　1行：中央銀行 　　　　1院：國立故宮博物院 　　　　3獨立機關： 　　　　(1) 中央選舉委員會 　　　　(2) 公平交易委員會 　　　　(3) 國家通訊傳播委員會

第三項、行政院長產生

第五十五條

　　行政院院長由總統提名，經立法院同意任命之。

　　立法院休會期間，行政院院長辭職或出缺時，由行政院副院長代理其職務，但總統須於四十日內咨請立法院召集會議，提出行政院院長人選，徵求同意。行政院院長職務，在總統所提行政院院長人選未經立法院同意前，由行政院副院長暫行代理。

　　憲法增修條文第3條第1段：行政院院長由總統任命之。行政院院長辭職或出缺時，在總統未任命行政院院長前，由行政院副院長暫行代理。憲法第55條之規定，停止適用。

第四項、行政院副院長及部會首長產生

第五十六條

　　行政院副院長、各部會首長及不管部會之政務委員，由行政院院長提請總統任命之。

行政院院長對立法院負政治責任

　　民國84年10月13日，司法院大法官釋字第387號，解釋要旨：

　　　　行政院設院長、副院長各一人，各部會首長若干人，及不管部會之政務委員若干人；行政院院長由總統提名，經立法院同意任命之；行政院副院長、各部會首長及不管部會之政務委員，由行政院院長提請總統任命之。憲法第五十四條、第五十五條第一項、第五十六條定有明文。行政院對立法院負責，憲法第五十七

條亦規定甚詳。行政院院長既須經立法院同意而任命之，且對立法院負政治責任，基於民意政治與責任政治之原理，立法委員任期屆滿改選後第一次集會前，行政院院長自應向總統提出辭職。行政院副院長、各部會首長及不管部會之政務委員係由行政院院長提請總統任命，且係出席行政院會議成員，參與行政決策，亦應隨同行政院長一併提出辭職。

第五項、行政與立法關係

第五十七條

行政院依左列規定，對立法院負責：

一、行政院有向立法院提出施政方針及施政報告之責。立法委員在開會時，有向行政院院長及行政院各部會首長質詢之權。

二、立法院對於行政院之重要政策不贊同時，得以決議移請行政院變更之。行政院對於立法院之決議，得經總統之核可，移請立法院覆議。覆議時，如經出席立法委員三分之二維持原決議，行政院院長應即接受該決議或辭職。

三、行政院對於立法院決議之法律案、預算案、條約案，如認為有窒礙難行時，得經總統之核可，於該決議案送達行政院十日內，移請立法院覆議。覆議時，如經出席立法委員三分之二維持原案，行政院院長應即接受該決議或辭職。

憲法增修條文第3條第2段：「行政院依左列規定，對立法院負責，憲法第57條之規定，停止適用」。換言之，關於立法院質詢、行政院覆議之提出、立法院之議決等應參照憲法增修條文之規定。

有關於「行政院向立法院負責」之憲政體制，在實施總統直選之後，發生一些實質上的變化。

　　自中華民國85年第9任總統、副總統選舉實施人民直接選出之後，政治體制已傾向於總統制。以當前的實際情況來看，經過直接選舉而產生的總統，不但具有強實的合理性、合法性，而且兼具相當的民意基礎；反觀行政院長的產生，卻只需總統自行決定用人即可，既沒有經過立法院代表民意行使「同意權」，而且立法院對於人選的反對意見也沒有法律上的效果。在這樣的情況下，「行政院對立法院負責」之規定已備受質疑。目前實際狀況比較接近於「行政院受立法院監督」，但「行政院向總統負責」。

第六項、行政院會議與權責

> **第五十八條**
>
> 　　行政院設行政院會議，由行政院院長、副院長、各部會首長及不管部會之政務委員組織之，以院長為主席。
>
> 　　行政院院長、各部會首長，須將應行提出於立法院之法律案、預算案、戒嚴案、大赦案、宣戰案、媾和案、條約案及其他重要事項，或涉及各部會共同關係之事項，提出於行政院會議議決之。

一、行政院會議組織

　　行政院會議議事規則第2條：行政院會議依憲法第58條第1項之規定，由行政院院長、副院長、各部會首長及不管部會之政務委員組織之，以院長為主席，院長因事不能出席時，由副院長代理之。院長、副院長均因事不能出席時，由出席者公推其中1人代理主席。

二、應經行政院會議議決事項

　　行政院會議議事規則第4條：左列事項提出行政院會議議決之。

1. 依法須提出行政院會議議決事項。

2. 依法須提出立法院之事項。

3. 涉及各部會共同關係之事項。

4. 其他重要事項。

第5條：行政院會議議案以出席人過半數之同意議決之。前項決議如院長或主管部會首長有異議時，由院長決定之。

第七項、中央政府預算

> **第五十九條**
>
> 　　行政院於會計年度開始三個月前，應將下年度預算案提出於立法院。

一、預算內容及提出

預算法第9條：因擔保、保證或契約可能造成未來會計年度內之支出者，應於預算書中列表說明；其對國庫有重大影響者，並應向立法院報告。

預算法第46條：中央政府總預算案與附屬單位預算及其綜計表，經行政院會議決定後，交由中央主計機關彙編，由行政院於會計年度開始4個月前提出立法院審議，並附送施政計畫。

第51條：總預算案應於會計年度開始1個月前由立法院議決，並於會計年度開始15日前由總統公布之；預算中有應守秘密之部分，不予公布。

二、追加預算

預算法第79條（前段）規定，各機關因左列情形之一，得請求提出追加歲出預算：

1. 依法律增加業務或事業致增加經費時。

2. 依法律增設新機關時。

3. 所辦事業因重大事故經費超過法定預算時。

4. 依有關法律應補列追加預算者。

三、特別預算

預算法第79條（後段）規定，有左列情事之一時，行政院得於年度總預算外，提出特別預算：

1. 國防緊急設施或戰爭。

2. 國家經濟重大變故。

3. 重大災變。

4. 不定期或數年1次之重大政事。

第八項、中央政府決算

> ### 第六十條
> 行政院於會計年度結束後四個月內，應提出決算於監察院。

政府決算處理程序

決算法第21條：中央主計機關應就各單位決算，及國庫年度出納終結報告，參照總會計紀錄，編成總決算書，並將各附屬單位決算包括營業及非營業者，彙案編成綜計表，加具說明隨同總決算，一併呈行政院，提經行政院會議通過，於會計年度結束後4個月內，提出於監察院。各級機關決算之編送程序及期限，由行政院定之。

第九項、行政院組織法制化

> ### 第六十一條
> 行政院之組織，以法律定之。

行政院組織法修正之全文15條自中華民國101年1月1日開始施行

行政院組織法沿革如下：

1. 中華民國36年3月31日國民政府制定公布全文16條

2. 中華民國36年4月22日國民政府修正公布全文16條

3. 中華民國36年12月25日國民政府修正公布全文17條

4. 中華民國37年5月13日國民政府修正公布第3、5、15條條文

5. 中華民國38年3月21日總統令修正公布第3、5條條文

6. 中華民國41年11月20日總統令修正公布第5條條文

7. 中華民國69年6月29日總統(69)台統(一)義字第3666號令修正發布第3條條文

8. 中華民國99年2月3日總統華總一義字第09900024171號令修正公布全文15條；並自101年1月1日開始施行。

看新聞學憲法

政府組織再造四法於民國99年1月12日在立法院三讀通過，參考報紙新聞，相關變革過程以及內容如下（曾薏蘋，2010年1月13日）：

立法院三讀通過，行政院下轄部會局處機關，將由現行的39個精簡為29個。整個組織再造預定於民國101年1月1日正式啟動；配合精簡，行政院所屬機關公務員，縮減上限為17.3萬人。

行政院組織法自民國36年公布以來，實施長達60年，因為行政院陸續增設20多個委員會，造成組織混亂、整合、協調困難，為了提高行政效率、避免浪費並建立競爭力，立法院經過馬拉松式協商，政府組織再造四法朝野協商達成共識。

行政院組織法修正案三讀通過後，未來政院下轄組織機關將減為29個，成為14部、8會、3獨立機關：1行、1院、2總處。其中新增科技部、文化部、環境資源部及衛生福利部。

　　中央政府機關總員額法修正案三讀通過後，依行政院功能業務與組織調整暫行條例規定，實施後7個月內，只要符合資格的公務人員，經服務機關同意，自願退離，最多可加發7個月慰助金。

　　辦理退休的公務人員，任職滿20年以上，年滿55歲者，可選擇一次領或兼領月退；但職滿10年以上，且年滿50歲者及任本職務最高職等年功俸最高級滿3年者，僅可支領取1次退休金。

　　基準法也將獨立機關上限由5個減為3個，直接把金管會移出。基準法更授權二、三級機關，在報經行政院核定後，皆能設立過渡性機關。

　　院會還通過二項附帶決議：

1. 未來能源專責機關組織功能，應強化能源政策暨氣候變遷等因應規劃，並兼及能源取得、能源安全、能源效率、民生物價連動性及永續發展國際趨勢，請行政院依上述原則，審慎儘速更高層次的能源及氣候變遷組織設計，藉以建構一個具備政策規劃與執行功能合一的專責組織。

2. 為了促進性別平等，維護婦女權益、落實性別主流化的政策，強化政府各機關的橫向聯繫及民間參與機制，行政院應維持目前跨部會「行政院婦女權益促進委員會」運作，並設立性別平等處。

第二節、憲法變遷與現況

憲法增修條文第三條（與行政有關的憲法增修）

　　行政院院長由總統任命之。行政院院長辭職或出缺時，在總統未任命行政院院長前，由行政院副院長暫行代理。憲法第五十五條之規定，停止適用。

　　行政院依左列規定，對立法院負責，憲法第五十七條之規定，停止適用：

一、行政院有向立法院提出施政方針及施政報告之責。立法委員在開會時，有向行政院院長及行政院各部會首長質詢之權。

二、行政院對於立法院決議之法律案、預算案、條約案，如認為有窒礙難行時，得經總統之核可，於該決議案送達行政院十日內，移請立法院覆議。立法院對於行政院移請覆議案，應於送達十五日內作成決議。如為休會期間，立法院應於七日內自行集會，並於開議十五日內作成決議。覆議案逾期未議決者，原決議失效。覆議時，如經全體立法委員二分之一以上決議維持原案，行政院院長應即接受該決議。

三、立法院得經全體立法委員三分之一以上連署，對行政院院長提出不信任案。不信任案提出七十二小時後，應於四十八小時內以記名投票表決之。如經全體立法委員二分之一以上贊成，行政院院長應於十日內提出辭職，並得同時呈請總統解散立法院；不信任案如未獲通過，一年內不得對同一行政院院長再提不信任案。

　　國家機關之職權、設立程序及總員額，得以法律為準則性之規定。

　　各機關之組織、編制及員額，應依前項法律，基於政策或業務需要決定之。

第一項、行政院長任命

依憲法增修條文第3條第1項之規定，「行政院院長由總統任命之。行政院院長辭職或出缺時，在總統未任命行政院院長前，由行政院副院長暫行代理。憲法第55條之規定，停止適用」。是以，最新釋義：

1. 行政院院長由總統逕行任命之。
2. 行政院院長因故出缺，由行政院副院長暫行代理。

第二項、行政與立法關係

依憲法增修條文第3條第2項規定，憲法第57條之規定，停止適用，行政院依法對立法院負責。

（一）行政院施政報告

立法院職權行使法第16條規定，行政院依憲法增修條文第3條第3項第1款向立法院提出施政方針及施政報告，依下列之規定：

1. 行政院應於每年2月1日以前，將該年施政方針及上年7月至12月之施政報告印送全體立法委員，並由行政院院長於2月底前提出報告。
2. 行政院應於每年9月1日以前，將該年1月至6月之施政報告印送全體立法委員，並由行政院院長於9月底前提出報告。
3. 新任行政院院長應於就職後兩週內，向立法院提出施政方針之報告，並於報告日前3日將書面報告印送全體立法委員。立法院依前項規定向行政院院長及行政院各部會首長提出口頭質詢之會議次數，由程序委員會定之。

第18條：立法委員對於行政院院長及各部會首長之施政方針、施政報告及其他事項，得提出口頭或書面質詢。前項口頭質詢分為政黨質詢及立法委員個人質詢，均以即問即答方式為之，並得採用聯合質詢。但其人數不得超過3人。政黨質詢先於個人質詢進行。

第19條：每一政黨詢答時間，以各政黨黨團提出人數乘以30分鐘行之。但其人數不得逾該黨團人數二分之一。前項參加政黨質詢之委員名單，由各政黨於行政院院長施政報告前1日向秘書長提出。代表政黨質詢之立法委員，不得提出個人質詢。政黨質詢時，行政院院長及各部會首長皆應列席備詢。

（二）立法院質詢行政院

第17條：行政院遇有重要事項發生，或施政方針變更時，行政院院長或有關部會首長應向立法院院會提出報告，並備質詢。前項情事發生時，如有立法委員提議，15人以上連署或附議，經院會議決，亦得邀請行政院院長或有關部會首長向立法院院會報告，並備質詢。

第20條：立法委員個人質詢應依各委員會之種類，以議題分組方式進行，行政院院長及與議題相關之部會首長應列席備詢。議題分組進行質詢，依立法院組織法第10條第1項各款順序。但有委員15人連署，經議決後得變更議題順序。立法委員個人質詢，以2議題為限，詢答時間合計不得逾30分鐘。如以2議題進行時，各議題不得逾15分鐘。

第21條：施政方針及施政報告之質詢，於每會期集會委員報到日起至開議後7日內登記之。立法委員為前項之質詢時，得將其質詢要旨以書面於質詢日前2日送交議事處，轉知行政院。但遇有重大突發事件，得於質詢前2小時提出。委員如採用聯合質詢，應併附親自簽名之同意書面。已質詢委員，不得再登記口頭質詢。

第22條：依第17條及第18條提出之口頭質詢，應由行政院院長或質詢委員指定之有關部會首長答復；未及答復部分，應於20日內以書面答復。但質詢事項牽涉過廣者，得延長5日。

第23條：立法委員行使憲法增修條文第3條第2項第1款之質詢權，除依第16條至第21條規定處理外，應列入議事日程質詢事項，並由立法院送交行政院。行政院應於收到前項質詢後20日內，將書面答復送由立

法院轉知質詢委員，並列入議事日程質詢事項。但如質詢內容牽涉過廣者，答復時間得延長五日。

第26條：行政院院長、副院長及各部會首長應親自出席立法院院會，並備質詢。因故不能出席者，應於開會前檢送必須請假之理由及行政院院長批准之請假書。

第28條：行政院向立法院提出預算案編製經過報告之質詢，應於報告首日登記，詢答時間不得逾15分鐘。前項質詢以即問即答方式為之。但經質詢委員同意，得採綜合答復。審計長所提總決算審核報告之諮詢，應於報告日中午前登記；其詢答時間及答復方式，依前2項規定處理。行政院或審計部對於質詢或諮詢未及答復部分，應於20日內以書面答復。但內容牽涉過廣者，得延長5日。

（三）行政院移請立法院覆議案

立法院職權行使法第32條：行政院得就立法院決議之法律案、預算案、條約案之全部或一部，經總統核可後，移請立法院覆議。

第33條：覆議案不經討論，即交全院委員會，就是否維持原決議予以審查。全院委員會審查時，得由立法院邀請行政院院長列席說明。

第34條：覆議案審查後，應於行政院送達15日內提出院會以記名投票表決。如贊成維持原決議者，超過全體立法委員二分之一，即維持原決議；如未達全體立法委員二分之一，即不維持原決議；逾期未作成決議者，原決議失效。

第35條：立法院休會期間，行政院移請覆議案，應於送達7日內舉行臨時會，並於開議15日內，依前2條規定處理之。

（四）立法院對行政院長提出不信任案

立法院職權行使法第36條：立法院依憲法增修條文第3條第2項第3款之規定，得經全體立法委員三分之一以上連署，對行政院院長提出不

信任案。

第37條：不信任案應於院會報告事項進行前提出，主席收受後應即報告院會，並不經討論，交付全院委員會審查。全院委員會應自不信任案提報院會72小時後，立即召開審查，審查後提報院會表決。前項全院委員會審查及提報院會表決時間，應於48小時內完成，未於時限完成者，視為不通過。

第38條：不信任案於審查前，連署人得撤回連署，未連署人亦得參加連署；提案人撤回原提案須經連署人同意。前項不信任案經主席宣告審查後，提案人及連署人均不得撤回提案或連署。審查時如不足全體立法委員三分之一以上連署者，該不信任案視為撤回。

第39條：不信任案之表決，以記名投票表決之。如經全體立法委員二分之一以上贊成，方為通過。

第40條：立法院處理不信任案之結果，應咨送總統。

第41條：不信任案未獲通過，1年內不得對同一行政院院長再提不信任案。

第三項、行政機關組織及員額需經立法程序

憲法增修條文第3條第2項規定，國家機關之職權、設立程序及總員額，得以法律為準則性之規定。各機關之組織、編制及員額，應依前項法律，基於政策或業務需要決定之。

一、機關組織法規

中央行政機關組織基準法第7條規定，機關組織法規，其內容應包括下列事項：

1. 機關名稱。
2. 機關設立依據或目的。
3. 機關隸屬關係。

4. 機關權限及職掌。

5. 機關首長、副首長之職稱、官職等及員額。

6. 機關置政務職務者，其職稱、官職等及員額。

7. 機關置幕僚長者，其職稱、官職等。

8. 機關依職掌設有次級機關者，其名稱。

9. 機關有存續期限者，其期限。

10. 屬獨立機關者，其合議之議決範圍、議事程序及決議方法。

二、機關總員額

中央政府機關總員額法第4條：機關員額總數最高限為17萬3千人。第1類人員員額最高為8萬6千7百人，第2類人員員額最高為4萬1千2百人，第3類人員員額最高為1萬3千9百人，第4類人員員額最高為6千9百人，第5類人員員額最高為2萬4千3百人。本法施行後，行政院人事主管機關或單位每4年應檢討分析中央政府總員額狀況，釐定合理精簡員額數，於總預算案中向立法院提出報告。本法施行後，因組織改制或地方政府業務移撥中央，中央機關所增加原非適用本法之員額，不受本法規定員額高限限制。因應國家政治經濟環境變遷，或處理突發、特殊或新興之重大事務，行政院於徵詢一級機關後，得在第1項員額總數最高限之下彈性調整第2項第三類人員以外之各類人員員額最高限。

三、制定組織編制表

中央政府機關總員額法第6條：機關組織除以法律定其職稱、官等、職等及員額者外，應依公務人員任用法第6條規定，就其職責程度、業務性質及機關層級，依職務列等表，妥適配置各官等職等之人員，訂定編制表。前項編制表，其有關考銓業務事項，不得牴觸考銓法規，並應函送考試院核備。本法施行後，除本法、各機關組織法規及編制表外，不得以作用法或其他法規規定機關之員額。

第三節、憲法通識

第一項、由行政院長提請總統任命者

一、臺灣省政府委員、諮議會諮議員

地方制度法第9條：省政府置委員9人，組成省政府委員會議，行使職權，其中1人為主席，由其他特任人員兼任，綜理省政業務，其餘委員為無給職，均由行政院院長提請總統任命之。

第11條：省諮議會置諮議員，任期3年，為無給職，其人數由行政院參酌轄區幅員大小、人口多寡及省政業務需要定之，至少5人，至多29人，並指定其中1人為諮議長，綜理會務，均由行政院院長提請總統任命之。

二、福建省政府委員

福建省政府組織規程第3條：本府置委員9人，組成省政府委員會議，行使職權，其中1人為主席，特任，綜理省政業務；其餘委員除兼任者外，職務比照簡任第13職等，襄理主席督導業務；均由行政院院長提請總統任命之。

三、公民投票審議委員會委員

公民投票法第35條：行政院公民投票審議委員會，置委員21人，任期3年，由各政黨依立法院各黨團席次比例推荐，送交主管機關提請總統任命之。主任委員由委員互選之，審議委員會之組織規程及審議規則，應送立法院備查。

四、行政院金融監督管理委員會委員

行政院金融監督管理委員會組織法第8條：本會置委員9人，其中1人為主任委員，2人為副主任委員。委員均由行政院院長提請總統任命之。

五、行政院公平交易委員會委員

行政院公平交易委員會組織條例第11條：本會置委員九人，任期三年，任滿得連任。其中1人為主任委員，特任，綜理會務；1人為副主任委員，襄助主任委員處理會務，職務比照簡任第14職等；其餘委員職務比照簡任第13職等，均由行政院院長提請總統任命之。

第二項、直轄市警察預算標準由行政院核定

警察法施行細則第13條：本法第16條地方警察機關預算標準，由內政部報請行政院核定施行，地方警察機關經費不足時，得陳請補助之程序；直轄市報由內政部轉請行政院核定；縣（市）報由內政部警政署轉請內政部核定。

第三項、警監職務由行政院遴任

警察人員人事條例第21條規定，警察職務之遴任權限，劃分如左：
1. 警監職務，由內政部遴任或報請行政院遴任。
2. 警正、警佐職務，由內政部遴任或交由直轄市政府遴任。

第五章 學習自我評量

一、請試回答以下問題

1. 請說明行政院移請立法院覆議案的前題及程序。

2. 請說明立法院對行政院長提出不信任案

3. 試論行政院提出總預算的內容,以及追加預算、特別預算的提出時機與執行方式。

4. 依現行規定,應「由行政院長提請總統任命」的政府官員有那些?

二、請試作以下測驗題

1. 依司法院釋字第585號解釋,行政首長依其行政權固有之權能,對於可能影響或干預行政部門有效運作之資訊,有決定不予公開之權力,核屬行政本質所具有之:(99年四等行政警察)
   (A)行政保留權　(B)行政特權　(C)行政豁免權　(D)行政秘密權

2. 依憲法增修條文規定,行政院與立法院之關係,下列敘述何者正確?(95警察三特)
   (A)行政院有向立法院提出施政方針及施政報告之責
   (B)立法院不得對行政院院長提出不信任案
   (C)立法委員不得對行政院院長質詢
   (D)行政院院長之任命須經立法院同意

3. 行政院副院長的任命程序是：（98警察三特）

(A)總統提名，經立法院同意任命　(B)總統提名，行政院院長同意任命

(C)行政院院長直接任命　(D)行政院院長提請總統任命

4. 倘若國際恐怖組織將以我國為攻擊對象，依憲法增修條文規定，總統得如何依據憲法行使職權？（98四等稅務）

(A)經行政院會議之決議後，發布緊急命令，為必要之處置

(B)召集總統府秘書長緊急會商，發布緊急命令，為必要之處置

(C)聽取國家安全會議與國家安全局之報告後，發布緊急命令，為必要處置

(D)發起防禦性公民投票，以凝聚全民力量，共同保衛家園

5. 立法院通過對行政院院長之不信任案時：（98三等稅務）

(A)行政院各部會首長及政務委員應隨同院長提出辭職

(B)行政院院長可要求立法院覆議不信任案

(C)總統可以慰留因不信任案通過而提出辭職的行政院院長

(D)行政院院長應諮詢總統意見後，再考慮是否辭職

6. 依憲法增修條文規定，行政機關有無決定機關員額之權限？（97警察四特）

(A)沒有，必須由立法院以法律定之

(B)沒有，必須由行政院統一決定之

(C)有，完全由各機關視需要自行決定之

(D)有，但需依據準則性法律之規定，再基於政策或業務需要決定之

7. 行政院不得刪減下列何機關提出之年度概算？（99警察三特）

(A)考試院　(B)監察院　(C)總統　(D)司法院

8. 下列行政院之官員中，所謂「不管部部長」的稱呼，指的是下列何者？（99警察四特）

(A)行政院秘書長　(B)行政院副院長

(C)行政院政務委員　(D)行政院主計長

9. 依我國現行憲政體制，下列總統發布的命令中，何者須經行政院院長之副署？（96第一次警察四特）

(A)公布司法院組織法　　　　(B)行政院院長之任命

(C)考試院院長之任命　　　　(D)宣告解散立法院

10.行政院所提出之預算案，立法院應如何處理？（94警察三特）

(A)得調整預算間科目　　　　(B)得為增加預算收入之決議

(C)不得為增加支出之決議　　(D)不得刪減經費

11.依司法院大法官釋字第525號解釋，行政法規之廢止或變更，亦應符合信賴保護之原則。下列有關信賴保護原則之敘述，何者錯誤？（94警察三特）

(A)行政法規預先定有施行期間者，不生信賴保護問題

(B)只要經廢止或變更之法規有重大明顯違反上位規範情形者，即無信賴保護原則之適用

(C)相關法規係因主張權益受害者提供不正確資料而發布者，其信賴不值得保護

(D)法規適用對象有主觀之願望或期待者，其信賴即值得保護

12.依憲法增修條文規定，下列有關覆議制度的敘述，何者正確？（100警察四等）

(A)得提起覆議者，以法律案、預算案與大赦案三者為限

(B)移請覆議須在該決議案送達行政院10日內提起

(C)行政院院長得自行決定是否須經總統核可

(D)立法院對於行政院移請覆議案，應於送達30日內作成決議

13.依憲法本文規定，行政院應將下年度預算案提出於下列何者？（100警察四等）

(A)監察院　(B)總統　(C)立法院　(D)司法院

14.依憲法本文及增修條文的規定，下列有關對婦女保護之敘述，何者尚未規定？（101一般警察四等）

(A)婦女從事勞動，國家應予以特別之保護

(B)立法委員當選席次中，婦女應占有一定比例之保障

(C)國家應維護婦女之人格尊嚴

(D)行政院部會首長中，婦女應占有一定比例之保障

15.依憲法第51條之規定，行政院院長代行總統職權時，其期限不得逾幾個月？（101一般警察四等）

(A)3個月　(B)4個月　(C)5個月　(D)6個月

16.依憲法第58條之規定，下列有關行政院會議之敘述，何者正確？（101一般警察四等）

(A)行政院設行政院會議，以便總統決定國家安全有關大政方針

(B)行政院會議由副院長任主席，所作決議交院長定奪

(C)行政院欲提出於立法院之法律案，須經行政院會議議決之

(D)不管部會之政務委員，不是行政院會議組織成員

17.行政院於會計年度結束後，應向下列何機關提出決算案？（101一般警察四等）

(A)監察院　(B)立法院　(C)司法院　(D)考試院

18.依憲法增修條文之規定，行政院院長辭職或出缺時，在總統未任命行政院院長前，應如何處理？（101一般警察四等）

(A)由行政院副院長繼任

(B)由行政院副院長代理

(C)由行政院秘書長代理

(D)由行政院會議以合議方式代行院長職權

19.依憲法規定，有關國防部部長產生方式，下列敘述何者正確？（101警察三等）

(A)由總統直接任命之

(B)由行政院院長提請總統任命之

(C)由行政院院長提名，經立法院同意後任命之

(D)由總統提名，經立法院同意任命之

20.依憲法增修條文第3條之規定，行政院移請立法院覆議之覆議案，如經立法委員決議維持原案，行政院院長應如何處理？（101警察四等）

(A)辭職　(B)接受該決議　(C)再提覆議　(D)呈請總統召開院際協調會

21.依憲法增修條文第3條規定，立法院對行政院院長提出不信任案，應有多少立法委員之連署？（99四等基層）

(A)30位以上　(B)五分之一以上　(C)四分之一以上　(D)三分之一以上

22.依憲法增修條文第3條規定，行政院移請立法院覆議，不包含下列何者？（99年四等行政警察）

(A)法律案　(B)大赦案　(C)預算案　(D)條約案

23.依司法院釋字第585號解釋，行政首長依其行政權固有之權能，對於可能影響或干預行政部門有效運作之資訊，有決定不予公開之權力，核屬行政本質所具有之：（99年四等行政警察）

(A)行政保留權　(B)行政特權　(C)行政豁免權　(D)行政秘密權

┌─┤ 正確答案 ├─────────────────────
│ 1.B　　2.A　　3.D　　4.A　　5.A　　6.D　　7.D　　8.C　　9.A　　10.C
│ 11.D　12.B　13.C　14.D　15.A　16.C　17.A　18.B　19.B　20.B
│ 21.D　22.B　23.B
└─────────────────────────────

第六章　立法

第一節、憲法本文釋義

第一項、立法院之地位

> **第六十二條**
>
> 　立法院為國家最高立法機關，由人民選舉之立法委員組織之，代表人民行使立法權。

國家最高立法機關

　民國87年7月24日，司法院大法官釋字第461號，解釋要旨：

　　立法院為國家最高立法機關，有議決法律、預算等議案及國家重要事項之權。立法院為行使憲法所賦予上開職權，得依憲法第67條規定，設各種委員會，邀請政府人員及社會上有關係人員到會備詢。鑑諸行政院應依憲法規定對立法院負責，故凡行政院各部會首長及其所屬公務員，除依法獨立行使職權，不受外部干涉之人員外，於立法院各種委員會依憲法第67條第2項規定邀請到會備詢時，有應邀說明之義務。參謀總長為國防部部長之幕

僚長，負責國防之重要事項，包括預算之擬編及執行，與立法院之權限密切相關，自屬憲法第67條第2項所指政府人員，除非因執行關係國家安全之軍事業務而有正當理由外，不得拒絕應邀到會備詢，惟詢問內容涉及重要國防機密事項者，免予答覆。至司法、考試、監察三院院長，本於五院間相互尊重之立場，並依循憲政慣例，得不受邀請備詢。三院所屬非獨立行使職權而負行政職務之人員，於其提出之法律案及有關預算案涉及之事項，亦有上開憲法規定之適用。

第二項、立法院之議決權

> ### 第六十三條
> 　立法院有議決法律案、預算案、戒嚴案、大赦案、宣戰案、媾和案、條約案及國家其他重要事項之權。

一、預算案、法律案應經三讀

　　立法院職權行使法第6條：立法院會議之決議，除法令另有規定外，以出席委員過半數之同意行之；可否同數時，取決於主席。

　　第7條：立法院依憲法第63條規定所議決之議案，除法律案、預算案應經三讀會議決外，其餘均經二讀會議決之。

　　第8條：第一讀會，由主席將議案宣付朗讀行之。政府機關提出之議案或立法委員提出之法律案，應先送程序委員會，提報院會朗讀標題後，即應交付有關委員會審查。但有出席委員提議，20人以上連署或附議，經表決通過，得逕付二讀。立法委員提出之其他議案，於朗讀標題後，得由提案人說明其旨趣，經大體討論，議決交付審查或逕付二讀，或不予審議。

二、二讀會、三讀會

立法院職權行使法第9條規定第二讀會，於討論各委員會審查之議案，或經院會議決不經審查逕付二讀之議案時行之。第二讀會，應將議案朗讀，依次或逐條提付討論。第二讀會，得就審查意見或原案要旨，先作廣泛討論。廣泛討論後，如有出席委員提議，15人以上連署或附議，經表決通過，得重付審查或撤銷之。

第10條：法律案在第二讀會逐條討論，有一部分已經通過，其餘仍在進行中時，如對本案立法之原旨有異議，由出席委員提議，25人以上連署或附議，經表決通過，得將全案重付審查。但以一次為限。

第10-1條：第二讀會討論各委員會議決不須黨團協商之議案，得經院會同意，不須討論，逕依審查意見處理。

第11條：第三讀會，應於第二讀會之下次會議行之。但如有出席委員提議，15人以上連署或附議，經表決通過，得於二讀後繼續進行三讀。第三讀會，除發現議案內容有互相牴觸，或與憲法、其他法律相牴觸者外，祇得為文字之修正。第三讀會，應將議案全案付表決。

第12條：議案於完成二讀前，原提案者得經院會同意後撤回原案。法律案交付審查後，性質相同者，得為併案審查。法律案付委經逐條討論後，院會再為併案審查之交付時，審查會對已通過之條文，不再討論。

三、議決預算案

預算法第46條：中央政府總預算案與附屬單位預算及其綜計表，經行政院會議決定後，交由中央主計機關彙編，由行政院於會計年度開始4個月前提出立法院審議，並附送施政計畫。

第51條總預算案應於會計年度開始1個月前由立法院議決，並於會計年度開始15日前由總統公布之；預算中有應守秘密之部分，不予公布。

四、議決赦免案

第1條：本法稱赦免者，謂大赦、特赦、減刑及復權。

第2條：大赦之效力如左：

(1)已受罪刑之宣告者，其宣告為無效。

(2)未受罪刑之宣告者，其追訴權消滅。

第5-1條：因有罪判決確定所生之既成效果，不因大赦、特赦、減刑或復權而受影響。但因罪刑之宣告而喪失之公職，經大赦或依第3條後段特赦後，有向將來回復之可能者，得由當事人申請該管主管機關回復。其經准許者，溯自申請之日起生效。

第6條：總統得命令行政院轉令主管部為大赦、特赦、減刑、復權之研議。全國性之減刑，得依大赦程序辦理。五、議決戒嚴案

戒嚴法第1條：戰爭或叛亂發生，對於全國或某一地域應施行戒嚴時，總統得經行政院會議之議決，立法院之通過，依本法宣告戒嚴或使宣告之。總統於情勢緊急時，得經行政院之呈請，依本法宣告戒嚴或使宣告之。但應於1個月內提交立法院追認，在立法院休會期間，應於復會時即提交追認。

第3條：戰爭或叛亂發生之際，某一地域猝受敵匪之攻圍或應付非常事變時，該地陸海空軍最高司令官，得依本法宣告臨時戒嚴；如該地無最高司令官，得由陸海空軍分駐團長以上之部隊長，依本法宣告戒嚴。前項臨時戒嚴之宣告，應由該地最高司令官或陸海空軍分駐團長以上之部隊長，迅速按級呈請，提交立法院追認。

第12條：戒嚴之情況終止或經立法院決議移請總統解嚴時，應即宣告解嚴，自解嚴之日起，一律回復原狀。

六、議決條約案

民國82年12月24日，司法院大法官釋字第329號，解釋要旨：

憲法所稱之條約係指中華民國與其他國家或國際組織所締約之國際書面協定，包括用條約或公約之名稱，或用協定等名稱而其內容直接涉及國家重要事項或人民之權利義務且具有法律上效力者而言。其中名稱為條約或公約或用協定等名稱而附有批准條款者，當然應送立法院審議，其餘國際書面協定，除經法律授權或事先經立法院同意簽訂，或其內容與國內法律相同者外，亦應送立法院審議。

第三項、立法委員之產生方式

第六十四條

立法院立法委員，依左列規定選出之：

一　各省、各直轄市選出者，其人口在三百萬以下者五人，其人口超過三百萬者，每滿一百萬人增選一人。

二　蒙古各盟旗選出者。

三　西藏選出者。

四　各民族在邊疆地區選出者。

五　僑居國外之國民選出者。

六　職業團體選出者。

立法委員之選舉及前項第2款至第6款立法委員名額之分配，以法律定之。婦女在第1項各款之名額，以法律定之。

憲法增修條文第4條（前段部份）規定：立法院立法委員自第7屆起113人，任期4年，連選得連任，於每屆任滿前3個月內，依規定選出之，不受憲法第64條及第65條之限制：換言之，本憲法65條之規定已不適用，另有憲法增修條文規定立法委員之產生方式。

第四項、 立法委員之任期

第六十五條（立法委員之任期）

　　立法委員之任期為三年，連選得連任，其選舉於每屆任滿前三個月內完成之。

　　憲法增修條文第4條（前段部份）規定：立法院立法委員自第7屆起113人，任期4年，連選得連任，於每屆任滿前3個月內，依規定選出之，不受憲法第64條及第65條之限制：換言之，本憲法65條之規定已不適用，另有憲法增修條文規定立法委員之任期。

第五項、立法院正副院長設置與產生

第六十六條

　　立法院設院長、副院長各一人，由立法委員互選之。

立法院院長、副院長產生及職權

　　立法院組織法第3條：立法院設院長、副院長各1人，由立法委員互選產生；其選舉辦法，另定之。立法院院長應本公平中立原則，維持立法院秩序，處理議事。

　　第4條：立法院會議，以院長為主席。全院委員會亦同。院長因事故不能出席時，以副院長為主席；院長、副院長均因事故不能出席時，由出席委員互推1人為主席。

　　第13條：立法院院長、副院長之任期至該屆立法院委員任期屆滿之日為止。立法院院長綜理院務。立法院院長因事故不能視事時，由副院長代理其職務。

第六項、立法院委員會設置及作用

> ### 第六十七條
>
> 立法院得設各種委員會。
>
> 各種委員會得邀請政府人員及社會上有關係人員到會備詢。

一、常設委員會

立法院組織法第10條：立法院依憲法第67條之規定，設下列委員會：

1. 內政委員會。

2. 外交及國防委員會。

3. 經濟委員會。

4. 財政委員會。

5. 教育及文化委員會。

6. 交通委員會。

7. 司法及法制委員會。

8. 社會福利及衛生環境委員會。

立法院於必要時，得增設特種委員會。

二、委員會席次及召集委員

立法院各委員會組織法第3條：立法院各委員會席次至少為13席，最高不得超過15席。

第3-4條：立法院各委員會置召集委員2人，由各委員會委員於每會期互選產生；其選舉辦法另定之。

三、特種委員會

立法院目前有4個特種委員會，分別是「程序委員會」、「紀律委員會」、「修憲委員會」、「立法院經費稽核委員會」。其組織法源如下：

立法院組織法第7條：立法院設程序委員會，其組織規程，另定之。

第8條：立法院設紀律委員會，其組織規程，另定之。

第9條：立法院依憲法增修條文第12條之規定，得設修憲委員會，其組織規程，另定之。

立法院經費稽核委員會組織規程第1條：立法院經費稽核委員會依據立法院組織法第10條第2項之規定組織之。

第七項、立法院會期

> ### 第六十八條
>
> 立法院會期，每年兩次，自行集會，第一次自二月至五月底，第二次自九月至十二月底，必要時得延長之。

立法院會期之開議及延會

立法院職權行使法第2條：立法委員應分別於每年2月1日及9月1日起報到，開議日由各黨團協商決定之。但經總統解散時，由新任委員於選舉結果公告後第3日起報到，第10日開議。前項報到及出席會議，應由委員親自為之。

第3條：立法院每屆第1會期報到首日舉行預備會議，進行委員就職宣誓及院長、副院長之選舉。

立法院職權行使法第5條：立法院每次會期屆至，必要時，得由院長或立法委員提議或行政院之請求延長會期，經院會議決行之；立法委員之提議，並應有20人以上之連署或附議。

第八項、臨時會

第六十九條

立法院遇有左列情事之一時，得開臨時會：

一　總統之咨請。

二　立法委員四分之一以上之請求。

立法院臨時會

立法院組織法第6條：立法院臨時會，依憲法第69條規定行之，並以決議召集臨時會之特定事項為限。停開院會期間，遇重大事項發生時，經立法委員四分之一以上之請求，得恢復開會。

第九項、不得增加政府支出預算

第七十條

立法院對於行政院所提預算案，不得為增加支出之提議。

一、不得為增加支出之提議

民國84年12月8日，司法院大法官釋字第391號，解釋要旨：

立法委員於審議中央政府總預算案時，應受憲法第70條「立法院對於行政院所提預算案，不得為增加支出之提議」之限制及本院相關解釋之拘束，雖得為合理之刪減，惟基於預算案與法律案性質不同，尚不得比照審議法律案之方式逐條逐句增刪修改，而對各機關所編列預算之數額，在款項目節間移動增減並追加或削減原預算之項目。蓋就被移動增加或追加原預算之項目言，要難謂非上開憲法所指增加支出提議之一種，復涉及施政計畫內容之變

動與調整，易導致政策成敗無所歸屬，責任政治難以建立，有違行政權與立法權分立，各本所司之制衡原理，應為憲法所不許。

二、立法院請行政院以追加預算加發公務員獎金違憲

民國79年7月27日，司法院大法官釋字第264號，解釋要旨：

> 憲法第70條規定：「立法院對於行政院所提預算案，不得為增加支出之提議」，旨在防止政府預算膨脹，致增人民之負擔。立法院第84會期第26次會議決議：「請行政院在本(79)年度再加發半個月公教人員年終工作獎金，以激勵士氣，其預算再行追加」，係就預算案為增加支出之提議，與上述憲法規定牴觸，自不生效力。

第十項、立法院開會之列席人員

第七十一條
立法院開會時，關係院院長及各部會首長得列席陳述意見。

一、立法院開會

立法院職權行使法第4條：立法院會議，須有立法委員總額三分之一出席，始得開會。前項立法委員總額，以每會期實際報到人數為計算標準。但會期中辭職、去職或亡故者，應減除之。

立法院組織法第5條：立法院會議，公開舉行，必要時得開秘密會議。行政院院長或各部、會首長，得請開秘密會議。

二、關係院院長及部會首長列席陳述意見

民國41年5月21日，司法院大法官釋字第3號，解釋要旨：

憲法第71條，即憲草第73條，原規定「立法院開會時，行政院院長及各部會首長得出席陳述意見」，經制憲當時出席代表提出修正，將「行政院院長」改為「關係院院長」。其理由為「考試院、司法院、監察院就其主管事項之法律案，關係院院長自得列席立法院陳述意見」，經大會接受修正如今文，足見關係院院長係包括立法院以外之各院院長而言。又憲法第87條，即憲草第92條，經出席代表提案修正，主張將該條所定「考試院關於所掌事項提出法律案時，由考試院秘書長出席立法院說明之」。予以刪除，其理由即為「考試院關於主管事項之法律案，可向立法院提送，與他院同，如須出席立法院說明，應由負責之院長或其所派人員出席，不必於憲法中規定秘書長出席」，足徵各院皆可提案，為當時制憲代表所不爭，遍查國民大會實錄及國民大會代表全部提案，對於此項問題曾無一人有任何反對或相異之言論，亦無考試院應較司法監察兩院有何特殊理由獨需提案之主張。

我國憲法依據 孫中山先生創立中華民國之遺教而制定，載在前言，依憲法第53條（行政）、第62條（立法）、第77條（司法）、第83條（考試）、第九十條（監察)等規定建置五院。本憲法原始賦與之職權各於所掌範圍內，為國家最高機關獨立行使職權，相互平等，初無軒輊。以職務需要言，監察、司法兩院，各就所掌事項，需向立法院提案，與考試院同。考試院對於所掌事項，既得向立法院提出法律案，憲法對於司法、監察兩院，就其所掌事項之提案，亦初無有意省略或故予排除之理由。法律案之議決雖為專屬立法院之職權，而其他各院關於所掌事項知之較稔，得各向立法院提出法律案以為立法意見之提供者，於理於法均無不合。

第十一項、公布法律程序

> **第七十二條**
>
> 　　立法院法律案通過後，移送總統及行政院，總統應於收到後十日內公布之，但總統得依照本憲法第五十七條之規定辦理。

一、法律之定名

　　中央法規標準法第2條規定，法律得定名為法、律、條例或通則。

　　第3條規定，各機關發布之命令，得依其性質，稱規程、規則、細則、辦法、綱要、標準或準則。

二、法律產生之必要條件

　　中央法規標準法第4條：法律應經立法院通過，總統公布。

三、應以法律定之事項

　　中央法規標準法第5條，左列事項應以法律定之：

　　1. 憲法或法律有明文規定，應以法律定之者。

　　2. 關於人民之權利、義務者。

　　3. 關於國家各機關之組織者。

　　4. 其他重要事項之應以法律定之者。

　　第6條：應以法律規定之事項，不得以命令定之。

四、各機關訂定之命令應即送立法院

　　中央法規標準法第7條：各機關依其法定職權或基於法律授權訂定之命令，應視其性質分別下達或發布，並即送立法院。

第十二項、立法委員言論免責

第七十三條

立法院委員在院內所為之言論及表決，對院外不負責任。

一、言論免責權

民國86年8月1日，司法院大法官釋字第435號，解釋要旨：

憲法第73條規定立法委員在院內所為之言論及表決，對院外不負責任，旨在保障立法委員受人民付託之職務地位，並避免國家最高立法機關之功能遭致其他國家機關之干擾而受影響。為確保立法委員行使職權無所瞻顧，此項言論免責權之保障範圍，應作最大程度之界定，舉凡在院會或委員會之發言、質詢、提案、表決以及與此直接相關之附隨行為，如院內黨團協商、公聽會之發言等均屬應予保障之事項。越此範圍與行使職權無關之行為，諸如蓄意之肢體動作等，顯然不符意見表達之適當情節致侵害他人法益者，自不在憲法上開條文保障之列。至於具體個案中，立法委員之行為是否已逾越保障之範圍，於維持議事運作之限度內，固應尊重議會自律之原則，惟司法機關為維護社會秩序及被害人權益，於必要時亦非不得依法行使偵審之權限。

二、地方民意代表亦享言論免責權

地方制度法第50條：直轄市議會、縣（市）議會、鄉（鎮、市）民代表會開會時，直轄市議員、縣（市）議員、鄉（鎮、市）民代表對於有關會議事項所為之言論及表決，對外不負責任。但就無關會議事項所為顯然違法之言論，不在此限。

第十三項、立法委員不被逮捕特權

第七十四條

立法委員，除現行犯外，非經立法院許可，不得逮捕或拘禁。

憲法增修條文第4條（末段）：「立法委員除現行犯外，在會期中，非經立法院許可，不得逮捕或拘禁」。憲法第74條之規定，停止適用。換言之，本憲法第74條停止適用，並改依憲法增修條文之規定辦理。

第十四項、立法委員不得兼任官吏

第七十五條

立法委員不得兼任官吏。

不得兼任官吏

民國38年1月6日，司法院大法官釋字第1號，解釋要旨：

立法委員依憲法第75條之規定不得兼任官吏，如願就任官吏，即應辭去立法委員。其未經辭職而就任官吏者，亦顯有不繼續任立法委員之意思，應於其就任官吏之時視為辭職。

第十五項、立法院組織法制化

第七十六條

立法院之組織，以法律定之。

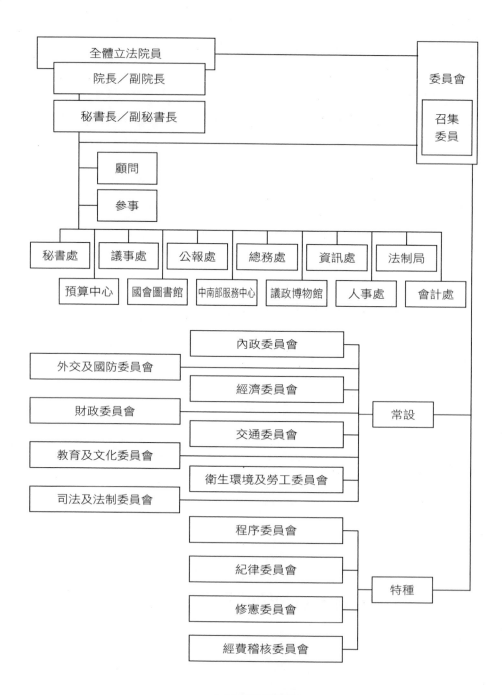

立法院組織圖

立法院組織法第1條：本法依憲法第76條制定之。

第2條：立法院行使憲法所賦予之職權。前項職權之行使及委員行為之規範，另以法律定之。

一、立法院院務組織

立法院組織法第15條規定，立法院設下列各處、局、館、中心：

1. 秘書處
2. 議事處
3. 公報處
4. 總務處
5. 資訊處
6. 法制局
7. 預算中心
8. 國會圖書館
9. 中南部服務中心
10. 議政博物館

二、立法委員得置公費助理

立法院組織法第32條：立法委員每人得置公費助理8人至14人，由委員聘用；立法院應每年編列每一立法委員一定數額之助理費及其辦公事務預算。公費助理與委員同進退；其依勞動基準法所規定之相關費用，均由立法院編列預算支應之。

三、立法院次級組織：黨團

立法院組織法第33條：每屆立法委員選舉當選席次達3席且席次較多之5個政黨得各組成黨團；席次相同時，以抽籤決定組成之。立法委員依其所屬政黨參加黨團。每一政黨以組成1黨團為限；每一黨團至少

須維持3人以上。

　　未能依前項規定組成黨團之政黨或無黨籍之委員，得加入其他黨團。黨團未達5個時，得合組4人以上之政團；依第4項將名單送交人事處之政團，以席次較多者優先組成，黨（政）團總數合計以5個為限。

　　前項政團準用有關黨團之規定。各黨團應於每年首次會期開議日前1日，將各黨團所屬委員名單經黨團負責人簽名後，送交人事處，以供認定委員所參加之黨團。

　　黨團辦公室由立法院提供之。各黨團置公費助理10人至16人，由各黨團遴選，並由其推派之委員聘用之；相關費用依前條之規定。

第二節、憲法變遷與現況

憲法增修條文第四條（與立法有關的憲法增修）

　　立法院立法委員自第七屆起一百一十三人，任期四年，連選得連任，於每屆任滿前三個月內，依左列規定選出之，不受憲法第六十四條及第六十五條之限制：

　　一、自由地區直轄市、縣市七十三人。每縣市至少一人。

　　二、自由地區平地原住民及山地原住民各三人。

　　三、全國不分區及僑居國外國民共三十四人。

　　前項第一款依各直轄市、縣市人口比例分配，並按應選名額劃分同額選舉區選出之。第三款依政黨名單投票選舉之，由獲得百分之五以上政黨選舉票之政黨依得票比率選出之，各政黨當選名單中，婦女不得低於二分之一。

　　立法院於每年集會時，得聽取總統國情報告。

　　立法院經總統解散後，在新選出之立法委員就職前，視同休會。

　　中華民國領土，依其固有疆域，非經全體立法委員四分之一之提議，全體立法委員四分之三之出席，及出席委員四分之三之決議，提出領土變更案，並於公告半年後，經中華民國自由地區選舉人投票複決，有效同意票過選舉人總額之半數，不得變更之。

　　總統於立法院解散後發布緊急命令，立法院應於三日內自行集會，並於開議七日內追認之。但於新任立法委員選舉投票日後發布者，應由新任立法委員於就職後追認之。如立法院不同意時，該緊急命令立即失效。

　　立法院對於總統、副總統之彈劾案，須經全體立法委員二分之一以上之提議，全體立法委員三分之二以上之決議，聲請司法院大法官審理，不適用憲法第九十條、第一百條及增修條文第七條第一項有關規定。

　　立法委員除現行犯外，在會期中，非經立法院許可，不得逮捕或拘禁。憲法第七十四條之規定，停止適用。

　　憲法增修條文第八條（立法委員報酬或待遇）

　　立法委員之報酬或待遇，應以法律定之。除年度通案調整者外，單獨增加報酬或待遇之規定，應自次屆起實施。

第一項、立法委員人數及產生方式

一、立法委員選舉區劃分

　　公職人員選舉罷免法第35條規定，立法委員選舉，其選舉區依下列規定：

　　1. 直轄市、縣（市）選出者，應選名額1人之縣（市），以其行政區域為選舉區；應選名額2人以上之直轄市、縣（市），按應選名額在其行政區域內劃分同額之選舉區。

2. 全國不分區及僑居國外國民選出者，以全國為選舉區。

3. 平地原住民及山地原住民選出者，以平地原住民、山地原住民為選舉區。前項第1款直轄市、縣（市）選舉區應選出名額之計算所依據之人口數，應扣除原住民人口數。第1項第1款直轄市、縣（市）選出之立法委員，其名額分配及選舉區以第7屆立法委員為準，除本法或其他法律另有規定外，自該屆立法委員選舉區變更公告之日起，每10年重新檢討一次，如有變更之必要，應依第37條第3項至第5項規定辦理。

二、立法委員選舉區調整

公職人員選舉罷免法第37條：第35條之立法委員選舉區及前條第1項第1款及第2款之直轄市議員、縣（市）議員選舉區，由中央選舉委員會劃分；前條第1項第2款之鄉（鎮、市）民代表選舉區，由縣選舉委員會劃分之；並應於發布選舉公告時公告。但選舉區有變更時，應於公職人員任期或規定之日期屆滿1年前發布之。前項選舉區，應斟酌行政區域、人口分布、地理環境、交通狀況、歷史淵源及應選出名額劃分之。

第1項立法委員選舉區之變更，中央選舉委員會應於本屆立法委員任期屆滿前2年2個月月底戶籍統計之人口數為準，於1年8個月前，將選舉區變更案送經立法院同意後發布。立法院對於前項選舉區變更案，應以直轄市、縣（市）為單位行使同意或否決。如經否決，中央選舉委員會應就否決之直轄市、縣（市），參照立法院各黨團意見，修正選舉區變更案，並於否決之日起30日內，重行提出。立法院應於立法委員任期屆滿1年1個月前，對選舉區變更案完成同意，未能於期限內完成同意部分，由行政、立法兩院院長協商解決之。

三、當選立法委員

（一）區域立委當選

公職人員選舉罷免法第67條（前段）規定，公職人員選舉，除另有規定外，按各選舉區應選出之名額，以候選人得票比較多數者為當選；票數相同時，以抽籤決定之。

（二）不分區及僑選立委當選

公職人員選舉罷免法第67條（後段）規定，全國不分區及僑居國外國民立法委員選舉當選名額之分配，依下列規定：

1. 以各政黨得票數相加之和，除各該政黨得票數，求得各該政黨得票比率。
2. 以應選名額乘前款得票比率所得積數之整數，即為各政黨分配之當選名額；按政黨名單順位依序當選。
3. 依前款規定分配當選名額後，如有剩餘名額，應按各政黨分配當選名額後之剩餘數大小，依序分配剩餘名額。剩餘數相同時，以抽籤決定之。
4. 政黨登記之候選人名單人數少於應分配之當選名額時，視同缺額。
5. 各該政黨之得票比率未達5%以上者，不予分配當選名額；其得票數不列入第1款計算。
6. 第1款至第3款及前款小數點均算至小數點第4位，第5位以下四捨五入。

（三）婦女保障名額

公職人員選舉罷免法第67條（末段）規定，各政黨當選之名額，婦

女不得低於二分之一。各政黨分配之婦女當選名額，按各政黨登記之候選人名單順位依序分配當選名額；婦女當選人少於應行當選名額時，由名單在後之婦女優先分配當選。婦女候選人少於應分配之婦女當選名額時，視同缺額。

第二項、立法院與總統

一、審查總統發布之緊急命令

立法院職權行使法第15條：總統依憲法增修條文第2條第3項之規定發布緊急命令，提交立法院追認時，不經討論，交全院委員會審查；審查後提出院會以無記名投票表決。未獲同意者，該緊急命令立即失效。

總統於立法院休會期間發布緊急命令提交追認時，立法院應即召開臨時會，依前項規定處理。總統於立法院解散後發布緊急命令，提交立法院追認時，立法院應於3日內召開臨時會，並於開議7日內議決，如未獲同意，該緊急命令立即失效。但於新任立法委員選舉投票日後發布者，由新任立法委員於就職後依第1項規定處理。

二、聽取總統國情報告

立法院職權行使法第15-1條：依中華民國憲法增修條文第4條第3項規定，立法院得於每年集會時，聽取總統國情報告。

第15-2條：立法院得經全體立法委員四分之一以上提議，院會決議後，由程序委員會排定議程，就國家安全大政方針，聽取總統國情報告。總統就其職權相關之國家大政方針，得咨請立法院同意後，至立法院進行國情報告。

第15-3條：總統應於立法院聽取國情報告日前3日，將書面報告印送全體委員。

第15-4條：立法委員於總統國情報告完畢後，得就報告不明瞭處，

提出問題；其發言時間、人數、順序、政黨比例等事項，由黨團協商決定。就前項委員發言，經總統同意時，得綜合再做補充報告。

第15-5條：立法委員對國情報告所提問題之發言紀錄，於彙整後送請總統參考。

三、立法院提案彈劾總統並向司法院大法官提出

立法院職權行使法第42條：立法院依憲法增修條文第4條第7項之規定，對總統、副總統得提出彈劾案。

第43條：依前條規定彈劾總統或副總統，須經全體立法委員二分之一以上提議，以書面詳列彈劾事由，交由程序委員會編列議程提報院會，並不經討論，交付全院委員會審查。全院委員會審查時，得由立法院邀請被彈劾人列席說明。

第44條：全院委員會審查後，提出院會以無記名投票表決，如經全體立法委員三分之二以上贊成，向司法院大法官提出彈劾案。

四、立法院提出罷免總統案

立法院職權行使法第44-1條：立法院依憲法增修條文第2條第9項規定提出罷免總統或副總統案，經全體立法委員四分之一之提議，附具罷免理由，交由程序委員會編列議程提報院會，並不經討論，交付全院委員會於15日內完成審查。全院委員會審查前，立法院應通知被提議罷免人於審查前7日內提出答辯書。前項答辯書，立法院於收到後，應即分送全體立法委員。被提議罷免人不提出答辯書時，全院委員會仍得逕行審查。全院委員會審查後，即提出院會以記名投票表決，經全體立法委員三分之二同意，罷免案成立，當即宣告並咨復被提議罷免人。

第三項、施政報告與質詢

一、施政報告

（一）聽取行政院施政報告

　　立法院職權行使法第16條規定，行政院依憲法增修條文第3條第2項第1款向立法院提出施政方針及施政報告，依下列之規定：

1. 行政院應於每年2月1日以前，將該年施政方針及上年7月至12月之施政報告印送全體立法委員，並由行政院院長於2月底前提出報告。

2. 行政院應於每年9月1日以前，將該年1月至6月之施政報告印送全體立法委員，並由行政院院長於9月底前提出報告。

3. 新任行政院院長應於就職後2週內，向立法院提出施政方針之報告，並於報告日前3日將書面報告印送全體立法委員。立法院依前項規定向行政院院長及行政院各部會首長提出口頭質詢之會議次數，由程序委員會定之。

（二）重大事件發生後經立法院議決聽取行政院報告，行政院並備詢

　　立法院職權行使法第17條：行政院遇有重要事項發生，或施政方針變更時，行政院院長或有關部會首長應向立法院院會提出報告，並備質詢。前項情事發生時，如有立法委員提議，15人以上連署或附議，經院會議決，亦得邀請行政院院長或有關部會首長向立法院院會報告，並備質詢。

二、質詢

（一）口頭質詢或書面質詢

　　立法院職權行使法第18條（前段）：立法委員對於行政院院長及各部會首長之施政方針、施政報告及其他事項，得提出口頭或書面質詢。

（二）政黨質詢或個人質詢

　　第18條（後段）：前項口頭質詢分為政黨質詢及立法委員個人質詢，均以即問即答方式為之，並得採用聯合質詢。但其人數不得超過3人。
　　政黨質詢先於個人質詢進行。

（三）詢答時間

　　立法院職權行使法第19條：每一政黨詢答時間，以各政黨黨團提出人數乘以30分鐘行之。但其人數不得逾該黨團人數二分之一。前項參加政黨質詢之委員名單，由各政黨於行政院院長施政報告前1日向秘書長提出。表政黨質詢之立法委員，不得提出個人質詢。政黨質詢時，行政院院長及各部會首長皆應列席備詢。

　　第20條：立法委員個人質詢應依各委員會之種類，以議題分組方式進行，行政院院長及與議題相關之部會首長應列席備詢。議題分組進行質詢，依立法院組織法第10條第1項各款順序。但有委員15人連署，經議決後得變更議題順序。立法委員個人質詢，以2議題為限，詢答時間合計不得逾30分鐘。如以2議題進行時，各議題不得逾15分鐘。

（四）質詢應事先登記

　　立法院職權行使法第21條：施政方針及施政報告之質詢，於每會期集會委員報到日起至開議後7日內登記之。立法委員為前項之質詢時，得將其質詢要旨以書面於質詢日前2日送交議事處，轉知行政院。但遇

有重大突發事件，得於質詢前2小時提出。委員如採用聯合質詢，應併附親自簽名之同意書面。已質詢委員，不得再登記口頭質詢。

（五）行政院對立法委員質詢之答復

立法院職權行使法第22條：依第17條及第18條提出之口頭質詢，應由行政院院長或質詢委員指定之有關部會首長答復；未及答復部分，應於20日內以書面答復。但質詢事項牽涉過廣者，得延長5日。

第23條：立法委員行使憲法增修條文第3條第2項第1款之質詢權，除依第16條至第21條規定處理外，應列入議事日程質詢事項，並由立法院送交行政院。行政院應於收到前項質詢後20日內，將書面答復送由立法院轉知質詢委員，並列入議事日程質詢事項。但如質詢內容牽涉過廣者，答復時間得延長5日。

（六）主席得制止無關質詢主旨

立法院職權行使法第24條：質詢之提出，以說明其所質詢之主旨為限。質詢委員違反前項規定者，主席得予制止。

第25條：質詢之答復，不得超過質詢範圍之外。被質詢人除為避免國防、外交明顯立即之危害或依法應秘密之事項者外，不得拒絕答復。被質詢人違反第一項規定者，主席得予制止。

（七）行政院院長應親自出席立法院院會

立法院職權行使法第26條：行政院院長、副院長及各部會首長應親自出席立法院院會，並備質詢。因故不能出席者，應於開會前檢送必須請假之理由及行政院院長批准之請假書。

（八）質詢事項不得作為討論議題

立法院職權行使法第27條：質詢事項，不得作為討論之議題。

第四項、立法委員議案屆期不連續

立法院職權行使法第13條：每屆立法委員任期屆滿時，除預(決)算案及人民請願案外，尚未議決之議案，下屆不予繼續審議。

第五項、立法院同意權之行使

立法院職權行使法第29條：立法院依憲法第104條或憲法增修條文第5條第1項、第6條第2項、第7條第2項行使同意權時，不經討論，交付全院委員會審查，審查後提出院會以無記名投票表決，經超過全體立法委員二分之一之同意為通過。

第30條：全院委員會就被提名人之資格及是否適任之相關事項進行審查與詢問，由立法院咨請總統通知被提名人列席說明與答詢。全院委員會於必要時，得就司法院院長副院長、考試院院長副院長及監察院院長副院長與其他被提名人分開審查。

第31條：同意權行使之結果，由立法院咨復總統。如被提名人未獲同意，總統應另提他人咨請立法院同意。

第六項、覆議案之處理

立法院職權行使法第32條：行政院得就立法院決議之法律案、預算案、條約案之全部或一部，經總統核可後，移請立法院覆議。

第33條：覆議案不經討論，即交全院委員會，就是否維持原決議予以審查。全院委員會審查時，得由立法院邀請行政院院長列席說明。

第34條：覆議案審查後，應於行政院送達15日內提出院會以記名投票表決。如贊成維持原決議者，超過全體立法委員二分之一，即維持原決議；如未達全體立法委員二分之一，即不維持原決議；逾期未作成決議者，原決議失效。

第35條：立法院休會期間，行政院移請覆議案，應於送達7日內舉

行臨時會，並於開議15日內，依前2條規定處理之。

第七項、不信任案之處理

立法院職權行使法第36條：立法院依憲法增修條文第3條第2項第3款之規定，得經全體立法委員三分之一以上連署，對行政院院長提出不信任案。

第37條：不信任案應於院會報告事項進行前提出，主席收受後應即報告院會，並不經討論，交付全院委員會審查。全院委員會應自不信任案提報院會72小時後，立即召開審查，審查後提報院會表決。前項全院委員會審查及提報院會表決時間，應於48小時內完成，未於時限完成者，視為不通過。

第38條：不信任案於審查前，連署人得撤回連署，未連署人亦得參加連署；提案人撤回原提案須經連署人同意。前項不信任案經主席宣告審查後，提案人及連署人均不得撤回提案或連署。審查時如不足全體立法委員三分之一以上連署者，該不信任案視為撤回。

第39條：不信任案之表決，以記名投票表決之。如經全體立法委員二分之一以上贊成，方為通過。

第40條：立法院處理不信任案之結果，應咨送總統。

第41條：不信任案未獲通過，一年內不得對同一行政院院長再提不信任案。

第八項、立法院得設調閱委員會

立法院職權行使法第45條規定立法院經院會決議，得設調閱委員會，或經委員會之決議，得設調閱專案小組，要求有關機關就特定議案涉及事項提供參考資料。調閱委員會或調閱專案小組於必要時，得經院會之決議，向有關機關調閱前項議案涉及事項之文件原本。

第46條：調閱委員會或調閱專案小組之設立，均應於立法院會期中

為之。但調閱文件之時間不在此限。

第47條：受要求調閱文件之機關，除依法律或其他正當理由得拒絕外，應於5日內提供之。但相關資料或文件原本業經司法機關或監察機關先為調取時，應敘明理由，並提供複本。如有正當理由，無法提供複本者，應提出已被他機關調取之證明。被調閱文件之機關在調閱期間，應指派專人將調閱之文件送達立法院指定場所，以供查閱，並負保管責任。

第48條：政府機關或公務人員違反本法規定，於立法院調閱文件時拒絕、拖延或隱匿不提供者，得經立法院院會之決議，將其移送監察院依法提出糾正、糾舉或彈劾。

第九項、委員會公聽會之舉行

立法院職權行使法第54條規定各委員會為審查院會交付之議案，得依憲法第67條第2項之規定舉行公聽會。如涉及外交、國防或其他依法令應秘密事項者，以秘密會議行之。

第55條：公聽會須經各委員會輪值之召集委員同意，或經各委員會全體委員三分之一以上之連署或附議，並經議決，方得舉行。

第56條：公聽會以各委員會召集委員為主席，並得邀請政府人員及社會上有關係人員出席表達意見。前項出席人員，應依正反意見之相當比例邀請，並以不超過15人為原則；其人選由各委員會決定之。應邀出席人員非有正當理由，不得拒絕出席。

第57條：舉行公聽會之委員會，應於開會日5日前，將開會通知、議程等相關資料，以書面送達出席人員，並請其提供口頭或書面意見。同一議案舉行多次公聽會時，得由公聽會主席於會中宣告下次舉行日期，不受5日之限制，但仍應發出書面通知。立法院對應邀出席人員，得酌發出席費。

第58條：委員會應於公聽會終結後10日內，依出席者所提供之正、

反意見提出公聽會報告，送交本院全體委員及出席者。

第59條：公聽會報告作為審查該特定議案之參考。

第十項、行政命令之審查

立法院職權行使法第60條：各機關依其法定職權或基於法律授權訂定之命令送達立法院後，應提報立法院會議。出席委員對於前項命令，認為有違反、變更或牴觸法律者，或應以法律規定事項而以命令定之者，如有15人以上連署或附議，即交付有關委員會審查。

第61條：各委員會審查行政命令，應於院會交付審查後3個月內完成之；逾期未完成者，視為已經審查。但有特殊情形者，得經院會同意後展延；展延以1次為限。前項期間，應扣除休會期日。

第63條：各委員會審查行政命令，本章未規定者，得準用法律案之審查規定。

第十一項、請願文書之審查

立法院職權行使法第64條規定，立法院於收受請願文書，應依下列規定辦理：

1. 秘書處收受請願文書後，應即送程序委員會。

2. 各委員會收受請願文書後，應即送秘書處收文。

3. 立法院會議時，請願人面遞請願文書，由有關委員會召集委員代表接受，並於接見後，交秘書處收文。

4. 請願人向立法院集體請願，面遞請願文書有所陳述時，由院長指定之人員接見其代表。前項請願人，包括經我國認許之外國法人。

第65條：立法院收受請願文書後，應先由程序委員會審核其形式是否符合請願法規定，其有不符或文字意思表示無法瞭解者，通知其補正。請願文書之內容明顯非屬立法職權事項，程序委員會應逕行移送權

責機關處理；其屬單純之行政事項，得不交審查而逕行函復，或委託相關委員會函復。如顯有請願法第3條、第4條規定情事，依法不得請願者，由程序委員會通知請願人。

第66條：請願文書應否成為議案，由有關委員會審查；審查時得先函請相關部會於1個月內查復。必要時得派員先行瞭解，或通知請願人到會說明，說明後應即退席。請願文書在審查未有結果前，請願人得撤回之。

第67條：請願文書經審查結果成為議案者，由程序委員會列入討論事項，經大體討論後，議決交付審查或逕付2讀或不予審議。請願文書經審查結果不成為議案者，應敘明理由及處理經過，送由程序委員會報請院會存查，並通知請願人。但有出席委員提議，15人以上連署或附議，經表決通過，仍得成為議案。

第十二項、黨團協商

立法院職權行使法第68條規定，為協商議案或解決爭議事項，得由院長或各黨團向院長請求進行黨團協商。立法院院會於審議不須黨團協商之議案時，如有出席委員提出異議，10人以上連署或附議，該議案即交黨團協商。

各委員會審查議案遇有爭議時，主席得裁決進行協商。

第69條：黨團協商會議，由院長、副院長及各黨團負責人或黨鞭出席參加；並由院長主持，院長因故不能主持時，由副院長主持。

前項會議原則上於每週星期3舉行，在休會或停會期間，如有必要時，亦得舉行，其協商日期由主席通知。

第70條：議案交由黨團協商時，由該議案之院會說明人所屬黨團負責召集，通知各黨團書面簽名指派代表2人參加，該院會說明人為當然代表，並由其擔任協商主席。但院會說明人更換黨團時，則由原所屬黨團另指派協商主席。各黨團指派之代表，其中1人應為審查會委員。但

黨團所屬委員均非審查會委員時，不在此限。依第68條第2項提出異議之委員，得向負責召集之黨團，以書面簽名推派2人列席協商說明。議案進行協商時，由秘書長派員支援，全程錄影、錄音、記錄，併同協商結論，刊登公報。協商結論如與審查會之決議或原提案條文有明顯差異時，應由提出修正之黨團或提案委員，以書面附具條文及立法理由，併同協商結論，刊登公報。

第71條：黨團協商經各黨團代表達成共識後，應即簽名，作成協商結論，並經各黨團負責人簽名，於院會宣讀後，列入紀錄，刊登公報。

第71-1條：議案自交黨團協商逾1個月無法達成共識者，由院會定期處理。

第72條：黨團協商結論於院會宣讀後，如有出席委員提議，8人以上之連署或附議，得對其全部或一部提出異議，並由院會就異議部分表決。黨團協商結論經院會宣讀通過，或依前項異議議決結果，出席委員不得再提出異議；逐條宣讀時，亦不得反對。

第73條：經協商之議案於廣泛討論時，除經黨團要求依政黨比例派員發言外，其他委員不得請求發言。經協商留待院會表決之條文，得依政黨比例派員發言後，逕行處理。前2項議案在逐條討論時，出席委員不得請求發言。

第74條：程序委員會應依各委員會提出審查報告及經院會議決交由黨團協商之順序，依序將議案交由黨團協商。議案有時效性者，負責召集之黨團及該議案之院會說明人應優先處理。

第十三項、立法委員待遇之支給

立法委員行為法第13條：立法委員待遇之支給，比照中央部會首長之標準。

第十四項、不被逮捕特權

一、在會期中，非經立法院許可，不得逮捕或拘禁

憲法增修條文已明定：「立法委員除現行犯外，在會期中，非經立法院許可，不得逮捕或拘禁」，其增修重點在於比憲法本文增加了「在會期中」4個字。但「在會期中」是指「實際開會的期間」，抑或是憲法68條所指的「立法院會期，每年兩次，自行集會，第一次自二月至五月底，第二次自九月至十二月底」，卻有不同見解。

二、法務部對非經立法院許可不得逮捕或拘禁之意見

法務部民國92年6月9日發文法檢字第0920802571號函文：

> 按憲法增修條文第4條第8項規定：「立法委員，除現行犯外，『在會期中』，非經立法院許可，不得逮捕或拘禁。」其修憲理由主要在避免立法委員借此保護傘躲避刑事偵審，因此參照憲法第33條對於國民大會代表之規定，增加「在會期中」4字，以限縮其免逮捕特權，其餘文字並未更動，因此從修憲之過程得知，修憲目的在將立法委員不受逮捕特權限縮「在會期中」，而非對於「不得逮捕或拘禁」之「事由」有所放寬或更動。再者，刑法第84條及第85條規定之行刑權有其一定之時效限制，如經法院判決有罪確定之立法委員亦仍受不受逮捕特權之保護，則對於連任多屆之立法委員將有行刑權消滅之虞，顯與立憲之原意有違，是以，本部認為前開之法律見解仍可繼續援用，無須變更解釋。

看新聞學憲法

　　2007年底，發生一件現任立法委員遭逮捕案件，由於對「立法院會期」的見解不同，引發逮捕現任立委的時機是否違憲的爭議，當時的新聞報導，指出了爭議所在，新聞內容如下（林河名、尚毅夫、周宗禎，2007年12月26日）：

拘陳○○違不違憲？休會！停會！檢方立院各自表述

　　立委陳○○遭檢方拘提並交保候傳，民進黨立院黨團昨天聲援陳○○，痛批檢察官在立法院「會期中」逮捕立委已違憲，並質疑其中有「政治操作」。

　　現任立委在會期中未經同意遭拘提，陳○○恐是第一例；而在會期中交保，是繼前立委翁○○後第2人，日前立委薛○因為陽信案被裁定交保，是在立院休會期。立法院長王金平星期一晚間在陳○○被訊問過程中，曾與檢察總長陳聰明通電話，一再強調現在仍為會期中，立法院目前是停會，不是休會。王金平昨在台南縣輔選時，也一再強調立院目前是在停會，非休會。

　　陳○○本人昨天大聲喊冤，強調自己絕對沒有賄選。他說，今年端午節轉送茶葉給地方人士，當時自己還不是立委候選人，也沒有打電話、拜訪要求支持，並非「期約賄選」。

　　陳○○說，事情發生已7個月，僅因競選對手的助理檢舉，就讓他被檢方大動作拘提；檢察官甚至違反偵查不公開原則，向媒體公布姓名，令人不得不質疑有政治操作。他在記者會談到檢方查賄，使得他兒女被跟蹤、妻子也被傳喚，一度難過落淚。

　　民進黨團總召表示，憲法增修條文第4條規定，「立法委員除現行犯外，在會期中，非經立院許可，不得逮捕或拘禁。」立法院的法定會期到12月底，現在仍是「會期中」，檢察官拘提陳

○○已違反憲法，顯然是操弄選舉。

與前述新聞並列的另一則平衡報導，內容如下（牟玉珮、蕭白雪，2007年12月26日）：

基隆地檢署前天以涉嫌賄選為由，拘提競選連任的立委陳○○引發違憲爭議。法務部官員昨天強調，立法院議事處的公文已明確說明立法院是「休會期間」，拘提立委並不違憲。

基隆地檢署也表示，根據立法院朝野黨團協商結論，立法院第六會期至本月21日止，當天院長王金平也在全國人面前敲下休會議事槌，24日拘提立委陳○○是在休會期間，並無違憲。

不過，憲法明定立法院每年兩次的會期，第二次是自9月至12月底，「會期中」是否應延續到12月底，還是會議休會就算結束，法界確有不同聲音。法務部初步研究認為，立委停止開會、並明文休會，就是放棄所謂會期中的保護傘。

第十五項、立法院修憲委員會

立法院修憲委員會組織規程第1條規定，本規程依憲法第174條第2款及立法院組織法第15條第2項制定之。本規程未規定者，準用立法院各委員會組織法。

第2條：修憲委員會職掌憲法修正案之審議及與憲法相關之事宜。

第3條：本會之委員以立法委員席次總額二分之一加1人為總額；由各政黨及政團在立法院所占席次比例依保障少數政團參與之原則，各自推派代表組成之。

第4條：本會置召集委員11人，由委員互選之。本會開會時，由召集委員互推1人為主席，並由各召集委員輪流擔任。

第5條：本會得設若干審查小組，負責議案之審查。

第6條：本會會議須有本會委員三分之一之出席；本會之議決須有出席委員二分之一之同意。

第三節、憲法通識

第一項、「立委入監」有無兼具「立委解職」效力？

看新聞學憲法

立委顏○○被判刑3年半定讞，最高檢察署接獲通知後指示台中地檢署依規定展開監控，避免人犯逃亡並儘速發監執行；顏清標的立委職務能否保留則出現爭議。

根據報紙新聞提出的爭議觀點，主要在於「宣告褫奪公權」有無兼具「立委解職」的效力。新聞內容如下參考（蕭白雪，2008年6月27日）：

顏○○帶職入監惹爭議

對於最高法院指稱顏仍享有憲法對立法委員除現行犯、除經立法院會同意，不得拘提、逮捕的特權，法務部說，如立委因犯罪經法院判決確定，並無以行政權利用偵查程序而侵害立法權之虞，執法機關有權得予拘提執行。法務部及最高檢察署都強調，台中地檢署會依法執行。

顏○○當初從偵查被收押及二審宣判才交保，羈押時間逾10個月，加上犯案時間在83、84年間，只要服刑三分之一即可聲請假釋，除非貪汙部分在1年內判決定讞，否則明年即有機會聲請假釋。

　　由於顏○○被控持有槍砲部分二審並未宣告褫奪公權，顏○○的立委身分也出現爭議。法界人士指出，依公務員懲戒法，依刑事判決確定執行者，依法停止職務；立委同樣屬於公務員，如因刑事案件入監服刑，立委職務應被宣告停止。

　　此外，公職人員選舉罷免法中雖只在「候選人」的消極資格上，限制判處有期徒刑以上之刑確定、尚未執行或執行未畢者，即無法登記參選；法界人士指出，法律雖只規定候選人的消極資格、但如在當選後出現相同情形，依法規解釋的慣例應可適用。

　　不過，有人認為現行法規中，除宣告褫奪公權外，並無有關立委解職的規定，除非法律明文規定判刑確定或入監執行即解除立委職務，否則顏○○入監服刑仍可保有立委身分。

第二項、非經立法院長同意不得進入院區？

看新聞學憲法

國會犯罪偵查，考驗司法、立法互動

　　在台灣，立法院的形象實在很差，也因此，每談起犯罪偵查與國會自主的衝突議題時，後者往往落居下風。只不過，司法與立法權的衝突，在任何國家都是重大憲政議題；司法單位想進入國會逮人，仍必須尊重國會自律原則。

　　立法委員在憲法上的不被逮捕特權，歷經憲法增修條文的限縮規定，僅侷限在在會期期間；非會期期間，依照刑事訴訟法，則須通知立法院長，但這也衍生司法權與立法權的後續爭執。

　　民國89年，前立委廖○○涉奇美假股票案，立院辦公室被搜索，朝野曾作出決議，「非經立法院長同意不得進入院區」，當時引起抨擊，朝野黨團也立場不一，形成兩派爭執。後來法制局

做出1份報告，建議於內規明定院長准許檢調單位進入院區搜索的條件，包括搜索理由必須屬於和議事無關的私人犯罪；搜索行動不至於侵害國家法益；以及確保國家機密文件沒有流失之虞。

以日本經驗來看，若檢調單位在國會表決重大議案時要求搜索，即使是為了偵辦私人犯罪，仍可能影響議事過程及結果，進而侵害國家法益，議長必定不允許他們進入國會院區。立委辦公室被搜索，已不是第1次，除了更早以前的廖○○案；前年薛○、高○○、高○○○辦公室都被搜過。不過，像郭○○案這種未傳即押，直接從立法院帶人的狀況，姑且不論個案內容，確已引發憲政爭議。

國會殿堂不能是犯罪的庇護所，國會議員真的犯罪，沒有「大樹可遮蔭之理」，不過，檢調進入國會內部進行犯罪偵查，直接觸及司法與立法權互動的敏感核心，可謂茲事體大；無待立法明訂，各方都該一次次的經驗累積中形成可長可久憲政慣例（羅暐智、楊舒媚，2009年7月7日）。

第三項、議會保護傘

所謂的「議會保護傘」即是指司法警政機關不得在會期中逮捕民意代表，而在此期間中，民代也有正當理由不接受傳喚、偵訊及審理。

我國憲法第74條規定，立法委員除非立法院許可，否則不得加以逮捕，正是所謂「不受逮捕特權」；而地方制度法第51條規定，縣市議員、鄉鎮市民代表在會期內，非議會、代表會同意，不得逮捕或拘禁。

由於開議期間被視為執行公務，因此民代也有正當理由不接受檢警傳喚、偵訊及法院審理。民意機關可以技術性援引地方制度法第34條第3項，由議長請求或有議員三分之一以上請求，就可以召集臨時會，如此一來「保護傘」就打開了。

最知名的相關案例是高雄市議會在91年間爆發議長賄選案，共有34

名議員遭起訴，為了阻撓偵辦及審理，高雄市議會在92年間用盡一切辦法召開臨時會，甚至因召開次數過多而將法定會期用盡，由內政部下令不得再召開臨時會（林良哲，2010年1月28日）。

第四項、平地原住民與山地原住民

一、法定區分「平地原住民」或「山地原住民」的方式

原住民身分法第2條：本法所稱原住民，包括山地原住民及平地原住民，其身分之認定，除本法另有規定外，依下列規定：

1. 山地原住民：臺灣光復前原籍在山地行政區域內，且戶口調查簿登記其本人或直系血親尊親屬屬於原住民者。

2. 平地原住民：臺灣光復前原籍在平地行政區域內，且戶口調查簿登記其本人或直系血親尊親屬屬於原住民，並申請戶籍所在地鄉（鎮、市、區）公所登記為平地原住民有案者。

第10條：山地原住民與平地原住民結婚，得約定變更為相同之山地原住民或平地原住民身分；其子女之身分從之。未依前項規定約定變更為相同之原住民身分者，其子女於未成年時，得由法定代理人協議或成年後依個人意願，取得山地原住民或平地原住民身分。

第11條：原住民身分取得、喪失、變更或回復之申請，由當事人戶籍所在地之戶政事務所受理，審查符合規定後於戶籍資料及戶口名簿內註記或塗銷其山地或平地原住民身分及族別，並通報當事人戶籍所在地之鄉（鎮、市、區）公所。前項原住民之族別認定辦法，由行政院定之。

二、法定區分「平地原住民」或「山地原住民」的方式未必合理

原住民區分為「平地」與「山地」兩種不同身分，衍生了若干不合理現象，未必合理。包括族群內部分化，福利措施差異，選舉席次名額分配、選舉區劃分、平地與山地原住民能否互選等問題。但是由於缺乏

較具規模嚴謹之學術研究資料可資佐證這些不合理現象，加上大族群的既得利益者不願放棄現行制度，因此原住民身分區分之消除，及選區重新劃分猶待改善。

第五項、在立法院內的常駐警察

一、立法院警衛隊

　　立法院組織法第31條：總務處警衛隊，置隊長1人、副隊長2人、督察員1人、警務員1人、分隊長4人、小隊長12人至14人、警務佐1人、隊員120人至150人，掌理本院安全維護與警衛事宜。前項警衛隊員警，由內政部警政署派充之。本法修正施行前僱用之駐衛警，得繼續僱用至離職時止。本院安全維護遇有特殊情況時，得商請內政部警政署增派人員。

二、立法院警衛勤務

　　立法院警衛勤務規則第2條：本院警衛勤務方式如下：
1. 值班：於院區各門口設置值勤臺或崗哨，由服勤人員值守之，並應視狀況需要站立門首瞭望附近地帶，擔負警戒等任務。
2. 巡邏：由服勤人員循指定路線按時巡視，以查察可疑人、事、物，防範危害。
3. 守望：於議場、會議室及首長辦公室等地區，由服勤人員在一定位置擔任警戒、警衛及管制等安全維護勤務。
4. 交通整理：於上下班時間或開會期間派員指揮、疏導交通，並擔任院區各停車場之交通管理。
5. 備勤：服勤人員在勤務機構內整裝待命，以備突發事件之機動使用，或臨時勤務之派遣。
　　第3條：因事實需要，本院得隨時請求治安機關調派員警支援勤

務，其派在院間支援者，受本院之指揮監督。

第4條：勤務之時間、規劃及督導，準用警察勤務條例有關規定辦理。

第5條：為維護會場秩序、防止危害及保護委員安全，警衛人員得應院會或委員會主席之召喚，進入會場，執行警衛勤務。

第6條：本院警衛依法執行勤務時，應本手段目的相當原則，對防礙會場秩序者，為必要之制止或隔離，除因逮捕現行犯外，不得使用械具。

第六項、立法院行使同意任命對象

應先經立法院同意後任命的對象，主要的依據中央行政機關組織基準法辦理，該法第21條規定，獨立機關合議制之成員，均應明定其任職期限、任命程序、停職、免職之規定及程序。但相當二級機關之獨立機關，其合議制成員中屬專任者，應先經立法院同意後任命之；其他獨立機關合議制成員由一級機關首長任命之。

一級機關首長為前項任命時，應指定成員中之1人為首長，1人為副首長。第一項合議制之成員，除有特殊需要外，其人數以5人至11人為原則，具有同一黨籍者不得超過一定比例。

目前應經立法院行使同意命命的對象包括：

一、司法院大法官，並院長、副院長

憲法增修條文第5條：司法院設大法官15人，並以其中1人為院長、1人為副院長，由總統提名，經立法院同意任命之。

二、考試院院長、副院長、考試委員

憲法增修條文第6條：考試院設院長、副院長各1人，考試委員若干人，由總統提名，經立法院同意任命之。

三、監察院監察委員，並院長、副院長

憲法增修條文第7條：監察院設監察委員29人，並以其中1人為院長、1人為副院長，任期6年，由總統提名，經立法院同意任命之。

四、審計長

憲法第104條：監察院設審計長，由總統提名，經立法院同意任命之。

五、最高法院檢察署檢察總長

法院組織法第66條：最高法院檢察署檢察總長由總統提名，經立法院同意任命之，任期4年，不得連任。總統應於前項規定生效後1個月內，向立法院提出最高法院檢察署檢察總長人選。

六、中央選舉委員會主任委員、副主任委員及委員

中央選舉委員會組織法第3條：本會置委員9人至11人。主任委員、副主任委員及委員均由行政院院長提名經立法院同意後任命。委員任期為4年，任滿得連任1次。但本法施行後，第1次任命之委員，其中5人之任期為2年。

七、國家通訊傳播委員會委員

國家通訊傳播委員會組織法第4條：本會置委員7人，均為專任。委員任期為4年，任滿得連任。但本法第一次修正後，第1次任命之委員，其中3人之任期為2年。本會委員應具電信、資訊、傳播、法律或財經等專業學識或實務經驗。委員中同一黨籍者不得超過委員總數二分之一。

本會委員由行政院院長提名，經立法院同意後任命之。主任委員及副主任委員由委員互選產生後任命之。

第六章　學習自我評量

一、請試回答以下問題

1. 試論立法院彈劾總統的法定程序及其效力為何？

2. 試論立法院罷免總統的法定程序及其效力為何？

3. 試論立法院立法委員「言論免責」是否代表任何時地的言論都可以「免責」？其作用之要件為何？

4. 試說明立法委院「不被逮捕」的特權應行之於何種時機？

二、請試作以下測驗題

1. 依憲法增修條文規定，領土變更之程序為何？（99警察三特）
   (A)行政院提案並決議　　　　　　　(B)由行政院提案，經立法院決議
   (C)立法院提案並決議　　　　　　　(D)由立法院提案，經公民複決通過

2. 下列何者非屬憲法第170條規定立法院通過，總統公布之法律？（99警察三特）
   (A)法　(B)通則　(C)條例　(D)自治條例

3. 每屆立法委員任期屆滿時，其尚未議決之議案，下屆立法委員對於下列何者不予繼續審議？（99警察三特）
   (A)法律案　(B)預算案　(C)決算案　(D)人民請願案

4. 我國憲法對立法委員人身自由權之特殊保障，即不受逮捕之特權，在修憲後已調整為僅限於：（95警佐26期2類）
   (A)在任期中　(B)在會期中　(C)在立法院內　(D)由立法院院長決定

5. 由立法制定過程之資料去探求立法者的立法旨意，來解釋法律。這種解釋的方法，稱為何種解釋？（99警察三特）

(A)文義解釋　(B)歷史解釋　(C)社會學解釋　(D)論理解釋

6. 依憲法增修條文規定，總統行使解散立法院之權的前提條件為：（97警察四特）

(A)立法院通過對行政院院長之不信任案後十日內，並經諮詢立法院院長

(B)立法院通過對行政院院長之不信任案後十日內，並經諮詢行政院院長

(C)立法院對於行政院提出之覆議案，決議維持原案後十日內，並經諮詢行政院院長

(D)立法院對於行政院提出之覆議案，決議維持原案後十日內，並經諮詢立法院院長

7. 下列何者為立法院審查預算時，應遵守的憲法規定或限制？（97警察四特）

(A)對於行政院所提預算案，不得為增加支出之提議

(B)對於司法院所提司法概算，不得刪減

(C)對於各機關所編列預算之數額，可以在款項目節間移動增減

(D)預算案的審議方式與一般法律案完全相同

8. 依憲法增修條文規定，行政院與立法院之關係，下列敘述何者正確？（95警察三特）

(A)行政院有向立法院提出施政方針及施政報告之責

(B)立法院不得對行政院院長提出不信任案

(C)立法委員不得對行政院院長質詢

(D)行政院院長之任命須經立法院同意

9. 我國立法院會議之決議，除法令另有規定外，原則上須有多少委員之同意行之？（99三等身心障）

(A)出席委員三分之二同意　　　(B)出席委員過半數之同意

(C)全體委員三分之一同意　　　(D)全體委員三分之二同意

10.依據憲法增修條文之規定,考試院院長、副院長、考試委員由總統提名,須由何機關同意任命之?(97基層行政警察四等)

(A)立法院　(B)司法院　(C)國民大會　(D)監察院

11.第七次修憲後立法委員之選舉,在全國不分區之代表部分,應依政黨名單投票選舉之,而各政黨當選名單中,婦女名額不得低於:(95警佐26期2類)

(A)五分之一　(B)四分之一　(C)三分之一　(D)二分之一

12.下列何者不是立法院之職權?(100一般警察三等)

(A)審理總統、副總統之彈劾案　　(B)對行政院院長提出不信任案

(C)質詢權　　　　　　　　　　　(D)文件調閱權

13.依憲法增修條文第8條之規定,有關立法委員報酬或待遇的敘述,下列何者錯誤?(100一般警察四等)

(A)經法律授權者,立法委員得隨時增加自己的報酬或待遇

(B)得以年度通案調整報酬或待遇

(C)單獨增加立法委員報酬或待遇之規定,應自次屆起實施

(D)應以法律定之

14.依憲法增修條文之規定,立法委員在何種期間,享有不逮捕的特權?(100一般警察四等)

(A)任期中　(B)會期中　(C)就任前　(D)休會期中

15.立法院遇有下列何者情事時,得開臨時會?(100一般警察四等)

(A)總統之咨請　　　　　　　　　(B)行政院院長之咨請

(C)立法院院長之咨請　　　　　　(D)司法院大法官之咨請

16.依憲法增修條文第3條規定,立法院通過某法律,但行政院認為窒礙難行,經由法定程序後再送回立法院審議的制度,叫做:(100一般警察四等)

(A)覆議　(B)復議　(C)核可　(D)不信任案

17.下列有關全國不分區立法委員之敘述，何者錯誤？（100一般警察四等）

(A)有婦女當選比例的規定

(B)按政黨得票總數比例方式選出

(C)不因其喪失所由選出之政黨資格而喪失其資格

(D)不得由選舉區之選民以投票方式予以罷免

18.下列各項職務中，何者須經立法院同意後，始得任命？（100警察三等）

(A)行政院主計長　　　　　　　(B)法務部部長

(C)行政院勞工委員會主任委員　(D)審計長

19.依憲法增修條文，立法院針對下列何種人事案有同意權？（100警察三等）

(A)行政院院長　　　　　　　　(B)司法院大法官

(C)內政部部長　　　　　　　　(D)司法院公務員懲戒委員會委員

20.有關憲法第63條立法院對於預算議決權敘述，下列何者錯誤？（100警察三等）

(A)預算案只許立法院以外之關係院提出，立法院及立法委員則僅有審議權限

(B)預算案每一年度實施一次即失其效力，故在學理上又稱為措施性法律

(C)立法院就預算案之審議不得對各機關所編列預算之數額，在款項目節間移動增減

(D)預算案之審議關係政府整年度之收支，故審議時有法定之時間之限制

21.依現行規定，立法委員的婦女保障名額如何選出？（100警察三等）

(A)由直轄市、縣市的當選名額中選出

(B)由原住民的當選名額中選出

(C)由全國不分區及僑居國外國民的當選名額中選出

(D)未予以規範

22.立法院行使罷免總統之職權，其程序性之規定係規範於下列何種法律？（100警察三等）

(A)立法院職權行使法 　　　　　(B)立法委員行為法

(C)立法院組織法 　　　　　　　(D)總統副總統選舉罷免法

23.依據憲法規定，下列何者無須超出黨派？（100警察四等）

(A)法官　(B)考試委員　(C)軍人　(D)立法委員

24.依據憲法增修條文，憲法之修改須由下列那一機關提出憲法修正案？（100警察四等）

(A)行政院　(B)立法院　(C)司法院憲法法庭　(D)修憲會議

25.依憲法本文規定，行政院應將下年度預算案提出於下列何者？（100警察四等）

(A)監察院　(B)總統　(C)立法院　(D)司法院

26.依憲法本文及增修條文的規定，下列何種權限屬立法院所有？（100警察四等）

(A)提出總統彈劾案　(B)提出總預算案　(C)提出大赦案　(D)提出戒嚴案

27.依憲法增修條文之規定，有關立法院對於總統、副總統之彈劾案程序之敘述，下列何者錯誤？（101一般警察三等）

(A)須經全體立法委員1/2以上之提議，全體立法委員2/3以上決議

(B)立法院決議通過的總統、副總統之彈劾案，須聲請司法院大法官審理

(C)監察院仍可依憲法第100條規定，提出對於總統、副總統的彈劾案，故與立法院形成雙軌制

(D)彈劾的事由不限於內亂與外患罪

28.依司法院釋字第461號解釋，下列何人有義務列席立法院接受質詢？
（101一般警察四等）

(A)最高法院院長　(B)考試院院長　(C)參謀總長　(D)監察委員

29.立法院決議通過總統、副總統之彈劾案後，須再由下列何者審理？
（101一般警察四等）

(A)）普通法院法官　　　　　　　(B)行政法院法官

(C)公務員懲戒委員會委員　　　　(D)憲法法庭

30.依我國憲法增修條文第4條的規定，依投票選出代表全國不分區與僑
居國外國民之立法委員，政黨之選票至少應達多少比率以上，方得
依得票比率分配立法委員當選席次？（101一般警察四等）

(A)百分之二　(B)百分之三　(C)百分之四　(D)百分之五

31.依憲法第111條規定，中央與地方就憲法未列舉事項之權限發生爭議
時，由下列何者解決？（101一般警察四等）

(A)總統　(B)行政院　(C)立法院　(D)司法院

32.審計長由總統提名，經下列何機關同意任命之？（101一般警察四
等）

(A)監察院　(B)考試院　(C)立法院　(D)行政院

33.依憲法第72條之規定，總統應於收到立法院通過的法律案後幾日內
公布之？（101一般警察四等）

(A)10日　(B)15日　(C)20日　(D)30日

34.有關總統、副總統彈劾案、罷免案之敘述，下列何者錯誤？（101警
察三等）

(A)彈劾案須經全體立法委員二分之一以上之提議，全體立法委員三
分之二以上之決議

(B)罷免案須經全體立法委員五分之一以上之提議，全體立法委員三
分之二以上之同意

(C)彈劾案提出後，由司法院大法官組成憲法法庭審理

(D)罷免案提出後由中華民國自由地區選舉人投票

35 有關立法院常會會期之敘述，下列何者正確？（101警察三等）

(A)每年2次，自行集會，必要時得延長之

(B)每年2次，由總統咨請集會，必要時得延長之

(C)每年3次，自行集會，不得延長

(D)每年3次，由總統咨請集會，必要時得延長之

36 立法委員被視為我國國會議員，惟與英國內閣制國家之國會議員相較，下列敘述何者錯誤？（101警察三等）

(A)均須定期改選　　　　　　　(B)均擁有倒閣權

(C)均不可兼任官吏　　　　　　(D)均由人民直接選出

37.關於立法委員不受逮捕特權之敘述，下列何者錯誤？（101警察三等）

(A)立法委員在會期中享有不受逮捕特權

(B)憲法保障立法委員不受逮捕特權乃是為防止司法機關及行政機關濫用逮捕權妨礙國會議員執行職務

(C)立法委員在會期內如經立法院之許可仍可逮捕

(D)立法委員在會期中如係現行犯仍不可逕予逮捕

| 正確答案 |

1.D　2.D　3.A　4.B　5.B　6.A　7.A　8.A　9.B　10.A

11D　12.A　13.A　14.B　15.A　16.A　17.C　18.D　19.B　20.A

21.C　22.A　23.D　24.B　25.C　26.A　27.C　28.C　29.D　30.D

31.C　32.C　33.A　34.B　35.A　36.C　37.D

第七章　司法

第一節、憲法本文釋義

第一項、司法院之地位與職權

> **第七十七條**
>
> 　　司法院為國家最高司法機關，掌理民事、刑事、行政訴訟之審判及公務員之懲戒。

一、最高司法機關

（一）高等法院以下各級法院應隸屬於司法院

　　民國49年8月15日，司法院大法官釋字第86號，解釋要旨：

> 憲法第77條所定司法院為國家最高司法機關，掌理民事、刑事之審判，係指各級法院民事、刑事訴訟之審判而言。高等法院以下各級法院既分掌民事、刑事訴訟之審判，自亦應隸屬於司法院。

（二）司法院得向立法院提出法律案

　　民國71年5月25日，司法院大法官釋字第175號，解釋要旨：

司法院為國家最高司法機關，基於五權分治彼此相維之憲政體制，就其所掌有關司法機關之組織及司法權行使之事項，得向立法院提出法律案。

（三）法律劃分審判權

民國87年2月27日，司法院大法官釋字第448號，解釋要旨：

司法院為國家最高司法機關，掌理民事、刑事、行政訴訟之審判及公務員之懲戒，憲法第77條定有明文，可知民事與行政訴訟之審判有別。又依憲法第16條人民固有訴訟之權，惟訴訟應由如何之法院受理及進行，應由法律定之，業經本院釋字第297號解釋在案。我國關於行政訴訟與民事訴訟之審判，依現行法律之規定，係採二元訴訟制度，分由不同性質之法院審理。關於因公法關係所生之爭議，由行政法院審判，因私法關係所生之爭執，則由普通法院審判。行政機關代表國庫出售或出租公有財產，並非行使公權力對外發生法律上效果之單方行政行為，即非行政處分，而屬私法上契約行為，當事人若對之爭執，自應循民事訴訟程序解決。行政法院58年判字第270號判例及61年裁字第159號判例，均旨在說明行政機關代表國庫出售或出租公有財產所發生之爭議，應由普通法院審判，符合現行法律劃分審判權之規定，無損於人民訴訟權之行使，與憲法並無牴觸。

第二項、解釋憲法、解釋法律及命令

第七十八條

司法院解釋憲法，並有統一解釋法律及命令之權。

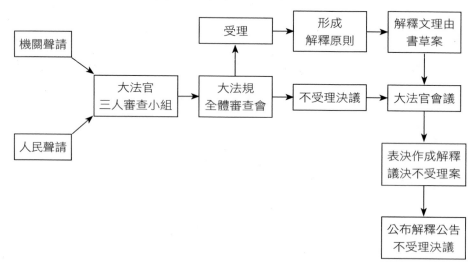

大法官審理流程圖

　　司法院大法官審理案件法第2條：司法院大法官，以會議方式，合議審理司法院解釋憲法與統一解釋法律及命令之案件；並組成憲法法庭，合議審理政黨違憲之解散案件。

　　第3條：大法官審理案件之迴避，準用行政訴訟法之規定。

一、解釋憲法

（一）大法官解釋憲法事項

　　司法院大法官審理案件法第4條規定，大法官解釋憲法之事項如左：

(1)關於適用憲法發生疑義之事項。

(2)關於法律或命令，有無牴觸憲法之事項。

(3)關於省自治法、縣自治法、省法規及縣規章有無牴觸憲法之事項。

前項解釋之事項，以憲法條文有規定者為限。

（二）聲請解釋憲法之要件

司法院大法官審理案件法第5條規定，有左列情形之一者，得聲請解釋憲法：

1. 中央或地方機關，於其行使職權，適用憲法發生疑義，或因行使職權與其他機關之職權，發生適用憲法之爭議，或適用法律與命令發生有牴觸憲法之疑義者。

2. 人民、法人或政黨於其憲法上所保障之權利，遭受不法侵害，經依法定程序提起訴訟，對於確定終局裁判所適用之法律或命令發生有牴觸憲法之疑義者。

3. 依立法委員現有總額三分之一以上之聲請，就其行使職權，適用憲法發生疑義，或適用法律發生有牴觸憲法之疑義者。最高法院或行政法院就其受理之案件，對所適用之法律或命令，確信有牴觸憲法之疑義時，得以裁定停止訴訟程序，聲請大法官解釋。聲請解釋憲法不合前2項規定者，應不受理。

（三）聲請解釋憲法程序

司法院大法官審理案件法第8條規定，聲請解釋憲法，應以聲請書敘明左列事項向司法院為之：

1. 聲請解釋憲法之目的。
2. 疑義或爭議之性質與經過，及涉及之憲法條文。
3. 聲請解釋憲法之理由及聲請人對本案所持之立場與見解。
4. 關係文件之名稱及件數。

聲請統一解釋，應以聲請書敘明左列事項向司法院為之：

1. 聲請統一解釋之目的。
2. 法律或命令見解發生歧異之經過及涉及之法律或命令條文。
3. 聲請解釋之理由及聲請人對本案所持之立場與見解。

4. 關係文件之名稱及件數。

（四）憲法解釋成立要件

司法院大法官審理案件法第14條：大法官解釋憲法，應有大法官現有總額三分之二之出席，及出席人三分之二同意，方得通過。但宣告命令牴觸憲法時，以出席人過半數同意行之。大法官統一解釋法律及命令，應有大法官現有總額過半數之出席，及出席人數過半數之同意，方得通過。

（五）憲法解釋文

司法院大法官審理案件法第11條：前條提會討論之解釋案件，應先由會決定原則，推大法官起草解釋文，會前印送全體大法官，再提會討論後表決之。

第17條：大法官決議之解釋文，應附具解釋理由書，連同各大法官對該解釋之協同意見書或不同意見書，一併由司法院公布之，並通知本案聲請人及其關係人。大法官所為之解釋，得諭知有關機關執行，並得確定執行之種類及方法。

二、統一解釋法律及命令

司法院大法官審理案件法第7條規定，有左列情形之一者，得聲請統一解釋：

1. 中央或地方機關，就其職權上適用法律或命令所持見解，與本機關或他機關適用同一法律或命令時所已表示之見解有異者。但該機關依法應受本機關或他機關見解之拘束，或得變更其見解者，不在此限。
2. 人民、法人或政黨於其權利遭受不法侵害，認確定終局裁判適用法律或命令所表示之見解，與其他審判機關之確定終局裁判，適

用同一法律或命令時所已表示之見解有異者。但得依法定程序聲明不服，或後裁判已變更前裁判之見解者，不在此限。前項第2款之聲請，應於裁判確定後3個月內為之。聲請統一解釋不合前2項規定者，應不受理。

第三項、司法院首長、大法官設置及同意任命權

第七十九條

司法院設院長、副院長各一人，由總統提名，經監察院同意任命之。

司法院設大法官若干人，掌理本憲法第七十八條規定事項，由總統提名，經監察院同意任命之。

憲法增修條文第5條（前段部份）：司法院設大法官15人，並以其中1人為院長、1人為副院長，由總統提名，經立法院同意任命之，自中華民國92年起實施，不適用憲法第79條之規定。換言之，本憲法第79條規定已「不適用」。

第四項、法官須超出黨派

第八十條（法官須超出黨派）

法官須超出黨派以外，依據法律獨立審判，不受任何干涉。

司法院有司法行政監督權限，並以維護審判獨立為目標

民國90年10月5日，司法院大法官釋字第530號，解釋要旨：

憲法第80條規定法官須超出黨派以外，依據法律獨立審判，不受任何干涉，明文揭示法官從事審判僅受法律之拘束，不受其

他任何形式之干涉；法官之身分或職位不因審判之結果而受影響；法官唯本良知，依據法律獨立行使審判職權。

審判獨立乃自由民主憲政秩序權力分立與制衡之重要原則，為實現審判獨立，司法機關應有其自主性；本於司法自主性，最高司法機關就審理事項並有發布規則之權；又基於保障人民有依法定程序提起訴訟，受充分而有效公平審判之權利，以維護人民之司法受益權，最高司法機關**自有司法行政監督之權限**。司法自主性與司法行政監督權之行使，均應**以維護審判獨立為目標**，因是最高司法機關於達成上述司法行政監督之目的範圍內，雖得發布命令，但不得違反首揭審判獨立之原則。

最高司法機關依司法自主性發布之上開規則，得就審理程序有關之細節性、技術性事項為規定；本於司法行政監督權而發布之命令，除司法行政事務外，提供相關法令、有權解釋之資料或司法實務上之見解，作為所屬司法機關人員執行職務之依據，亦屬法之所許。惟各該命令之內容不得牴觸法律，非有法律具體明確之授權亦不得對人民自由權利增加法律所無之限制；若有涉及審判上之法律見解者，法官於審判案件時，並不受其拘束，業經本院釋字第216號解釋在案。

司法院本於司法行政監督權之行使所發布之各注意事項及實施要點等，亦不得有違審判獨立之原則。檢察官偵查刑事案件之檢察事務，依檢察一體之原則，檢察總長及檢察長有法院組織法第63條及第64條所定檢察事務指令權，是檢察官依刑事訴訟法執行職務，係受檢察總長或其所屬檢察長之指揮監督，與法官之審判獨立尚屬有間。關於各級法院檢察署之行政監督，依法院組織法第111條第1款規定，法務部部長監督各級法院及分院檢察署，從而法務部部長就檢察行政監督發布命令，以貫徹刑事政策及迅速有效執行檢察事務，亦非法所不許。

憲法第77條規定：「司法院為最高司法機關，掌理民事、刑事、行政訴訟之審判及公務員之懲戒。」惟依現行司法院組織法規定，司法院設置大法官17人，審理解釋憲法及統一解釋法令案件，並組成憲法法庭，審理政黨違憲之解散事項；於司法院之下，設各級法院、行政法院及公務員懲戒委員會。是司法院除審理上開事項之大法官外，其本身僅具最高司法行政機關之地位，致使最高司法審判機關與最高司法行政機關分離。為期符合司法院為最高審判機關之制憲本旨，司法院組織法、法院組織法、行政法院組織法及公務員懲戒委員會組織法，應自本解釋公布之日起2年內檢討修正，以副憲政體制。

二、司法人員與司法官

司法人員人事條例第2條：本條例稱司法人員，指最高法院以下各級法院及檢察署之司法官、公設辯護人及其他司法人員。

第3條規定，本條例稱司法官，指左列各款人員：

1. 最高法院院長、兼任庭長之法官、法官。
2. 最高法院檢察署檢察總長、主任檢察官、檢察官。
3. 高等法院以下各級法院及其分院兼任院長或庭長之法官、法官。
4. 高等法院以下各級法院及其分院檢察署檢察長、主任檢察官、檢察官。

第五項、法官終身職保障

第八十一條

法官為終身職，非受刑事或懲戒處分，或禁治產之宣告，不得免職。非依法律，不得停職、轉任或減俸。

一、憲法第81條所稱之法官不包含檢察官在內

民國42年1月31日，司法院大法官釋字第13號，解釋要旨：

憲法第81條所稱之法官，係指同法第80條之法官而言，不包含檢察官在內。但實任檢察官之保障，依同法第82條，及法院組織法第40條第2項之規定，除轉調外，與實任推事同。

二、法官受憲法直接規範與特別保障

民國94年7月22日，司法院大法官釋字第601號，解釋要旨：

司法院大法官由總統提名，經立法院同意後任命，為憲法第80條規定之法官，本院釋字第392號、第396號、第530號、第585號等解釋足資參照。為貫徹憲法第80條規定「法官須超出黨派以外，依據法律獨立審判，不受任何干涉」之意旨，大法官無論其就任前職務為何，在任期中均應受憲法第81條關於法官「非受刑事或懲戒處分，或禁治產之宣告，不得免職。非依法律，不得停職、轉任或減俸」規定之保障。法官與國家之職務關係，因受憲法直接規範與特別保障，故與政務人員或一般公務人員與國家之職務關係不同。

憲法第81條關於法官非依法律不得減俸之規定，依法官審判獨立應予保障之憲法意旨，係指法官除有懲戒事由始得以憲法第170條規定之法律予以減俸外，各憲法機關不得以任何其他理由或方式，就法官之俸給，予以刪減。

司法院大法官之俸給，依中華民國38年1月17日公布之總統副總統及特任人員月俸公費支給暫行條例第2條規定及司法院組織法第5條第4項前段、司法人員人事條例第40條第3項、第38條

第2項之規定以觀，係由本俸、公費及司法人員專業加給所構成，均屬依法支領之法定經費。立法院審議94年度中央政府總預算案時，刪除司法院大法官支領司法人員專業加給之預算，使大法官既有之俸給因而減少，與憲法第81條規定之上開意旨，尚有未符。

司法院院長、副院長，依憲法增修條文第5條第1項規定，係由大法官並任，其應領取司法人員專業加給，而不得由立法院於預算案審議中刪除該部分預算，與大法官相同；至司法院秘書長職司者為司法行政職務，其得否支領司法人員專業加給，自應依司法人員人事條例第39條等相關法令個案辦理，併予指明。

司法院大法官解釋文釋字第601號：憲法第81條關於法官非依法律不得減俸之規定，依法官審判獨立應予保障之憲法意旨，係指法官除有懲戒事由始得以憲法第170條規定之法律予以減俸外，各憲法機關不得以任何其他理由或方式，就法官之俸給，予以刪減。

司法院大法官之俸給，依中華民國38年1月17日公布之總統副總統及特任人員月俸公費支給暫行條例第2條規定及司法院組織法第5條第4項前段、司法人員人事條例第40條第3項、第38條第2項之規定以觀，係由本俸、公費及司法人員專業加給所構成，均屬依法支領之法定經費。立法院審議94年度中央政府總預算案時，刪除司法院大法官支領司法人員專業加給之預算，使大法官既有之俸給因而減少，與憲法第81條規定之上開意旨，尚有未符。

司法院院長、副院長，依憲法增修條文第5條第1項規定，係由大法官並任，其應領取司法人員專業加給，而不得由立法院於預算案審議中刪除該部分預算，與大法官相同；至司法院秘書長職司者為司法行政職務，其得否支領司法人員專業加給，自應依司法人員人事條例第39條等相關法令個案辦理，併予指明。

三、法官為終生職，旨在維護審判獨立

民國91年2月8日，司法院大法官釋字第539號，解釋要旨：

憲法第80條規定：「法官須超出黨派以外，依據法律獨立審判，不受任何干涉。」除揭示司法權獨立之原則外，並有要求國家建立完備之維護審判獨立制度保障之作用。又憲法第81條明定：「法官為終身職，非受刑事或懲戒處分或禁治產之宣告，不得免職，非依法律，不得停職、轉任或減俸」。旨在藉法官之身分保障，以維護審判獨立。凡足以影響因法官身分及其所應享有權利或法律上利益之人事行政行為，固須依據法律始得為之，惟不以憲法明定者為限。若未涉及法官身分及其應有權益之人事行政行為，於不違反審判獨立原則範圍內，尚非不得以司法行政監督權而為合理之措置。

依法院組織法及行政法院組織法有關之規定，各級法院所設之庭長，除由兼任院長之法官兼任者外，餘由各該審級法官兼任。法院組織法第15條、第16條等規定庭長監督各該庭（處）之事務，係指為審判之順利進行所必要之輔助性司法行政事務而言。庭長於合議審判時雖得充任審判長，但無庭長或庭長有事故時，以庭員中資深者充任之。

充任審判長之法官與充當庭員之法官共同組成合議庭時，審判長除指揮訴訟外，於審判權之行使，及對案件之評決，其權限與庭員並無不同。審判長係合議審判時為統一指揮訴訟程序所設之機制，與庭長職務之屬於行政性質者有別，足見庭長與審判長乃不同功能之兩種職務。憲法第81條所保障之身分對象，應限於職司獨立審判之法官，而不及於監督司法行政事務之庭長。

又兼任庭長之法官固比其他未兼行政職務之法官具有較多之職責，兼任庭長者之職等起敘雖亦較法官為高，然二者就法官本職所得晉敘之最高職等並無軒輊，其在法律上得享有之權利及利益皆無差異。

司法院以中華民國84年5月5日(84)院台人一字第08787號函訂定發布之「高等法院以下各級法院及其分院法官兼庭長職期調任實施要點」(89年7月28日(89)院台人二字第18319號函修正為「高等法院以下各級法院及其分院、高等行政法院法官兼庭長職期調任實施要點」)，其中第2點或第3點規定於庭長之任期屆滿後，令免兼庭長之人事行政行為，僅免除庭長之行政兼職，於其擔任法官職司審判之本職無損，對其既有之官等、職等、俸給亦無不利之影響，故性質上僅屬機關行政業務之調整。

司法行政機關就此本其組織法上之職權為必要裁量並發布命令，與憲法第81條法官身分保障之意旨尚無牴觸。健全之審判周邊制度，乃審判公平有效遂行之必要條件，有關審判事務之司法行政即為其中一環。庭長於各該庭行政事務之監督及處理，均有積極輔助之功能。為貫徹憲法第82條法院組織之法律保留原則，建立審判獨立之完備司法體制，有關庭長之遴選及任免等相關人事行政事項，仍以本於維護審判獨立之司法自主性（本院釋字第530號解釋參照），作通盤規劃，以法律規定為宜，併此指明。

看新聞學憲法

由於我國法官受憲法直接規範與特別保障，導致不肖法官有恃無恐，橫行司法界。這些人不但包辦訴訟，收錢後保證可判無罪，而且私生活極不檢點。曾經出現法官召妓、包養情婦、喝酒鬧事、為自己個人小事對弱勢者濫訟等等醜聞。這些法官的違法言行以往在官僚體系「官官相護」惡習下，長期被遮掩、包庇，不易被外人發覺。不肖法官實

在有虧於制憲者在憲法第81條為求司法公正獨立，而所為的特別保障美意。不肖法官腐敗事例甚多，以下僅舉一則新聞為例，即可略窺一斑。

索賄、行賄，買無罪再逃亡

花蓮高分院前法官張○○向當事人索賄卅萬，涉貪被判重刑；為擺平自己官司，花350萬行賄審判長房○○「買到」無罪判決。張○○的境遇，就像房○○所說：「生死因緣，果報自受。」

張○○後來被判刑11年定讞，在執行前夕偷渡大陸，逃匿3年多後被逮，檢察官昨天將他發監執行。張○○的逃亡日子結束，牢獄生涯開始。

據指出，台東縣男子郭○○與王○○藉買賣土地向蔡姓男子詐財，先由郭謊稱要高價購地，讓蔡陷於錯誤，以高於市價一倍的價格向王買地，之後王避不見面，讓蔡無法依約交付土地權狀給郭，最後解約賠償。

郭為脫罪，向花蓮高分院控告蔡沒有土地可賣，卻向他收定金，並向法官張○○行賄30萬元，希望判決蔡有罪。張○○收賄後來不及宣判就調職，郭不滿「拿錢沒辦事」，寫律師函要張○○加計利息還錢，被調查局查出賄賂內情。

張○○一審至更三審都判有罪，更四審由房○○任審判長、蔡○○任陪席，張○○支付350萬元，透過律師邱○○、段○○夫婦行賄，2005年5月獲判無罪；但輿論撻伐，高檢署上訴，更五審改判11年確定。

張○○的賄款，邱○○夫婦抽佣50萬，餘款交給蔡○○的女友黃○○珍。蔡○○拿200萬元給房○○，自己留用100萬元。

張○○偷渡大陸後，也學當年向他行賄的郭姓男子，透過妻子向邱○○夫婦哭窮索討350萬元，揚言「不還錢，會讓整件事

曝光」；結果讓沉住氣暗中蒐證3年多的檢調單位發現何○○行
賄案，扯出更多不肖法官（熊迺祺，2010年11月13日）。

第六項、司法院及各級法院組織法制化

> ### 第八十二條
> 司法院及各級法院之組織，以法律定之。

一、司法院組織

司法院組織法第3條：司法院置大法官17人，審理解釋憲法及統一解釋法令案件，並組成憲法法庭，審理政黨違憲之解散事項，均以合議行之。

大法官會議，以司法院院長為主席。

憲法法庭審理案件，以資深大法官充審判長；資同者以年長者充之。

第7條：司法院設各級法院、行政法院及公務員懲戒委員會；其組織均另以法律定之。

第8條：司法院院長綜理院務及監督所屬機關。

司法院院長因故不能視事時，由副院長代理其職務。

司法院院長出缺時，由副院長代理；其代理期間至總統提名繼任院長經立法院同意，總統任命之日為止。

司法院副院長出缺時，暫從缺；至總統提名繼任副院長經立法院同意，總統任命之日為止。

司法院院長、副院長同時出缺時，由總統就大法官中指定1人代理院長；其代理期間至總統提名繼任院長、副院長經立法院同意，總統任命之日為止。

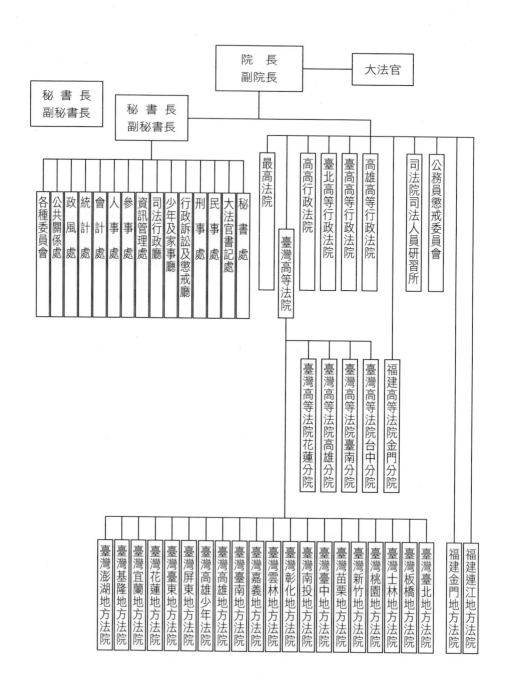

司法院組織圖

二、各級法院組織

法院組織法第1條規定，本法所稱法院，分左列3級：

1. 地方法院。

2. 高等法院。

3. 最高法院。

第2條：法院審判民事、刑事及其他法律規定訴訟案件，並依法管轄非訟事件。

第3條：地方法院審判案件，以法官1人獨任或3人合議行之。高等法院審判案件，以法官3人合議行之。最高法院審判案件，以法官5人合議行之。

第4條：合議審判，以庭長充審判長；無庭長或庭長有事故時，以庭員中資深者充之，資同以年長者充之。獨任審判，即以該法官行審判長之職權。

（一）地方法院

法院組織法第9條：地方法院管轄事件如左：

1. 民事、刑事第一審訴訟案件。但法律別有規定者，不在此限。

2. 其他法律規定之訴訟案件。

3. 法律規定之非訟事件。

第10條：地方法院得設簡易庭，其管轄事件依法律之規定。

第13條：地方法院置院長1人，由法官兼任，簡任第10職等至第12職等，綜理全院行政事務。但直轄市地方法院兼任院長之法官，簡任第11職等至第13職等。

第14條：地方法院分設民事庭、刑事庭，其庭數視事務之繁簡定之；必要時得設專業法庭。

（二）高等法院

法院組織法第31條：省、直轄市或特別區域各設高等法院。但得視其地理環境及案件多寡，增設高等法院分院；或合設高等法院；或將其轄區之一部劃歸其他高等法院或其分院，不受行政區劃之限制。

第32條規定，高等法院管轄事件如左：

1. 關於內亂、外患及妨害國交之刑事第一審訴訟案件。

2. 不服地方法院及其分院第一審判決而上訴之民事、刑事訴訟案件。但法律另有規定者，從其規定。

3. 不服地方法院及其分院裁定而抗告之案件。

4. 其他法律規定之訴訟案件。

第35條：高等法院置院長1人，由法官兼任，簡任第13職等至第14職等，綜理全院行政事務。

第36條：高等法院分設民事庭、刑事庭，其庭數視事務之繁簡定之；必要時得設專業法庭。各庭庭長，除由兼任院長之法官兼任者外，餘由其他法官兼任，簡任第11職等至第13職等，監督各該庭事務。

（三）最高法院

法院組織法第47條：最高法院設於中央政府所在地。

第48條：最高法院管轄事件如左：

1. 不服高等法院及其分院第一審判決而上訴之刑事訴訟案件。

2. 不服高等法院及其分院第二審判決而上訴之民事、刑事訴訟案件。

3. 不服高等法院及其分院裁定而抗告之案件。

4. 非常上訴案件。

5. 其他法律規定之訴訟案件。

三、檢察機關

法院組織法第58條：各級法院及分院各配置檢察署。

第59條：各級法院及分院檢察署置檢察官，最高法院檢察署以1人為檢察總長，其他法院及分院檢察署各以1人為檢察長，分別綜理各該署行政事務。各級法院及分院檢察署檢察官員額在6人以上者，得分組辦事，每組以1人為主任檢察官，監督各該組事務。

第60條規定，檢察官之職權如左：

1. 實施偵查、提起公訴、實行公訴、協助自訴、擔當自訴及指揮刑事裁判之執行。

2. 其他法令所定職務之執行。

第61條：檢察官對於法院，獨立行使職權。

第62條：檢察官於其所屬檢察署管轄區域內執行職務。但遇有緊急情形或法律另有規定者，不在此限。

第63條：檢察總長依本法及其他法律之規定，指揮監督該署檢察官及高等法院以下各級法院及分院檢察署檢察官。檢察長依本法及其他法律之規定，指揮監督該署檢察官及其所屬檢察署檢察官。檢察官應服從前2項指揮監督長官之命令。

四、最高法院檢察署特別偵查組

法院組織法第63-1條規定，最高法院檢察署設特別偵查組，職司下列案件：

1. 涉及總統、副總統、五院院長、部會首長或上將階級軍職人員之貪瀆案件。

2. 選務機關、政黨或候選人於總統、副總統或立法委員選舉時，涉嫌全國性舞弊事件或妨害選舉之案件。

3. 特殊重大貪瀆、經濟犯罪、危害社會秩序，經最高法院檢察署檢

察總長指定之案件。特別偵查組置檢察官6人以上，15人以下，由最高法院檢察署檢察總長指定1人為主任，該組之檢察官、檢察事務官及其他人員，由最高法院檢察署檢察總長自各級法院檢察署中調最高法院檢察署辦事。特別偵查組為辦案需要，得借調相關機關之專業人員協助偵查。特別偵查組檢察官執行職務時，得執行各該審級檢察官之職權，不受第62條之限制。調辦事之檢察官行使職權，不受第66條之一之限制。立法院得於第1項第1款、第2款之案件偵查終結後，決議要求最高法院檢察署檢察總長赴立法院報告。

五、檢察總長

法院組織法第64條：檢察總長、檢察長得親自處理其所指揮監督之檢察官之事務，並得將該事務移轉於其所指揮監督之其他檢察官處理之。

第65條：高等法院及地方法院檢察署檢察長，得派本署檢察官兼行其分院檢察署檢察官之職務。

第66條（後段）：最高法院檢察署檢察總長由總統提名，經立法院同意任命之，任期4年，不得連任。總統應於前項規定生效後1個月內，向立法院提出最高法院檢察署檢察總長人選。最高法院檢察署檢察總長除年度預算案及法律案外，無須至立法院列席備詢。最高法院檢察署檢察總長因故出缺或無法視事時，總統應於3個月內重新提出人選，經立法院同意任命之，其任期重行計算4年，不得連任。最高法院檢察署檢察總長於任命時具司法官身分者，於卸任時，得回任司法官。最高法院檢察署檢察總長於任滿前1個月，總統應依第7項規定辦理。

六、檢察事務官

法院組織法第66-2條：各級法院及其分院檢察署設檢察事務官室，

置檢察事務官，薦任第7職等至第9職等；檢察事務官在2人以上者，置主任檢察事務官，薦任第9職等或簡任第10職等；並得視業務需要分組辦事，各組組長由檢察事務官兼任，不另列等。

第66-3條規定，檢察事務官受檢察官之指揮，處理下列事務：

1. 實施搜索、扣押、勘驗或執行拘提。
2. 詢問告訴人、告發人、被告、證人或鑑定人。
3. 襄助檢察官執行其他第60條所定之職權。檢察事務官處理前項前2款事務，視為刑事訴訟法第230條第一項之司法警察官。

第66-4條：檢察事務官，應就具有下列資格之一者任用之：

1. 經公務人員高等考試或司法人員特種考試相當等級之檢察事務官考試及格者。
2. 經律師考試及格，並具有薦任職任用資格者。
3. 曾任警察官或法務部調查局調查人員3年以上，成績優良，並具有薦任職任用資格者。
4. 具有公立或經立案之私立大學、獨立學院以上學歷，曾任法院或檢察署書記官，辦理民刑事紀錄3年以上，成績優良，具有薦任職任用資格者。主任檢察事務官，應就具有檢察事務官及擬任職等任用資格，並具有領導才能者遴任之。具律師執業資格者任檢察事務官期間，計入其律師執業年資。

七、觀護人

法院組織法第67條：地方法院及分院檢察署設觀護人室，置觀護人，觀護人在2人以上者，置主任觀護人。觀護人，薦任第7職等至第9職等；主任觀護人，薦任第9職等或簡任第10職等。

第76條：檢察官得調度司法警察，法官於辦理刑事案件時，亦同。調度司法警察條例另定之。

第二節、憲法變遷及現況

憲法增修條文第五條（與司法有關的憲法增修）

司法院設大法官十五人，並以其中一人為院長、一人為副院長，由總統提名，經立法院同意任命之，自中華民國九十二年起實施，不適用憲法第七十九條之規定。

司法院大法官除法官轉任者外，不適用憲法第八十一條及有關法官終身職待遇之規定。

司法院大法官任期八年，不分屆次，個別計算，並不得連任。但並為院長、副院長之大法官，不受任期之保障。

中華民國九十二年總統提名之大法官，其中八位大法官，含院長、副院長，任期四年，其餘大法官任期為八年，不適用前項任期之規定。

司法院大法官，除依憲法第七十八條之規定外，並組成憲法法庭審理總統、副總統之彈劾及政黨違憲之解散事項。

政黨之目的或其行為，危害中華民國之存在或自由民主之憲政秩序者為違憲。

司法院所提出之年度司法概算，行政院不得刪減，但得加註意見，編入中央政府總預算案，送立法院審議。

第一項、司法院大法官

（一）大法官人數及任命

依憲法增修條文第5條第1項前段之規定，司法院設大法官15人，並以其中1人為院長、1人為副院長，由總統提名，經立法院同意任命之，

自中華民國92年起實施，不適用憲法第79條之規定。

（二）出任大法官資格

司法院組織法第4條規定，大法官應具有左列資格之一：

1. 曾任最高法院法官10年以上而成績卓著者。
2. 曾任立法委員9年以上而有特殊貢獻者。
3. 曾任大學法律主要科目教授10年以上而有專門著作者。
4. 曾任國際法庭法官或有公法學或比較法學之權威著作者。
5. 研究法學，富有政治經驗，聲譽卓著者。

具有前項任何一款資格之大法官，其人數不得超過總名額三分之一。

（三）總統任命司法院院長、大法官

司法院組織法第5條：大法官須超出黨派以外，獨立行使職權，不受任何干涉。大法官之任期，每屆為9年。民國92年起總統提名任命之大法官，其任期依憲法增修條文第5條之規定。大法官出缺時，其繼任人之任期至原任期屆滿之日止。大法官任期屆滿而未連任者，視同停止辦理案件之法官，適用司法人員人事條例第40條第3項之規定。自民國92年10月1日起就任之大法官，除法官轉任者外，不適用憲法第81條及有關法官終身職待遇之規定。

第8條：司法院院長綜理院務及監督所屬機關。司法院院長因故不能視事時，由副院長代理其職務。司法院院長出缺時，由副院長代理；其代理期間至總統提名繼任院長經立法院同意，總統任命之日為止。司法院副院長出缺時，暫從缺；至總統提名繼任副院長經立法院同意，總統任命之日為止。司法院院長、副院長同時出缺時，由總統就大法官中指定1人代理院長；其代理期間至總統提名繼任院長、副院長經立法院同意，總統任命之日為止。

（四）司法院大法官除法官轉任者外，不適用終身職待遇之規定

依憲法增修條文第5條第1後段之規定，司法院大法官除法官轉任者外，不適用憲法第81條及有關法官終身職待遇之規定。

第二項、政黨違憲解散案件之審理

司法院大法官審理案件法第19條：政黨之目的或其行為，危害中華民國之存在或自由民主之憲政秩序者，主管機關得聲請司法院憲法法庭解散之。

前項聲請，應以聲請書敘明左列事項向司法院為之：

1. 聲請機關及其代表人之姓名。
2. 被聲請政黨之名稱及所在地，其代表人之姓名、性別、年齡、住所或居所，及其與政黨之關係。
3. 請求解散政黨之意旨。
4. 政黨應予以解散之原因事實及證據。
5. 年、月、日。

第20條：憲法法庭審理案件，以參與審理之資深大法官充審判長；資同以年長者充之。

第21條：憲法法庭應本於言詞辯論而為裁判。但駁回聲請而認無行言詞辯論之必要者，不在此限。

第22條：前條言詞辯論，如委任訴訟代理人者，其受任人以律師或法學教授為限；其人數不得超過3人。前項代理人應先經憲法法庭之許可。

第23條：憲法法庭為發見真實之必要，得囑託檢察官或調度司法警察為搜索、扣押。前項搜索、扣押及調度司法警察準用刑事訴訟法及調度司法警察條例有關之規定。

第24條：憲法法庭行言詞辯論，須有大法官現有總額四分之三以上

出席，始得為之。未參與辯論之大法官不得參與評議判決。經言詞辯論之判決，應於言詞辯論終結後1個月內指定期日宣示之。

第25條：憲法法庭對於政黨違憲解散案件判決之評議，應經參與言詞辯論大法官三分之二之同意決定之。評議未獲前項人數同意，應為不予解散之判決。憲法法庭對於政黨違憲解散案件裁定之評議，或依第21條但書為裁判時，應有大法官現有總額四分之三之出席，及出席人過半數之同意行之。

第26條：憲法法庭認聲請有理由者，應以判決宣示被聲請解散之政黨違憲應予解散；認聲請無理由者，應以判決駁回其聲請。

第27條：判決應作判決書，記載左列各款事項：

1. 聲請機關。

2. 受判決政黨之名稱及所在地。

3. 受判決政黨代表人之姓名、住所或居所，及其與政黨之關係。

4. 有訴訟代理人者，其姓名、住所或居所。

5. 主文。

6. 事實。

7. 理由。

8. 司法院憲法法庭。

9. 宣示之年、月、日。

憲法法庭得於判決指定執行機關及執行方法。

判決書由參與審判之大法官全體簽名。

第28條：憲法法庭之判決，除宣示或送達外，應公告之，其有協同意見書或不同意見書者，應一併公告之。

前項判決應送達聲請機關、受判決之政黨及判決書指定之執行機關，並通知有關機關。

第29條：對於憲法法庭之裁判，不得聲明不服。

第30條：被宣告解散之政黨，應即停止一切活動，並不得成立目的

相同之代替組織，其依政黨比例方式產生之民意代表自判決生效時起喪失其資格。憲法法庭之判決，各關係機關應即為實現判決內容之必要處置。政黨解散後，其財產之清算，準用民法法人有關之規定。

第31條：憲法法庭審理政黨違憲解散案件，如認該政黨之行為已足以危害國家安全或社會秩序，而有必要時，於判決前得依聲請機關之請求，以裁定命被聲請政黨停止全部或一部之活動。

第32條：憲法法庭審理政黨違憲解散案件之程序，除本法有規定者外，準用行政訴訟法之規定；其審理規則，由司法院定之。

第三節、憲法通識

第一項、各級法院檢察署檢察官與警察機關聯繫

檢察官與司法警察機關執行職務聯繫辦法第2條：各級法院檢察署檢察官與司法警察機關辦理刑事案件，應隨時交換意見，並指定人員切實聯繫。檢察機關與司法警察機關為加強聯繫，應定期舉行下列檢警聯席會議：

1. 全國高層檢警聯席會議：每年1至2次由最高法院檢察署檢察總長召集所屬各級法院檢察署檢察長與警政署、調查局、憲兵司令部及其所屬機關相關首長、主管，分別或聯合舉行會議，就犯罪偵查及預防之政策性問題或地區檢警聯席會議提報之通盤性問題討論研商。

2. 地區檢警聯席會議：各地方法院檢察署與各直轄市、縣（市）警察局每年輪流舉辦一次，由地方法院檢察署檢察長召集檢察機關及相關司法警察機關代表舉行會議，並邀請該管地方法院代表列席，就犯罪偵查及預防之各項問題討論研商。

檢察官或司法警察官因偵辦案件認為有必要時，亦得按事件性質之不同，請求所屬機關首長依前項規定召開臨時檢警聯席會議。

第二項、少年法院（庭）與警察機關聯繫

少年法院（庭）與司法警察機關處理少年事件聯繫辦法第1至5條：少年法院（庭）依少年事件處理法處理少年事件與司法警察機關之聯繫，適用本辦法之規定；本辦法未規定者，準用檢察官與司法警察機關執行職務聯繫辦法之規定。

司法警察機關對於觸犯刑罰法律之少年，於其滿18後，20未滿前，應移送該管少年法院處理。

司法警察官或司法警察如需經法官同意始得於夜間詢問少年者，應先以電話、傳真或其他適當方式報請法官許可，並將許可之書面、電話紀錄或傳真覆函附於警卷內。

司法警察機關逮捕、拘提少年，應自逮捕、拘提時起24時內，指派妥適人員，將少年連同卷證，送請少年法院（庭）處理。但法官命其即時解送者，應即解送。

司法警察官、司法警察逮捕或接受符合刑事訴訟法第92條第2項但書所定之少年現行犯、準現行犯，得填載不解送報告書，以傳真或其他適當式，報請報官許可後，不予解送，逕行釋放。但法官未許可者，應即解送。

第三項、地方法院與警察機關聯繫

地方法院與警察機關處理違反社會秩序維護法案件聯繫辦法第1至8條：警察機關隨案移送被移送人時，其被移送人人數眾多時，應於移送前先與該管法院聯繫；移送後，仍應與該管法院密切聯繫，協助法院於留置期間屆滿前完成調查。法院受理違反本法案件，實施勘驗、搜索、扣押、鑑定或其他處分時，得依本法第92條準用刑事訴訟法之規定，以

言詞、書面或其他適當方式，請求警察機關為必要之協助。前項情形，警察機關應依刑事訴訟法之規定配合辦理。法院受理警察機關移送案件，其裁定書除當場交付者外，應迅速囑託原移送機關送達受裁定人；受裁定人之住所、居所地非在原移送警察機關之轄區內者，得逕行囑託其住所、居所地之警察機關送達之。

第四項、司法改革

2010年9月25日，民間團體發起「白玫瑰運動」，以抗議幼童遭性侵案件判決離譜。「白玫瑰運動」當晚間在凱達格蘭大道集會，要求總統正視司法改革，淘汰不適任法官。在此之前，報紙媒體有一篇社論，說出了當前我國司法改革的必要性及困境。該則社論節錄如下（《聯合報》〈社論〉，2010年7月20日）：

看新聞學憲法

法官的共業：一定要人民相信司法

司法院前院長為法官涉嫌集體貪瀆負責下台，十幾年來，司法好不容易逐漸掙脫行政力量干預，邁向獨立審判，卻始終無法擺脫司法官收賄的糾纏，裁判的品質、效率，仍然飽受詬病；新任司法院長必須趁此時機，帶領司法人以置之死地而後生之心情改革，使司法起敝回生，刻不容緩。廉潔、品質、效率是司法的三大基石，廉潔更是首要條件，欠缺廉潔，司法可任權力、金錢操弄擺布，就會淪為少數人挾權錢扭曲正義的工具。司法振衰起敝，一定要先從廉潔做起。

要對付貪瀆或想要貪瀆的法官，就須讓他得不償失或不敢擅動。對司法官來說，得不償失的最大代價是入監服刑，但法官貪瀆案件總難定讞，審判既給人官官相護之疑，可考慮改採用特別

法庭或人民參審，由外部團體監督審判，別再拖延。

對於行為已有異常的法官，目前並無適當淘汰機制，設有淘汰條文的法官法草案，因涉及俸給、考選、檢察官是否適用，機關間意見難以整合，歷經20年仍然難產。其實，評鑑機制早已存在，失職法官也有公務員懲戒委員會可究其行政責任，只是淘汰制度不夠完備；故而，為贏取人民信任，先抽出淘汰不適任法官的相關規定優先立法，使不良司法官提早離職，不失為可行方案。

除了淘汰不良法官，人事上能擇優汰劣，才能使劣者無法出任如審判長、庭長、三審法官等重要職務，致有機會上下其手；同時，更要有勇於任事的法院院長，強勢改變法院風氣。

這些重要職務或經法官票選、或由三審挑選、或由律師評鑑推薦、或由司法院建議、經人事審議委員會篩選產生，實踐的結果，證明都難逃人情攻勢。法官自治不成，律師監督無效，院長逕當好人，司法院無法全然公正，都該痛自檢討，否則，乾脆開放更多外部力量加入監督。

法官不貪不求，群體榮譽感的建立，需要法官發願，及新任院長的引領。沒有法官法，法官倫理規範一樣可以作為法官共同行為準則。日本人說法官貪瀆會被當成笑話，靠的絕對不是法律；司法院長若無法和法官共同激勵出「一定要讓人民相信司法」的信念，法院不如關門打烊。

廉潔只是司法公信的最基本條件，裁判的品質、效率，同樣影響司法公信。品質、效率的改變，一方面受制度影響，一方面繫乎法官對審判的自我要求。

在制度方面，司法院前院長翁岳生就司法組織作了大變革，並希望修改刑事訴訟制度，建立精緻的審判，使案件儘速確定。但因改變會讓三審法院變成司法院下屬的法庭，案件可以上訴的

機會減少，法官、律師、案件當事人都受到影響，阻力很大，相關法案一直無法過關，賴英照接任院長後，也無法竟功。

　　組織是否改變、如何改變，是司法長遠之計，還待建立共識；司法眼前能立即努力的，是法官在裁判上的用心。法官雖無大小，畢竟有一、二、三審審級之分；擔任最終審級的最高法院應拿出足以引領風氣的判決品質，建立判決的威信。

第七章　學習自我評量

一、請試回答以下問題

1. 試述那些事項可聲請司法院大法官解釋憲法？

2. 試述聲請解釋憲法應具備些要件？

3. 請問最高法院檢察署特別偵查組，職司那些案件？

4. 主管機關得聲請司法院憲法法庭解散政黨的理由為何？

二、請試作以下測驗題

1. 行政院不得刪減下列何機關提出之年度概算？（99警察三特）

   (A)考試院　(B)監察院　(C)總統　(D)司法院

2. 憲法法庭審理案件以何人充審判長？（99三等身心障）

   (A)司法院院長　(B)資深大法官　(C)最年長大法官　(D)大法官推選

3. 法官於個案審判時，若認為應適用之法律與憲法牴觸者，其可採取何種措施？（99三等身心障）

   (A)得宣告該法律無效　　　　　　(B)得拒絕適用該法律

   (C)得向最高法院聲請解釋　　　　(D)得向司法院聲請解釋

4. 有關司法院院長、副院長與大法官是否適用法官終身職之待遇，下列敘述何者正確？（99警察四特）

   (A)司法院除院長與副院長以外，其他大法官不適用法官終身職之待遇

   (B)司法院除院長、副院長與秘書長以外，其他大法官不適用法官終身職之待遇

(C)司法院大法官除法官轉任者以外，其他大法官不適用法官終身職之待遇

(D)司法院全體大法官均適用法官終身職之待遇

5. 依據憲法本文以及增修條文之規定，下列何者不得連任？（99警察四特）

(A)總統　(B)監察委員　(C)考試委員　(D)司法院大法官

6. 有關司法獨立，下列敘述何者正確？（98基層警察）

(A)為確保司法獨立，法官為終身職，絕不得對法官免職，只能記過

(B)法官應依法審判，不應依行政函釋審判，故地方法院法官得逕行宣告行政函釋違憲

(C)司法院於地方法院庭長任期屆滿後，得令免兼庭長

(D)法官不得兼任任何行政職

7. 公務員懲戒委員會隸屬於下列何機關？（97警察四特）

(A)監察院　(B)行政院　(C)司法院　(D)考試院

8. 司法院大法官為維護憲政秩序，在闡明憲法真義上所作出的憲法解釋，具有何種效力？（96第一次警察四特）

(A)效力僅及於司法機關，不包括立法與行政機關

(B)效力及於全國各機關，但不及於人民

(C)具有拘束全國各機關及人民之效力

(D)不具任何效力，僅供全國各機關及人民參考用

9. 憲法第8條第1項所規定之「司法機關」和憲法第77條規定之「司法機關」所指之範圍：（97基層行政警察四等）

(A)前者較寬　(B)後者較寬　(C)完全相同　(D)完全不同

10. 下列何者非屬司法院之所屬機關？（97基層行政警察四等）

(A)普通法院　　　　　　　　　(B)行政法院

(C)鄉鎮市調解委員會　　　　　(D)公務員懲戒委員會

11.依據司法院釋字第601號解釋，有關大法官之敘述，下列何者錯誤？
（100一般警察三等）

(A)司法院大法官由總統提名，經立法院同意後任命，故亦為憲法第80條規定之法官

(B)為貫徹憲法第80條之規定，大法官與一般法官受相同的保障

(C)司法院院長由大法官擔任，故有關司法人員專業加給之保障與大法官同

(D)大法官無論其就任前職務為何，均受憲法有關法官非依法律，不得減俸規定之保障

12.某法律是否違憲的審查，只要其中有一種解釋結果可以避免宣告該法律違憲 時，便不應採納其他可能導致違憲的憲法解釋。此種憲法解釋方法可稱為：（100一般警察三等）

(A)合憲性解釋 (B)目的性解釋 (C)體系解釋 (D)擴大解釋

13.依憲法規定，憲法法庭由何人組成？（100一般警察四等）

(A)由政黨比例代表，加上社會各界賢達數人，各自一半比例組成

(B)由總統、副總統與五院院長，社會各界賢達數人，各自一半比例組成

(C)由總統、副總統、行政院院長與各部會首長及北高兩市市長，加上社會各界賢達數人，各自一半比例組成

(D)由司法院大法官組成

14.下列何者是司法院大法官之職權？（100一般警察四等）

(A)掌理公務員之懲戒　　　　　(B)解釋憲法

(C)任命法官　　　　　　　　　(D)掌理民事、刑事、行政訴訟之審判

15.某政府機關向民間文具公司訂購原子筆一批，卻遲延給付約定報酬，該公司應循何種程序請求救濟？（100一般警察四等）

(A)訴願 (B)行政訴訟 (C)國家賠償 (D)民事訴訟

16.下列何者不是憲法第80條所稱之法官？（100警察三等）

　　(A)公務員懲戒委員會委員　　　　　　(B)公務人員保障暨培訓委員會委員

　　(C)律師懲戒委員會委員　　　　　　　(D)司法院大法官

17.依憲法本文之規定，下列何者為我國最高司法機關？（100警察三等）

　　(A)最高法院　(B)司法院　(C)法務部　(D)行政院

18.依憲法增修條文之規定，總統、副總統彈劾之審理，是由下列何者
　　負責？（100警察三等）

　　(A)最高法院　(B)監察院　(C)憲法法庭　(D)公務員懲戒委員會

19.自民國92年起，司法院大法官可否適用憲法第81條及有關法官終身
　　職待遇之規定？（100警察三等）

　　(A)全部司法院大法官均得適用

　　(B)全部司法院大法官均不得適用

　　(C)僅法官轉任司法院大法官者始得適用

　　(D)僅非法官轉任司法院大法官者始得適用

20.刑罰之制定應符合比例原則，請依司法院大法官對此之解釋來判斷
　　下列敘述何者錯誤？（100警察三等）

　　(A)國家得將特定事項以特別刑法規定特別之罪刑

　　(B)國家刑罰權規定，其內容須符合目的正當性、手段必要性、限制
　　　　妥當性

　　(C)刑罰中誣告罪之反坐規定，立法雖嚴，但仍屬必要，並無違憲

　　(D)刑罰之規定，如僅強調同害之原始報應，即有違比例原則

21.法律及命令的統一解釋是由下列那一個機關掌理？（100警察四等）

　　(A)考試院　(B)立法院　(C)司法院　(D)法務部

22.依憲法增修條文，我國司法院副院長如何產生？（100警察四等）

　　(A)司法院院長提名，送總統任命　(B)法官票選，送總統任命

　　(C)總統提名，經立法院同意任命　(D)總統提名，行政院院會通過任命

23.下列對於現行體制下司法院院長之敘述，何者錯誤？（101一般警察三等）

(A)綜理院務及監督所屬機關

(B)司法院人事審議委員會委員

(C)不能參與大法官解釋，以免影響司法獨立

(D)應總統之召，出席院際會議，會商院與院間之爭執

24.依憲法增修條文第5條之規定，下列有關司法院院長、副院長之敘述，何者正確？（101一般警察四等）

(A)司法院院長出缺時，由副院長繼任

(B)司法院副院長出缺時，由司法院秘書長代理

(C)司法院副院長隨司法院院長變動而變動

(D)司法院院長、副院長無任期保障

25.下列何者係隸屬司法院？（101一般警察四等）

(A)政黨審議委員會　　　　　(B)公民投票審議委員會

(C)公務員懲戒委員會　　　　(D)公務人員保障暨培訓委員會

26.下列何者不屬受憲法第81條獨立行使職權保障之法官？（101一般警察四等）

(A)最高行政法院法官　(B)地方法院簡易庭法官

(C)公務人員保障暨培訓委員會委員　(D)公務員懲戒委員會委員

27.依憲法增修條文之規定，行政院院長辭職或出缺時，在總統未任命行政院院長前，應如何處理？（101一般警察四等）

(A)由行政院副院長繼任　(B)由行政院副院長代理

(C)由行政院秘書長代理　(D)由行政院會議以合議方式代行院長職權

28.關於公務員之懲戒與憲法人權保障，司法院大法官解釋認為：（100警察三等）

(A)公務員之懲戒，與人權無關

(B)公務員懲戒標準，得由行政機關訂定

(C)懲戒處分與懲處處分在構成要件與效力上並無不同

(D)免職處分之訴訟確定前，得先令停職，但於訴訟確定後方得執行

| 正確答案 |

1.D　　2.B　　3.D　　4.C　　5.D　　6.C　　7.C　　8.C　　9.A　　10.C

11.B　12.A　13.D　14.B　15.D　16.B　17.B　18.C　19.C　20.C

21.C　22.C　23.C　24.D　25.C　26.C　27.B　28.D

第八章　考試

第一節、憲法本文釋義

第一項、考試院之地位與職權

> **第八十三條**
>
> 　考試院為國家最高考試機關，掌理考試、任用、銓敘、考績、級俸、陞遷、保障、褒獎、撫卹、退休、養老等事項。

　　憲法增修條文第6條前段規定，考試院為國家最高考試機關，掌理左列事項，不適用憲法第83條之規定：

　　1. 考試。

　　2. 公務人員之銓敘、保障、撫卹、退休。

　　3. 公務人員任免、考績、級俸、陞遷、褒獎之法制事項。

　　換言之，本83條憲法已不適用，考試院之職權在增修條文中區分出「掌理事項」及「掌理法制事項」2類，並取消對公務員退休後「養老」之職掌。

第二項、考試院首長、考試委員設置及任命

> **第八十四條**
>
> 考試院設院長、副院長各一人，考試委員若干人，由總統提名，經監察院同意任命之。

憲法增修條文第6條第2項規定，考試院設院長、副院長各1人，考試委員若干人，由總統提名，經立法院同意任命之，不適用憲法第84條之規定。

換言之，本84條憲法已不適用，考試院首長、考試委員設置及任命在增修條文中另有明定。

第三項、公務員選拔考試

> **第八十五條**
>
> 公務人員之選拔，應實行公開競爭之考試制度。並應按省區分別規定名額，分區舉行考試。非經考試及格者，不得任用。

一、按省區分別規定名額已不適用

憲法增修條文第6條（末段）規定，憲法第85條有關「按省區分別規定名額，分區舉行考試」之規定，停止適用。

換言之，本85條憲法，「並應按省區分別規定名額，分區舉行考試。」已不適用。公務員選拔考試仍應本於「實行公開競爭之考試制度，非經考試及格者，不得任用」。

二、公務人員考試以公開競爭方式行之

公務人員考試法第1至4條：公務人員之考試，以公開競爭方式行

之，其考試成績之計算，不得因身分而有特別規定。公務人員之考試，分高等考試、普通考試、初等考試三等。高等考試按學歷分為一、二、三級。

為因應特殊性質機關之需要及照顧身心障礙者、原住民族之就業權益，得比照前項考試之等級舉行一、二、三、四、五等之特種考試，除本法另有規定者外，及格人員於六年內不得轉調申請舉辦特種考試機關及其所屬機關以外之機關任職。

正額錄取人員無法立即接受分發者，得檢具事證申請保留錄取資格，其事由及保留年限如下：

1. 服兵役，其保留期限不得逾法定役期。
2. 進修碩士，其保留期限不得逾三年；進修博士，其保留期限不得逾五年。
3. 疾病、懷孕、生產、父母病危及其他不可歸責事由，其保留期限不得逾二年。

高科技或稀少性工作類科之技術人員，經公開競爭考試，取才仍有困難者，得另訂考試辦法辦理之。前項高科技或稀少性工作類科標準，由考試院會同行政院定之。第一項考試錄取人員，僅取得申請考試機關有關職務任用資格，不得調任。公務人員各種考試之應考年齡、考試類、科及分類、分科之應試科目，由考試院定之。考試院得依用人機關請求及任用實際需要，規定公務人員特種考試應考人之兵役狀況及性別條件。

第四項、應考選銓定之資格

第八十六條

左列資格，應經考試院依法考選銓定之：

一 公務人員任用資格。

二 專門職業及技術人員執業資格。

一、公務員的定義

（一）依法考選銓定取得任用資格，並擔任有職稱及官等之人員

民國92年1月10日，司法院大法官釋字第555號，解釋要旨：

> 戒嚴時期人民受損權利回復條例第三條規定之適用範圍，其中關於公務人員涵義之界定，涉及我國法制上對依法令從事公務之人員使用不同名稱之解釋問題。依憲法第86條及公務人員任用法規定觀之，稱公務人員者，**係指依法考選銓定取得任用資格，並在法定機關擔任有職稱及官等之人員。是公務人員在現行公務員法制上，乃指常業文官而言，不含武職人員在內。**戒嚴時期人民受損權利回復條例施行細則第3條第1項規定：「本條例第3條第1項第2款所稱公務人員，指各機關組織法規中，除政務官、民選人員及聘僱人員外，受有俸（薪）給之文職人員」，係對該條例第3條第1項第2款所稱「任公務人員、教育人員及公職人員之資格」中有關公務人員涵義之界定，不包括武職人員，乃基於事物本質之差異，於平等原則無違，亦未逾越母法之授權，與憲法規定尚無牴觸。至任武職人員之資格應否回復，為立法機關裁量形成範圍，併此敘明。

（二）公立學校教師非公務員，兼任行政職教師具公務員服務法之適用

民國81年11月13日，司法院大法官釋字第308號，解釋要旨：

> 公立學校聘任之教師不屬於公務員服務法第二十四條所稱之公務員。惟兼任學校行政職務之教師，就其兼任之行政職務，則有公

務員服務法之適用。本院院解字第二九八六號解釋，應予補充。至專任教師依教育人員任用條例第三十四條規定，除法令另有規定外，仍不得在外兼職。

（三）公營事業董事、監察人，具公務員服務法之適用

民國50年8月16日，司法院大法官釋字第92號，解釋要旨：

公營事業機關代表民股之董事、監察人，應有公務員服務法之適用。

（四）公職包括民意代表、公務員及從事於公務者

民國43年11月17日，司法院大法官釋字第42號，解釋要旨：

憲法第十八條所稱之公職涵義甚廣，凡各級民意代表、中央與地方機關之公務員及其他依法令從事於公務者皆屬之。

（五）公務人員任用法關於公務人員的定義

公務人員任用法施行細則第2條：本法所稱公務人員，指各機關組織法規中，除政務人員及民選人員外，定有職稱及官等、職等之人員。前項所稱各機關，指下列之機關、學校及機構：

1. 中央政府及其所屬各機關。
2. 地方政府及其所屬各機關。
3. 各級民意機關。
4. 各級公立學校。
5. 公營事業機構。
6. 交通事業機構。
7. 其他依法組織之機關。

二、公務人員任用資格

（一）法定任用資格

公務人員任用法第9條規定，公務人員之任用，應具有左列資格之一：

1. 依法考試及格。
2. 依法銓敘合格。
3. 依法升等合格。

特殊性質職務人員之任用，除應具有前項資格外，如法律另有其他特別遴用規定者，並應從其規定。初任各職務人員，應具有擬任職務所列職等之任用資格；未具擬任職務職等任用資格者，在同官等高2職等範圍內得予權理。權理人員得隨時調任與其所具職等資格相當性質相近之職務。

（二）機要人員得不具公務人員任用資格

公務人員任用法第11條：各機關辦理**機要職務**之人員，得不受第9條任用資格之限制。前項人員，機關長官得隨時免職。機關長官離職時應同時離職。

三、專門職業及技術人員執業資格

專門職業及技術人員考試法第1至5條：專門職業及技術人員，係指依法規應經考試及格領有證書始能執業之人員；其考試種類，由考試院定之。專門職業及技術人員考試，得分高等考試、普通考試、初等考試3等。視類科需要，每年或間年舉行1次；遇有必要，得臨時舉行之。為適應特殊需要，得舉行特種考試。其分等比照高等考試、普通考試、初等考試3等。

　　各種考試，得採筆試、口試、測驗、實地考試、審查著作或發明或所需知能有關學歷、經歷證件及論文等方式行之。除筆試外，其他應採2種以上方式。筆試除有特別規定者外，應使用本國文字。

　　各種考試，得單獨或合併舉行，並得分試、分地舉行。其考試類、科、地點、日期等，由考選部於考試2個月前公告之。應考人在學期間得視類科之不同，參加前項所定分試考試最後1試以外之考試。

四、不得任用為公務人員

　　公務人員任用法第28條：有左列情事之一者，不得任用為公務人員：

1. 未具或喪失中華民國國籍者。
2. 具中華民國國籍兼具外國國籍者。但其他法律另有規定者，不在此限。
3. 動員戡亂時期終止後，曾犯內亂罪、外患罪，經判刑確定或通緝有案尚未結案者。
4. 曾服公務有貪污行為，經判刑確定或通緝有案尚未結案者。
5. 犯前2款以外之罪，判處有期徒刑以上之刑確定，尚未執行或執行未畢者。但受緩刑宣告者，不在此限。
6. 依法停止任用者。
7. 褫奪公權尚未復權者。
8. 受禁治產宣告，尚未撤銷者。
9. 經合格醫師證明有精神疾病者。

　　公務人員於任用後，有前項第1款至第7款情事之一者，應予免職；有第8款及第9款情事之一者，應依規定辦理退休或資遣。任用後發現其於任用前已有前項各款情事之一者，應撤銷任用。前項撤銷任用人員，其任職期間之職務行為，不失其效力；業已依規定支付之俸給及其他給付，不予追還。

第五項、考試院法律提案權

> ### 第八十七條
>
> 考試院關於所掌事項，得向立法院提出法律案。

民國41年5月21日，司法院大法官釋字第3號，解釋要旨：

　　監察院關於所掌事項是否得向立法院提出法律案，憲法無明文規定，而同法第87條則稱考試院關於所掌事項得向立法院提出法律案，論者因執「省略規定之事項應認為有意省略」以及「明示規定其一者應認為排除其他」之拉丁法諺，認為監察院不得向立法院提案，實則此項法諺並非在任何情形之下均可援用，如法律條文顯有闕漏或有關法條尚有解釋之餘地時，則此項法諺，即不復適用，我國憲法間有闕文，例如憲法上由選舉產生之機關，對於國民大會代表及立法院立法委員之選舉，憲法則以第34條、第64條第2項載明「以法律定之」。獨對於監察院監察委員之選舉則並無類似之規定，此項闕文，自不能認為監察委員之選舉可無需法律規定，或憲法對此有意省略，或故予排除，要甚明顯。憲法第71條，即憲草第73條，原規定「立法院開會時，行政院院長及各部會首長得出席陳述意見」，經制憲當時出席代表提出修正，將「行政院院長」改為「關係院院長」。其理由為「考試院、司法院、監察院就其主管事項之法律案，關係院院長自得列席立法院陳述意見」，經大會接受修正如今文，足見關係院院長係包括立法院以外之各院院長而言。

　　又憲法第87條，即憲草第92條，經出席代表提案修正，主張將該條所定「考試院關於所掌事項提出法律案時，由考試院秘書

長出席立法院說明之」。予以刪除，其理由即為「考試院關於主管事項之法律案，可向立法院提送，與他院同，如須出席立法院說明，應由負責之院長或其所派人員出席，不必於憲法中規定秘書長出席」，足徵各院皆可提案，為當時制憲代表所不爭，遍查國民大會實錄及國民大會代表全部提案，對於此項問題曾無一人有任何反對或相異之言論，亦無考試院應較司法監察兩院有何特殊理由獨需提案之主張。

我國憲法依據　孫中山先生創立中華民國之遺教而制定，載在前言，依憲法第53條（行政）、第62條（立法）、第77條（司法）、第83條（考試）、第90條（監察）等規定建置五院。本憲法原始賦與之職權各於所掌範圍內，為國家最高機關獨立行使職權，相互平等，初無軒輊。以職務需要言，監察、司法兩院，各就所掌事項，需向立法院提案，與考試院同。考試院對於所掌事項，既得向立法院提出法律案，憲法對於司法、監察兩院，就其所掌事項之提案，亦初無有意省略或故予排項知之較稔，得各向立法院提出法律案以為立法意見之提供者，於理於法均無不合。

第六項、考試委員獨立行使職權

> ### 第八十八條
> 考試委員須超出黨派以外，依據法律獨立行使職權。

一、公務員應超出黨派行政中立

公務人員行政中立法第8條：公務人員不得利用職務上之權力、機會或方法，為政黨、其他政治團體或擬參選人要求、期約或收受金錢、物品或其他利益之捐助；亦不得阻止或妨礙他人為特定政黨、其他政治團體或擬參選人依法募款之活動。

第9條：公務人員不得為支持或反對特定之政黨、其他政治團體或公職候選人，從事下列政治活動或行為：

1. 動用行政資源編印製、散發、張貼文書、圖畫、其他宣傳品或辦理相關活動。

2. 在辦公場所懸掛、張貼、穿戴或標示特定政黨、其他政治團體或公職候選人之旗幟、徽章或服飾。

3. 主持集會、發起遊行或領導連署活動。

4. 在大眾傳播媒體具銜或具名廣告。

5. 對職務相關人員或其職務對象表達指示。

6. 公開為公職候選人站台、遊行或拜票。

7. 其他經考試院會同行政院以命令禁止之行為。前項第1款所稱行政資源，指行政上可支配運用之公物、公款、場所、房舍及人力等資源。

二、辦理考試人員應嚴守秘密，不得徇私舞弊

典試法第28條：典試委員長、典試委員、命題委員、閱卷委員、審查委員、口試委員、實地考試委員及其他辦理考試人員應嚴守秘密，不得徇私舞弊、潛通關節、洩漏試題；違者依法懲處，其因而觸犯刑法者，加重其刑至二分之一。

第七項、考試院組織法制化

第八十九條

考試院之組織，以法律定之。

一、考試院執行有關考銓業務並有監督之權

考試院組織法第2條：考試院行使憲法所賦予之職權，對各機關執

行有關考銓業務並有監督之權。

二、考試委員名額及應具資格

考試院組織法第3條：考試院考試委員之名額，定為19人。

第4條：考試委員應具有左列各款資格之一：

1. 曾任考試委員聲譽卓著者。

2. 曾任典試委員長而富有貢獻者。

3. 曾任大學教授10年以上，聲譽卓著，有專門著作者。

4. 高等考試及格20年以上，曾任簡任職滿10年，並達最高級，成績
   卓著，而有專門著作者。

5. 學識豐富，有特殊著作或發明，或富有政治經驗，聲譽卓著者。

三、考試院設院長、副院長及考試委員任期6年

考試院組織法第5條：考試院院長、副院長及考試委員之任期為6
年。前項人員出缺時，繼任人員之任期至原任期屆滿之日為止。

四、考試院設考選部、銓敘部、保訓會

考試院組織法第6條：考試院設考選部、銓敘部、公務人員保障暨
培訓委員會；其組織另以法律定之。

五、考試院設考試院會議

考試院組織法第7條：考試院設考試院會議，以院長、副院長、考
試委員及前條各部會首長組織之，決定憲法所定職掌之政策及其有關重
大事項。前項會議以院長為主席。

考試院就其掌理或全國性人事行政事項，得召集有關機關會商解
決之。

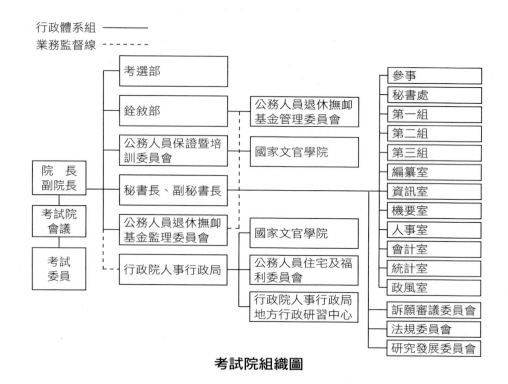

考試院組織圖

第二節、憲法變遷與現況

憲法增修條文第六條（與考試有關的憲法增修）

考試院為國家最高考試機關，掌理左列事項，不適用憲法第八十三條之規定：

一、考試。

二、公務人員之銓敘、保障、撫卹、退休。

三、公務人員任免、考績、級俸、陞遷、褒獎之法制事項。

考試院設院長、副院長各一人，考試委員若干人，由總統提名，經立法院同意任命之，不適用憲法第八十四條之規定。

憲法第八十五條有關按省區分別規定名額，分區舉行考試之規定，停止適用。

第一項、增修條文與現行規定

依憲法增修條文第6條第3項之規定，憲法第85條有關按省區分別規定名額，分區舉行考試之規定，停止適用。換言之，現行相關規定如下：

1. 公務人員之選拔，應實行公開競爭之考試制度。

2. 非經考試及格者，不得任用為公務員。

3. 取消按省區分別規定名額，但仍分區舉行考試。

第二項、公務人員保障暨培訓

公務人員保障暨培訓委員會隸屬於考試院。

保訓會委員會議每月舉行1次，由主任委員召集；必要時得召開臨時會議。有關公務人員復審、再申訴事件及公務人員培訓政策、法規的審議決定事項，均需經委員會議決定。職掌如下：

1. 關於公務人員保障政策與法規之研擬規劃、公務人員身分、工作條件、官職等級、俸級等有關權益保障事項之擬議、復審事件及再申訴事件之審查、擬議、協調、聯繫等。

2. 關於公務人員訓練進修政策之研擬規劃協調事項、培訓制度之研究、訓練進修法規之研擬、考試筆試錄取人員、升任官等、行政中立及其他有關訓練之研擬規劃、執行及委託事項等。

第三項、公務人員銓敘

銓敘指政府對公務人員的資歷、功績等進行評估，以定其職位等第的行為。銓敘部組織法規定銓敘部掌理全國公務員之銓敘及各機關人事機構之管理事項。依組織法規定，銓敘部掌理之事項如下：

1. 法規司：掌理人事政策、人事制度及人事法規之綜合規劃，各機關組織法規之審議及服務、差假等事項。

2. 銓審司：掌理一般公務人員、醫事等人員任免、陞降、遷調、級俸、考績（成）之銓敘審定及公務人員俸給、陞遷、褒獎、激勵法制之擬議、解釋等事項。

3. 特審司：掌理司法、關務、政風、外交、主計、審計、警察、消防、海岸巡防、公營事業等人員任免、陞降、遷調、級俸、考績（成）之銓敘審定等事項。

4. 退撫司：掌理公教人員保險及公務人員退休、撫卹、福利暨政務人員退職、撫卹等事項。

5. 人事管理司：掌理人事管理人員任免、陞降、遷調、級俸、考核之審核事項，考試及格人員分發，公務人員人事資料查證與登記及公務人員協會等事項。

6. 公務人員退休撫卹基金管理委員會：掌理公務人員退休撫卹基金之收支、管理及運用等事項。

7. 公教人員保險監理委員會：掌理公教人員保險業務之監督事項。

第四項、公務人員撫卹

一、遺族撫卹金

公務人員撫卹法第3條：公務人員有下列情形之一者，給與遺族撫卹金：

1. 病故或意外死亡。
2. 因公死亡。

二、撫卹金之給與

公務人員撫卹法第4條：病故或意外死亡人員撫卹金之給與如下：

1. 一次撫卹金
2. 一次及年撫卹金

三、因公死亡之認定及年資計算

公務人員撫卹法第5條（部份）規定，因公死亡人員，指有下列情事之一者：

1. 冒險犯難或戰地殉職。
2. 執行職務發生意外或危險以致死亡。
3. 公差遇險或罹病以致死亡。
4. 於執行職務、公差或辦公場所猝發疾病以致死亡。
5. 戮力職務，積勞過度以致死亡。
6. 因辦公往返，猝發疾病、發生意外或危險以致死亡。

因公死亡人員任職未滿15年者，以15年計；第1款人員任職滿15年以上未滿35年者，以35年計。

第1項第2款、第3款及第6款規定之因公死亡，係因公務人員本人之交通違規行為而發生意外事故以致死亡者，依前條規定給卹。

四、不願領撫卹金得改發給一次撫卹金

公務人員撫卹法第6條：公務人員任職滿15年以上死亡，生前預立遺囑，不願依第4條第1項第2款之規定請領撫卹金者，得改按公務人員退休法一次退休金之標準，發給一次撫卹金。其無遺囑而遺族不願依第4條第1項第2款規定辦理者亦同。

依前項規定請領撫卹金者，其依前條第2項規定應加給之一次撫卹金，仍以第4條第1項第2款規定之標準計算。

遺族依第1項規定擇領一次撫卹金者，應於辦理時審慎決定，經銓敘部審定並已領取撫卹金後，不得請求變更。

五、遺族撫卹金領受順序

公務人員撫卹法第8條規定，公務人員遺族撫卹金，應由未再婚配

偶領受二分之一；其餘由下列順序之遺族平均領受之：

　　1. 子女。

　　2. 父母。

　　3. 祖父母。

　　4. 兄弟姊妹。

　　前項遺族中，除未再婚配偶外，無第1款至第3款遺族時，其撫卹金由未再婚配偶單獨領受；如無配偶或配偶再婚，其應領之撫卹金，依序由前項各款遺族領受。同一順序有數人時，如有死亡、拋棄、因法定事由喪失或停止領受權者，其撫卹金應平均分給同一順序其他有領受權之人。但前項第1款所定第1順序之領受人死亡、拋棄或因法定事由喪失領受權者，由其子女代位領受之。

　　公務人員生前預立遺囑，於第1項遺族中指定撫卹金領受人者，從其遺囑。

第五項、公務人員退休

　　公務人員退休法第3條：公務人員之退休，分自願退休、屆齡退休及命令退休。

一、自願退休

（一）應准予自願退休要件

　　公務人員退休法第4條規定，公務人員有下列情形之一者，應准其自願退休：

　　1. 任職滿5年以上，年滿60歲者。

　　2. 任職滿25年者。

（二）得准予自願退休要件

配合機關裁撤、組織變更或業務緊縮並依法令辦理精簡，未符前項規定而有下列情形之一者，得准其自願退休：

1. 任職滿20年以上者。
2. 任職滿10年以上，年滿50歲者。
3. 任本職務最高職等年功俸最高級滿3年者。

第一項第一款所規定之年齡，對於擔任具有危險及勞力等特殊性質職務者，由主管機關就其職務性質具體規定危險及勞力範圍，送經銓敘部認定後，酌予減低，但不得少於50歲。

本法所稱主管機關為中央二級或相當二級以上機關、直轄市政府、直轄市議會、縣（市）政府及縣（市）議會。

二、屆齡退休

公務人員退休法第5條：公務人員任職滿5年以上，年滿65歲者，應予屆齡退休。

前項所規定之年齡，對於擔任具有危險及勞力等特殊性質職務者，由主管機關就其職務性質具體規定危險及勞力範圍，送經銓敘部認定後，酌予減低，但不得少於55歲。

三、命令退休

公務人員退休法第6條：公務人員任職滿5年以上，因身心障礙，致不堪勝任職務，繳有中央衛生主管機關評鑑合格醫院出具已達公教人員保險殘廢給付標準表所定半殘廢以上之證明，並經服務機關認定不能從事本職工作，亦無法擔任其他相當工作且出具證明者，應予命令退休。

公務人員任職滿5年以上，因身心障礙，致不堪勝任職務，且有具體事證而不願提出中央衛生主管機關評鑑合格醫院醫療證明者，經主管

人員及人事主管人員送請考績委員會初核，機關首長核定後，應令其以病假治療；逾公務人員請假規則規定期限仍不堪勝任職務或仍未痊癒，應由機關主動辦理其命令退休。前2項人員係因公傷病致身心障礙而不堪勝任職務者，不受任職5年以上年資之限制。

前項所稱因公傷病，指經服務機關證明具有下列情形之一者：

1. 因執行職務發生危險，以致傷病。

2. 在辦公場所發生意外，以致傷病。

3. 因辦公往返途中遇意外危險，以致傷病。

4. 盡力職務，積勞過度，以致傷病。

四、公務人員退休85制

公務人員退休支領月退金，有所變革，需考以「服務年資」、「年齡」，二者相加需達到85，才能依法支領月退金，一般亦簡稱此制度為「85制」。

公務人員退休法第11條規定，依第4條第1項第2款辦理退休時，符合下列月退休金起支年齡規定者，得擇領或兼領月退休金：

1. 年滿60歲。

2. 任職年資滿30年以上且年滿55歲。

依第4條第1項第2款辦理退休，未達前項第1款、第2款規定月退休金起支年齡者，就下列方式擇一領取退休金：

1. 支領一次退休金。

2. 至年滿月退休金起支年齡之日起領取月退休金。

3. 提前於年滿月退休金起支年齡前開始領取月退休金，每提前1年減發4％，最多得提前5年減發20％。

4. 支領二分之一之一次退休金，並至年滿月退休金起支年齡之日起領取二分之一之月退休金。

5. 支領二分之一之一次退休金，並提前於年滿月退休金起支年齡前

開始領取二分之一之月退休金，每提前一年減發4％，最多得提前5年減發20％。

依第4條第1項第5款辦理退休人員，曾依公教人員保險法規定領有殘廢給付，且於退休前5年內曾有考績列丙等及請延長病假之事實者，得擇領或兼領月退休金，不受第1項月退休金起支年齡限制。

本法中華民國100年1月1日修正施行前任職滿25年以上且年滿50歲者，依第4條第1項第2款辦理退休時，得就第9條第1項之退休金種類擇一支領，不受第1項月退休金起支年齡之限制。

除前項人員外，本法中華民國100年1月1日修正施行前具有依本法合於採計退休之年資者，依第4條第1項第2款辦理退休時，其年資與年齡之合計數與附表1規定之指標數相符或高於指標數，且年滿50歲以上者，亦得擇領或兼領月退休金，不受第1項月退休金起支年齡之限制。年資與年齡合計數之計算，未滿1年畸零月數不計入。

中華民國101年1月1日前修正施行前任職滿25年以上且年滿55歲者，於年滿55歲之日起1年內，依第4條第1項第2款辦理退休時，得一次加發5個基數之一次退休金，並由各級政府編列預算支給。前項人員於退休生效日起1年內，再任由政府編列預算支給俸（薪）給、待遇或公費之專任公職，應由再任機關按比例收繳其加發之退休金，並繳回原服務機關。

附表1

附表一　公務人員退休法第11條第5項附表：
自願退休人員年資與年齡合計法定指標數表

適用期間	指標數
中華民國一百年一月一日至一百年十二月三十一日	七十五
中華民國一百零一年一月一日至一百零一年十二月三十一日	七十六
中華民國一百零二年一月一日至一百零二年十二月三十一日	七十七
中華民國一百零三年一月一日至一百零三年十二月三十一日	七十八
中華民國一百零四年一月一日至一百零四年十二月三十一日	七十九
中華民國一百零五年一月一日至一百零五年十二月三十一日	八十
中華民國一百零六年一月一日至一百零六年十二月三十一日	八十一
中華民國一百零七年一月一日至一百零七年十二月三十一日	八十二
中華民國一百零八年一月一日至一百零八年十二月三十一日	八十三
中華民國一百零九年一月一日至一百零九年十二月三十一日	八十四

資料來源：全國法規資料庫網頁

第六項、公務人員任免、考績、級俸、陞遷、褒獎

一、公務人員任用法所用名詞意義

　　公務人員任用法第1至5條規定，公務人員之任用，依本法行之。公務人員之任用，應本專才、專業、適才、適所之旨，初任與升調並重，為人與事之適切配合。本法所用名詞意義如左：

　　1. 官等：係任命層次及所需基本資格條件範圍之區分。

　　2. 職等：係職責程度及所需資格條件之區分。

　　3. 職務：係分配同一職稱人員所擔任之工作及責任。

　　4. 職系：係包括工作性質及所需學識相似之職務。

　　5. 職組：係包括工作性質相近之職系。

6. 職等標準：係敘述每一職等之工作繁、簡、難、易，責任輕、重及所需資格條件程度之文書。

7. 職務說明書：係說明每一職務之工作性質及責任之文書。

8. 職系說明書：係說明每一職系工作性質之文書。

9. 職務列等表：係將各種職務，按其職責程度依序列入適當職等文書。

公務人員依官等及職等任用之。官等分委任、薦任、簡任。職等分第一至第十四職等，以第十四職等為最高職等。委任為第一至第五職等；薦任為第六至第九職等；簡任為第十至第十四職等。

二、公務人員俸給所用名詞意義

公務人員俸給法第1至5條規定，公務人員之俸給，依本法行之。本法所用名詞意義如下：

1. 本俸：係指各職等人員依法應領取之基本給與。

2. 年功俸：係指各職等高於本俸最高俸級之給與。

3. 俸級：係指各職等本俸及年功俸所分之級次。

4. 俸點：係指計算俸給折算俸額之基數。

5. 加給：係指本俸、年功俸以外，因所任職務種類、性質與服務地區之不同，而另加之給與。

公務人員之俸給，分本俸（年功俸）及加給，均以月計之。服務未滿整月者，按實際在職日數覈實計支；其每日計發金額，以當月全月俸給總額除以該月全月之日數計算。但死亡當月之俸給按全月支給。加給分下列3種：

1. 職務加給：對主管人員或職責繁重或工作具有危險性者加給之。

2. 技術或專業加給：對技術或專業人員加給之。

3. 地域加給：對服務邊遠或特殊地區與國外者加給之。

四、公務人員考績

公務人員考績法第1至3條規定，公務人員之考績，依本法行之。公務人員之考績，應本綜覈名實、信賞必罰之旨，作準確客觀之考核。公務人員考績區分如左：

1. 年終考績：係指各官等人員，於每年年終考核其當年1至12月任職期間之成績。
2. 另予考績：係指各官等人員，於同一考績年度內，任職不滿1年，而連續任職已達6個月者辦理之考績。
3. 專案考績：係指各官等人員，平時有重大功過時，隨時辦理之考績。

五、公務人員陞遷

公務人員陞遷法第3至5條：公務人員之陞遷，依本法行之。但法律另有規定者，從其規定。

公務人員之陞遷，應本人與事適切配合之旨，考量機關特性與職務需要，依資績並重、內陞與外補兼顧原則，採公開、公平、公正方式，擇優陞任或遷調歷練，以拔擢及培育人才。本法以各級政府機關及公立學校(以下簡稱各機關)組織法規中，除政務人員及機要人員外，定有職稱及依法律任用、派用之人員為適用對象。本法所稱公務人員之陞遷，係指下列情形之一者：

1. 陞任較高之職務。
2. 非主管職務陞任或遷調主管職務。
3. 遷調相當之職務。

各機關職務出缺時，除依法申請分發考試及格或依法得免經甄審之職缺外，應就本機關或他機關具有該職務任用資格之人員，本功績原則評定陞遷。各機關職缺如由本機關人員陞遷時，應辦理甄審。如由他機關人員陞遷時，應公開甄選。

第三節、憲法通識

第一項、認識警察特考

一、公務人員特種考試警察人員考試

（一）考試等別

公務人員特種考試警察人員考試規則第2條；公務人員特種考試警察人員考試分二等考試、三等考試及四等考試。

前項二等考試相當於高等考試二級考試；三等考試相當於高等考試三級考試；四等考試相當於普通考試。

（二）應考年齡

第3條：中華民國國民，其年齡符合下列各款規定，並具有附表一所列應考資格之一者，得應各該等類考試：

1. 二等考試：年滿18歲以上，42歲以下。
2. 三等考試：年滿18歲以上，37歲以下。
3. 四等考試：年滿18歲以上，37歲以下。

（三）考試方式

第4條：本考試以筆試方式行之。但三等考試外事警察人員類別，得採筆試與外語口試方式。

本考試各等別之類別及應試科目，依規定辦理。

（四）錄取方式

第5條：本考試配合任用需求，擇優錄取，並得視考試成績增列增額錄取人員，列入候用名冊。

（五）成績計算方式

總成績之計算，二、三等考試以普通科目成績加專業科目成績合併計算之；普通科目成績以每科成績乘以10％後之總和計算之，專業科目成績以各科目成績總和除以科目數再乘以所占剩餘百分比計算之。四等考試以各科目成績平均計算之。

前項考試成績有一科為0分或總成績未達50分或三等考試外事警察人員類別之外語口試未滿60分者，均不予錄取；缺考之科目，以0分計算。

（六）錄取後之訓練規定

第6條：本考試錄取人員須經訓練，訓練期滿成績及格者，始完成考試程序，由公務人員保障暨培訓委員會報請考試院發給考試及格證書，並由內政部或行政院海岸巡防署依序分發任用。

前項訓練依公務人員考試錄取人員訓練辦法之規定辦理。

自中華民國100年1月1日起舉行之本考試二、三等考試錄取人員，除具中央警察大學畢（結）業資格者外，須經中央警察大學訓練；四等考試錄取人員，除具中央警察大學或臺灣警察專科學校畢（結）業資格者外，須經臺灣警察專科學校訓練。

中華民國99年12月31日以前本考試錄取人員，經保訓會核准保留受訓資格者，於中華民國100年以後實施補訓或重新訓練時，仍依保訓會核定之99年本考試錄取人員訓練計畫辦理訓練。

（七）通過考試取得之任用資格及銓敘

第9條：本考試及格人員，依法取得警察官任官資格及警察、消防或海岸巡防機關、學校有關職務任用資格。自中華民國85年起，特種考試警察人員考試及格人員均適用之。

前項及格人員於訓練期滿成績及格取得考試及格資格之日起，實際任職6年內不得轉調內政部或行政院海岸巡防署及其所屬機關、學校以外之機關、學校任職。

第1項取得資格範圍及第2項限制轉調期限，應於考試及格證書註明，並函請銓敘部查照。

二、公務人員特種考試一般警察人員考試規則

（一）考試等別

錄取公務人員特種考試一般警察人員考試規則第2條：公務人員特種考試一般警察人員考試（以下簡稱本考試）分二等考試、三等考試及四等考試。

前項二等考試相當於高等考試二級考試；三等考試相當於高等考試三級考試；四等考試相當於普通考試。

（二）應考年齡

第3條：中華民國國民，其年齡符合下列各款規定，並具有應考資格之一，且非自中央警察大學畢業或臺灣警察專科學校畢（結）業者，得應各該等類考試：

1. 二等考試：年滿18歲以上，42歲以下。

2. 三等考試：年滿18歲以上，37歲以下。

3. 四等考試：年滿18歲以上，37歲以下。

違反前項規定，考試前發現者，撤銷其應考資格。考試時發現者，予以扣考。考試後榜示前發現者，不予錄取。榜示後至訓練階段發現者，撤銷其資格。考試及格後發現者，撤銷其考試及格資格，並註銷其及格證書。

（三）考試方式

第4條：本考試分2試舉行，第1試為筆試，第2試為體能測驗；第1試錄取者，始得應第2試，第2試各實施項目均達合格標準者，依總成績配合任用需求擇優錄取。

（四）錄取方式

第6條：本考試配合任用需求，擇優錄取，並得視考試成績增列增額錄取人員，列入候用名冊。

（五）成績計算方式

各等考試均以筆試成績為考試總成績。

筆試成績之計算，二、三等考試以普通科目成績加專業科目成績合併計算之；普通科目成績以每科成績乘以10%後之總和計算之，專業科目成績以各科目成績總和除以科目數再乘以所占剩餘百分比計算之。四等考試以各科目成績平均計算之。

本考試第2試體能測驗各實施項目合格標準如下：

1. 男性應考人：仰臥起坐1分鐘38次以上、引體向上2次以上、跑走1600公尺494秒以內。

2. 女性應考人：仰臥起坐1分鐘30次以上、屈臂懸垂10秒以上、跑走800公尺280秒以內。

筆試成績有1科為0分或總成績未達50分或三等考試外事警察人員類別之外語口試未滿60分者，均不予錄取；缺考之科目，以零分計算。

（六）體格檢查不合格者不予分配訓練

第7條：本考試應考人於第二試錄取通知送達之日起4日內，應向試務機關指定之醫療機構辦理體格檢查並繳送體格檢查表，體格檢查不合格或未於規定時間內繳送體格檢查表者，不予分配訓練。

受訓人員報到後，必要時得經內政部或行政院海岸巡防署指定之公立醫院辦理體格複檢，不合格者函送公務人員保障暨培訓委員會廢止受訓資格。

（七）錄取後之訓練規定

第9條：本考試錄取人員須經訓練，訓練期滿成績及格者，始完成考試程序，由保訓會報請考試院發給考試及格證書，並由內政部或行政院海岸巡防署依序分發任用。

前項訓練依公務人員考試錄取人員訓練辦法之規定辦理。

自中華民國100年1月1日起舉行之本考試二、三等考試錄取人員須經中央警察大學訓練，四等考試錄取人員須經臺灣警察專科學校訓練。

（八）通過考試取得之任用資格及銓敘

第10條：本考試及格人員，依法取得警察官任官資格及警察、消防或海岸巡防機關、學校有關職務任用資格。

前項及格人員於訓練期滿成績及格取得考試及格資格之日起，實際任職6年內不得轉調內政部或行政院海岸巡防署及其所屬機關、學校以外之機關、學校任職。

第一項取得資格範圍及第二項限制轉調期限，應於考試及格證書註明，並函請銓敘部查照。

三、警察人員升官等考試

警察人員升官等考試規則第1條：警察人員升官等考試規則，依公務人員升官等考試法第10條及警察人員人事條例第14條之規定訂定之。本規則未規定事項，依有關考試法規之規定辦理。

（一）考試類別

第2條規定，本考試分下列二官等：
1. 警監警察官升官等考試。
2. 警正警察官升官等考試。

（二）應考資格

第4條：現任警正一階警察官4年以上，已敘警正一階本俸最高級，並經警察大學、警官學校畢業或4個月以上訓練合格者，得應警監警察官之升官等考試。

第5條：現任警佐一階警察官滿3年，已敘警佐一階本俸最高級，並經警察大學、警官學校、警察專科學校或警察學校畢業或四個月以上訓練合格者，得應警正警察官之升官等考試。

依警察人員人事條例第14條第5項及第6項之規定，經晉升警正官等訓練合格，現任警正四階至二階人員，並經警察大學、警官學校、警察專科學校或警察學校畢業或4個月以上訓練合格者，得應前項考試。

第6條：本規則第4條、第5條所定年資之採計，指經銓敘部銓敘審定有案之同官階年資合併計算至考試舉行前1日為止，並以在警察機關、學校或適用警察人員人事條例之行政院海岸巡防署、消防機關及其所屬機關任職者為限；所稱四個月以上訓練合格，指依警察人員人事條例施行細則所定之相關教育訓練合格者。

（三）考試及格者，取得警察人員升官等任官資格

第9條：本考試及格者，取得警察人員升官等任官資格。

第二項、警察人員停職處分

警察人員人事條例第29條規定，警察人員有下列情形之一者，應即停職：

1. 動員戡亂時期終止後，涉嫌犯內亂罪、外患罪，經提起公訴於第一審判決前。

2. 涉嫌犯貪污罪、瀆職罪、強盜罪，經提起公訴於第一審判決前。但犯瀆職罪最重本刑3年以下有期徒刑者，不包括在內。

3. 涉嫌假借職務上之權力、機會或方法，犯詐欺、侵占、恐嚇罪，經提起公訴於第一審判決前。但犯最重本刑3年以下有期徒刑之罪者，不包括在內。

4. 涉嫌犯前3款之罪經法院判決有罪尚未確定；或撤銷判決發回更審或發交審判案件，其撤銷前之各級法院判決均為有罪尚未確定。

5. 涉嫌犯第1款至第3款以外之罪，經法院判處有期徒刑以上之刑尚未確定，未宣告緩刑或得易科罰金；或嗣經撤銷判決發回更審或發交審判，前一審級法院判處有期徒刑以上之刑尚未確定，未宣告緩刑或得易科罰金。

6. 依刑事訴訟程序被通緝或羈押。但犯內亂罪、外患罪、貪污罪、強盜罪被通緝者，依第31條第1項第2款或第3款規定辦理。

警察人員其他違法情節重大，有具體事實者，得予以停職。

第1項停職人員，由遴任機關或其授權之機關、學校核定。前項停職人員，由主管機關核定。

第八章　學習自我評量

一、請試回答以下問題

1. 試以司法院大法官釋字第555號解釋，說明有關公務人員涵義之界定。

2. 依公務人員任用法之規定，公務人員之任用，應具何項資格？

3. 依公務人員任用法之規定，不得任用為公務人員之情事有那些？

4 試說明考試院考試委員名額，以及擔任考試委員應具之資格為何？

二、請試作以下測驗題

1. 依憲法增修條文之規定，下列何者非屬考試院掌理之事項？（98基層警察）

(A)公務人員任免之法制事項　　　(B)公務人員之懲戒

(C)公務人員考績之法制事項　　　(D)公務人員之退休

2. 依據憲法增修條文之規定，考試院院長、副院長、考試委員由總統提名，須由何機關同意任命之？（97基層行政警察四等）

(A)立法院　(B)司法院　(C)國民大會　(D)監察院

3. 登記為縣（市）長候選人者，應具備何種學歷？（98三等身心障）

(A)國民中學以上學校畢業

(B)高級中學以上學校畢業或普通考試以上考試及格

(C)現行公職人員選舉罷免法未作限制

(D)專科以上學校畢業或高等考試以上考試及格

4. 下列何種人員，憲法增修條文未明確規定法定名額？（99年四等行政警察）

    (A)大法官　(B)考試委員　(C)監察委員　(D)立法委員

5. 依憲法增修條文之規定，考試院副院長如何產生？（98交通升資）

    (A)總統提名，經立法院同意任命之

    (B)總統提名，經國民大會同意任命之

    (C)考試院院長提請總統任命之

    (D)考試委員互選之

6. 考試院關於所掌理事項，得向下列中那一個機關提出法律案？（100一般警察四等）

    (A)行政院　(B)立法院　(C)司法院　(D)監察院

7. 依司法院大法官解釋，下列關於公務人員身分保障的敘述，何者錯誤？（101一般警察四等）

    (A)公務員身分保障之法律措施，係為貫徹憲法第18條應考試服公職之基本權

    (B)為確保公務員職務中立，其身分保障與俸給多寡絕對不得低於一般私營企業之雇員水準

    (C)服務機關改組、解散或改隸，應設適度過渡條款或其他緩和措施，以維護公務員身分保障

    (D)對於公務員身分造成重大影響之處分，如懲戒與考績處分，均應踐行正當法律程序

8. 下列何者不屬於憲法第81條獨立行使職權保障之法官？（101一般警察四等）

    (A)最高行政法院法官　　　　　　(B)地方法院簡易庭法官

    (C)公務人員保障暨培訓委員會委員　(D)公務員懲戒委員會委員

9. 考試院設考試委員若干人，由總統提名，經下列何者同意任命之？
（101一般警察四等）

(A)行政院　　(B)立法院　　(C)司法院　　(D)監察院

10.下列何者不屬於憲法第18條應考試權之保障範圍？（101警察三等）

(A)大學入學考試　　　　　　(B)公務人員高等考試

(C)公務人員升官等考試　　　(D)專門職業及技術人員考試

11.考試委員應如何產生？（101警察三等）

(A)由總統提名，經立法院同意任命之

(B)由行政院院長提名，經立法院同意任命之

(C)由考試院院長提名，經公民投票同意任命之

(D)由總統提名，經公民投票同意任命之

12.下列何者並無至立法院院會備詢之義務？（101警察三等）

(A)考選部部長　　　　　　　(B)法務部部長

(C)僑務委員會委員長　　　　(D)國家通訊傳播委員會主任委員

13.考試院院長如何產生？（101警察四等）

(A)由行政院提名，經立法院同意任命之

(B)由行政院提名，經總統同意任命之

(C)由總統提名，經立法院同意任命之

(D)由總統提名，經監察院同意任命之

14.考試院對於下列那一事項，有執行之權？（99警察升官等）

(A)任免　　(B)銓敘　　(C)考績　　(D)陞遷

15.依司法院釋字第461號解釋之見解，下列何者並無應邀於立法院委員
會備詢之義務？（99四等基層）

(A)參謀總長

(B)司法、考試、監察三院所屬非獨立行使職權而負行政職務之人員

(C)司法、考試、監察三院院長

(D)行政院各部會首長

16.下列何種人員，憲法增修條文未明確規定其法定名額？（99四等
基層）

(A)大法官　(B)考試委員　(C)監察委員　(D)立法委員

17.對於公務人員之官等、職等之基本身分事項加以審定，屬下列何者？
（99四等基層）

(A)考試　(B)任用　(C)銓敘　(D)考績

| 正確答案 |

1.B　2.A　3.C　4.B　5.A　6.B　7.B　8.C　9.B　10.A

11.A　12.A　13.C　14.B　15.C　16.B　17.C

第九章　監察

第一節、憲法本文釋義

第一項、監察院之地位與職權

第九十條

　　監察院為國家最高監察機關，行使同意、彈劾、糾舉及審計權。

　　依憲法增修條文第7條（第1段），「監察院為國家最高監察機關，行使彈劾、糾舉及審計權，不適用憲法第90條及第94條有關同意權之規定」。換言之，憲法90條除少了「同意」二字以外，其餘均保留。

最高監察機關

　　民國96年8月15日，司法院大法官釋字第632號，解釋要旨：

　　「監察院為國家最高監察機關，行使彈劾、糾舉及審計權」，
「監察院設監察委員29人，並以其中1人為院長、1人為副院長，
任期6年，由總統提名，經立法院同意任命之」，為憲法增修條

文第7條第1項、第2項所明定。是監察院係憲法所設置並賦予特定職權之國家憲法機關，為維繫國家整體憲政體制正常運行不可或缺之一環，其院長、副院長與監察委員皆係憲法保留之法定職位，故確保監察院實質存續與正常運行，應屬所有憲法機關無可旁貸之職責。為使監察院之職權得以不間斷行使，總統於當屆監察院院長、副院長及監察委員任期屆滿前，應適時提名繼任人選咨請立法院同意，立法院亦應適時行使同意權，以維繫監察院之正常運行。總統如消極不為提名，或立法院消極不行使同意權，致監察院無從行使職權、發揮功能，國家憲政制度之完整因而遭受破壞，自為憲法所不許。引發本件解釋之疑義，應依上開解釋意旨為適當之處理。

第二項、監察委員產生方式

第九十一條

監察院設監察委員，由各省市議會、蒙古西藏地方議會及華僑團體選舉之。其名額分配，依左列之規定：

一　每省五人。

二　每直轄市二人。

三　蒙古各盟旗共八人。

四　西藏八人。

五　僑居國外之國民八人。

依憲法增修條文第7條（前段）規定，「監察院設監察委員29人，並以其中1人為院長、1人為副院長，任期6年，由總統提名，經立法院同意任命之。憲法第91條至第93條之規定停止適用」。因此本憲法第91條全文已「停止適用」。

第三項、監察院正副院長之產生

第九十二條

監察院設院長、副院長各一人，由監察委員互選之。

依憲法增修條文第7條（前段）規定，「監察院設監察委員29人，並以其中1人為院長、1人為副院長，任期6年，由總統提名，經立法院同意任命之。憲法第91條至第93條之規定停止適用」。換言之，憲法第92條全文已「停止適用」。現行規定為「監察院院長、副院長由總統提名，經立法院同意任命之」。

第四項、監察委員任期

第九十三條

監察委員之任期為六年，連選得連任。

依憲法增修條文第7條（前段）規定，「監察院設監察委員29人，並以其中1人為院長、1人為副院長，任期6年，由總統提名，經立法院同意任命之。憲法第91條至第93條之規定停止適用」。因此本憲法第93條全文已「停止適用」。現行規定中已經沒有「連選得連任」的情況。

第五項、監察院同意權之行使

第九十四條

監察院依本憲法行使同意權時，由出席委員過半數之議決行之。

　　依憲法增修條文第7條（前段）「監察院為國家最高監察機關，行使彈劾、糾舉及審計權，不適用憲法第90條及第94條有關同意權之規定」。憲法第94條主旨在於規範「監察院同意權之行使」，因此本憲法94條全文已「不適用」。

第六項、監察院之調查權

> ### 第九十五條
> 　　監察院為行使監察權，得向行政院及其各部會調閱其所發布之命令及各種有關文件。

一、被調查機關主管、關係人不得拒絕調查

　　監察法第26條：監察院為行使監察職權，得由監察委員持監察證或派員持調查證，赴各機關、部隊、公私團體調查檔案冊籍及其他有關文件，各該機關，部隊或團體主管人員及其他關係人員不得拒絕；遇有詢問時，應就詢問地點負責為詳實之答復，作成筆錄，由受詢人署名簽押。調查人員調查案件，於必要時得通知書狀具名人及被調查人員就指定地點詢問。調查人員對案件內容不得對外宣洩。監察證、調查證使用規則由監察院定之。

二、調查人員得封存證卷或攜去證卷

　　監察法第27條：調查人員必要時得臨時封存有關證件，或攜去其全部或一部。前項證件之封存或攜去，應經該主管長官之允許，除有妨害國家利益者外，該主管長官不得拒絕。凡攜去之證件，該主管人員應加蓋圖章，由調查人員給予收據。

三、當地警憲當局協助調查

監察法第28條：調查人員必要時，得知會當地政府法院或其他有關機關協助。調查人員於調查證據遭遇抗拒或為保全證據時，得通知警憲當局協助，作必要之措施。

第29條：調查人員在調查案件時，如認為案情重大或被調查人有逃亡之虞者，得通知當地警憲當局協助，予以適當之防範。

四、委託其他機關調查

監察法第30條：監察院於必要時，得就指定案件或事項，委託其他機關調查。各機關接受前項委託後，應即進行調查，並以書面答復。

第七項、監察院委員會

> **第九十六條**
>
> 監察院得按行政院及其各部會之工作，分設若干委員會，調查一切設施，注意其是否違法或失職。

一、監察院設委員會

監察院各委員會組織法第1至4條規定，監察院設左列各委員會：

1. 內政及少數民族委員會。
2. 外交及僑政委員會。
3. 國防及情報委員會。
4. 財政及經濟委員會。
5. 教育及文化委員會。
6. 交通及採購委員會。
7. 司法及獄政委員會。

前項委員會於必要時得分設或合併之。監察院得應業務需要,於院內設特種委員會;所需工作人員,由院長就所屬人員中指派兼任之。

二、委員會成員人數

各委員會委員,由監察委員分任之;每一委員以任3委員會委員為限。每一委員會委員人數不得超過14人。各委員會設召集人1人,由各該委員會委員互選之;各委員會召集人任期1年,不得連任。各委員會召集人不得擔任其他委員會召集人。

第25條:行政院或有關部會接到糾正案後,應即為適當之改善與處置,並應以書面答復監察院,如逾二個月仍未將改善與處置之事實答復監察院時,監察院得質問之。

第八項、糾正、糾舉、彈劾

> ### 第九十七條
>
> 監察院經各該委員會之審查及決議,得提出糾正案,移送行政院及其有關部會,促其注意改善。
>
> 監察院對於中央及地方公務人員,認為有失職或違法情事,得提出糾舉案或彈劾案,如涉及刑事,應移送法院辦理。

一、對機關的糾正案由委員會提出

監察法第24條:監察院於調查行政院及其所屬各級機關之工作及設施後,經各有關委員會之審查及決議,得由監察院提出糾正案,移送行政院或有關部會,促其注意改善。

二、糾舉中央及地方公務人員

監察法第19條:監察委員對於公務人員認為有違法或失職之行為,應先予停職或其他急速處分時,得以書面糾舉,經其他監察委員3人以

上之審查及決定，由監察院送交被糾舉人員之主管長官或其上級長官，其違法行為涉及刑事或軍法者，應逕送各該管司法或軍法機關依法辦理。監察委員於分派執行職務之該管監察區內，對薦任以下公務人員，提議糾舉案於監察院，必要時得通知該主管長官或其上級長官予以注意。

第20條：糾舉案經審查認為不成立而提案委員有異議時，應即將該糾舉案另付其他監察委員3人以上審查，為最後之決定。

第21條：被糾舉人員之主管長官或其上級長官接到糾舉書後，除關於刑事或軍法部份另候各該管機關依法辦理外，至遲應於1個月內依公務員懲戒法之規定，予以處理，並得先予停職或為其他急速處分；其認為不應處分者，應即向監察院聲復理由。

三、已經糾舉案得改提彈劾案

監察法第22條：被糾舉人員之主管長官或其上級長官對於糾舉案，不依前條規定處理或處理後監察委員2人以上認為不當時，得改提彈劾案。被糾舉人員之主管長官或其上級長官接到糾舉書後，不依前條規定處分或決定不應處分，如被糾舉人員因改被彈劾而受懲戒時，其主管長官或其上級長官應負失職責任。

第九項、彈劾公務員

第九十八條

監察院對於中央及地方公務人員之彈劾案，須經監察委員一人以上之提議，九人以上之審查及決定，始得提出。

一、彈劾案由監察委員1人提議改為2人提議

憲法增修條文第7條（中段）規定，「監察院對於中央、地方公務人員及司法院、考試院人員之彈劾案，須經監察委員2人以上之提議，

9人以上之審查及決定，始得提出，不受憲法第98條之限制」。本增修條文已敘明彈劾案之監察委員人數，應由原規定之「1人」，增至「2人」。是以經增修之後，應為「監察院對於中央、地方公務人員及司法院、考試院人員之彈劾案，須經監察委員2人以上之提議，9人以上之審查及決定，始得提出」。

二、彈劾案之提出

監察法第6條：監察委員對於公務人員認為有違法或失職之行為者，應經2人以上之提議向監察院提彈劾案。

三、彈劾案成立後應向公懲會提出交付懲戒

監察法第8條：彈劾案經提案委員外之監察委員9人以上之審查及決定成立後，監察院應即向懲戒機關提出之。彈劾案向懲戒機關提出後，於同一案件如發現新事實或新證據，經審查後，應送懲戒機關併案辦理。

四、彈劾案審查由監委按序輪流擔任

監察法第9條：彈劾案之審查，應由全體監察委員按序輪流擔任之。

第10條：彈劾案經審查認為不成立，而提案委員有異議時，應即將該彈劾案另付其他監察委員9人以上審查，為最後之決定。

五、監察委員審查彈劾案期間行為約束

監察法第11條：彈劾案之審查委員，與該案有關係者，應行迴避。

第12條：監察院院長對於彈劾案，不得指使或干涉。

第13條：監察院人員對於彈劾案，在未經移付懲戒機關前，不得對外宣洩。監察院於彈劾案移付懲戒機關時，得公布之。

六、被彈劾人員違法情節重大得為急速救濟之處理

監察法第14條：監察院向懲戒機關提出彈劾案時，如認為被彈劾人員違法，或失職之行為情節重大，有急速救濟之必要者，得通知該主管長官為急速救濟之處理。主管長官接到前項通知，不為急速救濟之處理者，於被彈劾人員受懲戒時，應負失職責任。

七、被彈劾人涉刑事或軍法應向懲戒機關提出並逕送司法機關

監察法第15條：監察院認為被彈劾人員違法或失職之行為有涉及刑事或軍法者，除向懲戒機關提出外，並應逕送各該管司法或軍法機關依法辦理。

第16條：彈劾案經向懲戒機關提出，及移送司法或軍法機關後，各該管機關應急速辦理，並將辦理結果，迅即通知監察院轉知原提案委員。懲戒機關於收到被彈劾人員答辯時，應即通知監察院，轉知原提案委員；原提案委員接獲通知後，如有意見時，應於10日內提出，轉送懲戒機關。

八、監察院得質問懲戒機關不應故意拖延

監察法第17條：懲戒機關對彈劾案逾三個月尚未結辦者，監察院得質問之，經質問後並經調查確有故意拖延之事實者，監察院對懲戒機關主辦人員，得逕依本法第6條或第19條之規定辦理之。

九、經彈劾而受懲戒人員不得升遷但不包括受申誡者

監察法第18條：凡經彈劾而受懲戒之人員，在停止任用期間，任何機關不得任用。

被彈劾人員在懲戒案進行期間，如有依法升遷，應於懲戒處分後撤銷之。

但其懲戒處分為申誡者，不在此限。

第十項、彈劾司法院或考試院人員

> **第九十九條**
>
> 　　監察院對於司法院或考試院人員失職或違法之彈劾，適用本憲法第九十五條、第九十七條及第九十八條之規定。

彈劾權行使範圍包括司法院或考試院人員，不包括民意代表

　　民國42年3月21日，司法院大法官釋字第14號，解釋要旨：

　　　　查憲法與本問題有關之第97條、第98條、第99條，係由憲法草案第102條、第103條、第104條而來。第102條原稱監察院對於行政院或其各部會人員認為有違法失職情事，得提出彈劾案。第103條則為中央及地方行政人員之彈劾。第104條則為法官及考試院人員之彈劾。在制憲會議中，若干代表認為監察院彈劾權行使之對象應包括立法委員、監察委員在內。曾經提出修正案數起，主張將第102條行政院或其各部會人員改為各院及其各部會人員，包括立法院、監察院人員在內，並將第104條有關法官及考試院人員之條文刪去。討論結果，對此毫無疑義之修正文均未通過，即所以表示立監委員係屬除外。若謂同時，復以中央公務人員字樣可藉解釋之途徑，使立監委員包括在內，殊難自圓其說。在制憲者之意，當以立監委員為直接或間接之民意代表，均不認其為監察權行使之對象。至立監兩院其他人員與國民大會職員，總統府及其所屬機關職員，自應屬監察權行使範圍。故憲法除規定行政、司法、考試三院外，復於第97條第2項及第98條，另有中央公務人員之規定。

　　國民大會代表為民意代表，其非監察權行使對象更不待言。憲法草案及各修正案，對於國大代表均無可以彈劾之擬議，與立、監委員包括在內之各修正案不予採納者，實為制憲時一貫之意思。

　　自治人員之屬於議事機關者，如省縣議會議員，亦為民意代表，依上述理由，自亦非監察權行使之對象。

第十一項、彈劾總統副總統

> **第一百條**
>
> 　　監察院對於總統、副總統之彈劾案，須有全體監察委員四分之一以上之提議，全體監察委員過半數之審查及決議，向國民大會提出之。

　　依憲法增修條文第4條（部份）之規定，「立法院對於總統、副總統之彈劾案，不適用憲法第100條有關規定」。

第十二項、監察委員言論免責權

> **第一百零一條**
>
> 　　監察委員在院內所為之言論及表決，對院外不負責任。

　　依憲法增修條文第7條（中段部份）規定，「憲法第101條停止適用」。

第十三項、監察委員不被逮捕或拘禁特權

> **第一百零二條**
>
> 　　監察委員，除現行犯外，非經監察院許可，不得逮捕或拘禁。

依憲法增修條文第7條（中段部份）規定，「憲法第102條之規定，停止適用」。

第十四項、監察委員兼職限制

> ### 第一百零三條
> 監察委員不得兼任其他公職或執行業務。

民國47年12月17日，司法院大法官釋字第81號，解釋要旨：

> 查監察委員不得兼任其他公職或執行業務，為憲法第103條所明
> 定，其所以於不得兼任其他公職之外並不得執行業務者，乃為貫
> 徹監察權之行使，保持監察委員之超然地位，故亦予以限制，民
> 營公司董事監察人及經理人均為執行民營公司業務之人，其所執
> 行之業務與監察委員職權之行使自不相宜，應屬於憲法第103條
> 所稱監察委員不得執行業務之範圍。

第十五項、審計長之設置及任命

> ### 第一百零四條
> 監察院設審計長，由總統提名，經立法院同意任命之。

一、審計部設於監察院

監察院組織法第4至5條規定，監察院設審計部，其職掌如左：

1. 監督政府所屬全國各機關預算之執行。
2. 核定政府所屬全國各機關收入命令及支付命令。
3. 審核政府所屬全國各機關財務收支及審定決算。
4. 稽察政府所屬全國各機關財務及財政上不法或不忠於職務之

行為。

5. 考核政府所屬全國各機關財務效能。

6. 核定各機關人員對於財務上之責任。

7. 其他依法律應行辦理之審計事項。

審計部之組織，另以法律定之。審計長綜理審計部事務。

二、審計長應具資格

審計部組織法第2條規定，審計長應具有左列資格之一：

1. 曾任審計長，成績卓著者。

2. 曾任副審計長5年以上，或審計官9年以上，成績優良者。

3. 曾任專科以上學校會計、審計課程教授10年以上，聲譽卓著，或具有會計、審計學科之權威著作者。

4. 曾任高級簡任官6年以上，聲譽卓著，並富有會計、審計學識經驗者。

5. 曾任監察委員6年以上，富有會計、審計學識經驗，聲譽卓著者。

三、審計長任期

審計部組織法第3條：審計長之任期為6年。

四、確保審計長職位之安定，俾能超然獨立行使職權

民國83年7月8日，司法院大法官釋字第357號，解釋要旨：

依中華民國憲法第一百零四條設置於監察院之審計長，其職務之性質與應與應隨執政黨更迭或政策變更而進退之政務官不同。審計部組織法第三條關於審計長任期為六年之規正，旨在確保其職位之安定，俾能在一定任期中，超然獨立行使職權，與憲法並無牴觸。

五、審計權由中央立法並執行之

民國78年3月17日，司法院大法官釋字第235號，解釋要旨：

中華民國憲法採五權分立制度，審計權乃屬監察權之範圍，應由中央立法並執行之，此觀憲法第90條及第107條第13款規定自明。隸屬於監察院之審計部於省（市）設審計處，並依審計法第5條辦理各該省（市）政府及其所屬機關財務之審計，與憲法並無牴觸。

第十六項、審計長決算審核與報告

第一百零五條

審計長應於行政院提出決算後三個月內，依法完成其審核，並提出審核報告於立法院。

審計法第34條：政府於會計年度結束後，應編製總決算，送審計機關審核。中央政府年度總決算，應由審計部於行政院提出後3個月內完成其審核，並提出審核報告於立法院。

立法院、監察院或兩院中之各委員會，審議前項報告，如有諮詢或需要有關審核之資料，審計長應答復或提供之。地方政府年度總決算之編送及審核，準用前列各項規定。

決算法第26條：審計長於中央政府總決算送達後3個月內完成其審核，編造最終審定數額表，並提出審核報告於立法院。

第十七項、監察院組織法制化

> **第一百零六條**
>
> 　監察院之組織，以法律定之。

一、監察院組織法源及職權

　　監察院組織法第1條規定，本法依憲法第106條制定之。

　　第2條：監察院行使憲法所賦予之職權。

　　第3條：監察院得分設委員會，其組織另以法律定之。

二、監察委員應具資格

　　監察院組織法第3-1條規定，監察院監察委員，須年滿35歲，並具有左列資格之一：

1. 曾任中央民意代表1任以上或省（市）議員2任以上，聲譽卓著者。
2. 任簡任司法官10年以上，並曾任高等法院、高等法院檢察署以上司法機關司法官，成績優異者。
3. 曾任簡任職公務員10年以上，成績優異者。
4. 曾任大學教授10年以上，聲譽卓著者。
5. 國內專門職業及技術人員高等考試及格，執行業務15年以上，聲譽卓著者。
6. 清廉正直，富有政治經驗或主持新聞文化事業，聲譽卓著者。
   前項所稱之服務或執業年限，均計算至次屆監察委員就職前1日止。

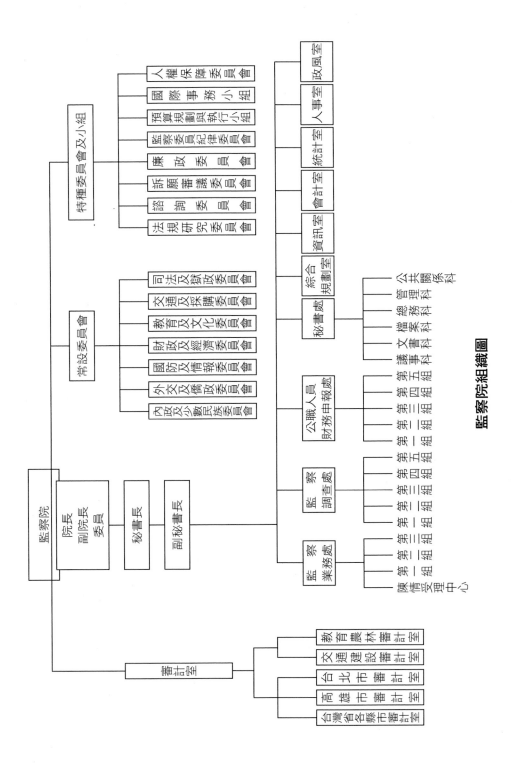

監察院組織圖

第二節、憲法變遷與現況

憲法增修條文第七條（與監察有關的憲法增修）

監察院為國家最高監察機關，行使彈劾、糾舉及審計權，不適用憲法第九十條及第九十四條有關同意權之規定。

監察院設監察委員二十九人，並以其中一人為院長、一人為副院長，任期六年，由總統提名，經立法院同意任命之。憲法第九十一條至第九十三條之規定停止適用。

監察院對於中央、地方公務人員及司法院、考試院人員之彈劾案，須經監察委員二人以上之提議，九人以上之審查及決定，始得提出，不受憲法第九十八條之限制。

監察院對於監察院人員失職或違法之彈劾，適用憲法第九十五條、第九十七條第二項及前項之規定。

監察委員須超出黨派以外，依據法律獨立行使職權。

憲法第一百零一條及第一百零二條之規定，停止適用。

第一項、增修條文與現行規定

依憲法增修條文第7條第1項之規定，監察院為國家最高監察機關，行使彈劾、糾舉及審計權，不適用憲法第90條及第94條有關同意權之規定。其差異是取消原訂之同意權，餘均保留。

依憲法增修條文第4條之規定，立法院對於總統、副總統之彈劾案，須經全體立法委員二分之一以上之提議，全體立法委員三分之二以上之決議，聲請司法院大法官審理，不適用憲法第90條、第100條及增修條文第7條第一項有關規定。

第二項、政治獻金申報機關

一、監察院受理政治獻金之申報

政治獻金法第4條：受理政治獻金申報之機關為監察院。監察院得委託直轄市、縣（市）選舉委員會辦理第12條第1項第4款所定擬參選人之政治獻金申報與專戶許可、變更及廢止事項。前項委託所需費用，由監察院支付之。

二、不得捐贈政治獻金者

政治獻金法第7條規定，得捐贈政治獻金者，以下列各款以外之個人、政黨、人民團體及營利事業為限：

1. 公營事業或政府持有資本達20%之民營企業。
2. 與政府機關（構）有巨額採購或重大公共建設投資契約，且在履約期間之廠商。
3. 有累積虧損尚未依規定彌補之營利事業。
4. 宗教團體。
5. 其他政黨或同一種選舉擬參選人。但依法共同推薦候選人政黨，對於其所推薦同一組候選人之捐贈，不在此限。
6. 未具有選舉權之人。
7. 外國人民、法人、團體或其他機構，或主要成員為外國人民、法人、團體或其他機構之法人、團體或其他機構。
8. 大陸地區人民、法人、團體或其他機構，或主要成員為大陸地區人民、法人、團體或其他機構之法人、團體或其他機構。
9. 香港、澳門居民、法人、團體或其他機構，或主要成員為香港、澳門居民、法人、團體或其他機構之法人、團體或其他機構。
10. 政黨經營或投資之事業。

11. 與政黨經營或投資之事業有巨額採購契約，且在履約期間之廠商。前項第3款所定累積虧損之認定，以營利事業前1年度之財務報表為準。

三、收受不符規定之政治獻金應返還或繳庫

政治獻金法第15條規定，政黨、政治團體及擬參選人收受政治獻金，應查證是否符合第7條第1項、前條、第17條第1項、第2項或第18條第一項規定；其不符合者，除不符合第7條第1項第7款至第9款規定者不得返還外，餘均得於收受後1個月內將政治獻金之一部或全部返還；逾期或不能返還者，應於收受後2個月內繳交受理申報機關辦理繳庫；其符合者，如不願收受，亦得於收受後1個月內返還捐贈者。政黨、政治團體及擬參選人依前項規定返還已收受之政治獻金者，應以下列方式為之：

1. 收受之金錢政治獻金已存入專戶者，應由專戶以匯款或交付專戶立帳之金融機構開立票據方式返還之。

2. 收受之票據已存入專戶尚未兌現者，得向專戶立帳之金融機構申請撤票，將該票據直接返還捐贈者；其已兌現者，應依前款所定方式返還之。

3. 收受之金錢政治獻金尚未存入專戶者，得直接返還之。收受非金錢政治獻金者，亦同。政黨、政治團體及擬參選人依第一項規定返還政治獻金或繳交受理申報機關辦理繳庫者，應將已開立之收據收回作廢；其不能收回者，應以書面載明返還日期、金額及收據不能返還原因，報請監察院備查。政黨、政治團體及擬參選人收受匿名政治獻金之總額，不得超過該次申報政治獻金收入總額30%，超過部分應於申報時繳交受理申報機關辦理繳庫。前項規定於98年度起之捐贈行為適用之。

第三節、憲法通識

第一項、公職人員財產申報

　　監察院組織法第10條（部份）：監察院設公職人員財產申報處。

　　公職人員財產申報法第1條：為端正政風，確立公職人員清廉之作為，特制定本法。

一、應依法申報財產之公職人員

　　公職人員財產申報法第2條規定，下列公職人員，應依本法申報財產：

1. 總統、副總統。
2. 行政、立法、司法、考試、監察各院院長、副院長。
3. 政務人員。
4. 有給職之總統府資政、國策顧問及戰略顧問。
5. 各級政府機關之首長、副首長及職務列簡任第10職等以上之幕僚長、主管；公營事業總、分支機構之首長、副首長及相當簡任第10職等以上之主管；代表政府或公股出任私法人之董事及監察人。
6. 各級公立學校之校長、副校長；其設有附屬機構者，該機構之首長、副首長。
7. 軍事單位上校編階以上之各級主官、副主官及主管。
8. 依公職人員選舉罷免法選舉產生之鄉（鎮、市）級以上政府機關首長。
9. 各級民意機關民意代表。

10. 法官、檢察官、行政執行官、軍法官。

11. 政風及軍事監察主管人員。

12. 司法警察、稅務、關務、地政、會計、審計、建築管理、工商登記、都市計畫、金融監督暨管理、公產管理、金融授信、商品檢驗、商標、專利、公路監理、環保稽查、採購業務等之主管人員；其範圍由法務部會商各該中央主管機關定之；其屬國防及軍事單位之人員，由國防部定之。

13. 其他職務性質特殊，經主管府、院核定有申報財產必要之人員。前項各款公職人員，其職務係代理者，亦應申報財產。但代理未滿3個月者，毋庸申報。總統、副總統及縣（市）級以上公職之候選人應準用本法之規定，於申請候選人登記時申報財產。前3項以外之公職人員，經調查有證據顯示其生活與消費顯超過其薪資收入者，該公職人員所屬機關或其上級機關之政風單位，得經中央政風主管機關（構）之核可後，指定其申報財產。

二、公職人員應申報之財產內容

公職人員財產申報法第5條規定，公職人員應申報之財產如下：

1. 不動產、船舶、汽車及航空器。

2. 一定金額以上之現金、存款、有價證券、珠寶、古董、字畫及其他具有相當價值之財產。

3. 一定金額以上之債權、債務及對各種事業之投資。

公職人員之配偶及未成年子女所有之前項財產，應一併申報。

申報之財產，除第1項第2款外，應一併申報其取得或發生之時間及原因；其為第1項第1款之財產，且係於申報日前5年內取得者，並應申報其取得價額。

第二項、監察院收受人民陳情或檢舉

一、人民書狀之定義

監察院收受人民書狀及處理辦法第2條規定，本辦法所稱人民書狀如左：

1. 監察院及監察委員收受之人民陳情或檢舉文件。
2. 值日委員或巡迴監察委員接見陳情人之陳情書、檢舉書或口頭陳述之意見或詢問之紀錄。

二、準用人民書狀情事

監察院收受人民書狀及處理辦法第3條規定，左列文件準用人民書狀之處理程序：

1. 依公務員懲戒法第19條第1項前段規定移送本院審查之案件。
2. 審計機關依審計法及有關法令規定報請本院依法處理之案件。
3. 各機關團體送請本院查辦之案件。
4. 本院委員建議查辦之案件。
5. 有關公務人員或機關之工作設施違法失職事件之傳單、啟事或新聞報導情節重大者。

三、人民書狀應詳述事實及檢附有關資料

第4條：人民書狀應詳述事實及檢附有關資料，並載明真實姓名、性別、年齡、職業、住址及身分證統一編號。如係法人或團體並須載明其名稱、所在地及其負責人姓名、登記證字號。若因案情特殊不宜或聲明不願公布姓名者，本院應為其保密。

四、如曾提起行政救濟或民、刑訴訟有案者，應詳述經過

第5條：人民陳訴案件，如曾提起行政救濟或民、刑訴訟有案者，應詳述經過，並檢附有關書狀及訴訟文書之影印本。

第11條：左列人民書狀應為不受理之處理：

1. 被訴人非本院職權行使對象者。

2. 陳訴事由不屬本院職權範圍者。

3. 應向司法或軍法機關提起訴訟者。

4. 應提起訴願或行政訴訟者。

5. 陳訴人自誤訴願或訴訟程序或放棄權利者。

前項第3款至第5款之案件，如被訴人有瀆職或重大違法失職情事者，仍應處理。

五、不予調查處理之人民書狀

第12條：左列人民書狀應為不予調查之處理。但如被訴人有瀆職或重大違法失職嫌疑需要即予調查者，仍應調查。

1. 已進入行政救濟程序者。

2. 已進入司法或軍法偵審程序者。

3. 已分送其上級機關或有關機關處理者。

4. 以副本或匿名文件送院者。

六、不予函復處理之人民書狀

第13條：人民書狀經本院處理後，除依法令不得對外宣洩之事項者外，應函復陳訴人。但有左列情事之一者，不予函復：

1. 匿名書狀。

2. 陳訴人死亡或所在不明者。

3.陳訴人於短期內連續遞送內容類同之書狀，經併案處理，業經函復者。

4.陳訴人之案件業經函復，而續訴書狀無新事證者。

5.陳訴內容空泛、荒謬、謾罵者。

人民書狀經各委員會處理後，應否函復，依其決議辦理。

陳訴人所附證件如係原本，而有發還必要時，予以影印附卷備查，原本檢還。

第九章 學習自我評量

一、請試回答以下問題

1. 請問監察院調查人員於調查證據時，遇何種情式，得通知警憲當局協助？

2. 試述監察院彈劾案成立後，向公懲會提出交付懲戒之要件、程序及法律上所產生的效用。

3. 請說明審計長之設置及任命程序。

4. 請說明監察委員應具資格條件為何？

二、請試作以下測驗題

1. 依監察法第24條之規定，監察院得對於下列何者提出糾正案？（99三等身心障）

   (A)台灣台北地方法院　(B)考選部　(C)交通部　(D)司法院

2. 下列何人之任期，係明文規定在憲法本文或增修條文中？（99三等身心障）

   (A)監察委員　(B)考試委員　(C)審計部審計長　(D)考試院院長

3. 決算由那一個機關提出於監察院？（99三等身心障）

   (A)行政院　(B)財政部　(C)審計長　(D)行政院主計處

4. 下列何者不是監察院之職權？

   (A)彈劾權　(B)糾舉權　(C)罷免權　(D)調查權

5. 下列何者不屬於應隨政黨之更迭或政策變更而進退之人員？（97基層行政警察四等）

(A)監察院審計長　(B)行政院主計長　(C)外交部部長　(D)行政院政務委員

6. 依現行憲法之規定，審計長設於：（101一般警察三等）

(A)監察院　(B)立法院　(C)司法院　(D)行政院

7. 下列何者不屬行政院會議得議決之事項？（100一般警察四等）

(A)應行提出於立法院有關監察院院長、副院長及監察委員之人事案

(B)應行提出於立法院有關司法院之預算案

(C)應行提出於立法院有關總統府之預算案

(D)應行提出於立法院之法律案

8. 下列何者非屬監察院的職權？（100一般警察四等）

(A)審計權　(B)質詢權　(C)調查權　(D)受理公職人員財產申報之權

9. 下列何者非屬監察院對行政院及其人員得行使之職權？（100警察四等）

(A)糾正權　(B)糾舉權　(C)罷免權　(D)彈劾權

10.審計長如何產生？（100警察四等）

(A)監察院院長指派

(B)經監察委員選舉產生

(C)由總統提名，經監察院同意任命

(D)由總統提名，經立法院同意任命之

11.依現行憲法之規定，審計長設於：（101一般警察三等）

(A)監察院　(B)立法院　(C)司法院　(D)行政院

12.依司法院大法官解釋，下列關於公務人員身分保障的敘述，何者錯誤？（101一般警察四等）

(A)公務員身分保障之法律措施，係為貫徹憲法第18條應考試服公職之基本權

(B)為確保公務員職務中立，其身分保障與俸給多寡絕對不得低於一般私營企業之雇員水準

(C)服務機關改組、解散或改隸，應設適度過渡條款或其他緩和措施，以維護公務員身分保障

(D)對於公務員身分造成重大影響之處分，如懲戒與考績處分，均應踐行正當法律程序

13.現行監察委員如何產生？（101一般警察四等）

(A)由各市議會選舉之

(B)由國民直選之

(C)由立法委員以無記名投票方式選舉之

(D)由總統提名，經立法院同意任命之

| 正確答案 |

1.C　　2.A　　3.A　　4.C　　5.A　　6.A　　7.A　　8.B　　9.C　10.D

11.A　12.B　13.D

第十章　中央與地方之權限

第一節、憲法本文釋義

第一項、中央立法並執行事項

第一百零七條

左列事項，由中央立法並執行之：

一　外交。

二　國防與國防軍事。

三　國籍法及刑事、民事、商事之法律。

四　司法制度。

五　航空、國道、國有鐵路、航政、郵政及電政。

六　中央財政與國稅。

七　國稅與省稅、縣稅之劃分。

八　國營經濟事業。

九　幣制及國家銀行。

十　度量衡。

十一　國際貿易政策。

十二　涉外之財政經濟事項。

十三　其他依本憲法所定關於中央之事項。

一、憲法107條的區分性質

憲法107條所規定者，係專屬於中央之權限，其立法與執行皆由中央為之，而不得委由各省縣辦理。其所規定事項，依性質可區分如下：

1. 國家對外事項：第1、11、12款
2. 全國一致之事項：第2、3、4、5、6、8、9、10款
3. 交由中央劃分事項：第7款
4. 補充性的規定：第13款

二、中央與地方權限劃分之均權原則

民國88年12月31日，司法院大法官釋字第498號，解釋要旨：

地方自治為憲法所保障之制度。基於住民自治之理念與垂直分權之功能，地方自治團體設有地方行政機關及立法機關，其首長與民意代表均由自治區域內之人民依法選舉產生，分別綜理地方自治團體之地方事務，或行使地方立法機關之職權，地方行政機關與地方立法機關間依法並有權責制衡之關係。中央政府或其他上級政府對地方自治團體辦理自治事項、委辦事項，依法僅得按事項之性質，為適法或適當與否之監督。地方自治團體在憲法及法律保障之範圍內，享有自主與獨立之地位，國家機關自應予以尊重。立法院所設各種委員會，依憲法第67條第2項規定，雖得邀請地方自治團體行政機關有關人員到會備詢，但基於地方自治團體具有自主、獨立之地位，以及中央與地方各設有立法機關之層級體制，地方自治團體行政機關公務員，除法律明定應到會備詢者外，得衡酌到會說明之必要性，決定是否到會。於此情形，地方自治團體行政機關之公務員未到會備詢時，立法院不得因此據以為刪減或擱置中央機關對地方自治團體補助款預算之理

由，以確保地方自治之有效運作，及符合憲法所定中央與地方權限劃分之均權原則。

第二項、中央立法並執行或交省縣執行事項

第一百零八條

左列事項，由中央立法並執行之，或交由省縣執行之：

一 省縣自治通則。

二 行政區劃。

三 森林、工礦及商業。

四 教育制度。

五 銀行及交易所制度。

六 航業及海洋漁業。

七 公用事業。

八 合作事業。

九 二省以上之水陸交通運輸。

十 二省以上之水利、河道及農牧事業。

十一 中央及地方官吏之銓敘、任用、糾察及保障。

十二 土地法。

十三 勞動法及其他社會立法。

十四 公用徵收。

十五 全國戶口調查及統計。

十六 移民及墾殖。

十七 警察制度。

十八 公共衛生。

十九 賑濟、撫卹及失業救濟。

二十 有關文化之古籍、古物及古蹟之保存。

前項各款，省於不牴觸國家法律內，得制定單行法規。

一、憲法108條適用

憲法增修條文第9條（前段部份）：省、縣地方制度，以法律定之，不受憲法第108條第1項第1款之限制。

依前項規定，省縣自治法已於民國88年4月14日廢止。除此之外，本憲法108條其餘款、項維持適用。

二、108條為憲法各條文中所列事項最詳者，皆為內政事項

憲法108條所列事項，皆屬中央政府之事權，惟為行政之便，得授權省縣執行之。108條為憲法各條文中所列事項最詳者，計20款。所列事項皆為內政事項。

三、警察制度由中央立法並執行之，或交由直轄市、縣（市）執行

警察法第3條：警察官制、官規、教育、服制、勤務制度及其他全國性警察法制，由中央立法並執行之，或交由直轄市、縣（市）執行之。有關直轄市警政、警衛及縣（市）警衛之實施事項，其立法及執行，應分屬於直轄市、縣（市）。

（一）由中央立法事項

警察法施行細則第3條規定，本法第3條第1項由中央立法事項如左：

1. 警察官制，指中央與地方各級警察機關之組織、編制等事項。
2. 警察官規，指中央與地方各級警察人員之官等、俸給、職務等階、及官職之任免、遷調、服務、請假、獎懲、考績、退休、撫卹等事項。
3. 警察教育制度，指警察教育之種類階段及師資、教材之標準等事項。

4. 警察服制，指各級警察人員平日集會、及執行職務時，著用服式等事4項。

5. 警察勤務制度，指警察勤務之單位組合勤務方式之基本原則事項。

6. 其他全國性警察法制，指有關全國性警察業務之保安、正俗、交通、衛生、消防、救災、營業建築、市容整理、戶口查察、外事處理及上列5款以外之有全國一致性之法制。

（二）由縣（市）立法事項

警察法施行細則第5條規定，本法第3條第2項由縣（市）立法事項如左：

1. 關於警察勤務機構設置、裁併及勤務之實施事項。

2. 關於警察常年訓練之實施事項。

3. 關於縣（市）警察業務之實施事項。

4. 關於縣（市）義勇警察、駐衛警察之組設、編練、派遣、管理等事項。

5. 其他關於縣（市）警衛之實施事項。

（三）由直轄市立法事項

警察法施行細則第6條規定，本法第3條第2項由直轄市立法事項如左：

1. 關於警察勤務機構設置、裁併及勤務之實施事項。

2. 關於警察常年訓練之實施事項。

3. 關於直轄市警察業務之實施事項。

4. 關於直轄市義勇警察、駐衛警察之組設、編練、派遣、管理等事項。

5. 其他關於直轄市警政及警衛之實施事項。

四、地方警察機關預算標準得陳請中央補助

民國81年10月30日，司法院大法官釋字第307號，解釋要旨：

警察制度，依憲法第108條第1項第17款規定，由中央立法並執行之或交由省縣執行之，中央就其交由省縣執行之事項，自得依法定程序編列預算，省縣無須重複編列。但省警政及縣警衛之實施，依憲法第109條第一項第10款、第110條第1項第9款規定，則屬省縣之權限，省縣得就其業務所需經費依法定程序編列預算，如確屬不足時，得依警察法第16條第2項規定呈請補助，省（直轄市）由中央補助，縣（市）由省補助。

另外，警察法第16條亦有規定：「地方警察機關預算標準，由中央按各該地區情形分別規劃之。前項警察機關經費，如確屬不足時，得陳請中央補助」。

第三項、由省立法並執行之，或交由縣執行事項

第一百零九條

左列事項，由省立法並執行之，或交由縣執行之：

一　省教育、衛生、實業及交通。

二　省財產之經營及處分。

三　省市政。

四　省公營事業。

五　省合作事業。

六　省農林、水利、漁牧及工程。

七　省財政及省稅。

八　省債。

九　省銀行。

十　省警政之實施。

> 十一　省慈善及公益事項。
>
> 十二　其他依國家法律賦予之事項。
>
> 　前項各款，有涉及二省以上者，除法律別有規定外，得由有關各省共同辦理。
>
> 　各省辦理第一項各款事務，其經費不足時，經立法院議決，由國庫補助之。

　　憲法增修條文第9條（前段部份）：「省、縣地方制度，以法律定之，不受憲法第109條之限制」。目前中央與地方之間，已無「省」一級政府功能。所謂的「中央與地方」實際上相當於「中央與直轄市、縣市」之意。

第四項、縣立法並執行事項

> **第一百十條**
>
> 左列事項，由縣立法並執行之：
>
> 一　縣教育、衛生、實業及交通。
>
> 二　縣財產之經營及處分。
>
> 三　縣公營事業。
>
> 四　縣合作事業。
>
> 五　縣農林、水利、漁牧及工程。
>
> 六　縣財政及縣稅。
>
> 七　縣債。
>
> 八　縣銀行。
>
> 九　縣警衛之實施。
>
> 十　縣慈善及公益事業。

> 十一　其他依國家法律及省自治法賦予之事項。
>
> 　前項各款，有涉及二縣以上者，除法律別有規定外，得由有關各縣共同辦理。

一、憲法110條純屬於縣之權限

　　憲法第110條，為純屬於縣之權限。本條所列事項，皆於其首冠有「縣」字，在地方制度法中亦明定其為縣自治事項。

二、縣之權限為縣自治事項

　　地方制度法第19條規定，下列各款為縣（市）自治事項：

　1.關於組織及行政管理事項如下：

　　(1)縣（市）公職人員選舉、罷免之實施。

　　(2)縣（市）組織之設立及管理。

　　(3)縣（市）戶籍行政。

　　(4)縣（市）土地行政。

　　(5)縣（市）新聞行政。

　2.關於財政事項如下：

　　(1)縣（市）財務收支及管理。

　　(2)縣（市）稅捐。

　　(3)縣（市）公共債務。

　　(4)縣（市）財產之經營及處分。

　3.關於社會服務事項如下：

　　(1)縣（市）社會福利。

　　(2)縣（市）公益慈善事業及社會救助。

　　(3)縣（市）人民團體之輔導。

　　(4)縣（市）宗教輔導。

(5)縣（市）殯葬設施之設置及管理。

(6)市調解業務。

4. 關於教育文化及體育事項如下：

(1)縣（市）學前教育、各級學校教育及社會教育之興辦及管理。

(2)縣（市）藝文活動。

(3)縣（市）體育活動。

(4)縣（市）文化資產保存。

(5)縣（市）禮儀民俗及文獻。

(6)縣（市）社會教育、體育與文化機構之設置、營運及管理。

5. 關於勞工行政事項如下：

(1)縣（市）勞資關係。

(2)縣（市）勞工安全衛生。

6. 關於都市計畫及營建事項如下：

(1)縣（市）都市計畫之擬定、審議及執行。

(2)縣（市）建築管理。

(3)縣（市）住宅業務。

(4)縣（市）下水道建設及管理。

(5)縣（市）公園綠地之設立及管理。

(6)縣（市）營建廢棄土之處理。

7. 關於經濟服務事項如下：

(1)縣（市）農、林、漁、牧業之輔導及管理。

(2)縣（市）自然保育。

(3)縣（市）工商輔導及管理。

(4)縣（市）消費者保護。

8. 關於水利事項如下：

(1)縣（市）河川整治及管理。

(2)縣（市）集水區保育及管理。

(3)縣（市）防洪排水設施興建管理。

(4)縣（市）水資源基本資料調查。

9. 關於衛生及環境保護事項如下：

(1)縣（市）衛生管理。

(2)縣（市）環境保護。

10. 關於交通及觀光事項如下：

(1)縣（市）管道路之規劃、建設及管理。

(2)縣（市）交通之規劃、營運及管理。

(3)縣（市）觀光事業。

11. 關於公共安全事項如下：

(1)縣（市）警衛之實施。

(2)縣（市）災害防救之規劃及執行。

(3)縣（市）民防之實施。

12. 關於事業之經營及管理事項如下：

(1)縣（市）合作事業。

(2)縣（市）公用及公營事業。

(3)縣（市）公共造產事業。

(4)與其他地方自治團體合辦之事業。

13. 其他依法律賦予之事項。

第五項、中央與地方爭議由立法院解決

第一百十一條

除第一百零七條、第一百零八條、第一百零九條及第一百十條列舉事項外，如有未列舉事項發生時，其事務有全國一致之性質者屬於中央，有全省一致之性質者屬於省，有一縣之性質者屬於縣。遇有爭議時，由立法院解決之。

　　憲法第111條規範中央與地方分權原則，即中央、省、縣三級權限劃分。劃分原則為均權制。劃分標準依事務之性質。權限劃分有爭議時，由立法院解決之。

一、上下級政府機關爭議之解決

　　地方制度法第77條：中央與直轄市、縣（市）間，權限遇有爭議時，由立法院院會議決之；縣與鄉（鎮、市）間，自治事項遇有爭議時，由內政部會同中央各該主管機關解決之。直轄市間、直轄市與縣（市）間，事權發生爭議時，由行政院解決之；縣（市）間，事權發生爭議時，由內政部解決之；鄉（鎮、市）間，事權發生爭議時，由縣政府解決之。

二、中央監督機關間公法上之爭議應循行政爭訟程序處理

　　民國91年12月20日，司法院大法官釋字第553號，解釋要旨：

　　　　憲法設立釋憲制度之本旨，係授予釋憲機關從事規範審查（參照憲法第78條），除由大法官組成之憲法法庭審理政黨違憲解散事項外（參照憲法增修條文第5條第4項），尚不及於具體處分行為違憲或違法之審理。本件行政院撤銷台北市政府延期辦理里長選舉之決定，涉及中央法規適用在地方自治事項時具體個案之事實認定、法律解釋，屬於有法效性之意思表示，係行政處分，台北市政府有所不服，乃屬與中央監督機關間公法上之爭議，惟既屬行政處分是否違法之審理問題，為確保地方自治團體之自治功能，該爭議之解決，自應循行政爭訟程序處理。台北市如認行政院之撤銷處分侵害其公法人之自治權或其他公法上之利益，自得由該地方自治團體，依訴願法第1條第2項、行政訴訟法第4條提

起救濟請求撤銷，並由訴願受理機關及行政法院就上開監督機關
所為處分之適法性問題為終局之判斷。

第二節、憲法變遷與現況

憲法增修條文第九條（前段）

　　省、縣地方制度，應包括左列各款，以法律定之，不受憲法
第一百零八條第一項第一款、第一百零九條、第一百十二條至第
一百十五條及第一百二十二條之限制。

　　憲法所列「中央與地方權限」為107至111條。依憲法增修條文第9
條（前段）之規定，憲法本文108條第1項第1款，第109條，均已不具限
制。其餘條文則仍然適用。

第三節、憲法通識

第一項、均權制度

　　憲法本文所舉中央與地方之權限，係制憲時方依孫中山之中央與地
方均權之主張而制定，學者亦多認為我國中央與地方的權限劃分，係採
用所謂的「均權制」（朱諶，1994：417。張治安，1993：271-273。林
騰鷂，2005：325）。憲法有未列舉事項發生時，其事務之性質為全國
一致者屬於中央，為地方之性質則屬地方，如中央與地方對於某項事務
之屬性有爭議時，由立法院解決之。

第二項、全民健保險由地方政府補助保險費未牴觸憲法

民國91年10月4日，司法院大法官釋字第550號，解釋要旨：

　　國家為謀社會福利，應實施社會保險制度；國家為增進民族健康，應普遍推行衛生保健事業及公醫制度，憲法第155條、第157條分別定有明文。國家應推行全民健康保險，重視社會救助、福利服務、社會保險及醫療保健等社會福利工作，復為憲法增修條文第10條第5項、第8項所明定。國家推行全民健康保險之義務，係兼指中央與地方而言。又依憲法規定各地方自治團體有辦理衛生、慈善公益事項等照顧其行政區域內居民生活之義務，亦得經由全民健康保險之實施，而獲得部分實現。中華民國83年8月9日公布、84年3月1日施行之全民健康保險法，係中央立法並執行之事項。有關執行全民健康保險制度之行政經費，固應由中央負擔，本案爭執之同法第27條責由地方自治團體補助之保險費，非指實施全民健康保險法之執行費用，而係指保險對象獲取保障之對價，除由雇主負擔及中央補助部分保險費外，地方政府予以補助，符合憲法首開規定意旨。

　　地方自治團體受憲法制度保障，其施政所需之經費負擔乃涉及財政自主權之事項，固有法律保留原則之適用，但於不侵害其自主權核心領域之限度內，基於國家整體施政之需要，對地方負有協力義務之全民健康保險事項，中央依據法律使地方分擔保險費之補助，尚非憲法所不許。關於中央與地方辦理事項之財政責任分配，憲法並無明文。財政收支劃分法第37條第1項第1款雖規定，各級政府支出之劃分，由中央立法並執行者，歸中央負擔，固非專指執行事項之行政經費而言，惟法律於符合上開條件下，尚非不得為特別之規定，就此而言，全民健康保險法第27條即屬此種特別規定。至全民健康保險法該條所定之補助各類被保險人

保險費之比例屬於立法裁量事項，除顯有不當者外，不生牴觸憲法之問題。

第三項、警察公務檢測用度量衡

憲法第107條第10款所列「度量衡」，屬中央立法並執行事項。與警察執勤時有關的「公務檢測度量衡」，亦屬其中之一。民眾經常因為被警察取締告發而抱怨的，一個是「超速照相」，一個是「酒測」，其它還有「噪音」、「測速感應線圈」等等，這些都屬於「公務檢測用度量衡」，也需要經過檢定檢查。

度量衡法第3條：本法主管機關為經濟部。度量衡事務，由經濟部指定專責機關辦理。

度量衡器檢定檢查辦法第3條規定應經檢定之法定度量衡器。警察使用得到的公務器材包括。

1. 公務檢測用噪音計。

2. 公務檢測用照度計。

3. 速度計：公務檢測用雷達測速儀、公務檢測用雷射測速儀（光達式）、公務檢測用感應式線圈測速儀。

4. 濃度計：公務檢測用呼氣酒精測試器及分析儀。

公務檢測用雷射測速儀（光達式）列為應經檢定法定度量衡器之規定，自中華民國96年1月1日施行；但對於施行日前已使用中之公務檢測用雷射測速儀（光達式），自中華民國97年1月1日施行。公務檢測用感應式線圈測速儀列為應經檢定法定度量衡器之規定，自中華民國99年4月1日施行。

第十章　學習自我評量

一、請試回答以下問題

1. 我國中央與地方的權限劃分，係採用所謂的「均權制」，當上下級政府機關發生權限爭議時，依法應如何解決？

2. 我國警察制度係由中央或地方何者立法？何者執行？立法事項有那些？

3. 直轄市警政、警衛及縣（市）警衛之實施事項，其立法及執行由何者為之？

二、請試作以下測驗題

1. 依據憲法第111條規定，中央與地方權限之分配，遇有爭議時，如何解決？（99警察四特）
   (A)由立法院解決之　　　　　　(B)由行政院解決之
   (C)由行政院報請總統解決之　　(D)由司法院解決之

2. 下列何者為權力分立原則的垂直面向？（97基層行政警察四等）
   (A)五權分立　(B)民主原則　(C)中央與地方之權限劃分　(D)法治原則

3. 依據憲法規定，下列何者不是中央之專屬權？（96警大二技）
   (A)司法制度　(B)電政　(C)航政　(D)教育

4. 下列何者係憲法規定，由中央立法並專由中央所執行之事項？（96警大二技）
   (A)教育制度　(B)警察制度　(C)司法制度　(D)銀行及交易所制度

5. 依憲法第108條規定，有關「全國戶口調查及統計」事項，係：（99年四等行政警察）

(A)由中央立法並執行之　(B)由中央立法並執行之，或交由省縣執行之

(C)由省立法並執行之　　(D)由省立法並執行之，或交由縣執行之

6. 下列何者並非我國五權憲法之特質？（100一般警察四等）

(A)中央集權　(B)權能劃分　(C)地方自治　(D)均權制度

7. 依憲法第107條規定，有關「國防與國防軍事」事項，係：（100警察四等）

(A)由中央立法並執行之　(B)由中央立法並執行之，或交由省縣執行之

(C)由省立法並執行之　　(D)由省立法並執行之，或交由縣執行之

8. 當縣與鄉（鎮、市）間，自治事項遇有爭議時，由下列何機關會同中央各該主管機關解決？（101一般警察三等）

(A)法務部　(B)立法院　(C)內政部　(D)司法院

9. 依憲法第111條規定，中央與地方就憲法未列舉事項之權限發生爭議時，由下列何者解決？（101一般警察四等）

(A)總統　(B)行政院　(C)立法院　(D)司法院

10.依憲法第107條規定，下列何者非屬中央立法並執行之事項？（101一般警察四等）

(A)外交　　　　　　　　　　(B)銀行及交易所制度

(C)國防與國防軍事　　　　　(D)國籍法及刑事、民事、商事之法律

11.下列關於直轄市之敘述，何者錯誤？（101一般警察四等）

(A)直轄市之自治，以法律定之　(B)直轄市得設地方法院

(C)直轄市為公法人　　　　　　(D)新北市為直轄市

12.下列何者非屬憲法第107條規定，由中央立法並執行之事項？（101警察四等）

(A)教育制度　　　　　　　　　　　　　(B)司法制度

(C)航空、國道、國有鐵路、航政、郵政及電政　(D)中央財政與國稅

| 正確答案 |

1.A　2.C　3.D　4.C　5.B　6.A　7.A　8.C　9.C　10.B

11.B　12.A

第十一章　地方制度

第一節、憲法本文釋義

第一項、省自治與省民代表大會

> **第一百十二條**
>
> 省得召集省民代表大會，依據省縣自治通則，制定省自治法，但不得與憲法牴觸。
>
> 省民代表大會之組織及選舉，以法律定之。

憲法增修條文第7條（前段部份）：省、縣地方制度，以法律定之，不受憲法第112條至第115條之限制。換言之，本憲法第112條已不具限制。

第二項、省自治法內容

> **第一百十三條**
>
> 省自治法應包含左列各款：
>
> 一　省設省議會，省議會議員由省民選舉之。

> 二　省設省政府，置省長一人。省長由省民選舉之。
>
> 三　省與縣之關係。
>
> 屬於省之立法權，由省議會行之。

　　憲法增修條文第7條（前段部份）：省、縣地方制度，以法律定之，不受憲法第112條至第115條之限制。換言之，本憲法第113條已不具限制。

第三項、司法院審查省自治法

> **第一百十四條**
>
> 　　省自治法制定後，須即送司法院。司法院如認為有違憲之處，應將違憲條文宣布無效。

　　憲法增修條文第7條（前段部份）：省、縣地方制度，以法律定之，不受憲法第112條至第115條之限制。換言之，本憲法第114條已不具限制。

第四項、省自治法施行障礙之解決

> **第一百十五條**
>
> 　　省自治法施行中，如因其中某條發生重大障礙，經司法院召集有關方面陳述意見後，由行政院院長、立法院院長、司法院院長、考試院院長與監察院院長組織委員會，以司法院院長為主席，提出方案解決之。

憲法增修條文第7條（前段部份）：省、縣地方制度，以法律定之，不受憲法第112條至第115條之限制。換言之，本憲法第115條已不具限制。

第五項、省法規與憲法牴觸者無效

> **第一百十六條**
> 省法規與國家法律牴觸者無效。

一、法律不得牴觸憲法

中央法規標準法第11條：法律不得牴觸憲法，命令不得牴觸憲法或法律，下級機關訂定之命令不得牴觸上級機關之命令。

二、自治條例與憲法、法律牴觸者無效

地方制度法第30條：自治條例與憲法、法律或基於法律授權之法規或上級自治團體自治條例牴觸者，無效。

自治規則與憲法、法律、基於法律授權之法規、上級自治團體自治條例或該自治團體自治條例牴觸者，無效。

委辦規則與憲法、法律、中央法令牴觸者，無效。

第1項及第2項發生牴觸無效者，分別由行政院、中央各該主管機關、縣政府予以函告。第3項發生牴觸無效者，由委辦機關予以函告無效。

三、法律有無牴觸憲法，得聲請司法院解釋

自治法規與憲法、法律、基於法律授權之法規、上級自治團體自治條例或該自治團體自治條例有無牴觸發生疑義時，得聲請司法院解釋之。

第六項、司法院解釋省法規與憲法有無牴觸

> **第一百十七條**
>
> 　省法規與國家法律有無牴觸發生疑義時，由司法院解釋之。

　　地方制度法第43條：直轄市議會議決自治事項與憲法、法律或基於法律授權之法規牴觸者無效；議決委辦事項與憲法、法律、中央法令牴觸者無效。

　　縣（市）議會議決自治事項與憲法、法律或基於法律授權之法規牴觸者無效；議決委辦事項與憲法、法律、中央法令牴觸者無效。

　　鄉（鎮、市）民代表會議決自治事項與憲法、法律、中央法規、縣規章牴觸者無效；議決委辦事項與憲法、法律、中央法令、縣規章、縣自治規則牴觸者無效。

　　前3項議決事項無效者，除總預算案應依第40條第5項規定處理外，直轄市議會議決事項由行政院予以函告；縣（市）議會議決事項由中央各該主管機關予以函告；鄉（鎮、市）民代表會議決事項由縣政府予以函告。

　　第1項至第3項議決自治事項與憲法、法律、中央法規、縣規章有無牴觸發生疑義時，得聲請司法院解釋之。

第七項、直轄市自治法制化

> **第一百十八條**
>
> 　直轄市之自治，以法律定之。

一、直轄市自治法律

　　地方制度法第25條：直轄市、縣（市）、鄉（鎮、市）得就其自治

事項或依法律及上級法規之授權，制定自治法規。自治法規經地方立法機關通過，並由各該行政機關公布者，稱自治條例；自治法規由地方行政機關訂定，並發布或下達者，稱自治規則。

二、自治條例依性質定名稱

地方制度法第26條（前段）：自治條例應分別冠以各該地方自治團體之名稱，在直轄市稱直轄市法規，在縣（市）稱縣（市）規章，在鄉（鎮、市）稱鄉（鎮、市）規約。直轄市法規、縣（市）規章就違反地方自治事項之行政業務者，得規定處以罰鍰或其他種類之行政罰。但法律另有規定者，不在此限。其為罰鍰之處罰，逾期不繳納者，得依相關法律移送強制執行。

第27條（前段）：直轄市政府、縣（市）政府、鄉（鎮、市）公所就其自治事項，得依其法定職權或基於法律、自治條例之授權，訂定自治規則。

前項自治規則應分別冠以各該地方自治團體之名稱，並得依其性質，定名為規程、規則、細則、辦法、綱要、標準或準則。

三、設直轄市及縣、市之要件

地方制度法第4條：人口聚居達125萬人以上，且在政治、經濟、文化及都會區域發展上，有特殊需要之地區得設直轄市。

縣人口聚居達200萬人以上，未改制為直轄市前，於第34條、第54條、第55條、第62條、第66條、第67條及其他法律關於直轄市之規定，準用之。

人口聚居達50萬人以上未滿125萬人，且在政治、經濟及文化上地位重要之地區，得設市。

人口聚居達15萬人以上未滿50萬人，且工商發達、自治財源充裕、交通便利及公共設施完全之地區，得設縣轄市。

四、民國百年，五個直轄市

到民國100年時，全我共有5個直轄市。

99年12月25日縣市改制，新北市、臺北市、臺中市、臺南市及高雄市等5個直轄市人口數合計為13,810,289人（男6,851,989人，女6,958,300人），占全國總人口數23,160,891人之59.63％。

內政部統計，截至99年12月24日24時，全國5個直轄市之人口數排序如下：新北市3,897,096人（男1,935,656人，女1,961,440人）、高雄市2,773,506人（男1,390,978人，女1,382,528人）、臺中市2,648,106人（男1,319,071人，女1,329,035人）、臺北市2,617,760人（男1,262,162人，女1,355,598人）、臺南市1,873,821人（男944,122人，女929,699人）。

改制後，「鄉鎮市」改為「區」、「村」改為「里」，街路名稱不更改。國民身分證及戶口名簿仍有效力，不必更換。改制直轄市民眾因改制申請國民身分證換發，得向戶籍所在地直轄市所屬任一戶政事務所申請換領，不收取換證規費。但因申辦各項戶籍登記而隨同換領國民身分證，或跨縣市換發國民身分證，仍須收取規費。

第八項、蒙古各盟旗自治法制化

> **第一百十九條**
> 蒙古各盟旗地方自治制度，以法律定之。

憲法條文保留但無力行使蒙古自治事務

自從1949年之後，在台灣的中華民國治權，事實上已不及於蒙古與西藏地方，但是在1947年施行憲法之時，蒙古、西藏仍屬當時的國家領土。由於蒙古與西藏地處亞洲心臟要衝，對周邊區域的和平興衰影響至鉅，而且蒙藏民族在語言文字、歷史文化、風俗習尚，乃至於地方行政

制度等方面，都有其獨特的模式；17世紀的清代崇德6年先設「蒙古衙門」，以資聯繫；康熙時擴大為「理藩院」，專責處理蒙藏等少數民族事務，至清末光緒年間改為「理藩部」。

中華民國成立以後，先於民國元年4月在內務部設置「蒙藏事務處」，同年7月改制為「蒙藏事務局」直隸國務院；民國3年升格為「蒙藏院」直屬於總統府；民國18年依據國民政府組織法成立「蒙藏委員會」，專司蒙藏行政及其各項興革事項，其位階與各部同，均隸屬行政院為八部二會之一（行政院蒙藏委員會網頁，下載日期：2010年10月10日）。

依照蒙藏委員會組織法第2條規定，蒙藏委員會，掌理事務如左：

1. 關於蒙古、西藏之行政事項。

2. 關於蒙古、西藏之各種興革事項。

事實上，今日的中華民國政府已無法執行憲法所規定關於蒙古、西藏的事項。因此除了提供對於「固有疆域」的憲法宣示作用以外，本條文已不具備可行性的意義。

行政院組織法修正後，確定在民國101年組織重整，並不再設置「蒙藏委員會」。但有問題的是，在過去7次憲法增修時，都保留了本憲法條文。雖然裁撤「蒙藏委員會」，也應該同時修改憲法憲法本文第119條，以資周全。目前本憲法119條屬於「保留條文卻無力行使」的特殊狀況。

第九項、保障西藏自治

第一百二十條

西藏自治制度，應予以保障。

憲法條文保留但無力行使西藏自治事務

　　中華民國政府已無法執行憲法所規定關於西藏、蒙古的事項。因此除了提供對於「固有疆域」的憲法宣示作用以外，本條文已不具備可行性的意義。

　　行政院組織法修正後，確定在民國101年組織重整，並不再設置「蒙藏委員會」。但有問題的是，在過去7次憲法增修時，都保留了憲法中蒙古、西藏自治的條文。雖然裁撤「行政院蒙藏委員會」，也應該同時修改憲法本文第120條，以資周全。目前本憲法120條屬於「保留條文卻無力執行」的特殊狀況。

第十項、縣實行自治

> **第一百二十一條**
>
> 　縣實行縣自治。

一、地方自治團體

　　地方制度法第14條：直轄市、縣（市）、鄉（鎮、市）為地方自治團體，依本法辦理自治事項，並執行上級政府委辦事項。

　　第15條：中華民國國民，設籍在直轄市、縣（市）、鄉（鎮、市）地方自治區域內者，為直轄市民、縣（市）民、鄉（鎮、市）民。

二、地方自治設籍民眾之義務

　　地方制度法第17條規定，直轄市民、縣（市）民、鄉（鎮、市）民之義務如下：

　　1. 遵守自治法規之義務。

　　2. 繳納自治稅捐之義務。

3. 其他依法律及自治法規所課之義務。

第十一項、縣民代表大會

第一百二十二條

縣得召集縣民代表大會，依據省縣自治通則，制定縣自治法，但不得與憲法及省自治法牴觸。

憲法增修條文第9條（部份）：「省、縣地方制度不受憲法第一百二十二條之限制」。省縣自治法亦已於民國88年4月14日廢止。換言之，本憲法條文第122條，已不具限制。

第十二項、縣民選舉縣長

第一百二十三條

縣民關於縣自治事項，依法律行使創制、複決之權，對於縣長及其他縣自治人員，依法律行使選舉、罷免之權。

地方自治設籍民眾之權利

地方制度法第16條規定，直轄市民、縣（市）民、鄉（鎮、市）民之權利如下：

1. 對於地方公職人員有依法選舉、罷免之權。
2. 對於地方自治事項，有依法行使創制、複決之權。
3. 對於地方公共設施有使用之權。
4. 對於地方教育文化、社會福利、醫療衛生事項，有依法律及自治法規享受之權。
5. 對於地方政府資訊，有依法請求公開之權。
6. 其他依法律及自治法規賦予之權利。

第十三項、縣議會與縣立法

> ### 第一百二十四條
>
> 　　縣設縣議會，縣議會議員由縣民選舉之。
>
> 　　屬於縣之立法權，由縣議會行之。

一、縣之立法權屬於縣議會

　　地方制度法第36條規定，縣（市）議會之職權如下：

1. 議決縣（市）規章。

2. 議決縣（市）預算。

3. 議決縣（市）特別稅課、臨時稅課及附加稅課。

4. 議決縣（市）財產之處分。

5. 議決縣（市）政府組織自治條例及所屬事業機構組織自治條例。

6. 議決縣（市）政府提案事項。

7. 審議縣（市）決算之審核報告。

8. 議決縣（市）議員提案事項。

9. 接受人民請願。

10. 其他依法律或上級法規賦予之職權。

二、縣議會議員由縣民選舉之

　　地方制度法第33條規定，直轄市議員、縣（市）議員、鄉（鎮、市）民代表分別由直轄市民、縣（市）民、鄉（鎮、市）民依法選舉之，任期4年，連選得連任。

　　直轄市議員、縣（市）議員、鄉（鎮、市）民代表名額，應參酌各該直轄、縣（市）、鄉（鎮、市）財政、區域狀況，並依下列規定，於地方立法機關組織準則定之：

（一）直轄市議員總額

1. 區域議員名額：直轄市人口扣除原住民人口在200萬人以下者，不得超過55人；超過200萬人者，不得超過62人。
2. 原住民議員名額：有平地原住民人口在2000人以上者，應有平地原住民選出之議員名額；有山地原住民人口在2000人以上或改制前有山地鄉者，應有山地原住民選出之議員名額。

（二）縣（市）議員總額

1. 縣（市）人口在1萬人以下者，不得超過11人；人口在20萬人以下者，不得超過19人；人口在40萬人以下者，不得超過33人；人口在80萬人以下者，不得超過43人；人口在160萬人以下者，不得超過57人；人口超過160萬人者，不得超過60人。
2. 縣（市）有平地原住民人口在1500人以上者，於前目總額內應有平地原住民選出之縣（市）議員名額。有山地鄉者，於前目總額內應有山地原住民選出之縣議員名額。有離島鄉且該鄉人口在2500人以上者，於前目總額內應有該鄉選出之縣議員名額。

（三）縣（市）議員原住民及婦女保障名額

直轄市議員由原住民選出者，以其行政區域內之原住民為選舉區，並得按平地原住民、山地原住民或在其行政區域內劃分選舉區。

各選舉區選出之直轄市議員、縣（市）議員、鄉（鎮、市）民代表名額達4人者，應有婦女當選名額1人；超過4人者，每增加4人增1人。

直轄市、縣（市）選出之山地原住民、平地原住民名額在4人以上者，應有婦女當選名額；超過4人者，每增加4人增1人。鄉（鎮、市）選出之平地原住民名額在4人以上者，應有婦女當選名額；超過4人者，每增加4人增1人。

第十四項、縣規章牴觸上級法規無效

第一百二十五條

縣單行規章，與國家法律或省法規牴觸者無效。

　　地方制度法第75條（部份）：縣（市）政府辦理自治事項違背憲法、法律或基於法律授權之法規者，由中央各該主管機關報行政院予以撤銷、變更、廢止或停止其執行。

　　縣（市）政府辦理委辦事項違背憲法、法律、中央法令或逾越權限者，由委辦機關予以撤銷、變更、廢止或停止其執行。

　　自治事項有無違背憲法、法律、中央法規、縣規章發生疑義時，得聲請司法院解釋之；在司法院解釋前，不得予以撤銷、變更、廢止或停止其執行。

　　地方制度法第30條：自治條例與憲法、法律或基於法律授權之法規或上級自治團體自治條例牴觸者，無效。

　　自治規則與憲法、法律、基於法律授權之法規、上級自治團體自治條例或該自治團體自治條例牴觸者，無效。

　　委辦規則與憲法、法律、中央法令牴觸者，無效。

第十五項、縣長產生方式與縣政府設置

第一百二十六條

縣設縣政府，置縣長一人。縣長由縣民選舉之。

縣政府與縣長

　　地方制度法第56條：縣（市）政府置縣（市）長1人，對外代表該縣（市），綜理縣（市）政，縣長並指導監督所轄鄉（鎮、市）自治。

縣（市）長均由縣（市）民依法選舉之，任期4年，連選得連任1次。置副縣（市）長1人，襄助縣（市）長處理縣（市）政，職務比照簡任第13職等；人口在125萬人以上之縣（市），得增置副縣（市）長1人，均由縣（市）長任命，並報請內政部備查。

公職人員選舉罷免法第24條（前段）：選舉人年滿23歲，得於其行使選舉權之選舉區登記為公職人員候選人。但直轄市長、縣（市）長候選人須年滿30歲；鄉（鎮、市）長候選人須年滿26歲。

第十六項、縣長職權

> **第一百二十七條**
>
> 　縣長辦理縣自治，並執行中央及省委辦事項。

一、縣自治事項

地方制度法第19條規定，下列各款為縣（市）自治事項：

（一）關於組織及行政管理事項

1. 縣（市）公職人員選舉、罷免之實施。
2. 縣（市）組織之設立及管理。
3. 縣（市）戶籍行政。
4. 縣（市）土地行政。
5. 縣（市）新聞行政。

（二）關於財政事項

1. 縣（市）財務收支及管理。
2. 縣（市）稅捐。
3. 縣（市）公共債務。

4. 縣（市）財產之經營及處分。

（三）關於社會服務事項

1. 縣（市）社會福利。

2. 縣（市）公益慈善事業及社會救助。

3. 縣（市）人民團體之輔導。

4. 縣（市）宗教輔導。

5. 縣（市）殯葬設施之設置及管理。

6. 市調解業務。

（四）關於教育文化及體育事項

1. 縣（市）學前教育、各級學校教育及社會教育之興辦及管理。

2. 縣（市）藝文活動。

3. 縣（市）體育活動。

4. 縣（市）文化資產保存。

5. 縣（市）禮儀民俗及文獻。

6. 縣（市）社會教育、體育與文化機構之設置、營運及管理。

（五）關於勞工行政事項

1. 縣（市）勞資關係。

2. 縣（市）勞工安全衛生。

（六）關於都市計畫及營建事項

1. 縣（市）都市計畫之擬定、審議及執行。

2. 縣（市）建築管理。

3. 縣（市）住宅業務。

4. 縣（市）下水道建設及管理。

5. 縣（市）公園綠地之設立及管理。

6. 縣（市）營建廢棄土之處理。

（七）關於經濟服務事項

1. 縣（市）農、林、漁、牧業之輔導及管理。

2. 縣（市）自然保育。

3. 縣（市）工商輔導及管理。

4. 縣（市）消費者保護。

（八）關於水利事項

1. 縣（市）河川整治及管理。

2. 縣（市）集水區保育及管理。

3. 縣（市）防洪排水設施興建管理。

4. 縣（市）水資源基本資料調查。

（九）關於衛生及環境保護事項

1. 縣（市）衛生管理。

2. 縣（市）環境保護。

（十）關於交通及觀光事項

1. 縣（市）管道路之規劃、建設及管理。

2. 縣（市）交通之規劃、營運及管理。

3. 縣（市）觀光事業。

（十一）關於公共安全事項

1. 縣（市）警衛之實施。

2. 縣（市）災害防救之規劃及執行。

3. 縣（市）民防之實施。

（十二）關於事業之經營及管理事項

1. 縣（市）合作事業。

2. 縣（市）公用及公營事業。

3. 縣（市）公共造產事業。

4. 與其他地方自治團體合辦之事業。

（十三）其他依法律賦予之事項

二、縣執行中央及省委辦事項

　　地方制度法第29條規定，直轄市政府、縣（市）政府、鄉（鎮、市）公所為辦理上級機關委辦事項，得依其法定職權或基於法律、中央法規之授權，訂定委辦規則。委辦規則應函報委辦機關核定後發布之；其名稱準用自治規則之規定。

三、地方自治為憲法制度性保障具垂直分權功能

　　民國88年12月31日，司法院大法官釋字第498號，解釋要旨：

　　　地方自治為憲法所保障之制度。基於住民自治之理念與垂直分權之功能，地方自治團體設有地方行政機關及立法機關，其首長與民意代表均由自治區域內之人民依法選舉產生，分別綜理地方自治團體之地方事務，或行使地方立法機關之職權，地方行政機關與地方立法機關間依法並有權責制衡之關係。中央政府或其他上級政府對地方自治團體辦理自治事項、委辦事項，依法僅得按事項之性質，為適法或適當與否之監督。地方自治團體在憲法及法律保障之範圍內，享有自主與獨立之地位，國家機關自應予以尊

重。立法院所設各種委員會，依憲法第六十七條第二項規定，雖得邀請地方自治團體行政機關有關人員到會備詢，但基於地方自治團體具有自主、獨立之地位，以及中央與地方各設有立法機關之層級體制，地方自治團體行政機關公務員，除法律明定應到會備詢者外，得衡酌到會說明之必要性，決定是否到會。於此情形，地方自治團體行政機關之公務員未到會備詢時，立法院不得因此據以為刪減或擱置中央機關對地方自治團體補助款預算之理由，以確保地方自治之有效運作，及符合憲法所定中央與地方權限劃分之均權原則。

第十七項、省轄市準用縣之規定

> **第一百二十八條**
>
> 市準用縣之規定。

依地方制度法第3條規定，地方劃分為省、直轄市。省則劃分為縣、市；憲法128條所稱「市準用縣之規定」，「市」係指與縣同級的省轄市。

第二節、憲法變遷與現況

> **憲法增修條文第九條（與省、縣地方制度有關的憲法增修）**
>
> 省、縣地方制度，應包括左列各款，以法律定之，不受憲法第一百零八條第一項第一款、第一百零九條、第一百十二條至第一百十五條及第一百二十二條之限制：

一、省設省政府，置委員九人，其中一人為主席，均由行政院
　　院長提請總統任命之。

二、省設省諮議會，置省諮議會議員若干人，由行政院院長提
　　請總統任命之。

三、縣設縣議會，縣議會議員由縣民選舉之。

四、屬於縣之立法權，由縣議會行之。

五、縣設縣政府，置縣長一人，由縣民選舉之。

六、中央與省、縣之關係。

七、省承行政院之命，監督縣自治事項。

台灣省政府之功能、業務與組織之調整，得以法律為特別之
規定。

第一項、省為非地方自治性質之公法人

民國87年10月22日，司法院大法官釋字第467號，解釋要旨：

中華民國86年7月21日公布之憲法增修條文第九條施行後，省為
地方制度層級之地位仍未喪失，惟不再有憲法規定之自治事項，
亦不具備自主組織權，自非地方自治團體性質之公法人。符合上
開憲法增修條文意旨制定之各項法律，若未劃歸國家或縣市等地
方自治團體之事項，而屬省之權限且得為權利義務之主體者，於
此限度內，省自得具有公法人資格。

第二項、地方制度與地方自治用詞定義

地方制度法第2條規定，本法用詞之定義如下：

1. 地方自治團體：指依本法實施地方自治，具公法人地位之團體。
省政府為行政院派出機關，省為非地方自治團體。

2. 自治事項：指地方自治團體依憲法或本法規定，得自為立法並執行，或法律規定應由該團體辦理之事務，而負其政策規劃及行政執行責任之事項。

3. 委辦事項：指地方自治團體依法律、上級法規或規章規定，在上級政府指揮監督下，執行上級政府交付辦理之非屬該團體事務，而負其行政執行責任之事項。

第三項、地方立法機關與行政機關

地方制度法第5條：省設省政府、省諮議會。

直轄市設直轄市議會、直轄市政府；縣（市）設縣（市）議會、縣（市）政府；鄉（鎮、市）設鄉（鎮、市）民代表會、鄉（鎮、市）公所，分別為直轄市、縣（市）、鄉（鎮、市）之立法機關及行政機關。

直轄市、市之區設區公所。

村（里）設村（里）辦公處。

第四項、省政府及省諮議會

地方制度法第9條：省政府置委員九人，組成省政府委員會議，行使職權，其中一人為主席，由其他特任人員兼任，綜理省政業務，其餘委員為無給職，均由行政院院長提請總統任命之。

第10條：省諮議會對省政府業務提供諮詢及興革意見。

第12條：省政府及省諮議會之預算，由行政院納入中央政府總預算，其預算編列、執行及財務收支事項，依預算法、決算法、國庫法及其他相關法令規定辦理。

臺灣省諮議會組織規程第3條：本會置諮議會議員21人至29人，任期3年，由行政院院長提請總統任命之。

第4條：本會置諮議長1人，由行政院院長就諮議員中提請總統任命之，綜理會務；諮議長因故不能執行職務時，由諮議長指定諮議員1人

代理，並報行政院備查。

第三節、憲法通識

第一項、拾獲物無人認領警察或自治機關應通知拾獲人

　　民法第807條：遺失物自通知或最後招領之日起逾6個月，未經有受領權之人認領者，由拾得人取得其所有權。警察或自治機關並應通知其領取遺失物或賣得之價金；其不能通知者，應公告之。

　　拾得人於受前項通知或公告後3個月內未領取者，其物或賣得之價金歸屬於保管地之地方自治團體。

第二項、行政文書不能送達得寄存地方自治或警察機關

　　行政程序法第74條：送達，不能依規定為之者，得將文書寄存送達地之地方自治或警察機關，並作送達通知書兩份，1份黏貼於應受送達人住居所、事務所、營業所或其就業處所門首，另1份交由鄰居轉交或置於該送達處所信箱或其他適當位置，以為送達。

　　前項情形，由郵政機關為送達者，得將文書寄存於送達地之郵政機關。

　　寄存機關自收受寄存文書之日起，應保存3個月。

第十一章　學習自我評量

一、請試回答以下問題

1. 請敘述台灣省政府組織與咨議會組織的組成方式及功能。
2. 請說明設直轄市之要件。

二、請試作以下測驗題

1. 依憲法增修條文規定，縣長如何產生？（96第一次警察四特）
   (A)由行政院院長提請總統任命 (B)由縣民選舉
   (C)由縣議會選舉　　　　　　(D)由法律自行決定依選舉或依總統任命

2. 依據地方制度法，下列敘述何者錯誤？（98警察三特）
   (A)直轄市、縣（市）、鄉（鎮、市）得就其自治事項或依法律及上級法規之授權，制定自治法規
   (B)自治法規經地方立法機關通過，並由各該行政機關公布者，稱自治條例
   (C)自治法規由地方行政機關訂定，並發布或下達者，稱自治規章
   (D)自治條例應分別冠以各該地方自治團體之名稱

3. 台灣地區現行地方自治的法律依據為何？（97公務員三等）
   (A)根據行憲前尚有效之地方制度之各種法律
   (B)省縣自治法及直轄市自治法
   (C)省縣自治通則
   (D)地方制度法

4. 下列有關地方制度法上「地方法規」之敘述，何者錯誤？（98基層警察）

(A)自治條例應分別冠以各該地方自治團體之名稱，在直轄市稱直轄市法規，在縣（市）稱縣（市）規章

(B)直轄市、縣（市）、鄉（鎮、市）得就其自治事項或依法律及上級法規之授權，制定自治法規

(C)自治法規經地方立法機關通過，並由各該行政機關公布者，稱自治條例

(D)自治法規由地方行政機關訂定，並發布或下達者，稱行政規則

5. 下列何項非憲法增修條文有關地方制度規定之內容？（98交通升資）

(A)省設省主席，由行政院院長提請總統任命之

(B)省議員改為省諮議會議員，由行政院院長提請總統任命之

(C)鄉（鎮、市）之地方自治團體的地位仍維持之

(D)臺灣省政府之功能、業務與組織之調整，得以法律為特別之規定

6. 依憲法增修條文第9條規定，省、縣地方制度有了重大改變，下列何者不是改變後的地方制度？（101一般警察三等）

(A)省、縣地方制度，以法律定之　(B)省設省政府

(C)省設省議會　　　　　　　　　(D)省承行政院之命，監督縣自治事項

7. 依憲法增修條文，有關省政府組織，下列敘述何者錯誤？（100一般警察四等）

(A)省設省議會

(B)省設省諮議會

(C)省諮議會議員若干人

(D)省諮議會議員由行政院院長提請總統任命之

8. 依地方制度法第25條規定，自治法規經地方立法機關通過，並由各該行政機關公布者，稱為何者？（100警察三等）

(A)自治規則　(B)自治條例　(C)自治通則　(D)地方通則

9. 依地方制度法之規定，下列何者非地方自治團體？（100警察三等）

(A)省　(B)直轄市　(C)縣（市）　(D)鄉（鎮、市）

10.我國憲法增修條文第9條關於省的規定，下列何者錯誤？（100警察三等）

(A)省設省政府，置主席一人，另置委員九人

(B)省設省諮議會，置省諮議會議員若干人

(C)省承行政院之命，監督縣自治事項

(D)省政府主席，由行政院院長提請總統任命

11.下列何種地方公職人員，非由選舉產生？（100警察三等）

(A)直轄市市長　(B)縣（市）長　(C)村（里）長　(D)區長

12.依地方制度法第14條規定，下列何者不是地方自治團體之公法人？（101警察三等）

(A)省政府　(B)直轄市　(C)縣（市）　(D)鄉（鎮、市）

┌ **│ 正確答案 │** ─────────────────────────────

1.B　2.C　3.D　4.D　5.C　6.C　7.A　8.B　9.A　10.A

11.D　12.A

第十二章　選舉罷免創制複決

第一節、憲法本文釋義

第一項、投票方法

> **第一百二十九條**
>
> 　　本憲法所規定之各種選舉，除本憲法別有規定外，以普通、平等、直接及無記名投票之方法行之。

投票的公平公正原則

　　公職人員選舉罷免法第3條（部份）：公職人員選舉，以普通、平等、直接及無記名單記投票之方法行之。全國不分區及僑居國外國民立法委員選舉，依政黨名單投票選出。

　　我國選舉規定以普通、平等、直接及無記名的方式來實現選舉的公平、公正原則，其個別意義如下：

1. 普通選舉：年滿20歲具有完全行為能力的公民都可選舉，選舉權普及全民。
2. 平等選舉：1票1值，票票等值，不存在任何歧視。
3. 直接選舉：投票人可以憑自由意志選舉，不必假手他人。

4. 無記名選舉：選民圈選候選人時，秘密進行，任何人不能強迫其公開圈選人。投票人亦不可公開圈選後的選票。

第二項、選舉權年齡限制

> **第一百三十條**
>
> 　　中華民國國民年滿20歲者，有依法選舉之權，除本憲法及法律別有規定者外，年滿23歲者，有依法被選舉之權。

　　公職人員選舉罷免法第14條：中華民國國民，年滿20歲，除受監護宣告尚未撤銷者外，有選舉權。

　　第24條（前段）：選舉人年滿23歲，得於其行使選舉權之選舉區登記為公職人員候選人。但直轄市長、縣（市）長候選人須年滿30歲；鄉（鎮、市）長候選人須年滿26歲。

　　選舉人年滿23歲，得由依法設立之政黨登記為全國不分區及僑居國外國民立法委員選舉之全國不分區候選人。

　　僑居國外之中華民國國民年滿23歲，在國內未曾設有戶籍或已將戶籍遷出國外連續8年以上者，得由依法設立之政黨登記為全國不分區及僑居國外國民立法委員選舉之僑居國外國民候選人。

第三項、公開選舉

> **第一百三十一條**
>
> 　　本憲法所規定各種選舉之候選人，一律公開競選。

一、競選活動應公開進行

　　公職人員選舉罷免法第40條規定公職人員選舉，候選人競選活動期間依下列規定：

1. 直轄市長為15日。

2. 立法委員、直轄市議員、縣（市）議員、縣（市）長、鄉（鎮、市）長為10日。

3. 鄉（鎮、市）民代表、村（里）長為5日。

前項期間，以投票日前1日向前推算；其每日競選活動時間，自上午7時起至下午10時止。

公開宣傳其實是競選的一部分。而選舉過程的透明公開，是民主選舉的基本要求，也是實現選舉結果公正的保障之一。

二、競選經費應結算公開

公職人員選舉罷免法第第41條規定各種公職人員競選經費最高金額，除全國不分區及僑居國外國民立法委員選舉外，應由選舉委員會於發布選舉公告之日同時公告。前項競選經費最高金額，依下列規定計算：

1. 立法委員、直轄市議員、縣（市）議員、鄉（鎮、市）民代表選舉為以各該選舉區之應選名額除選舉區人口總數70％，乘以基本金額新臺幣30元所得數額，加上一固定金額之和。

2. 直轄市長、縣（市）長、鄉（鎮、市）長、村（里）長選舉為以各該選舉區人口總數70％，乘以基本金額新臺幣20元所得數額，加上一固定金額之和。競選經費最高金額計算有未滿新臺幣1千元之尾數時，其尾數以新臺幣1千元計算之。選舉區人口總數，係指投票之月前第6個月之末日該選舉區戶籍統計之人口總數。

根據選罷法之前項規定，所謂的固定金額，分別定為：

1. 立法委員、直轄市議員：新臺幣1千萬元

2. 縣（市）議員新臺幣600萬元

3. 鄉（鎮、市）民代表新臺幣200萬元

4. 直轄市長新臺幣5千萬元

5. 縣（市）長新臺幣3千萬元

6. 鄉（鎮、市）長新臺幣600萬元

7. 村（里）長新臺幣20萬元。

因此，設算立法委員選舉區人口總數為285,000，應選1席，則其選舉經費上限計算方式如下：

（285,000人÷1席）×70%×30元＋10,000,000元＝15,985,000元

三、公開設置競選辦事處

公職人員選舉罷免法第44條規定：候選人於競選活動期間，得在其選舉區內設立競選辦事處；其設立競選辦事處2所以上者，除主辦事處以候選人為負責人外，其餘各辦事處，應由候選人指定專人負責，並應將各辦事處地址、負責人姓名，向受理登記之選舉委員會登記。

候選人競選辦事處不得設於機關（構）、學校、依法設立之人民團體或經常定為投票所、開票所之處所及其他公共場所。但政黨之各級黨部辦公處，不在此限。

四、公開使用傳播媒體

公職人員選舉罷免法第51條規定：報紙、雜誌所刊登之競選廣告，應於該廣告中載明刊登者之姓名；其為法人或團體者，並應載明法人或團體之名稱及其代表人姓名。

第52條規定：候選人印發以文字、圖畫從事競選之宣傳品，應親自簽名；政黨於競選活動期間，得為其所推薦之候選人印發以文字、圖畫從事競選之宣傳品，並應載明政黨名稱。宣傳品之張貼，以候選人競選辦事處、政黨辦公處及宣傳車輛為限。

第四項、選舉訴訟由法院審判

> ### 第一百三十二條
>
> 選舉應嚴禁威脅利誘。選舉訴訟，由法院審判之。

一、選舉訴訟之規定

公職人員選舉罷免法第126條規定，選舉、罷免訴訟之管轄法院，依下列之規定：

1. 第1審選舉、罷免訴訟，由選舉、罷免行為地之該管地方法院或其分院管轄，其行為地跨連或散在數地方法院或分院管轄區域內者，各該管地方法院或分院俱有管轄權。

2. 不服地方法院或分院第1審判決而上訴之選舉、罷免訴訟事件，由該管高等法院或其分院管轄。

第127條：選舉、罷免訴訟，設選舉法庭，採合議制審理，並應先於其他訴訟審判之，以2審終結，並不得提起再審之訴。各審受理之法院應於6個月內審結。法院審理選舉、罷免訴訟時，應依職權調查必要之事證。

第128條：選舉、罷免訴訟程序，除本法規定者外，準用民事訴訟法之規定。但關於捨棄、認諾、訴訟上自認或不爭執事實效力之規定，不在準用之列。

第129條：選舉訴訟程序中，訴訟當事人或其訴訟代理人得查閱、影印選舉票或選舉人名冊。

二、選舉結果重新計票

公職人員選舉罷免法第69條：區域立法委員、直轄市長、縣（市）長選舉結果，得票數最高與次高之候選人得票數差距，或原住民立法委

員選舉結果得票數第3高與第4高之候選人得票數差距，在有效票數千分之三以內時，次高票或得票數第4高之候選人得於投票日後7日內，向第126條規定之管轄法院聲請查封全部或一部分投票所之選舉人名冊及選舉票，就查封之投票所於20日內完成重新計票，並將重新計票結果通知各主管選舉委員會。各主管選舉委員會應於7日內依管轄法院重新計票結果，重行審定選舉結果。審定結果，有不應當選而已公告當選之情形，應予撤銷；有應當選而未予公告之情形，應重行公告。

前項重新計票之申請，於得票數最高或原住民立法委員選舉得票數第3高之候選人有2人以上票數相同時，得由經抽籤而未抽中之候選人為之。

三、選舉無效之訴

公職人員選舉罷免法第118條：選舉委員會辦理選舉、罷免違法，足以影響選舉或罷免結果，檢察官、候選人、被罷免人或罷免案提議人，得自當選人名單或罷免投票結果公告之日起15日內，以各該選舉委員會為被告，向管轄法院提起選舉或罷免無效之訴。

選舉委員會辦理全國不分區及僑居國外國民立法委員選舉違法，足以影響選舉結果，申請登記之政黨，得依前項規定提起選舉無效之訴。

第119條：選舉或罷免無效之訴，經法院判決無效確定者，其選舉或罷免無效，並定期重行選舉或罷免。其違法屬選舉或罷免之局部者，局部之選舉或罷免無效，並就該局部無效部分，定期重行投票。

四、當選無效之訴

公職人員選舉罷免法第120條：當選人有下列情事之一者，選舉委員會、檢察官或同一選舉區之候選人得以當選人為被告，自公告當選人名單之日起30日內，向該管轄法院提起當選無效之訴：

1. 當選票數不實，足認有影響選舉結果之虞。

2. 對於候選人、有投票權人或選務人員，以強暴、脅迫或其他非法之方法，妨害他人競選、自由行使投票權或執行職務。

3. 有第97條、第99條第1項、第101條第1項、第102條第1項第1款、刑法第146條第1項、第2項之行為。

全國不分區及僑居國外國民立法委員選舉之當選人，因政黨得票數不實，而足認有影響選舉結果之虞，或有前項第2款、第3款所列情事之一者，其他申請登記之政黨得依前項規定提起當選無效之訴。前2項當選無效之訴經判決確定者，不因同一事由經刑事判決無罪而受影響。

五、判決之效力

公職人員選舉罷免法第122條：當選無效之訴經判決無效確定者，當選人之當選，無效；已就職者，並應自判決確定之日起，解除職務。

第123條：選舉無效或當選無效之判決，不影響當選人就職後職務上之行為。

第124條：罷免案之通過或否決，其票數不實足以影響投票結果者，選舉委員會、檢察官、被罷免人或罷免案提議人，得於罷免投票結果公告之日起15日內，以罷免案提議人或被罷免人為被告，向管轄法院提起罷免案通過或否決無效之訴。

罷免案通過或否決無效之訴，經法院判決無效確定者，其罷免案之通過或否決無效，並定期重行投票。

罷免案之通過經判決無效者，被罷免人之職務應予恢復。

第125條：選舉人發覺有構成選舉無效、當選無效或罷免無效、罷免案通過或否決無效之情事時，得於當選人名單或罷免投票結果公告之日起7日內，檢具事證，向檢察官或選舉委員會舉發之。

六、選舉罷免管轄法院

公職人員選舉罷免法第126條：選舉、罷免訴訟之管轄法院，依下

列之規定：

  1. 第1審選舉、罷免訴訟，由選舉、罷免行為地之該管地方法院或其分院管轄，其行為地跨連或散在數地方法院或分院管轄區域內者，各該管地方法院或分院俱有管轄權。

  2. 不服地方法院或分院第1審判決而上訴之選舉、罷免訴訟事件，由該管高等法院或其分院管轄。

  第127條：選舉、罷免訴訟，設選舉法庭，採合議制審理，並應先於其他訴訟審判之，以2審終結，並不得提起再審之訴。各審受理之法院應於6個月內審結。法院審理選舉、罷免訴訟時，應依職權調查必要之事證。

  第128條：選舉、罷免訴訟程序，除本法規定者外，準用民事訴訟法之規定。但關於捨棄、認諾、訴訟上自認或不爭執事實效力之規定，不在準用之列。

  第129條：選舉訴訟程序中，訴訟當事人或其訴訟代理人得查閱、影印選舉票或選舉人名冊。

七、選舉罷免案件之偵查

  公職人員選舉罷免法第115條：中央公職人員選舉，由最高法院檢察署檢察總長督率各級檢察官；地方公職人員選舉，由該管法院檢察署檢察長督率所屬檢察官，分區查察，自動檢舉有關妨害選舉、罷免之刑事案件，並接受機關、團體或人民是類案件之告發、告訴、自首，即時開始偵查，為必要之處理。前項案件之偵查，檢察官得依刑事訴訟法及調度司法警察條例等規定，指揮司法警察人員為之。

  內政部警政署刑事警察局辦事細則第5條第9項：偵查科職掌選舉查察賄選暴力業務之規劃、督導及考核事項。

第五項、罷免權在原選區行使

> ### 第一百三十三條
>
> 　　被選舉人得由原選舉區依法罷免之。

一、公職人員罷免

　　公職人員選舉罷免法第3條（後段）：公職人員罷免，由原選舉區之選舉人以無記名投票之方法決定。

二、就職未滿一年不得罷免

　　公職人員選舉罷免法第75條：公職人員之罷免，得由原選舉區選舉人向選舉委員會提出罷免案。但就職未滿1年者，不得罷免。

三、不分區立委不適用罷免

　　公職人員選舉罷免法第75條（後段）：全國不分區及僑居國外國民立法委員選舉之當選人，不適用罷免之規定。

四、罷免程序

　　公職人員選舉罷免法第76條：罷免案以被罷免人原選舉區選舉人為提議人，由提議人之領銜人3人，填具罷免提議書1份，檢附罷免理由書正、副本各1份，提議人名冊2份，向選舉委員會提出。

　　前項提議人人數應為原選舉區選舉人總數百分之二以上，其計算數值尾數如為小數者，該小數即以整數一計算。

　　第1項提議人名冊，應依規定格式逐欄詳實填寫，並填具提議人國民身分證統一編號及戶籍地址分村（里）裝訂成冊。罷免理由書以不超過5000字為限。罷免案，1案不得為2人以上之提議。但有2個以上罷免

案時，得同時投票。罷免案表件不合前2項規定者，選舉委員會應不予受理。

第81條：罷免案之連署人，以被罷免人原選舉區選舉人為連署人，其人數應為原選舉區選舉人總數13％以上。

前項罷免案連署人人數，其計算數值尾數如為小數者，該小數即以整數一計算。同一罷免案之提議人不得為連署人。提議人及連署人之人數應分別計算。

第82條：第76條及前條所稱選舉人總數，以被罷免人當選時原選舉區之選舉人總數為準；所稱選舉人，其年齡及居住期間之計算，以罷免案提出日為準。

第90條：罷免案投票人數不足原選舉區選舉人總數二分之一以上或同意罷免票數未超過有效票數二分之一以上者，均為否決。

第六項、婦女保障名額

> ### 第一百三十四條
> 各種選舉，應規定婦女當選名額，其辦法以法律定之。

一、不分區及僑選立委選舉婦女保障名額計算方式

公職人員選舉罷免法第67條（部份）：全國不分區及僑居國外國民立法委員選舉當選名額之分配，各政黨分配之婦女當選名額，按各政黨登記之候選人名單順位依序分配當選名額；婦女當選人少於應行當選名額時，由名單在後之婦女優先分配當選。婦女候選人少於應分配之婦女當選名額時，視同缺額。

二、地方公職選舉婦女保障名額計算方式

公職人員選舉罷免法第68條：地方公職人員選舉，其婦女當選人少於應行當選名額時，應將婦女候選人所得選舉票單獨計算，以得票比較

多數者為當選；其計算方式，依下列規定。但無婦女候選人者，不在此限：

1. 直轄市議員、縣（市）議員、鄉（鎮、市）民代表選舉，在各該直轄市、縣（市）、鄉（鎮、市）劃分選舉區時，各該選舉區開票結果，婦女當選人不足各該選舉區規定名額時，應將該選舉區未當選婦女候選人所得票數，單獨計算，以得票較多之婦女候選人，依序當選。

2. 原住民直轄市議員、平地原住民、山地原住民縣（市）議員、平地原住民鄉（鎮、市）民代表選舉，婦女當選人不足規定名額時，應將各直轄市、縣（市）、鄉（鎮、市）選舉區未當選婦女候選人所得票數單獨計算，相互比較，以得票數較多之婦女候選人於其選舉區之當選名額中依序當選。

三、婦女當選人出缺之遞補仍應保障婦女名額

公職人員選舉罷免法第71條（部份）：全國不分區及僑居國外國民立法委員選舉婦女當選人，在就職前死亡、就職前經判決當選無效確定或喪失其所屬政黨黨籍而出缺，致該政黨婦女當選人不足婦女應當選名額時，其所遺缺額，除以書面聲明放棄遞補者外，由該政黨登記之候選人名單中之婦女候選人順位依序遞補；該政黨登記之候選人名單無婦女候選人遞補時，視同缺額。

第73條（部份）：全國不分區及僑居國外國民立法委員選舉婦女當選人，於就職後因死亡、辭職、經判決當選無效確定、喪失其所屬政黨黨籍或其他事由出缺，致該政黨婦女當選人不足婦女應當選名額時，其所遺缺額，除以書面聲明放棄遞補者外，由該政黨登記之候選人名單中之婦女候選人順位依序遞補；如該政黨登記之候選人名單無婦女候選人遞補時，視同缺額。

四、婦女保障名額彰顯特色

在憲法與法規制度上，同時規定婦女保障名額的國家並不多見，此一制度是我國選舉制度的一個特色。

婦女保障名額是憲法給予婦女參政的特別優待。緣於立憲之初，傳統中國社會男尊女卑，女性政治參與的基礎極為不利。在保障弱勢、落實正義平等精神的前提下，以蔣宋美齡為主的若干制憲國代因此提議，予婦女在各種選舉中有保障名額，使婦女的權益有一定的代表為之表達。

第七項、國民代表名額

> **第一百三十五條**
>
> 內地生活習慣特殊之國民代表名額及選舉，其辦法以法律定之。

憲法增修條文第1條（後段）：「憲法第25條至第34條及第135條之規定，停止適用」；本憲法135條停止適用。

第八項、創制與複決權法制化

> **第一百三十六條**
>
> 創制複決兩權之行使，以法律定之。

一、公民投票法規範之創制、複決權

公民投票法第2條：本法所稱公民投票，包括全國性及地方性公民投票。

（一）全國性公民投票適用事項

1. 法律之複決。
2. 立法原則之創制。
3. 重大政策之創制或複決。
4. 憲法修正案之複決。

（二）地方性公民投票適用事項

1. 地方自治法規之複決。
2. 地方自治法規立法原則之創制。
3. 地方自治事項重大政策之創制或複決。

預算、租稅、投資、薪俸及人事事項不得作為公民投票之提案。

二、全國性公民投票案提出與連署

公民投票法第9條：公民投票案之提出，除另有規定外，應由提案人之領銜人檢具公民投票案主文、理由書及提案人正本、影本名冊各1份，向主管機關為之。前項領銜人以1人為限；主文以不超過100字為限；理由書以不超過1500字為限。超過字數者，其超過部分，不予公告及刊登公報。第1項提案人名冊，應依規定格式逐欄填寫，並分直轄市、縣（市）、鄉（鎮、市、區）別裝訂成冊。

公民投票案之提出，以一案一事項為限。

第10條：公民投票案提案人人數，應達提案時最近一次總統、副總統選舉選舉人總數千分之5以上。審議委員會應於收到公民投票提案後，10日內完成審核，提案不合規定者，應予駁回。審核期間並應函請戶政機關於7日內查對提案人名冊，及依該提案性質分別函請立法院及相關機關於收受該函文後1個月內提出意見書。前項提案經審核完成符合規定者，審議委員會應於10日內舉行聽證，確定公民投票案之提案內

容。並於確定後通知提案人之領銜人於10日內向中央選舉委員會領取連署人名冊格式，自行印製，徵求連署；逾期未領取者，視為放棄連署。

第11條：公民投票案於中央選舉委員會通知連署前，得經提案人總數二分之一以上同意，由提案人之領銜人以書面撤回之。前項撤回之提案，自撤回之日起，原提案人於3年內不得就同一事項重行提出之。

三、地方性公民投票案提出與連署

公民投票法第26條：公民投票案應分別向直轄市、縣（市）政府提出。直轄市、縣（市）政府對於公民投票提案，是否屬地方自治事項有疑義時，應報請行政院認定。

第27條：公民投票案提案人數，應達提案時最近一次直轄市長、縣（市）長選舉選舉人總數千分之5以上。公民投票案連署人數，應達提案時最近一次直轄市長、縣（市）長選舉選舉人總數5％以上。

四、公民投票結果的處理

第30條：公民投票案投票結果，投票人數達全國、直轄市、縣（市）投票權人總數二分之一以上，且有效投票數超過二分之一同意者，即為通過。投票人數不足前項規定數額或未有有效投票數超過二分之一同意者，均為否決。

第31條：公民投票案經通過者，各該選舉委員會應於投票完畢7日內公告公民投票結果，並依下列方式處理：

1. 有關法律、自治條例立法原則之創制案，行政院、直轄市政府、縣（市）政府應於3個月內研擬相關之法律、自治條例提案，並送立法院、直轄市議會、縣（市）議會審議。立法院、直轄市議會、縣（市）議會應於下一會期休會前完成審議程序。

2. 有關法律、自治條例之複決案，原法律或自治條例於公告之日算至第3日起，失其效力。

3. 有關重大政策者，應由權責機關為實現該公民投票案內容之必要處置。

4. 有關憲法修正案之公民投票，應依憲法修正程序為之。

第32條：公民投票案經否決者，各該選舉委員會應於投票完畢7日內公告公民投票結果，並通知提案人之領銜人。

第33條：公民投票案之提案經通過或否決者，自各該選舉委員會公告該投票結果之日起3年內，不得就同一事項重行提出。但有關公共設施之重大政策複決案經否決者，自投票結果公告之日起至該設施完工啟用後8年內，不得重行提出。前項之同一事項，包括提案之基礎事實類似、擴張或減縮應受判斷事項者。前項之認定由審議委員會為之。

五、公民投票審議委員會

（一）委員會職能

公民投票法第34條規定行政院應設全國性公民投票審議委員會，審議下列事項：

1. 全國性公民投票事項之認定。
2. 第33條公民投票提案是否為同一事項之認定。

公民投票法第35條：行政院公民投票審議委員會，置委員21人，任期3年，由主管機關提請總統任命之。前項委員具有同一黨籍者，不得超過委員總額二分之一，且單一性別不得少於三分之一。主任委員由委員互選之。審議委員會之組織規程及審議規則，應送立法院備查。

第36條：前條委員會議，由主任委員召集之。開會時應有全體委員過半數之出席始得開議；議案之表決，以出席委員過半數之同意為通過；可否同數時，取決於主席。

第37條規定直轄市政府、縣（市）政府應設地方性公民投票審議委員會，審議下列事項：

1. 地方性公民投票事項之認定。

2. 第33條公民投票提案是否為同一事項之認定。

前項委員會委員，應包括學者專家及當地各級民意代表，其組織及審議程序，由直轄市政府、縣（市）政府擬訂，送議會備查。

（二）委員之任命不得牴觸權力分立原則

民國97年7月11日，司法院大法官釋字第645號，解釋要旨：

1. 公民投票法第16條第1項規定：「立法院對於第2條第2項第3款之事項，認有進行公民投票之必要者，得附具主文、理由書，經立法院院會通過後，交由中央選舉委員會辦理公民投票」。旨在使立法院就重大政策之爭議，而有由人民直接決定之必要者，得交付公民投票，由人民直接決定之，並不違反我國憲政體制為代議民主之原則，亦符合憲法主權在民與人民有創制、複決權之意旨；此一規定於立法院行使憲法所賦予之權限範圍內，且不違反憲法權力分立之基本原則下，與憲法尚無牴觸。

2. 公民投票法第35條第1項規定：「行政院公民投票審議委員會，置委員21人，任期3年，由各政黨依立法院各黨團席次比例推薦，送交主管機關提請總統任命之」。關於委員之任命，實質上完全剝奪行政院依憲法應享有之人事任命決定權，顯已逾越憲法上權力相互制衡之界限，自屬牴觸權力分立原則，應自本解釋公布之日起，至遲於屆滿1年時，失其效力。

六、總統交付公民投票

公民投票法第17條：當國家遭受外力威脅，致國家主權有改變之虞，總統得經行政院院會之決議，就攸關國家安全事項，交付公民投票。前項之公民投票不適用第18條關於期間之規定及第24條之規定。

七、地方自治之選舉、罷免、創制、複決之權

地方制度法第16條規定，直轄市民、縣（市）民、鄉（鎮、市）民之權利如下：

1. 對於地方公職人員有依法選舉、罷免之權。
2. 對於地方自治事項，有依法行使創制、複決之權。
3. 對於地方公共設施有使用之權。
4. 對於地方教育文化、社會福利、醫療衛生事項，有依法律及自治法規享受之權。
5. 對於地方政府資訊，有依法請求公開之權。
6. 其他依法律及自治法規賦予之權利。

八、臺灣人民在大陸設籍或領用護照，喪失選舉、罷免、創制、複決權

臺灣地區與大陸地區人民關係條例第9-1條：臺灣地區人民不得在大陸地區設有戶籍或領用大陸地區護照。違反前項規定在大陸地區設有戶籍或領用大陸地區護照者，除經有關機關認有特殊考量必要外，喪失臺灣地區人民身分及其在臺灣地區選舉、罷免、創制、複決、擔任軍職、公職及其他以在臺灣地區設有戶籍所衍生相關權利，並由戶政機關註銷其臺灣地區之戶籍登記；但其因臺灣地區人民身分所負之責任及義務，不因而喪失或免除。

第二節、憲法變遷與現況

本章的範圍係憲法本文129條至136條，其中第135條：「內地生活習慣特殊之國民代表名額及選舉，其辦法以法律定之」，依憲法增修條文第1條之規定目前已停止適用，其他條文均保留。

第三節、憲法通識

第一項、公職選舉與警察任務

公職人員選舉罷免法第58條：投票所、開票所置主任管理員1人，管理員若干人，由選舉委員會派充，辦理投票、開票工作。

前項主任管理員須為現任公教人員，管理員須半數以上為現任公教人員，選舉委員會得洽請各級政府機關及公立學校推薦後遴派之，受洽請之政府機關、公立學校及受遴派之政府機關職員、學校教職員，均不得拒絕。

投票所、開票所置警衛人員，由直轄市、縣（市）選舉委員會洽請當地警察機關調派之。

第115條：中央公職人員選舉，由最高法院檢察署檢察總長督率各級檢察官；地方公職人員選舉，由該管法院檢察署檢察長督率所屬檢察官，分區查察，自動檢舉有關妨害選舉、罷免之刑事案件，並接受機關、團體或人民是類案件之告發、告訴、自首，即時開始偵查，為必要之處理。前項案件之偵查，檢察官得依刑事訴訟法及調度司法警察條例等規定，指揮司法警察人員為之。

第二項、經由選舉投票產生的公職人員

表：選舉投票產生的公職人員一覽表

公職人員		職稱	產生方式	任期	連任限制
中央政府	行政首長	總統、副總統	全國公民投票產生	四年	連選得連任一次
	民意代表	立法委員（第七屆開始）	1.區域立委由各選區戶籍選民投票產生 2.全國不分區立委和僑選立委由各政黨依其政黨票數之比率分配取得席次	四年	連選得連任
地方政府	行政首長	直轄市長 縣（市）長 鄉鎮（市）長 里長	由戶籍地公民選舉產生	四年	連選得連任一次 ※里長不限連任次數
	民意代表	直轄市議員 縣市議員 鄉鎮市民代表	由戶籍地公民選舉產生	四年	連選得連任

第十二章 學習自我評量

一、請試回答以下問題

1. 試述我國憲法規定選舉的四項基本方式為何？
2. 試述全國性公民投票的事項範圍，以及提案與連署之規定。
3. 試述地方性公民投票的事項範圍，以及提案與連署之規定。
4. 試述公民投票結果的後續處理。

二、請試作以下測驗題

1. 依據公民投票法規定，當國家遭受外力威脅，致國家主權有改變之虞，下列何者得經行政院院會之決議，就攸關國家安全事項交付公民投票？（96警大二技）

   (A)總統　(B)國家安全會議秘書長　(C)國防部部長　(D)參謀總長

2. 依司法院釋字第645號解釋，行政院公民投票審議委員會委員由各政黨依立法院各黨團席次比例推荐，送交主管機關提請總統任命之，顯已逾越下列何種原則？（98警察三特）

   (A)法律保留原則　(B)權力分立原則　(C)依法行政原則　(D)平等原則

3. 依公民投票法第61條規定，公民投票訴訟程序，除適用該法本身外，應適用下列那一種法律進行？（99三等身心障）

   (A)行政訴訟法　(B)民事訴訟法　(C)刑事訴訟法　(D)非訟事件法

4. 依據公職人員選舉罷免法規定，選舉區之劃分由：（98基層警察）

   (A)行政院統一為之

　　(B)法律或各地方自治團體之自治條例為之

　　(C)中央或縣選舉委員會為之

　　(D)行政院、省政府及各地方自治團體政府為之

5. 下列何者不得提起總統選舉當選無效之訴訟？（98基層警察）

　　(A)選舉罷免機關　(B)檢察官　(C)候選人　(D)立法委員

6. 選舉訴訟由下列何者審理？（99警察四特）

　　(A)公務員懲戒委員會

　　(B)智慧財產法院

　　(C)憲法法庭

　　(D)依其性質，由行政法院或普通法院審理

7. 下列何者之政治參與不屬於憲法增修條文第10條內明列應予特別保
障之人民？（101一般警察四等）

　　(A)原住民族　　　　　　　　(B)澎湖、金門及馬祖地區人民

　　(C)居住於我國之外國人民　　(D)僑居國外國民

8. 依憲法增修條文規定，保障政治參與權之對象，不包括下列何者？
（101警察三等）

　　(A)原住民　　　　　　　　(B)僑居國外之國民

　　(C)澎湖、金馬地區之人民　(D)身心障礙者

9. 憲法保障人民「服公職之權」，依公職人員選舉罷免法之規定，至
少須年滿幾歲方符合縣長與省轄市長之被選舉人資格？（101警察
三等）

　　(A)20歲　(B)23歲　(C)30歲　(D)25歲

10.關於民選公職人員之罷免，下列敘述何者正確？（101警察三等）

　　(A)就職未滿一年者，不得罷免　(B)不分區立法委員得隨時罷免

　　(C)罷免案得一案提議罷免多人　(D)公務人員得為罷免案提議人

11. 有下列何種情事者，檢察官或候選人得向該管轄法院提起選舉無效之訴？（99警察升官等）

(A)選舉委員會辦理選舉、罷免違法，足以影響選舉或罷免結果

(B)當選票數不實，足認有影響選舉結果之虞

(C)當選人曾對有投票權人以強暴、脅迫或其他非法之方法，妨害其自由行使投票權

(D)當選人曾對其他候選人行求期約或交付賄賂或其他不正利益，而要求其放棄競選

12. 為期選舉之公平性，主管機關在劃分公職人員選舉之選舉區時，應特別留意那一項原則的遵守？（99四等警）

(A)比例原則　(B)信賴保護原則　(C)誠信原則　(D)平等原則

| 正確答案 |

1.A　2.B　3.A　4.C　5.D　6.D　7.C　8.D　9.C　10.A

11.A　12.D

第十三章　基本國策

第一節、憲法本文釋義

　　我國憲法基本國策之內容，除國防與外交之外，都是所謂的福利政策，主要是受到第二次世界大戰後，人權保障意識高張的「福利國」（welfare state）思想所影響。

　　我國憲法所列基本國策計分為6節，自137條至140條為「國防」。第141條所列為「外交」；第142至第151條「國民經濟」；自152至第157條「社會安全」；自158至167條「教育文化」；自168至169條「邊疆地區」。

　　所謂國策，即國家之政策；「基本國策」則意指，此等政策為立國之基礎及根本，原則上對於基本國策之規定，應遵行勿替，永久不變。此與一般政策得因時制宜，及隨政黨更迭而改變並不相同（管歐，2000：325）。「基本國策」亦可解釋為國家發展的基本政策，此一基本政策入於憲法之中，自然有其根本與長遠的意義。此外，基本國策也可以擴大解釋為「國家所追求的恆久價直與目的」，此一價值與目的將不因國家政權遞嬗而變更；因此，憲法中的基本國策可視其具有作為國家發展最高指導原則的地位與功能（陳陽德、衛芷言，1997：425）。

第一項、國防目的與國防組織法制化

第一百三十七條

中華民國之國防，以保衛國家安全，維護世界和平為目的。

國防之組織，以法律定之。

一、國防之目的

國防法第2條：中華民國之國防，以發揮整體國力，建立國防武力，達成保衛國家安全，維護世界和平之目的。

二、國防事務的範圍

第3條：中華民國之國防，為全民國防，包含國防軍事、全民防衛及與國防有關之政治、經濟、心理、科技等直接、間接有助於達成國防目的之事務。

三、外國軍人在我國境內規定

國防法第34條：友好國家派遣在中華民國領域內之軍隊或軍人，其權利義務及相關事宜，應以條約或協定定之。外國人得經國防部及內政部之許可，於中華民國軍隊服勤。

四、「災害防救」列為國軍任務

由於全球暖化造成的全球「劇烈氣候災難」日益增加，美國國防部已經將氣候災難列為國土安全威脅之一。台灣在近年也發生多起極端降雨所釀的天然災禍，造成人民生命財產極大損失。例如2009年8月8日，莫拉克颱風在台灣中南部多處降下暴雨，並造成高雄縣甲仙鄉小林村被周圍獻肚山土石崩落掩埋的滅村慘劇。根據事發後一個的統計，全台灣

至少有673人死亡、26人失蹤，農業損失超過新台幣195億元。我國國防部參考美軍的思維，將國土防災、救災列為國軍明確的任務之一。

針對全球暖化所造成的氣候異常及極端，國防部持續進行相關法律的修訂、災防網絡建置、整合醫療體系、災害防救訓練、籌購救災裝備、聯合搜救演訓等工作，以強化防救災機制與能量。（黃一翔，2010年10月19日）。

第二項、軍人中立效忠國家

> **第一百三十八條**
>
> 　全國陸海空軍，須超出個人、地域及黨派關係以外，效忠國家，愛護人民。

一、軍人效忠國家

國防法第5條：中華民國陸海空軍，應服膺憲法，效忠國家，愛護人民，克盡職責，以確保國家安全。

二、軍人中立

國防法第6條規定，中華民國陸海空軍，應超出個人、地域及黨派關係，依法保持政治中立。現役軍人，不得為下列行為：

1. 擔任政黨、政治團體或公職候選人提供之職務。
2. 迫使現役軍人加入政黨、政治團體或參與、協助政黨、政治團體或公職候選人舉辦之活動。
3. 於軍事機關內部建立組織以推展黨務、宣傳政見或其他政治性活動。

現役軍人違反前項規定者，由國防部依法處理之。

第三項、軍隊國家化

> ### 第一百三十九條
>
> 任何黨派及個人不得以武裝力量為政爭之工具。

一、國家軍事武力

國防法第4條：中華民國之國防軍事武力，包含陸軍、海軍、空軍組成之軍隊。作戰時期國防部得因軍事需要，陳請行政院許可，將其他依法成立之武裝團隊，納入作戰序列運用之。

二、政黨退出軍隊

人民團體法第50-1條：政黨不得在大學、法院或軍隊設置黨團組織。

看新聞學憲法

連宋柔性政變說扁敗訴定讞

前總統陳水扁「柔性政變」說訴訟案，最高法院駁回上訴，陳前總統敗訴定讞，須給付前國民黨主席連戰及親民黨主席宋楚瑜各新台幣1元，且在自由時報、中國時報和聯合報刊登道歉啟事1天。

最高法院指出，原判決認事用法，均無不當，陳前總統上訴無理由，應予駁回。本案源於連、宋主張，陳前總統2004年11月14日在一場選舉造勢大會上，指稱他們於同年3月20日總統選舉後曾發動軍事將領以「請辭」或「告假」方式進行「柔性政變」，但因「軍隊國家化」已然成型而告終，並籲請民眾「以選

票終結連宋亂象」，陳前總統所言已毀損他們的名譽，提起損害賠償民事訴訟。

　　台北地方法院2005年間判決連、宋勝訴。經陳前總統提上訴，台灣高等法院駁回上訴，維持一審判決，陳前總統應給付連、宋各1元，且應在自由時報、中國時報和聯合報全國版頭版以二分之一版面刊登道歉啟事1天。台灣高等法院表示，陳前總統在沒有事實根據下影射連宋發動「七日政變」、「柔性政變」，將造成社會上一般國民對兩人降低評價，足以讓他們名譽受損，因此駁回上訴，維持一審判決（《民眾日報》，2008年6月6日）。

第四項、文武分職

第一百四十條
現役軍人不得兼任文官。

一、現役軍人不得兼任文官

民國79年1月5日，司法院大法官釋字第250號，解釋要旨：

　　憲法第140條規定：「現役軍人，不得兼任文官」，係指正在服役之現役軍人不得同時兼任文官職務，以防止軍人干政，而維民主憲政之正常運作。現役軍人因故停役者，轉服預備役，列入後備管理，為後備軍人，如具有文官法定資格之現役軍人，因文職機關之需要，在未屆退役年齡前辦理外職停役，轉任與其專長相當之文官，既與現役軍人兼任文官之情形有別，尚難謂與憲法牴觸。惟軍人於如何必要情形下始得外職停役轉任文官，及其回役之程序，均涉及文武官員之人事制度，現行措施宜予通盤檢討，由法律直接規定。

二、文人領軍

文人領軍或文人統制（civilian control），是以文人擔任部長從事決策，武人從事實際的軍事行動，執行文人已經決定的政策。此舉乃在保障民主，杜絕武人專政（王育三，1983：200）。

2002年國防法實施後，我國的軍令指揮權由過去的「軍政、軍令二元化」體系，形成總統領導國家安全會議，並由行政院長指揮國防部長、參謀總長的「軍政、軍令一元化」架構，釐清過去國防部長與參謀總長不清的權責區分，也明訂了總統與行政院長在國防政策上的統帥與政策制定權。

第五項、外交精神原則與目的

第一百四十一條

中華民國之外交，應本獨立自主之精神，平等互惠之原則，敦睦邦交，尊重條約及聯合國憲章，以保護僑民權益，促進國際合作，提倡國際正義，確保世界和平。

一、中華民國邦交國現況

1971年，在全世界139個國家中，與中華民國有外交關係者有66國，與中共建交的則有48國。但中華民國退出聯合國後，1971年底的邦交國為52個、1973年降至37國、1976年再降至26國、1978年降到23國，到了1980年才首度停止下降，並稍為回升，邦交國為27個（參考中華民國外交部網頁，下載日期：2010年11月12日）。統計至2013年1月1日，與我國邦交國計有23國：

（一）亞東太平洋地區：

帛琉共和國Republic of Palau、吐瓦魯Tuvalu、馬紹爾群島Republic

of the Marshall Islands、索羅門群島Solomon Islands、吉里巴斯共和國Republic of Kiribati、諾魯Republic of Nauru。

（二）中南美洲：瓜地馬拉共和國Republic of Guatemala、巴拉圭共和國Republic of Paraguay、聖文森St. Vincent and the Grenadines、貝里斯Belize、薩爾瓦多共和國Republic of El Salvador、海地共和國Republic of Haiti、尼加拉瓜共和國Republic of Nicaragua、多明尼加共和國Dominican Republic、宏都拉斯共和國Republic of Honduras、巴拿馬共和國Republic of Panama、聖克里斯多福及尼維斯Saint Christopher and Nevis、聖露西亞Saint Lucia。

（三）非洲：布吉納法索Burkina Faso、聖多美普林西比民主共和國Democratic Republic of Sao Tome and Principe、史瓦濟蘭王國Kingdom of Swaziland、甘比亞共和國Republic of The Gambia。

（四）歐洲：教廷The Holy See。

二、外交部組織

外交部組織法第3條規定外交部設左列各司處：

1. 亞東太平洋司。
2. 亞西司。
3. 非洲司。
4. 歐洲司。
5. 北美司。
6. 中南美司。
7. 條約法律司。
8. 國際組織司。
9. 新聞文化司。
10. 禮賓司。
11. 經貿事務司。

12. 總務司。

13. 檔案資訊處。

14. 電務處。

三、外交部各地域司掌理該地域事項

外交部組織法第4條規定，外交部各地域司，分別掌理各該地域左列事項：

1. 關於政治事項。

2. 關於通商事項。

3. 關於經濟財政及文化事項。

4. 關於軍事之外交事項。

5. 關於本國僑民事項。

6. 關於各國在本國之僑民事項。

7. 關於轄區區域性組織事項。

第六項、民生主義為國民經濟之基本原則

第一百四十二條

國民經濟應以民生主義為基本原則，實施平均地權，節制資本，以謀國計民生之均足。

一、國民經濟應保障國民工作權

就業服務法第42條：為保障國民工作權，聘僱外國人工作，不得妨礙本國人之就業機會、勞動條件、國民經濟發展及社會安定。

二、平均地權之土地區分

平均地權條例第3條：本條例用辭之定義如左：

1. 都市土地：指依法發布都市計畫範圍內之土地。

2. 非都市土地：指都市土地以外之土地。

3. 農業用地：指非都市土地或都市土地農業區、保護區範圍內土地，依法供左列使用者：

   (1)供農作、森林、養殖、畜牧及保育使用者。

   (2)供與農業經營不可分離之農舍、畜禽舍、倉儲設備、曬場、集貨場、農路、灌溉、排水及其他農用之土地。

   (3)農民團體與合作農場所有直接供農業使用之倉庫、冷凍（藏）庫、農機中心、蠶種製造（繁殖）場、集貨場、檢驗場等用地。

4. 工業用地：指依法核定之工業區土地及政府核准工業或工廠使用之土地。

5. 礦業用地：指供礦業實際使用地面之土地。

6. 自用住宅用地：指土地所有權人或其配偶、直系親屬於該地辦竣戶籍登記，且無出租或供營業用之住宅用地。

7. 空地：指已完成道路、排水及電力設施，於有自來水地區並已完成自來水系統，而仍未依法建築使用；或雖建築使用，而其建築改良物價值不及所占基地申報地價10％，且經直轄市或縣（市）政府認定應予增建、改建或重建之私有及公有非公用建築用地。

三、照價收買或徵收

平均地權條例第5條：依本條例照價收買或區段徵收土地所需之資金，得由中央或直轄市主管機關發行土地債券。土地債券之發行，另以法律定之。

第6條：照價收買土地應行償付之地價，每一土地所有權人扣除應納土地增值稅後，總額在30萬元以下者，全部發給現金；超過30萬元者，就其超過部分，搭發土地債券二分之一。區段徵收之土地以現金補

償地價者，每一土地所有權人扣除應納土地增值稅後，總額在50萬元以下者，全部發給現金；超過50萬元者，其超過部分，得在半數以內搭發土地債券。

第7條：政府依法照價收買、區段徵收或因土地重劃而取得之土地，得隨時公開出售，不受土地法第25條之限制。

第10條：本條例實施地區內之土地，政府於依法徵收時，應按照徵收當期之公告土地現值，補償其地價。在都市計畫區內之公共設施保留地，應按毗鄰非公共設施保留地之平均公告土地現值，補償其地價，其地上建築改良物，應參照重建價格補償。

第七項、民生主義平均地權政策

第一百四十三條

中華民國領土內之土地屬於國民全體。人民依法取得之土地所有權，應受法律之保障與限制。

私有土地應照價納稅，政府並得照價收買。

附著於土地之礦，及經濟上可供公眾利用之天然力，屬於國家所有，不因人民取得土地所有權而受影響。

土地價值非因施以勞力資本而增加者，應由國家徵收土地增值稅，歸人民共享之。

國家對於土地之分配與整理，應以扶植自耕農及自行使用土地人為原則，並規定其適當經營之面積。

一、漲價歸公

民國80年11月29日，司法院大法官釋字第286號，解釋要旨：

憲法第143條第3項規定：「土地價值非因施以勞力資本而增加者，應由國家徵收土地增值稅，歸人民共享之」，旨在實施土地

自然漲價歸公政策。中華民國66年2月2日修正公布之平均地權條例第35條、第36條第1項、第2項及同年4月1日行政院發布之同條例施行細則第53條規定，土地所有權人於申報地價後之土地自然漲價，應依照土地漲價總數額，減去土地所有權人為改良土地已支付之全部費用後之餘額計算，徵收土地增值稅；其間縱有因改良土地而增加之價值，亦因認定及計算不易，難以將之與自然漲價部分明確劃分，且土地增值稅並未就漲價部分全額徵收，已足以兼顧其利益，與憲法第15條及第143條第3項規定之意旨尚無牴觸。

二、國有財產之定義

國有財產法第2條：國家依據法律規定，或基於權力行使，或由於預算支出，或由於接受捐贈所取得之財產，為國有財產。凡不屬於私有或地方所有之財產，除法律另有規定外，均應視為國有財產。

第3條規定，依前條取得之國有財產，其範圍如左：

1. 不動產：指土地及其改良物暨天然資源。
2. 動產：指機械及設備、交通運輸及設備，暨其他雜項設備。
3. 有價證券：指國家所有之股份或股票及債券。
4. 權利：指地上權、地役權、典權、抵押權、礦業權、漁業權、專利權、著作權、商標權及其他財產上之權利。

前項第2款財產之詳細分類，依照行政院規定辦理。

三、國有財產之類別

國有財產法第4條：國有財產區分為公用財產與非公用財產兩類。

左列各種財產稱為公用財產：

1. 公務用財產：各機關、部隊、學校、辦公、作業及宿舍使用之國有財產均屬之。

2. 公共用財產：國家直接供公共使用之國有財產均屬之。

3. 事業用財產：國營事業機關使用之財產均屬之。但國營事業為公司組織者，僅指其股份而言。

非公用財產，係指公用財產以外可供收益或處分之一切國有財產。

四、土地使用分類

土地法第1條：本法所稱土地，謂水陸及天然富源。

第2條：土地依其使用，分為左列各類：

1. 第一類：建築用地，如住宅、官署、機關、學校、工廠、倉庫、公園、娛樂場、會所、祠廟、教堂、城堞、軍營、砲台、船埠、碼頭、飛機基地、墳場等屬之。

2. 第二類：直接生產用地，如農地、林地、漁地、牧地、狩獵地、礦地、鹽地、水源地、池塘等屬之。

3. 第三類：交通水利用地，如道路、溝渠、水道、湖泊、港灣、海岸、堤堰等屬之。

4. 第四類：其他土地，如沙漠、雪山等屬之。

五、公有土地

第4條：本法所稱公有土地，為國有土地、直轄市有土地、縣（市）有土地或鄉（鎮、市）有之土地。

六、土地改良物

第5條：本法所稱土地改良物，分為建築改良物及農作改良物二種。

附著於土地之建築物或工事，為建築改良物。附著於土地之農作物及其他植物與水利土壤之改良，為農作改良物。

第6條：本法所稱自耕，係指自任耕作者而言，其為維持一家生活直接經營耕作者，以自耕論。

七、水源屬於國家所有

水利法第2條：水為天然資源，屬於國家所有，不因人民取得土地所有權而受影響。

第八項、發達國家資本

> **第一百四十四條**
>
> 公用事業及其他有獨佔性之企業，以公營為原則，其經法律許可者，得由國民經營之。

一、國營事業

（一）國營事業目的與定義

國營事業管理法第2條：國營事業以發展國家資本，促進經濟建設，便利人民生活為目的。

第3條規定，本法所稱國營事業如下：

1. 政府獨資經營者。

2. 依事業組織特別法之規定，由政府與人民合資經營者。

3. 依公司法之規定，由政府與人民合資經營，政府資本超過50％者。

其與外人合資經營，訂有契約者，依其規定。

政府資本未超過50％，但由政府指派公股代表擔任董事長或總經理者，立法院得要求該公司董事長或總經理至立法院報告股東大會通過之預算及營運狀況，並備詢。

（二）國營事業經營及權利義務

國營事業管理法第4條：國營事業應依照企業方式經營，以事業養事業，以事業發展事業，並求有盈無虧，增加國庫收入。但專供示範或

經政府特別指定之事業，不在此限。

第5條：政府對於國營事業之投資，由國庫撥付，如依法發行股票，其股票由國庫保管。

第6條：國營事業除依法律有特別規定者外，應與同類民營事業有同等之權利與義務。

二、公營事業移轉民營

公營事業移轉民營條例第2條：公營事業全部或一部移轉民營，依本條例之規定辦理；本條例未規定者，適用其他法令。

第3條：本條例所稱公營事業，指下列各款之事業：

1. 各級政府獨資或合營者。

2. 政府與人民合資經營，且政府資本超過50％者。

3. 政府與前2款公營事業或前2款公營事業投資於其他事業，其投資之資本合計超過該投資事業資本50％者。

第4條：本條例所稱事業主管機關，指各該事業之主管機關。

第5條：公營事業經事業主管機關審視情勢，認已無公營之必要者，得報由行政院核定後，移轉民營。

第6條規定公營事業移轉民營，由事業主管機關採下列方式辦理：

1. 出售股份。

2. 標售資產。

3. 以資產作價與人民合資成立民營公司。

4. 公司合併，且存續事業屬民營公司。

5. 辦理現金增資。

公營事業採前項規定方式移轉民營時，事業主管機關得報請行政院核准，公開徵求對象，以協議方式為之，並將協議內容送立法院備查。

非公司組織之公營事業依第1項將其業務所需用之公用財產，於事業民營化時隨同移轉者，不受國有財產法第28條之限制。

第九項、節制私人資本

> ### 第一百四十五條
>
> 　　國家對於私人財富及私營事業，認為有妨害國計民生之平衡發展者，應以法律限制之。
>
> 　　合作事業應受國家之獎勵與扶助。
>
> 　　國民生產事業及對外貿易，應受國家之獎勵、指導及保護。

一、徵收土地亦應補償承租人

　　民國75年8月15日，司法院大法官釋字第208號，解釋要旨：

> 為貫徹扶植自耕農與自行使用土地人及保障農民生活，以謀國計民生均足之基本國策，平均地權條例第11條規定，依法徵收及撥用之土地為出租耕地時，應就扣除土地增值稅後，補償地價餘款之三分之一補償耕地承租人，其所稱耕地承租人指承租耕地實際自任耕作之自然人及合作農場而言。

二、中小企業輔導重點

　　中小企業發展條例第7條規定，主管機關為推動中小企業相互合作，應以左列事項為輔導重點：

1. 業界垂直合併及中心衛星工廠制度之建立與推廣。
2. 業界水平合併及聯合產銷制度之建立與推廣。
3. 互助基金或合作事業。
4. 技術合作與共同技術之開發。
5. 共同設備之購置。
6. 行銷據點之建立。

第十項、促成農業工業化

> **第一百四十六條**
>
> 　　國家應運用科學技術，以興修水利，增進地力，改善農業環境，規劃土地利用，開發農業資源，促成農業之工業化。

一、水利事業之定義

　　水利法第2條：水為天然資源，屬於國家所有，不因人民取得土地所有權而受影響。第3條：本法所稱水利事業，謂用人為方法控馭，或利用地面水或地下水，以防洪、禦潮、灌溉、排水、洗鹹、保土、蓄水、放淤、給水、築港、便利水運及發展水力。

二、水權的定義及使用權

　　水利法第15條規定本法所稱水權，謂依法對於地面水或地下水，取得使用或收益之權。

　　第16條：非中華民國國籍人民用水，除依本法第42條之規定外，不得取得水權。但經中央主管機關報請行政院核准者，不在此限。

　　第17條：團體公司或人民，因每一標的，取得水權，其用水量應以其事業所必需者為限。

　　第18條規定，用水標的之順序如左：

1. 家用及公共給水。
2. 農業用水。
3. 水力用水。
4. 工業用水。
5. 水運。
6. 其他用途。

前項順序，主管機關對於某一水道，或政府劃定之工業區，得酌量實際情形，報請中央主管機關核准變更之。

三、發展休閒農業

休閒農業輔導管理辦法第4條：具有下列條件之地區，得規劃為休閒農業區：

1. 具地區農業特色。

2. 具豐富景觀資源。

3. 具豐富生態及保存價值之文化資產。

申請劃定為休閒農業區之面積限制如下，但基於自然形勢需要之考量，其申請面積上限得酌予放寬：

1. 土地全部屬非都市土地者，面積應在50公頃以上，600公頃以下。

2. 土地全部屬都市土地者，面積應在10公頃以上，100公頃以下。

3. 部分屬都市土地，部分屬非都市土地者，面積應在25公頃以上，300公頃以下。

第十一項、省縣經濟平衡發展

> ### 第一百四十七條
>
> 中央為謀省與省間經濟平衡發展，對於貧瘠之省，應酌予補助。
>
> 省為謀縣與縣間之經濟平衡發展，對於貧瘠之縣，應酌予補助。

一、中央補助地方的範圍

財政收支劃分法第30條規定中央為謀全國之經濟平衡發展，得酌予補助地方政府。但以下列事項為限：

1. 計畫效益涵蓋面廣，且具整體性之計畫項目。

2. 跨越直轄市、縣（市）或2以上縣（市）之建設計畫。

3. 具有示範性作用之重大建設計畫。

4. 因應中央重大政策或建設，需由地方政府配合辦理之事項。前項各款補助之辦法，由行政院另定之。

二、縣得酌予補助鄉鎮

財政收支劃分法第31條：縣為謀鄉（鎮、市）間之經濟平衡發展，對於鄉（鎮、市）得酌予補助；其補助辦法，由縣政府另定之。

第十二項、貨暢其流

第一百四十八條

中華民國領域內，一切貨物應許自由流通。

一、貨物自由流通應遵守交易秩序

公平交易法第2條規定本法所稱事業如左：

1. 公司。

2. 獨資或合夥之工商行號。

3. 同業公會。

4. 其他提供商品或服務從事交易之人或團體。

二、競爭與獨占

第4條：本法所稱競爭，謂2以上事業在市場上以較有利之價格、數量、品質、服務或其他條件，爭取交易機會之行為。

第5條：本法所稱獨占，謂事業在特定市場處於無競爭狀態，或具有壓倒性地位，可排除競爭之能力者。2以上事業，實際上不為價格之

競爭，而其全體之對外關係，具有前項規定之情形者，視為獨占。第1項所稱特定市場，係指事業就一定之商品或服務，從事競爭之區域或範圍。

第5-1條規定，事業無左列各款情形者，不列入前條獨占事業認定範圍：

1. 事業在特定市場之占有率達二分之一。

2. 事業全體在特定市場之占有率達三分之二。

3. 事業全體在特定市場之占有率達四分之三。

有前項各款情形之一，其個別事業在該特定市場占有率未達十分之一或上一會計年度事業總銷售金額未達新臺幣10億元者，該事業不列入獨占事業之認定範圍。事業之設立或事業所提供之商品或服務進入特定市場，受法令、技術之限制或有其他足以影響市場供需可排除競爭能力之情事者，雖有前2項不列入認定範圍之情形，中央主管機關仍得認定其為獨占事業。

三、事業結合

公平交易法第6條規定，本法所稱結合，謂事業有左列情形之一者而言：

1. 與他事業合併者。

2. 持有或取得他事業之股份或出資額，達到他事業有表決權股份或資本總額三分之一以上者。

3. 受讓或承租他事業全部或主要部分之營業或財產者。

4. 與他事業經常共同經營或受他事業委託經營者。

5. 直接或間接控制他事業之業務經營或人事任免者。

計算前項第2款之股份或出資額時，應將與該事業具有控制與從屬關係之事業所持有或取得他事業之股份或出資額一併計入。

四、聯合行為

第7條：本法所稱聯合行為，謂事業以契約、協議或其他方式之合意，與有競爭關係之他事業共同決定商品或服務之價格，或限制數量、技術、產品、設備、交易對象、交易地區等，相互約束事業活動之行為而言。前項所稱聯合行為，以事業在同一產銷階段之水平聯合，足以影響生產、商品交易或服務供需之市場功能者為限。

第1項所稱其他方式之合意，指契約、協議以外之意思聯絡，不問有無法律拘束力，事實上可導致共同行為者。同業公會藉章程或會員大會、理、監事會議決議或其他方法所為約束事業活動之行為，亦為第2項之水平聯合。

五、多層次傳銷

第8條：本法所稱多層次傳銷，謂就推廣或銷售之計畫或組織，參加人給付一定代價，以取得推廣、銷售商品或勞務及介紹他人參加之權利，並因而獲得佣金、獎金或其他經濟利益者而言。前項所稱給付一定代價，謂給付金錢、購買商品、提供勞務或負擔債務。

本法所稱多層次傳銷事業，係指就多層次傳銷訂定營運計畫或組織，統籌規劃傳銷行為之事業。

外國事業之參加人或第3人，引進該事業之多層次傳銷計畫或組織者，視為前項之多層次傳銷事業。

六、獨占行為之禁止

第10條規定，獨占之事業，不得有左列行為：

1. 以不公平之方法，直接或間接阻礙他事業參與競爭。

2. 對商品價格或服務報酬，為不當之決定、維持或變更。

3. 無正當理由，使交易相對人給予特別優惠。

4. 其他濫用市場地位之行為。

七、事業結合應提出申報

第11條規定，事業結合時，有左列情形之一者，應先向中央主管機關提出申報：

1. 事業因結合而使其市場占有率達三分之一者。

2. 參與結合之一事業，其市場占有率達四分之一者。

3. 參與結合之事業，其上一會計年度之銷售金額，超過中央主管機關所公告之金額者。前項第3款之銷售金額，得由中央主管機關就金融機構事業與非金融機構事業分別公告之。

第十三項、金融機構受國家管理

第一百四十九條

金融機構，應依法受國家之管理。

一、金融管理的行業區分

行政院金融監督管理委員會組織法第2條：本會主管金融市場及金融服務業之發展、監督、管理及檢查業務。前項所稱金融市場包括銀行市場、票券市場、證券市場、期貨及金融衍生商品市場、保險市場及其清算系統等；所稱金融服務業包括金融控股公司、金融重建基金、中央存款保險公司、銀行業、證券業、期貨業、保險業、電子金融交易業及其他金融服務業；但金融支付系統，由中央銀行主管。

前項所稱銀行業、證券業、期貨業及保險業範圍如下：

1. 銀行業：指銀行機構、信用合作社、票券金融公司、信用卡公司、信託業、郵政機構之郵政儲金匯兌業務與其他銀行服務業之業務及機構。

2. 證券業：指證券交易所、證券櫃檯買賣中心、證券商、證券投資信託事業、證券金融事業、證券投資顧問事業、證券集中保管事業、都市更新投資信託事業與其他證券服務業之業務及機構。

3. 期貨業：指期貨交易所、期貨商、槓桿交易商、期貨信託事業、期貨顧問事業與其他期貨服務業之業務及機構。

4. 保險業：指保險公司、保險合作社、保險代理人、保險經紀人、保險公證人、郵政機構之簡易人壽保險業務與其他保險服務業之業務及機構。農會信用部及漁會信用部之監督、管理及檢查，於農業金融法公布施行前，由本會辦理。

二、金管會掌理事項：

行政院金融監督管理委員會組織法第4條規定，本會掌理下列事項：

1. 金融制度及監理政策。

2. 金融法令之擬訂、修正及廢止。

3. 金融機構之設立、撤銷、廢止、變更、合併、停業、解散、業務範圍核定等監督及管理。

4. 金融市場之發展、監督及管理。

5. 金融機構之檢查。

6. 公開發行公司與證券市場相關事項之檢查。

7. 金融涉外事項。

8. 金融消費者保護。

9. 違反金融相關法令之取締、處分及處理。

10. 金融監督、管理及檢查相關統計資料之蒐集、彙整及分析。

11. 其他有關金融之監督、管理及檢查事項。

第十四項、普設平民金融機構

> **第一百五十條**
>
> 國家應普設平民金融機構，以救濟失業。

一、平民金融機構

　　根據制憲史料的記載，本條規定的目的在於協助提供「平民之日常生活及經營小本農工商業之資金」。所謂平民金融機構，則是指信用合作社及當時流行的「公營當鋪」與官民合辦的「小本借貸處」等機構。以現代金融業的競爭態勢觀察，這些平民金融機構即便勉強設立，無論在人才的羅致或資訊設備的投資，都無法與商業銀行相提並論，因而其生存發展勢必困難重重，更難以期待它們發揮救濟失業的功能。事實上，由政府補貼利息，透過商業銀行低利貸款給經濟弱勢的民眾或中小企業，一樣可以達成政策目的。此外，把金融機構的設立，定位為救濟失業的目的，不但沒有必要，而且容易產生誤導的效應（賴英照，2004）。

二、合作社的設置及類別

　　合作社法第1條：本法所稱合作社，謂依平等原則，在互助組織之基礎上，以共同經營方法謀社員經濟之利益與生活之改善，而其社員人數及股金總額均可變動之團體。

　　第2條：合作社為法人。

　　第2-1條：合作社之主管機關：在中央為內政部；在直轄市為直轄市政府；在縣（市）為縣（市）政府。但其目的事業，應受各該事業之主管機關指導及監督。

　　第3條規定，合作社之種類及業務如左：

1. 生產合作社：經營各種生產、加工及製造之全部或一部分業務。

2. 運銷合作社：經營產品之運銷業務。

3. 消費合作社：經營生活用品之銷售業務。

4. 公用合作社：設置住宅、醫療、托老及托兒等公用設備供社員生活上使用業務。

5. 運輸合作社：提供社員運輸經營所需服務等業務。

6. 信用合作社：經營銀行業務。

7. 保險合作社：經營保險業務。

8. 合作農場：經營農業生產、運銷、供給及利用等業務。

其他經中央主管機關會商中央目的事業主管機關核定之種類及業務。

經營前項業務之合作社，除第10款外，為適應社員需要，得兼營或經營與主管業務有關之其他附屬業務。

第十五項、國家保障華僑經濟事業

> ### 第一百五十一條
> 國家對於僑居國外之國民，應扶助並保護其經濟事業之發展。

華僑回國投資條例第1條：華僑回國投資之鼓勵、保障及處理，依本條例之規定。第2條：本條例所稱主管機關為經濟部。

主管機關得授權所屬機關或委託其他機關、機構處理本條例所定之投資。

第3條：華僑依本條例之規定回國投資者，稱為投資人。

第4條規定，本條例所稱投資如下：

1. 持有中華民國公司之股份或出資額。

2. 在中華民國境內設立獨資或合夥事業。

3. 對前2款所投資事業提供一年期以上貸款。

第5條：投資人持有所投資事業之股份或出資額，合計超過該事業之股份總數或資本總額三分之一者，其所投資事業之轉投資應經主管機關核准。

第6條規定，依本條例投資，其出資種類如下：

1. 現金。

2. 自用機器設備或原料。

3. 專利權、商標權、著作財產權、專門技術或其他智慧財產權。

4. 其他經主管機關認可投資之財產。

第十六項、人盡其才

第一百五十二條

人民具有工作能力者，國家應予以適當之工作機會。

一、雇主不得歧視

就業服務法第5條：為保障國民就業機會平等，雇主對求職人或所僱用員工，不得以種族、階級、語言、思想、宗教、黨派、籍貫、出生地、性別、性傾向、年齡、婚姻、容貌、五官、身心障礙或以往工會會員身分為由，予以歧視；其他法律有明文規定者，從其規定。

雇主招募或僱用員工，不得有下列情事：

1. 為不實之廣告或揭示。

2. 違反求職人或員工之意思，留置其國民身分證、工作憑證或其他證明文件。

3. 扣留求職人或員工財物或收取保證金。

4. 指派求職人或員工從事違背公共秩序或善良風俗之工作。

5. 辦理聘僱外國人之申請許可、招募、引進或管理事項，提供不實資料或健康檢查檢體。

二、政策性避免失業

第23條：中央主管機關於經濟不景氣致大量失業時，得鼓勵雇主協商工會或勞工，循縮減工作時間、調整薪資、辦理教育訓練等方式，以避免裁減員工；並得視實際需要，加強實施職業訓練或採取創造臨時就業機會、辦理創業貸款利息補貼等輔導措施；必要時，應發給相關津貼或補助金，促進其就業。

前項利息補貼、津貼與補助金之申請資格條件、項目、方式、期間、經費來源及其他應遵行事項之辦法，由中央主管機關定之。

第十七項、勞工農民及女工童工保護政策

> ### 第一百五十三條
>
> 國家為改良勞工及農民之生活，增進其生產技能，應制定保護勞工及農民之法律，實施保護勞工及農民之政策。
>
> 婦女兒童從事勞動者，應按其年齡及身體狀態，予以特別保護。

一、勞動條件定義

勞動基準法第1條：為規定勞動條件最低標準，保障勞工權益，加強勞雇關係，促進社會與經濟發展，特制定本法；本法未規定者，適用其他法律之規定。雇主與勞工所訂勞動條件，不得低於本法所定之最低標準。

第2條規定，本法用辭定義如左：

1. 勞工：謂受雇主僱用從事工作獲致工資者。
2. 雇主：謂僱用勞工之事業主、事業經營之負責人或代表事業主處理有關勞工事務之人。

3. 工資：謂勞工因工作而獲得之報酬；包括工資、薪金及按計時、計日、計月、計件以現金或實物等方式給付之獎金、津貼及其他任何名義之經常性給與均屬之。

4. 平均工資：謂計算事由發生之當日前6個月內所得工資總額除以該期間之總日數所得之金額。工作未滿6個月者，謂工作期間所得工資總額除以工作期間之總日數所得之金額。工資按工作日數、時數或論件計算者，其依上述方式計算之平均工資，如少於該期內工資總額除以實際工作日數所得金額百分之六十者，以百分之六十計。

5. 事業單位：謂適用本法各業僱用勞工從事工作之機構。

6. 勞動契約：謂約定勞雇關係之契約。

二、勞動條件規範適用業別

勞動基準法第3條規定，本法於左列各業適用之：

1. 農、林、漁、牧業。

2. 礦業及土石採取業。

3. 製造業。

4. 營造業。

5. 水電、煤氣業。

6. 運輸、倉儲及通信業。

7. 大眾傳播業。

8. 其他經中央主管機關指定之事業。

依前項第8款指定時，得就事業之部分工作場所或工作者指定適用。

本法適用於一切勞雇關係。但因經營型態、管理制度及工作特性等因素適用本法確有窒礙難行者，並經中央主管機關指定公告之行業或工作者，不適用之。前項因窒礙難行而不適用本法者，不得逾第1項第1款至第7款以外勞工總數五分之一。

三、不得非法對待勞工

勞動基準法第5條：雇主不得以強暴、脅迫、拘禁或其他非法之方法，強制勞工從事勞動。

第6條：任何人不得介入他人之勞動契約，抽取不法利益。

四、保障童工、女工

勞動基準法第44條：15歲以上未滿16歲之受僱從事工作者，為童工。童工不得從事繁重及危險性之工作。

第45條：雇主不得僱用未滿15歲之人從事工作。但國民中學畢業或經主管機關認定其工作性質及環境無礙其身心健康者，不在此限。前項受僱之人，準用童工保護之規定。

第46條：未滿16歲之人受僱從事工作者，雇主應置備其法定代理人同意書及其年齡證明文件。

第47條：童工每日之工作時間不得超過8小時，例假日不得工作。

第48條：童工不得於午後8時至翌晨6時之時間內工作。

第49條：雇主不得使女工於午後10時至翌晨6時之時間內工作。但雇主經工會同意，如事業單位無工會者，經勞資會議同意後，且符合下列各款規定者，不在此限：

1. 提供必要之安全衛生設施。

2. 無大眾運輸工具可資運用時，提供交通工具或安排女工宿舍。

前項第一款所稱必要之安全衛生設施，其標準由中央主管機關定之。但雇主與勞工約定之安全衛生設施優於本法者，從其約定。女工因健康或其他正當理由，不能於午後10時至翌晨6時之時間內工作者，雇主不得強制其工作。

第1項規定，於因天災、事變或突發事件，雇主必須使女工於午後10時至翌晨6時之時間內工作時，不適用之。第1項但書及前項規定，於

妊娠或哺乳期間之女工，不適用之。

五、保障母性及女工分娩者

　　勞動基準法第50條：女工分娩前後，應停止工作，給予產假8星期；妊娠3個月以上流產者，應停止工作，給予產假4星期。前項女工受僱工作在6個月以上者，停止工作期間工資照給；未滿6個月者減半發給。

　　第51條：女工在妊娠期間，如有較為輕易之工作，得申請改調，雇主不得拒絕，並不得減少其工資。

　　第52條：子女未滿1歲須女工親自哺乳者，於第35條規定之休息時間外，雇主應每日另給哺乳時間2次，每次以30分鐘為度。前項哺乳時間，視為工作時間。

第十八項、勞資糾紛仲裁法制化

> ### 第一百五十四條
> 　　勞資雙方應本協調合作原則，發展生產事業。勞資糾紛之調解與仲裁，以法律定之。

一、勞資爭議處理原則

　　勞資爭議處理法第1條：為處理勞資爭議，保障勞工權益，穩定勞動關係，特制定本法。

　　第2條：勞資雙方當事人應本誠實信用及自治原則，解決勞資爭議。

　　第3條：本法於雇主或有法人資格之雇主團體（以下簡稱雇主團體）與勞工或工會發生勞資爭議時，適用之。但教師之勞資爭議屬依法提起行政救濟之事項者，不適用之。

第4條：本法所稱主管機關：在中央為行政院勞工委員會；在直轄市為直轄市政府；在縣（市）為縣（市）政府。

二、勞資爭議相關定義

勞資爭議處理法第5條規定，本法用詞，定義如下：

1. 勞資爭議：指權利事項及調整事項之勞資爭議。
2. 權利事項之勞資爭議：指勞資雙方當事人基於法令、團體協約、勞動契約之規定所為權利義務之爭議。
3. 調整事項之勞資爭議：指勞資雙方當事人對於勞動條件主張繼續維持或變更之爭議。
4. 爭議行為：指勞資爭議當事人為達成其主張，所為之罷工或其他阻礙事業正常運作及與之對抗之行為。
5. 罷工：指勞工所為暫時拒絕提供勞務之行為。

三、勞資爭議調解仲裁程序

勞資爭議處理法第6條：權利事項之勞資爭議，得依本法所定之調解、仲裁或裁決程序處理之。法院為審理權利事項之勞資爭議，必要時應設勞工法庭。權利事項之勞資爭議，勞方當事人提起訴訟或依仲裁法提起仲裁者，中央主管機關得給予適當扶助；其扶助業務，得委託民間團體辦理。

前項扶助之申請資格、扶助範圍、審核方式及委託辦理等事項之辦法，由中央主管機關定之。

第7條：調整事項之勞資爭議，依本法所定之調解、仲裁程序處理之。前項勞資爭議之勞方當事人，應為工會。但有下列情形者，亦得為勞方當事人：

1. 未加入工會，而具有相同主張之勞工達10人以上。
2. 受僱於僱用勞工未滿10人之事業單位，其未加入工會之勞工具有

相同主張者達三分之二以上。

勞資爭議處理法第25條：勞資爭議調解不成立者，雙方當事人得共同向直轄市或縣（市）主管機關申請交付仲裁。但調整事項之勞資爭議，當事人一方為團體協約法第10條第2項規定之機關（構）、學校時，非經同條項所定機關之核可，不得申請仲裁。

勞資爭議當事人之一方為第54條第2項之勞工者，其調整事項之勞資爭議，任一方得向直轄市或縣（市）申請交付仲裁；其屬同條第3項事業調整事項之勞資爭議，而雙方未能約定必要服務條款者，任一方得向中央主管機關申請交付仲裁。

勞資爭議經雙方當事人書面同意，得不經調解，逕向直轄市或縣（市）主管機關申請交付仲裁。調整事項之勞資爭議經調解不成立者，直轄市或縣（市）主管機關認有影響公眾生活及利益情節重大，或應目的事業主管機關之請求，得依職權交付仲裁，並通知雙方當事人。

第十九項、社會保險制度及福利政策

> **第一百五十五條**
>
> 　　國家為謀社會福利，應實施社會保險制度。人民之老弱殘廢，無力生活，及受非常災害者，國家應予以適當之扶助與救濟。

一、國民年金保險制度

國民年金法第1條：為確保未能於相關社會保險獲得適足保障之國民於老年及發生身心障礙時之基本經濟安全，並謀其遺屬生活之安定，特制定本法。

（一）三類保險給付

國民年金法第2條：國民年金保險之保險事故，分為老年、身心障礙及死亡三種。被保險人在保險有效期間發生保險事故時，分別給與老

年年金給付、身心障礙年金給付、喪葬給付及遺屬年金給付。

第3條：本法所稱主管機關：在中央為中央社政主管機關；在直轄市為直轄市政府；在縣（市）為縣（市）政府。

（二）委託勞保局辦理

第4條：本保險之業務由中央主管機關委託勞工保險局辦理，並為保險人。

（三）相關名詞定義

第6條規定，本法用詞，定義如下：

1. 相關社會保險：指公教人員保險（含原公務人員保險與原私立學校教職員保險）、勞工保險、軍人保險及農民健康保險。
2. 相關社會保險老年給付：指公教人員保險養老給付（含原公務人員保險養老給付與原私立學校教職員保險養老給付）、勞工保險老年給付及軍人保險退伍給付。
3. 社會福利津貼：指低收入老人生活津貼、中低收入老人生活津貼、身心障礙者生活補助、老年農民福利津貼及榮民就養給付。
4. 保險年資：指被保險人依本法規定繳納保險費之合計期間；其未滿一年者，依實際繳納保險費月數按比例計算。
5. 受益人：被保險人死亡時，為合於請領給付資格者。
6. 拘禁：指受拘留、留置、觀察勒戒、強制戒治、保安處分或感訓處分裁判之宣告，在特定處所執行中，其人身自由受剝奪或限制者。但執行保護管束者、僅受通緝尚未到案、保外就醫及假釋中者，不包括在內。

二、外國人眷屬勞工保險不得請領喪葬津貼

民國92年7月4日，司法院大法官釋字第560號，解釋要旨：

勞工保險乃立法機關本於憲法保護勞工、實施社會保險之基本國策所建立之社會福利制度，旨在保障勞工生活安定、促進社會安全。勞工保險制度設置之保險基金，除由被保險人繳納之保險費、雇主分擔額所構成外，另有各級政府按一定比例之補助在內。依勞工保險條例規定，其給付主要係基於被保險人本身發生之事由而提供之醫療、傷殘、退休及死亡等之給付。同條例第62條就被保險人之父母、配偶、子女死亡可請領喪葬津貼之規定，乃為減輕被保險人因至親遭逢變故所增加財務負擔而設，自有別於一般以被保險人本人發生保險事故之給付，兼具社會扶助之性質，應視發生保險事故者是否屬社會安全制度所欲保障之範圍決定之。中華民國81年5月8日制定公布之就業服務法第43條第5項，就外國人眷屬在勞工保險條例實施區域以外發生死亡事故者，限制其不得請領喪葬津貼，係為社會安全之考量所為之特別規定，屬立法裁量範圍，與憲法第七條、第十五條規定意旨尚無違背。

第二十項、婦女兒童福利政策

第一百五十六條

　　國家為奠定民族生存發展之基礎，應保護母性，並實施婦女兒童福利政策。

一、兒童及少年福利

（一）兒童及少年之最佳利益優先

　　兒童及少年福利與權益保障法（舊稱：兒童及少年福利法）第2條：本法所稱兒童及少年，指未滿18歲之人；所稱兒童，指未滿12歲之

人;所稱少年,指12歲以上未滿18歲之人。

第3條:父母或監護人對兒童及少年應負保護、教養之責任。對於主管機關、目的事業主管機關或兒童及少年福利機構依本法所為之各項措施,應配合及協助。

第4條:政府及公私立機構、團體應協助兒童及少年之父母或監護人,維護兒童及少年健康,促進其身心健全發展,對於需要保護、救助、輔導、治療、早期療育、身心障礙重建及其他特殊協助之兒童及少年,應提供所需服務及措施。

第5條:政府及公私立機構、團體處理兒童及少年相關事務時,應以兒童及少年之最佳利益為優先考量;有關其保護及救助,並應優先處理。

兒童及少年之權益受到不法侵害時,政府應予適當之協助及保護。

(二)需緊急給予保護事項

第36條規定,兒童及少年有下列各款情形之一,非立即給予保護、安置或為其他處置,其生命、身體或自由有立即之危險或有危險之虞者,直轄市、縣(市)主管機關應予緊急保護、安置或為其他必要之處置:

1. 兒童及少年未受適當之養育或照顧。

2. 兒童及少年有立即接受診治之必要,而未就醫者。

3. 兒童及少年遭遺棄、身心虐待、買賣、質押,被強迫或引誘從事不正當之行為或工作者。

4. 兒童及少年遭受其他迫害,非立即安置難以有效保護者。

直轄市、縣(市)主管機關為前項緊急保護、安置或為其他必要之處置時,得請求檢察官或當地警察機關協助之。第1項兒童及少年之安置,直轄市、縣(市)主管機關得辦理家庭寄養、交付適當之兒童及少年福利機構或其他安置機構教養之。

（三）緊急安置通報

第37條：直轄市、縣（市）主管機關依前條規定緊急安置時，應即通報當地地方法院及警察機關，並通知兒童及少年之父母、監護人。但其無父母、監護人或通知顯有困難時，得不通知之。

（四）緊急安置與繼續安置

緊急安置不得超過72小時，非72小時以上之安置不足以保護兒童及少年者，得聲請法院裁定繼續安置。繼續安置以3個月為限；必要時，得聲請法院裁定延長之。繼續安置之聲請，得以電訊傳真或其他科技設備為之。

（五）國內兒童受虐情況嚴重

聯合國訂每年11月20日為「世界兒童人權日」，在聯合國的「兒童權利公約」中規定兒童應擁有：受撫育權、父母保護權、家庭成長權、優先受救助權、遊戲權等多項權利。台灣兒童權利雖然漸受重視，但不少弱勢家庭兒童無法享受應有的權利、無法獲得基本的人身安全。此外，台灣社會虐待兒童的情況十分嚴重，雖然政府推出各種措施，但是似乎很難得到保護兒童的效果。

根據政府統計資料顯示，台灣從2004年通報虐待的兒童計有7,837人，2011年時增加為17,667人，8年增加2.3倍，虐待兒童犯罪情況明顯惡化。2011年的統計顯示，0到6歲無自我保護能力的嬰幼兒受虐佔21.6％，受虐致死件數為56件，相當於每一星期就有一名兒童死於虐待。政府雖然設有「家庭暴力防治網」，然而從實務來看，這樣的設計仍然存在著許多漏洞，政府部門都是在一樁又一樁更為殘酷的虐待嬰幼兒童導致死亡後，引起民間憤怒後才一次又一次的宣示要「補破網」，政府的預防政策始終不能收到令人滿意的效果；強力宣傳的防治電話113專線也被高度質疑沒有效果。

二、保護母性

（一）保護女性勞工妊娠

勞動基準法第30-1條規定，中央主管機關指定之行業，雇主經工會同意，如事業單位無工會者，經勞資會議同意後，其工作時間得依下列原則變更：

1. 4週內正常工作時數分配於其他工作日之時數，每日不得超過2小時。
2. 當日正常工時達10小時者，其延長之工作時間不得超過2小時。
3. 於2週內至少有2日之休息，作為例假，不受第36條之限制。
4. 女性勞工，除妊娠或哺乳期間者外，於夜間工作，不受第49條第1項之限制。但雇主應提供必要之安全衛生設施。

（二）女性勞工哺乳時間視為工作時間

勞動基準法第52條：子女未滿1歲須女工親自哺乳者，於第35條規定之休息時間外，雇主應每日另給哺乳時間2次，每次以30分鐘為度。前項哺乳時間，視為工作時間。

性別工作平等法第18條：子女未滿1歲須受僱者親自哺乳者，除規定之休息時間外，雇主應每日另給哺乳時間2次，每次以30分鐘為度。前項哺乳時間，視為工作時間。

第二十一項、衛生保健事業及公醫制度

第一百五十七條

國家為增進民族健康，應普遍推行衛生保健事業及公醫制度。

行政院衛生署職掌

行政院衛生署國民健康局組織條例第2條：行政院衛生署國民健康局受行政院衛生署之指揮、監督，掌理下列事項：

1. 國民健康政策之制訂及法規研擬事項。
2. 社區國民健康之規劃及推動事項。
3. 國民營養之規劃及推動事項。
4. 癌症防治之規劃及推動事項。
5. 婦幼健康、優生保健之規劃及推動事項。
6. 兒童、青少年保健之規劃及推動事項。
7. 中老年人保健之規劃及推動事項。
8. 特殊傷病防治之規劃及推動事項。
9. 地方衛生單位執行本局主管事務之督導及考核事項。
10. 國民健康業務之國際合作及交流事項。
11. 其他有關國民健康促進事項。

第二十二項、教育文化發展

第一百五十八條

教育文化，應發展國民之民族精神、自治精神、國民道德、健全體格、科學及生活智能。

一、國民教育課程目標

國民教育法第7條：國民小學及國民中學之課程，應以民族精神教育及國民生活教育為中心，學生身心健全發展為目標，並注重其連貫性。

二、社會教育之任務

社會教育法第2條：社會教育之任務如左：

1. 發揚民族精神及國民道德。

2. 推行文化建設及心理建設。

3. 訓練公民自治及四權行使。

4. 普及科技智能及國防常識。

5. 培養禮樂風尚及藝術興趣。

6. 保護歷史文物及名勝古蹟。

7. 輔導家庭教育及親職教育。

8. 加強國語教育，增進語文能力。

9. 提高生活智能，實施技藝訓練。

10.推廣法令知識，培養守法習慣。

11.輔助社團活動，改善社會風氣。

12.推展體育活動，養成衛生習慣。

13.改進通俗讀物，推行休閒栝動。

14.改善人際關係，促進社會和諧。

15.其他有關社會教育事項。

第二十三項、教育機會平等

第一百五十九條

國民受教育之機會，一律平等。

一、國民教育之宗旨

國民教育法第1條規定：「國民教育依中華民國憲法第158條之規定，以養成德、智、體、群、美五育均衡發展之健全國民為宗旨」。

二、國民教育之特性

（一）基本性

就基本性而言，教育基本法確立：「人民無分性別、年齡、能力、地域、宗教信仰、政治理念、社經地位及其他條件，接受教育之機會一律平等」。

（二）義務性

就義務性而言，憲法第21條規定：「人民有受國民教育之權利與義務」，憲法明定接受國民教育為人民之義務。

（三）強迫性

就強迫性而言，國民教育法第2條規定：凡6歲至15歲之國民，應受國民教育；已逾齡未受國民教育之國民，應受國民補習教育。6歲至15歲國民之強迫入學，另以法律定之。

第二十四項、免納學費

> **第一百六十條**
>
> 六歲至十二歲之學齡兒童，一律受基本教育，免納學費。其貧苦者，由政府供給書籍。已逾學齡未受基本教育之國民，一律受補習教育，免納學費，其書籍亦由政府供給。

一、國民教育學齡與階段

6歲至15歲為受國民教育之學齡，採強迫入學。另，國民教育法第3條規定，國民教育分為2階段。前6年為國民小學教育；後3年為國民中

學教育。對於資賦優異之國民小學學生，得縮短其修業年限，但以1年為限。

國民補習教育，由國民小學及國民中學附設國民補習學校實施；其辦法另定之。

二、鼓勵私人興辦國民教育

第4條：國民教育，以由政府辦理為原則，並鼓勵私人興辦。

公立國民小學及國民中學，由直轄市或縣（市）政府依據人口、交通、社區、文化環境、行政區域及學校分布情形，劃分學區，分區設置；其學區劃分原則及分發入學規定，由直轄市、縣（市）政府定之。前項國民小學及國民中學，得委由私人辦理，其辦法，由直轄市或縣（市）政府定之。

三、國民教育得辦理實驗教育

第4條（後段）：為保障學生學習權及家長教育選擇權，國民教育階段得辦理非學校型態實驗教育，其實驗內容、期程、範圍、申請條件與程序及其他相關事項之準則，由教育部會商直轄市、縣（市）政府後定之。補習及進修教育法所定之短期補習教育，不得視為前項非學校型態之實驗教育。

四、應通知6歲齡兒童入學

第6條：6歲之學齡兒童，由戶政機關調查造冊，送經直轄市、縣（市）政府按學區分發，並由鄉、鎮（市）、區公所通知其入國民小學。國民小學當年度畢業生，由直轄市、縣（市）政府按學區分發入國民中學。

五、國小、國中學籍資料永久保存

　　第6條（後段）：國民小學及國民中學學生學籍資料，應以書面或電子方式切實記錄，永久保存並依法使用；其學籍管理辦法，由直轄市、縣（市）政府定之。

第二十五項、廣設獎學金名額

> ### 第一百六十一條
> 　　各級政府應廣設獎學金名額，以扶助學行俱優無力升學之學生。

一、協助學生就讀大學

　　大學法第35條：大學向學生收取費用之項目、用途及數額，不得逾教育部之規定。政府為協助學生就讀大學，應辦理學生就學貸款；貸款項目包括學雜費、實習費、書籍費、住宿費、生活費、學生團體保險費及海外研修費等相關費用；其貸款條件、額度、權利義務及其他應遵行事項之辦法，由教育部定之。

二、協助義務教育學生

　　國民教育法第5條：國民小學及國民中學學生免納學費；貧苦者，由政府供給書籍，並免繳其他法令規定之費用。

　　國民中學另設獎、助學金，獎助優秀、清寒學生。

　　國民小學及國民中學雜費及各項代收代辦費之收支辦法，由直轄市、縣（市）政府定之。

看新聞學憲法

學貸壓力大，「窮忙青年」35歲前薪水都還債

「年輕人在35歲以前一定得做的事，就是還債」？

3名目前讀碩、博士班的學生昨日現身說法，她們各自背負數10萬就學貸款，薪水扣掉生活費，全部用來還債，呼籲政府正視「青年貧窮化」問題，別讓年輕人在低薪世代愈忙愈窮。

「以前我很活潑，現在每天爆肝」，輔仁大學研究生宋○從大學申請學貸，畢業後為付房租及還貸款，做過各種工作，但薪水頂多兩萬多。今年暑假為籌學費，兼職3份工作，還選了時薪高的酒促。宋○感嘆，在低薪時代扣掉學貸負債，生活費所剩無幾，根本無法儲蓄。「這是結構性問題，年輕人不斷工作，卻是窮忙」！

剛考取東海大學博士班的周○，從大學讀到研究所背負近60萬元學貸，每月得還8千元，靠打工及擔任研究助理支應。龐大的經濟壓力讓她猶豫是否該繼續升學。她諷刺地說，「我很願意配合政府生育政策結婚、生子，但等我還完學貸已是高齡產婦」。

東吳大學研究所人權學程學生李○感嘆，她有學貸60萬元，加上兩個妹妹的學貸，全家負債已超過百萬元，實在讓人無力（朱芳瑤、黃雅苓，2010年8月26日）。

第二十六項、國家監督教育文化機關

第一百六十二條

全國公私立之教育文化機關，依法律受國家之監督。

一、私立學校人事

私立學校法第41條：私立學校置校長1人，由學校法人遴選符合法律規定之資格者，依各該法律規定聘任之。

學校法人之董事長、董事、監察人之配偶及其直系血親，不得擔任校長。校長依法令及學校章則綜理校務，執行學校法人董事會之決議，受其監督、考核，並於職務範圍內，對外代表學校。

校長應專任，除擔任本校教課外，不得擔任校外專職。

第51條：學校法人及所設私立學校應建立內部控制制度，對人事、財務、學校營運等實施自我監督。

二、私立學校校產

第45條：學校法人及所設私立學校校產、基金之管理使用，受法人或學校主管機關之監督，基金及經費不得寄託或借貸與董事、監察人及其他個人或非金融事業機構。

學校法人所設各私立學校之財務、人事及財產，各自獨立；其先後或同時申請2所以上學校立案者，設校基金及設校所需經費應分別籌措及備足，由學校法人於學校立案前，設立專戶儲存，非依本法規定，不得互相流用。

前項設校基金，其動支須經學校主管機關核准。

三、私立學校得經營事業

第50條：學校法人所設私立學校為增進教學效果，並充實學校財源，於訂定章則報經學校主管機關及目的事業主管機關核准後，得設立與教學、實習、實驗、研究、推廣相關之附屬機構；其以投資方式、依法接受政府機關、民營企業或私人委託、合作經營或其他法定方式，辦理與教學、實習、實驗、研究、推廣相關事業者，亦同。

前項附屬機構或相關事業之財務，應與學校之財務嚴格劃分，其盈餘應用於改善師資、充實設備及撥充學校基金，除法令另有規定或學校主管機關核准者外，不得以任何方式對特定之人給予特殊利益；停辦時所賸餘之財產，應歸屬於學校法人。附屬機構或相關事業，不得影響學校正常運作；其業務與財務仍應受學校法人之監督。

第二十七項、教育均衡發展與經費補助

> **第一百六十三條**
>
> 　　國家應注重各地區教育之均衡發展，並推行社會教育，以提高一般國民之文化水準，邊遠及貧瘠地區之教育文化經費，由國庫補助之。其重要之教育文化事業，得由中央辦理或補助之。

兼顧教育均衡發展

　　教育經費編列與管理法第5條：為兼顧各地區教育之均衡發展，各級政府對於偏遠及特殊地區教育經費之補助，應依據教育基本法之規定優先編列。

　　第7條：政府為促進公私立教育之均衡發展，應鼓勵私人興學，並給予適當之經費補助與獎勵。

第二十八項、教科文經費最低比例

　　憲法增修條文第10條（後段）：教育、科學、文化之經費，尤其國民教育之經費應優先編列，不受憲法第164條規定之限制。

　　換言之，本憲法164條規定之最低經費限制，已經取銷。

第一百六十四條（教科文經費最低比例）

　　教育、科學、文化之經費，在中央不得少於其預算總額百分之十五，在省不得少於其預算總額百分之二十五，在市縣不得少於其預算總額百分之三十五，其依法設置之教育文化基金及產業，應予以保障。

所謂「預算總額」，並不包括追加預算及特別預算

　　民國87年9月11日，司法院大法官釋字第463號，解釋要旨：

　　憲法第164條明確規範中央及地方之教育科學文化之預算，須達預算總額之一定比例，以確保國家及各地方自治團體對於人民之教育、科學與文化生活得有穩定而必要的公共支出，此係憲法重視教育科學文化發展所設之規定。本條所謂「預算總額」，並不包括追加預算及特別預算在內，業經本院釋字第77號及第231號解釋在案。政府就未來1年間之計畫所預期之收入及支出編列預算，以使國家機關正常運作，並規範國家之財政，原則上應制定單一之預算。惟為因應特殊緊急情況，有預算法第75條各款規定之情形時，行政院得於年度總預算外另提出特別預算，其審議依預算法第76條為之。至憲法第164條所稱教育科學文化經費之具體內容如何、平衡省市預算基金等項目，是否應計入預算總額發生之爭論，中華民國86年7月21日修正公布之憲法增修條文第10條第8項既規定：「教育、科學、文化之經費，尤其國民教育之經費應優先編列，不受憲法第164條規定之限制」。有關該等預算之數額、所佔比例、編列方式、歸屬範圍等問題，自應由立法者本其政治責任而為決定。是以與憲法第164條之所謂「預算總額」及教育、科學、文化等經費所佔中央、地方預算之比例等相關問題，已無再行解釋之必要。

第二十九項、保障教育、科學、藝術工作者之生活

第一百六十五條

國家應保障教育、科學、藝術工作者之生活，並依國民經濟之進展，隨時提高其待遇。

本憲法條文並未依法實施

我國目前並沒有憲法165條相對應的執行法律，也沒有實際施行；所謂「國家應保障教育、科學、藝術工作者之生活，並依國民經濟之進展，隨時提高其待遇」之規範，並未依據憲法實施。

第三十項、獎勵發明創造與保護文化古蹟

第一百六十六條

國家應獎勵科學之發明與創造，並保護有關歷史、文化、藝術之古蹟、古物。

一、保護專利發明

專利法第2條規定，本法所稱專利，分為下列三種：

1. 發明專利。

2. 新型專利。

3. 新式樣專利。

第3條：本法主管機關為經濟部。專利業務，由經濟部指定專責機關辦理。

第4條：外國人所屬之國家與中華民國如未共同參加保護專利之國際條約或無相互保護專利之條約、協定或由團體、機構互訂經主管機關核准保護專利之協議，或對中華民國國民申請專利，不予受理者，其專

利申請，得不予受理。

二、維護古蹟並保全環境

　　文化資產保存法第33條：為維護古蹟並保全其環境景觀，主管機關得會同有關機關擬具古蹟保存計畫後，依區域計畫法、都市計畫法或國家公園法等有關規定，編定、劃定或變更為古蹟保存用地或保存區、其他使用用地或分區，並依本法相關規定予以保存維護。前項古蹟保存用地或保存區、其他使用用地或分區，對於基地面積或基地內應保留空地之比率、容積率、基地內前後側院之深度、寬度、建築物之形貌、高度、色彩及有關交通、景觀等事項，得依實際情況為必要規定及採取獎勵措施。

　　主管機關於擬定古蹟保存區計畫過程中，應分階段舉辦說明會、公聽會及公開展覽，並應通知當地居民參與。

三、獎勵保護文化資產

　　文化資產獎勵補助辦法第2條規定，文化資產保存有下列情形之一者，得給予獎勵或補助：

1. 捐獻私有古蹟、遺址或其所定著之土地予政府。
2. 捐獻私有國寶、重要古物予政府。
3. 發見具古蹟價值之建造物、疑似遺址或具重要古物價值之無主古物，並即通報主管機關處理。
4. 維護文化資產具有績效。
5. 對闡揚文化資產保存有顯著貢獻。
6. 主動將私有古物申請登錄，並經中央主管機關依規定審查指定為國寶或重要古物。

文化資產獎勵補助辦法第3條規定，文化資產保存之獎勵方式如下：

1. 發給獎狀。

2. 發給獎座或獎牌。

3. 授予榮銜或其他榮譽。

4. 發給獎金。

5. 其他獎勵方式

第三十一項、獎助教育事業或個人

第一百六十七條

國家對於左列事業或個人，予以獎勵或補助：

一 國內私人經營之教育事業成績優良者。

二 僑居國外國民之教育事業成績優良者。

三 於學術或技術有發明者。

四 從事教育久於其職而成績優良者。

一、獎勵私人興學

教育基本法第7條：人民有依教育目的興學之自由；政府對於私人及民間團體興辦教育事業，應依法令提供必要之協助或經費補助，並依法進行財務監督。其著有貢獻者，應予獎勵。

政府為鼓勵私人興學，得將公立學校委託私人辦理；其辦法由該主管教育行政機關定之。

二、獎勵私立社會教育機構

（一）私立社會教育機構種類

私立社會教育機構設立及獎勵辦法第3條規定，私立社會教育機構種類如下：

1. 圖書館或圖書室。

2. 博物館或文物陳列室。

3. 科學館。

4. 藝術館。

5. 音樂廳。

6. 戲劇院。

7. 紀念館。

8. 體育場所。

9. 兒童及青少年育樂設施。

10.動物園。

11.其他社會教育機構。

第4條：私立社會教育機構之名稱，除應標明其種類外，得冠以私立2字。

（二）獎勵要件

第26條：私立社會教育機構立案2年以上，組織健全，具下列情形之一者，應獎勵之。

1. 辦理社會教育有績效卓著者。

2. 對教育、文化有特殊貢獻者。

3. 擴充或增置設備，對社會教育確有貢獻者。

（三）獎勵方式

第27條：私立社會教育機構之獎勵，由主管教育行政機關為之。其獎勵方式如下：

1. 發給匾額、獎詞或獎狀。

2. 發給圖書、文物或器材。

3. 發給充實設備之獎助金。

第三十二項、保障邊疆民族地位

第一百六十八條

國家對於邊疆地區各民族之地位，應予以合法之保障，並於其地方自治事業，特別予以扶植。

保障邊疆民族地位

蒙藏委員會組織法第2條規定，蒙藏委員會，掌理事務如左：

1. 關於蒙古、西藏之行政事項。
2. 關於蒙古、西藏之各種興革事項。

第三十三項、保障發展邊疆民族社會與生活

第一百六十九條

國家對於邊疆地區各民族之教育、文化、交通、水利、衛生及其他經濟、社會事業，應積極舉辦，並扶助其發展，對於土地使用，應依其氣候、土壤性質，及人民生活習慣之所宜，予以保障及發展。

一、扶助邊疆民族教育

教育部組織法第4條第7項規定教育部設邊疆教育司。

第13條規定邊疆教育司掌理左列事項：

1. 關於地方各級邊疆教育計畫及考核事項。
2. 關於部轄各級邊疆學校之管理及考核事項。
3. 關於邊地青年入學之獎勵及指導事項。
4. 關於邊疆教育人才之儲備及訓練事項。
5. 關於邊疆教育之調查及研究事項。

6. 關於其他邊疆教育事項。

二、保障邊疆土地使用

　　國有財產法第6條規定，國家為保障邊疆各民族之土地使用，得視地方實際情況，保留國有土地及其定著物；其管理辦法由行政院定之。

第二節、憲法變遷與現況

憲法增修條文第十條（與基本國策有關的憲法增修）

　　國家應獎勵科學技術發展及投資，促進產業升級，推動農漁業現代化，重視水資源之開發利用，加強國際經濟合作。

　　經濟及科學技術發展，應與環境及生態保護兼籌並顧。

　　國家對於人民興辦之中小型經濟事業，應扶助並保護其生存與發展。

　　國家對於公營金融機構之管理，應本企業化經營之原則；其管理、人事、預算、決算及審計，得以法律為特別之規定。

　　國家應推行全民健康保險，並促進現代和傳統醫藥之研究發展。

　　國家應維護婦女之人格尊嚴，保障婦女之人身安全，消除性別歧視，促進兩性地位之實質平等。

　　國家對於身心障礙者之保險與就醫、無障礙環境之建構、教育訓練與就業輔導及生活維護與救助，應予保障，並扶助其自立與發展。

　　國家應重視社會救助、福利服務、國民就業、社會保險及醫療保健等社會福利工作，對於社會救助和國民就業等救濟性支出應優

先編列。

　　國家應尊重軍人對社會之貢獻，並對其退役後之就學、就業、就醫、就養予以保障。

　　教育、科學、文化之經費，尤其國民教育之經費應優先編列，不受憲法第一百六十四條規定之限制。

　　國家肯定多元文化，並積極維護發展原住民族語言及文化。

　　國家應依民族意願，保障原住民族之地位及政治參與，並對其教育文化、交通水利、衛生醫療、經濟土地及社會福利事業予以保障扶助並促其發展，其辦法另以法律定之。對於澎湖、金門及馬祖地區人民亦同。

　　國家對於僑居國外國民之政治參與，應予保障。

第一項、獎勵科學及各種產業

一、獎勵科學技術

　　科學技術基本法第14條規定，為促進科學技術之研究、發展及應用，政府應就下列事項，採取必要措施，以改善科學技術人員之工作條件，並健全科學技術研究之環境：

　　1. 培訓科學技術人員。

　　2. 促進科學技術人員之進用及交流。

　　3. 充實科學技術研究機構。

　　4. 鼓勵科學技術人員創業。

　　5. 獎勵、支助及推廣科學技術之研究。

　　第15條：政府對於其所進用且從事稀少性、危險性、重點研究項目或於特殊環境工作之科學技術人員，應優予待遇、提供保險或採取其他必要措施。對於從事科學技術研究著有功績之科學技術人員，應給予必

要獎勵，以表彰其貢獻。

二、促進產業升級、產業創新條例

促進產業升級條例於民國79年12月29日公布實施，民國99年5月12日廢止；並由產業創新條例取代。

產業創新條例於民國99年5月12日公布實施，全文72條。其中第10條施行期間自99年1月1日起至108年12月31日止。

產業創新條例第1條規定，為促進產業創新，改善產業環境，提升產業競爭力，特制定本條例。本條例所稱產業，指農業、工業及服務業等各行業。

第2條規定，本條例用詞，定義如下：

1. 公司：指依公司法設立之公司。
2. 企業：指依法登記之獨資、合夥事業、公司或農民團體。
3. 無形資產：指無實際形體、可明辨內容、具經濟價值及可直接支配排除他人干涉之資產。

產業創新條例第8條規定，本條例公布後1年內，行政院應就國內外經濟情勢對我國產業發展之影響，進行通盤性產業調查及評估分析，並提出產業扶助計畫。前項產業扶助計畫，應包含扶助艱困產業、瀕臨艱困產業、傳統產業及中小企業之特別輔導計畫。

三、農漁業現代化

（一）農會推廣農業現代化

農會法第1條：農會以保障農民權益，提高農民知識技能，促進農業現代化，增加生產收益，改善農民生活，發展農村經濟為宗旨。

第2條：農會為法人。

第3條：農會之主管機關：在中央為行政院農業委員會；在直轄市

為直轄市政府；在縣（市）為縣（市）政府。但其目的事業應受各該事業之主管機關指導、監督。

（二）漁會推廣漁業現代化

漁會法第1條：漁會以保障漁民權益，提高漁民知識、技能，增加漁民生產收益，改善漁民生活，促進漁業現代化，並謀其發展為宗旨。

第2條：漁會為法人。

第3條：漁會之主管機關：在中央為行政院農業委員會；在直轄市為直轄市政府；在縣（市）為縣（市）政府。但其目的事業，應受各該事業之主管機關指導、監督。

四、水資源保護

水土保持法第3條規定本法專用名詞定義如下：

1. 水土保持之處理與維護：係指應用工程、農藝或植生方法，以保育水土資源、維護自然生態景觀及防治沖蝕、崩塌、地滑、土石流等災害之措施。

2. 水土保持計畫：係指為實施水土保持之處理與維護所訂之計畫。

3. 山坡地：係指國有林事業區、試驗用林地、保安林地，及經中央或直轄市主管機關參照自然形勢、行政區域或保育、利用之需要，就合於下列情形之一者劃定範圍，報請行政院核定公告之公、私有土地：

   (1)標高在100公尺以上者。

   (2)標高未滿100公尺，而其平均坡度在5％以上者。

4. 集水區：係指溪流一定地點以上天然排水所匯集地區。

5. 特定水土保持區：係指經中央或直轄市主管機關劃定亟需加強實施水土保持之處理與維護之地區。

6. 水庫集水區：係指水庫大壩（含離槽水庫引水口）全流域稜線以

內所涵蓋之地區。

7. 保護帶：係指特定水土保持區內應依法定林木造林或維持自然林木或植生覆蓋而不宜農耕之土地。

8. 保安林：係指森林法所稱之保安林。

五、促進國際經濟合作

財團法人國際合作發展基金會投資處理辦法第2條規定，國際合作發展基金會應以下列目的進行投資：

1. 協助友好或開發中國家發展策略產業，促進技術升級，加速經濟發展。

2協助友好或開發中國家發展中小企業，強化私人部門發展，創造就業機會。

3. 協助友好或開發中國家發展農、漁、牧業，以達到糧食自給自足之目標。

4. 其他有助於國際經濟合作發展或促進國際友好關係事項。

前項第一款至第三款所定友好或開發中國家如下：

1. 與我國有正式外交關係之國家。

2. 有意與我國共謀經濟發展及提昇雙邊經貿實質關係，而無正式外交關係之國家。

第二項、發展與生態兼籌並顧

一、推動環境保護追求永續發展

環境基本法第2條：本法所稱環境，係指影響人類生存與發展之各種天然資源及經過人為影響之自然因素總稱，包括陽光、空氣、水、土壤、陸地、礦產、森林、野生生物、景觀及遊憩、社會經濟、文化、人文史蹟、自然遺蹟及自然生態系統等。永續發展係指做到滿足當代需

求，同時不損及後代滿足其需要之發展。

第3條：基於國家長期利益，經濟、科技及社會發展均應兼顧環境保護。但經濟、科技及社會發展對環境有嚴重不良影響或有危害之虞者，應環境保護優先。

第4條：國民、事業及各級政府應共負環境保護之義務與責任。環境污染者、破壞者應對其所造成之環境危害或環境風險負責。前項污染者、破壞者不存在或無法確知時，應由政府負責。

第5條：國民應秉持環境保護理念，減輕因日常生活造成之環境負荷。消費行為上，以綠色消費為原則；日常生活上，應進行廢棄物減量、分類及回收。國民應主動進行環境保護，並負有協助政府實施環境保護相關措施之責任。

二、推動環境教育

環境教育法第1條：為推動環境教育，促進國民瞭解個人及社會與環境的相互依存關係，增進全民環境倫理與責任，進而維護環境生態平衡、尊重生命、促進社會正義，培養環境公民與環境學習社群，以達到永續發展，特制定本法。

（一）環境教育相關定義

環境教育法第3條規定，本法用詞，定義如下：

1. 環境教育：指運用教育方法，培育國民瞭解與環境之倫理關係，增進國民保護環境之知識、技能、態度及價值觀，促使國民重視環境，採取行動，以達永續發展之公民教育過程。

2. 環境教育機構：指經中央主管機關認證，辦理環境教育人員訓練或環境講習之機關（構）、學校、事業或團體。

3. 環境保護法律及自治條例：

   1. 指中央主管機關主管與環境保護相關之法律。

2. 直轄市、縣（市）主管機關就其自治事項或依法律或上級法規之授權制定與環境保護相關之自治條例。

（二）環境教育之對象

環境教育法第4條：環境教育之對象為全體國民、各類團體、事業、政府機關（構）及學校。

第三項、扶助中小企業

一、促進中小企業發展

（一）輔導或獎勵事項

中小企業發展條例第4條規定，主管機關為達成本條例目的，應就左列事項，採取適當之輔導或獎勵措施：

1. 市場之調查及開發。
2. 經營合理化之促進。
3. 相互合作之推動。
4. 生產因素及技術之取得與確保。
5. 人才之培育。
6. 其他有關中小企業之創辦或健全發展之事項。

主管機關研擬前項政策、法規、措施時，除應促進小規模企業經營之改善與發展外，在金融、稅制及其他有關方面，不得有不公平之待遇。

（二）輔導中小企業調查或開發市場

第5條：主管機關為輔導中小企業調查或開發市場，應對中小企業提供資訊服務、建立自有品牌、佈置行銷管道或開發市場有關之指導及協助，作為輔導重點。

（三）輔導合理化經營

第6條規定，主管機關為促進中小企業經營之合理化，應以左列事項為輔導重點：

1. 研究發展及新產品之開發。
2. 設備之更新及生產技術之改良。
3. 經營管理方法之改進。
4. 市場之開拓及資訊之獲得。
5. 行業之轉換與調整。
6. 經營要素及技術之取得。

二、中小企業認定標準

中小企業認定標準第2條規定，本標準所稱中小企業，指依法辦理公司登記或商業登記，並合於下列基準之事業：

1. 製造業、營造業、礦業及土石採取業實收資本額在新臺幣8千萬元以下者。
2. 除前款規定外之其他行業前一年營業額在新臺幣1億元以下者。

各機關基於輔導業務之性質，就該特定業務事項，得以下列經常僱用員工數為中小企業認定基準，不受前項規定之限制：

1. 製造業、營造業、礦業及土石採取業經常僱用員工數未滿200人者。
2. 除前款規定外之其他行業經常僱用員工數未滿100人者。

第3條：本條例所稱小規模企業，係指中小企業中，經常僱用員工數未滿5人之事業。

第四項、公營金融機構管理

行政院金融監督管理委員會組織法第1條：行政院為健全金融機構

業務經營，維持金融穩定及促進金融市場發展，特設金融監督管理委員會。

　　第2條：本會主管金融市場及金融服務業之發展、監督、管理及檢查業務。前項所稱金融市場包括銀行市場、票券市場、證券市場、期貨及金融衍生商品市場、保險市場及其清算系統等；所稱金融服務業包括金融控股公司、金融重建基金、中央存款保險公司、銀行業、證券業、期貨業、保險業、電子金融交易業及其他金融服務業；但金融支付系統，由中央銀行主管。

第五項、全民健康保險制度之實施

一、主管機關與保險人

　　全民健康保險法第4條規定，「本保險之主管機關為行政院衛生署」。

　　第7條：「本保險以行政院衛生署中央健康保險局為保險人，辦理保險業務」。

二、全民健康保險對象及類別

　　第8條：具有中華民國國籍，符合下列各款資格之一者，應參加本保險為保險對象：

1. 最近二年內曾有參加本保險紀錄且在臺灣地區設有戶籍，或參加本保險前六個月繼續在臺灣地區設有戶籍。
2. 參加本保險時已在臺灣地區設有戶籍之下列人員：
   (1)政府機關、公私立學校專任有給人員或公職人員。
   (2)公民營事業、機構之受僱者。
   (3)前二目被保險人以外有一定雇主之受僱者。
   (4)在臺灣地區出生之新生嬰兒。

(5)因公派駐國外之政府機關人員與其配偶及子女

第9條：除前條規定者外，在臺灣地區領有居留證明文件，並符合下列各款資格之一者，亦應參加本保險為保險對象：

1. 在臺居留滿六個月。

2. 有一定雇主之受僱者。

第10條規定，被保險人分為下列6類：

1. 第一類：

(1)政府機關、公私立學校之專任有給人員或公職人員。

(2)公、民營事業、機構之受僱者。

(3)前二目被保險人以外有一定雇主之受僱者。

(4)雇主或自營業主。

(5)專門職業及技術人員自行執業者。

2. 第二類：

(1)無一定雇主或自營作業而參加職業工會者。

(2)參加海員總工會或船長公會為會員之外僱船員。

3. 第三類：

(1)農會及水利會會員，或年滿十五歲以上實際從事農業工作者。

(2)無一定雇主或自營作業而參加漁會為甲類會員，或年滿十五歲以上實際從事漁業工作者。

4. 第四類：

(1)應服役期及應召在營期間逾二個月之受徵集及召集在營服兵役義務者、國軍軍事學校軍費學生、經國防部認定之無依軍眷及在領卹期間之軍人遺族。

(2)服替代役期間之役齡男子。

(3)在矯正機關接受刑之執行或接受保安處分、管訓處分之執行者。但其應執行之期間，在二個月以下或接受保護管束處分之執行者，不在此限。

5. 第五類：合於社會救助法規定之低收入戶成員。
6. 第六類：

　(1)榮民、榮民遺眷之家戶代表。

　(2)第一款至第五款及本款前目被保險人及其眷屬以外之家戶戶長或代表。

三、健保卡

全民健康保險法第16條：保險人得製發具電子資料處理功能之全民健康保險憑證（以下稱健保卡），以存取及傳送保險對象資料。但不得存放非供醫療使用目的及與保險對象接受本保險醫療服務無關之內容。前項健保卡之換發及補發，保險人得酌收工本費；其製發、換發、補發、得存取及傳送之資料內容與其運用、使用管理及其他有關事項之辦法，由保險人擬訂，報主管機關核定發布。

四、保險費按月繳納

全民健康保險法第30條規定，本保險保險費依下列規定，按月繳納：

1. 第一類被保險人應自付之保險費，由投保單位負責扣、收繳，並須於次月底前，連同投保單位應負擔部分，一併向保險人繳納。

2. 第二類、第三類及第六類被保險人應自付之保險費，按月向其投保單位繳納，投保單位應於次月底前，負責彙繳保險人。

3. 第五類被保險人之保險費，由應補助保險費之中央社政主管機關，於當月5日前撥付保險人。

4. 第一類至第四類及第六類保險對象之保險費，應由各機關補助部分，每半年一次於1月底及7月底前預撥保險人，於年底時結算。

前項保險費，應於被保險人投保當月繳納全月保險費，退保當月免繳保險費。

五、二代健保補充保費

原健保費收取制度係以經常性薪資為健保費計算基礎，經常性薪資以外之所得並未計繳健保費，二代健保因此針對計繳健保費以外之所得計收補充保險費。依據民國101年10月30日公布，於民國102年起實施的「全民健康保險扣取及繳納補充保險費辦法」規定，新增加的應繳項目包括：

1. 所屬投保單位給付全年累計超過當月投保金額4倍部分之獎金。
2. 非所屬投保單位給付之薪資所得。但不含第二類被保險人之薪資所得。
3. 執行業務收入。但不含以執行業務所得為投保金額者。
4. 股利所得。但不含已列入投保金額計算保險費部分。
5. 利息所得。
6. 租金收入。

六、免除自行負擔費用對象

全民健康保險法第48條規定，保險對象有下列情形之一者免自行負擔費用：

1. 重大傷病。
2. 分娩。
3. 山地離島地區之就醫。

七、全民健康保險法釋憲

（一）全民健康保險法係中央立法並執行之，惟中央與地方皆具推行義務

民國91年10月4日，司法院大法官釋字第550號，解釋要旨：

國家為謀社會福利，應實施社會保險制度；國家為增進民族健康，應普遍推行衛生保健事業及公醫制度，憲法第155條、第157條分別定有明文。國家應推行全民健康保險，重視社會救助、福利服務、社會保險及醫療保健等社會福利工作，復為憲法增修條文第10條第5項、第8項所明定。國家推行全民健康保險之義務，係兼指中央與地方而言。又依憲法規定各地方自治團體有辦理衛生、慈善公益事項等照顧其行政區域內居民生活之義務，亦得經由全民健康保險之實施，而獲得部分實現。全民健康保險法，係中央立法並執行之事項。有關執行全民健康保險制度之行政經費，固應由中央負擔，本案爭執之同法第27條責由地方自治團體補助之保險費，非指實施全民健康保險法之執行費用，而係指保險對象獲取保障之對價，除由雇主負擔及中央補助部分保險費外，地方政府予以補助，符合憲法首開規定意旨。

（二）全民健康保險為強制性之社會保險，有法律保留原則之適用

民國90年4月20日，司法院大法官釋字第524號，解釋要旨：

全民健康保險為強制性之社會保險，攸關全體國民之福祉至鉅，故對於因保險所生之權利義務應有明確之規範，並有法律保留原則之適用。若法律就保險關係之內容授權以命令為補充規定者，其授權應具體明確，且須為被保險人所能預見。又法律授權主管機關依一定程序訂定法規命令以補充法律規定不足者，該機關即應予以遵守，不得捨法規命令不用，而發布規範行政體系內部事項之行政規則為之替代。倘法律並無轉委任之授權，該機關即不得委由其所屬機關逕行發布相關規章。

第六項、身心障礙者之保障

一、立法保障身心障礙者權益

身心障礙者權益保障法第1條：為維護身心障礙者之權益，保障其平等參與社會、政治、經濟、文化等之機會，促進其自立及發展，特制定本法。

二、主管機關及各目的事業主管機關權責劃分

身心障礙者權益保障法第2條：本法所稱主管機關：在中央為內政部；在直轄市為直轄市政府；在縣（市）為縣（市）政府。本法所定事項，涉及各目的事業主管機關職掌者，由各目的事業主管機關辦理。前二項主管機關及各目的事業主管機關權責劃分如下：

1. 主管機關：身心障礙者人格維護、經濟安全、照顧支持與獨立生活機會等相關權益之規劃、推動及監督等事項。
2. 衛生主管機關：身心障礙者之鑑定、保健醫療、醫療復健與輔具研發等相關權益之規劃、推動及監督等事項。
3. 教育主管機關：身心障礙者教育權益維護、教育資源與設施均衡配置等相關權益之規劃、推動及監督等事項。
4. 勞工主管機關：身心障礙者之職業重建、就業促進與保障、勞動權益與職場安全衛生等相關權益之規劃、推動及監督等事項。
5. 建設、工務、住宅主管機關：身心障礙者住宅、公共建築物、公共設施之總體規劃與無障礙生活環境等相關權益之規劃、推動及監督等事項。
6. 交通主管機關：身心障礙者生活通信、大眾運輸工具、交通設施與公共停車場等相關權益之規劃、推動及監督等事項。
7. 財政主管機關：身心障礙者與身心障礙福利機構稅捐之減免等相

關權益之規劃、推動及監督等事項。

8. 金融主管機關：金融機構對身心障礙者提供金融、商業保險、財產信託等服務之規劃、推動及監督等事項。

9. 法務主管機關：身心障礙者犯罪被害人保護、受刑人更生保護與收容環境改善等相關權益之規劃、推動及監督等事項。

10. 警政主管機關：身心障礙者人身安全保護與失蹤身心障礙者協尋之規劃、推動及監督等事項。

11. 體育主管機關：身心障礙者體育活動與運動輔具之規劃、推動及監督等事項。

12. 文化主管機關：身心障礙者精神生活之充實與藝文活動參與之規劃、推動及監督等事項。

13. 採購法規主管機關：政府採購法有關採購身心障礙者之非營利產品與勞務之規劃、推動及監督等事項。

14. 通訊傳播主管機關：主管身心障礙者無障礙資訊和通訊技術及系統、通訊傳播傳輸內容無歧視等相關事宜之規劃、推動及監督等事項。

15. 其他身心障礙權益保障措施：由各相關目的事業主管機關依職權規劃辦理。

三、身心障礙者之定義

身心障礙者權益保障法第5條規定，本法所稱身心障礙者，指下列各款身體系統構造或功能，有損傷或不全導致顯著偏離或喪失，影響其活動與參與社會生活，經醫事、社會工作、特殊教育與職業輔導評量等相關專業人員組成之專業團隊鑑定及評估，領有身心障礙證明者：

1. 神經系統構造及精神、心智功能。
2. 眼、耳及相關構造與感官功能及疼痛。
3. 涉及聲音與言語構造及其功能。

4. 循環、造血、免疫與呼吸系統構造及其功能。

5. 消化、新陳代謝與內分泌系統相關構造及其功能。

6. 泌尿與生殖系統相關構造及其功能。

7. 神經、肌肉、骨骼之移動相關構造及其功能。

8. 皮膚與相關構造及其功能。

第七項、社會救助與國民就業

一、立法推動社會救助

社會救助法第1條明定，為照顧低收入及救助遭受急難或災害者，並協助其自立，特制定本法。

（一）社會救助的類別

第2條：本法所稱社會救助，分生活扶助、醫療補助、急難救助及災害救助。

第3條：本法所稱主管機關：在中央為內政部；在直轄市為直轄市政府；在縣（市）為縣（市）政府。

（二）低收入戶的界定

社會救助法第4條：本法所稱低收入戶，指經申請戶籍所在地直轄市、縣（市）主管機關審核認定，符合家庭總收入平均分配全家人口，每人每月在最低生活費以下，且家庭財產未超過中央、直轄市主管機關公告之當年度一定金額者。前項所稱最低生活費，由中央、直轄市主管機關參照中央主計機關所公布當地區最近1年平均每人消費支出60％定之，並至少每3年檢討一次；直轄市主管機關並應報中央主管機關備查。

（三）有工作能力者界定

社會救助法第5-3條規定，本法所稱有工作能力，指16歲以上，未滿65歲，而無下列情事之一者：

1. 25歲以下仍在國內就讀空中大學、高級中等以上進修學校、在職班、學分班、僅於夜間或假日上課、遠距教學以外學校，致不能工作者。
2. 身心障礙致不能工作。
3. 罹患嚴重傷、病，必須3個月以上之治療或療養致不能工作。
4. 獨自照顧特定身心障礙或罹患特定病症且不能自理生活之共同生活或受扶養親屬，致不能工作。
5. 獨自扶養6歲以下之直系血親卑親屬致不能工作。
6. 婦女懷胎6個月以上至分娩後2個月內，致不能工作。
7. 受監護宣告。

二、急難救助

社會救助法第21條規定具有下列情形之一者，得檢同有關證明，向戶籍所在地主管機關申請急難救助：

1. 戶內人口死亡無力殮葬。
2. 戶內人口遭受意外傷害或罹患重病，致生活陷於困境。
3. 負家庭主要生計責任者，失業、失蹤、應徵集召集入營服兵役或替代役現役、入獄服刑、因案羈押、依法拘禁或其他原因，無法工作致生活陷於困境。
4. 財產或存款帳戶因遭強制執行、凍結或其他原因未能及時運用，致生活陷於困境。
5. 其他因遭遇重大變故，致生活陷於困境，經直轄市、縣（市)主管機關訪視評估，認定確有救助需要。

社會救助法第22條：流落外地，缺乏車資返鄉者，當地主管機關得依其申請酌予救助。

第八項、尊重軍人

一、退輔會輔導榮民就業、就醫、就學、就養

行政院國軍退除役官兵輔導委員會組織條例第1條：為統籌國軍退除役官兵輔導事宜，特設國軍退除役官兵輔導委員會，直隸行政院。

第2條規定，本會掌理左列事項：

1. 關於退除役官兵就業事項。
2. 關於退除役官兵保健、醫療事項。
3. 關於退除役官兵職業訓練及就學輔導事項。
4. 關於退除役官兵法定權益及優待事項。
5. 關於退除役官兵調查、檢定、調配事項。
6. 關於退除役官兵養老、救助事項。
7. 關於退除役官兵生活指導與管理事項。
8. 其他有關退除役官兵輔導事項。

二、榮民身分的認定

1. 榮民：「榮譽國民」之通稱，法定名稱為「退除役官兵」。
2. 散居榮民：現有榮民中，未安置在退輔會各單位就業、醫、養及就學之榮民。
3. 榮眷及遺眷：指現有榮民及亡故榮民之直系親屬，如配偶、子女及父母等。
4. 輔導對象：退輔會輔導對象，除榮民外，尚包括義士（民）及榮（遺）眷，輔導方式區分為安置及服務照顧。
5. 八二三參戰官兵：中華民國47年8月23日至同年10月6日直接參加

八二三臺海保衛戰役經國防部核認有案之作戰官兵。

第九項、教育科學文化經費

民國87年9月11日，司法院大法官釋字第463號，解釋要旨：

憲法第164條明確規範中央及地方之教育科學文化之預算，須達
預算總額之一定比例，以確保國家及各地方自治團體對於人民之
教育、科學與文化生活得有穩定而必要的公共支出，此係憲法重
視教育科學文化發展所設之規定。本條所謂「預算總額」，並不
包括追加預算及特別預算在內，業經本院釋字第77號及第231號
解釋在案。政府就未來一年間之計畫所預期之收入及支出編列預
算，以使國家機關正常運作，並規範國家之財政，原則上應制定
單一之預算。惟為因應特殊緊急情況，有預算法第75條各款規定
之情形時，行政院得於年度總預算外另提出特別預算，其審議依
預算法第76條為之。至憲法第164條所稱教育科學文化經費之具
體內容如何、平衡省市預算基金等項目，是否應計入預算總額發
生之爭論，中華民國86年7月21日修正公布之憲法增修條文第10
條第8項既規定：「教育、科學、文化之經費，尤其國民教育之
經費應優先編列，不受憲法第164條規定之限制」。有關該等預
算之數額、所佔比例、編列方式、歸屬範圍等問題，自應由立法
者本其政治責任而為決定。是以與憲法第164條之所謂「預算總
額」及教育、科學、文化等經費所佔中央、地方預算之比例等相
關問題，已無再行解釋之必要。

第十項、保障多元文化與原住民文化

一、列入文化資產的項目

文化資產保存法第3條規定，本法所稱文化資產，指具有歷史、文化、藝術、科學等價值，並經指定或登錄之下列資產：

1. 古蹟、歷史建築、聚落：指人類為生活需要所營建之具有歷史、文化價值之建造物及附屬設施群。
2. 遺址：指蘊藏過去人類生活所遺留具歷史文化意義之遺物、遺跡及其所定著之空間。
3. 文化景觀：指神話、傳說、事蹟、歷史事件、社群生活或儀式行為所定著之空間及相關連之環境。
4. 傳統藝術：指流傳於各族群與地方之傳統技藝與藝能，包括傳統工藝美術及表演藝術。
5. 民俗及有關文物：指與國民生活有關之傳統並有特殊文化意義之風俗、信仰、節慶及相關文物。
6. 古物：指各時代、各族群經人為加工具有文化意義之藝術作品、生活及儀禮器物及圖書文獻等。
7. 自然地景：指具保育自然價值之自然區域、地形、植物及礦物。

二、保障原住民族文化

原住民族基本法第2條規定本法用詞定義如下：

1. 原住民族：係指既存於臺灣而為國家管轄內之傳統民族，包括阿美族、泰雅族、排灣族、布農族、卑南族、魯凱族、鄒族、賽夏族、雅美族、邵族、噶瑪蘭族、太魯閣族及其他自認為原住民族並經中央原住民族主管機關報請行政院核定之民族。
2. 原住民：係指原住民族之個人。

3. 原住民族地區：係指原住民傳統居住，具有原住民族歷史淵源及文化特色，經中央原住民族主管機關報請行政院核定之地區。

4. 部落：係指原住民於原住民族地區一定區域內，依其傳統規範共同生活結合而成之團體，經中央原住民族主管機關核定者。

5. 原住民族土地：係指原住民族傳統領域土地及既有原住民保留地。

第10條：政府應保存與維護原住民族文化，並輔導文化產業及培育專業人才。

第12條：政府應保障原住民族傳播及媒體近用權，成立財團法人原住民族文化事業基金會，規劃辦理原住民族專屬及使用族語之傳播媒介與機構。

第十一項、離島建設

一、立法推動離島開發建設

離島建設條例第1條：為推動離島開發建設，健全產業發展，維護自然生態環境，保存文化特色，改善生活品質，增進居民福利，特制定本條例；本條例未規定者，適用其他法律之規定。

第2條：本條例所稱之離島，係指與臺灣本島隔離屬我國管轄之島嶼。

第3條：本條例所稱重大建設投資計畫，係指經中央主管機關認定之重要產業投資或交由民間機構辦理公共建設之計畫。

二、離島綜合建設四年計畫

離島建設條例第5條規定，縣（市）主管機關應依據縣（市）綜合發展計畫，擬訂4年1期之離島綜合建設實施方案，其內容如下：

1. 方案目標及實施範圍。

2. 實施策略。

3. 基礎建設。

4. 產業建設。

5. 教育建設。

6. 文化建設。

7. 交通建設。

8. 醫療建設。

9. 觀光建設。

10.警政建設。

11.社會福利建設。

12.天然災害防制及濫葬、濫墾、濫建之改善。

13.分年實施計畫及執行分工。

14.分年財務需求及經費來源。

15.其他。

第十二項、僑民參政權

公職人員選舉罷免法第3條第2項：全國不分區及僑居國外國民立法委員選舉，依政黨名單投票選出。

第24條（部份條文）：選舉人年滿23歲，得由依法設立之政黨登記為全國不分區及僑居國外國民立法委員選舉之全國不分區候選人。

僑居國外之中華民國國民年滿23歲，在國內未曾設有戶籍或已將戶籍遷出國外連續八年以上者，得由依法設立之政黨登記為全國不分區及僑居國外國民立法委員選舉之僑居國外國民候選人。

第三節、憲法通識

第一項、人民幣在台灣兌換

　　人民幣在臺灣地區管理及清算辦法第3條：人民幣依規定進入臺灣地區者，其持有人得向銀行、信用合作社、中華郵政股份有限公司、全國農業金庫股份有限公司、農會信用部、漁會信用部或外幣收兌處進行買賣、兌換或其他交易。

　　前項金融機構或收兌處，以依本辦法規定申請許可者為限。並以業務範圍為限。非經許可，不得辦理任何與人民幣有關之業務。

第二項、關於安置的五種規定

　　我國兒童及少年福利法，關於安置部分共規定了五種，分別為「保護安置」及「申請安置」、「不適宜在家庭內教養或逃家安置」、「無依兒童安置」、「未婚懷孕或分娩遭遇困境之婦嬰安置」。

第三項、警察執法應尊重原住民文化

　　原住民族基本法第19條規定，原住民得在原住民族地區依法從事下列非營利行為：

　　1. 獵捕野生動物。

　　2. 採集野生植物及菌類。

　　3. 採取礦物、土石。

　　4. 利用水資源。

前項各款，以傳統文化、祭儀或自用為限。

第30條：政府處理原住民族事務、制定法律或實施司法與行政救濟

程序、公證、調解、仲裁或類似程序，應尊重原住民族之族語、傳統習俗、文化及價值觀，保障其合法權益，原住民有不諳國語者，應由通曉其族語之人為傳譯。

政府為保障原住民族之司法權益，得設置原住民族法院或法庭。

看新聞學憲法

狩獵季打獵還被抓，警方部落各說各話

不滿按規定申請卑南族狩獵祭活動，還遭森林警察○○分隊驅趕、搜身，卑南族各部落代表及族人1百多人，質疑原住民文化集體權等基本權遭迫害，到縣政府抗議，向縣府、林政單位遞交陳情書，要求儘速修法，更周延保障原住民權益。森林警察低調指出，事發時，值班員警聽到林務局知本森林遊樂區管理站附近傳出獵槍響，即前往查看，當時主要是對在現場查獲的打獵族人「登記個人資料」，並無移送等作業。警方是依程序執法，族人卻誤會是侵犯原住民基本權。

抗議的部落族人，對森林警察的訴求，包括明確將原住民族基本法等尊重、保障原住民族權益、文化的相關規定，落實在警察執法教育中，避免再次發生違法執行勤務情況；警政署應將各原住民族傳統獵祭的祭儀期間，通令各相關基層單位，排出年度勤務行事曆，避免因文化差異，執法與原住民基本權，再發生衝突（陳宏銘，2008年1月23日）。

第四項、警察執勤受傷或殉職，保障子女教養

警察人員執行勤務遭受暴力或意外危害致全殘廢或半殘廢及殉職人員子女教養辦法第5條規定，給與子女教養之方式如下：

1. 生活費用補助：每1子女每月補助新臺幣1萬元。

2. 就學費用補助：包含學費、雜費、制服費、書籍費。

3. 學齡前幼兒托育補助：每1子女每月補助新臺幣5000元。

前項第2款所定就學費用補助之基準，依軍公教遺族就學費用優待條例規定，並以就讀國內學校具有學籍之學生，且在法定修業年限就學期間所發生之費用為限。但延長修業年限、暑期補（重）修、輔系、雙主修及教育學程之學分費，不包括在內。

本人堪勝任職務，自上班之日起，停止給與第1項所定各項補助；已發給之補助，不予追繳。

服務機關、學校得定期訪視給與教養之子女，並協助學齡前幼兒優先進入公立托教機構。

第十三章　學習自我評量

一、請試回答以下問題

1. 凡不屬於私有或地方所有之財產，除法律另有規定外，均應視為國有財產。試述國有財產的定義與類別。

2. 試述國營事業的定義與目的。

3. 國民年金保險之保險事故，可以分為那幾種？

二、請試作以下測驗題

1. 依憲法規定，國家應普設何種機構，以救濟失業？（93司法人員）

　　(A)社會福利機構　(B)國營事業機構　(C)平民金融機構　(D)職業訓練機構

2. 下列對於憲法基本國策中土地政策之敘述，何者錯誤？（98年警佐班2類）

　　(A)承認土地私有制度

　　(B)承認土地所有權之絕對性

　　(C)主張土地非施以勞力資本之漲價，應歸人民共享

　　(D)承認國家得照價收買

3. 依我國現行憲法增修條文規定，下列何者不屬於基本國策之範圍？（99年警佐班1、3類）

　　(A)國家應依民族意願，保障原住民族之地位及政治參與

　　(B)國家對於無住屋者，應提供其住宅貸款，使保有安定生活

　　(C)國家對於公營金融機構之管理，應本企業化經營之原則

(D)經濟及科學技術發展，應與環境及生態保護兼籌並顧

4. 依憲法基本國策之要求，國家應立法保障無障礙環境之生活空間，其目的在於：（97年警佐班1、3類）

(A)使行人通行無阻　　　　　(B)促進經濟成長

(C)提升國家形象　　　　　　(D)維護身心障礙者的人性尊嚴

5. 我國民法第1089條有關父母對於未成年子女權利之行使的規定，曾經於公元1996年進行修正，請問以下的敘述，何者最符合該次修法的緣由？（99三等身心障）

(A)大法官解釋，表示該法於解釋公布之日起立即失效

(B)大法官解釋，指示立法院依兩性平等與未成年子女最佳利益原則修正

(C)婦運團體遊說立法委員主動提案將第1089條父權優先的規定刪除，改依性別平等原則予以修正

(D)婦運團體遊說行政院將第1089條父權優先的規定主動修法

6. 土地價值非因施以勞力資本而增加者，應由國家徵收何種稅？（99警察三特）

(A)地價稅　　(B)土地使用稅　　(C)契稅　　(D)土地增值稅

7. 請問下列何者，與原住民族基本法的規定不合？（99警察三特）

(A)原住民族基本法的立法目的：「為保障原住民族基本權利，促進原住民族生存發展，建立共存共榮之族群關係」

(B)政府應依原住民族意願，保障原住民族之平等地位及自主發展，實行原住民族自治

(C)政府應依原住民族意願，本多元、平等、尊重之精神，保障原住民族教育之權利

(D)基於憲法平等原則，政府對原住民族傳統之生物多樣性知識及智慧創作，不應保護

8. 依憲法增修條文第10條第6項之規定，國家應促進兩性地位之實質平等，下列何者主要目的在於實踐此一目標？（99三等身心障）
(A)子女稱姓由父母約定之　　　　(B)補助低收入戶健保費用
(C)實施替代役　　　　　　　　　(D)提高扶養親屬扣除額

9. 憲法第152條規定，人民具有工作能力者，國家應給予下列何者？（99警察四特）
(A)適當之工作機會　　　　　　　(B)適當之職業訓練
(C)適當之工作　　　　　　　　　(D)適當之創業機會

10. 依司法院大法官解釋，政府對某一道路範圍內之私有土地均辦理徵收，但對於既成道路之土地，則以公用地役關係為由，以命令規定繼續使用，無庸同時徵收補償之作法，主要係違反下列那一原則，而與憲法之規範不符？（99警察四特）
(A)比例原則　(B)平等原則　(C)明確性原則　(D)信賴保護原則

11. 依憲法規定，附著於土地之礦乃屬：（98基層警察）
(A)土地所有權人所有　　　　　　(B)土地所有權人與地方政府所共有
(C)地方政府所有　　　　　　　　(D)國家所有

12. 已逾學齡而未受基本教育之國民，得請求補習教育，可歸屬於下列何種權利之保障？（98基層警察）
(A)自由權　(B)受教育權　(C)國務請求權　(D)國家補償請求權

13. 下列何者為我國全民健康保險之主管機關？（98基層警察）
(A)國民健康局　(B)中央健康保險局　(C)行政院衛生署　(D)內政部

14. 依據性別工作平等法的規定，受僱者之生理假請假日數如何計算？（97警察四特）
(A)併入事假計算　　　　　　　　(B)併入病假計算
(C)併入例假計算　　　　　　　　(D)併入特別休假計算

15. 依憲法本文之規定，對於公用事業及其他有獨占性之企業，其經營原則為何？（97基層行政警察四等）

(A)以公營為原則　　　　　　(B)以民營為原則

(C)公民營合辦為原則　　　　(D)中央以公營為原則，地方以民營為原則

16.依憲法增修條文第10條第3項之規定，國家對於人民之何種事業應扶助並保護其生存與發展？（100一般警察四等）

(A)外資投資事業　　　　　　(B)中小型經濟事業

(C)大型公共事業　　　　　　(D)具投資價值之事業

17.「維護婦女人格尊嚴，促進兩性地位之實質平等」之規定見於：（100一般警察四等）

(A)憲法增修條文　　　　　　(B)憲法第2章人民之權利義務

(C)憲法第13章基本國策　　　(D)憲法前言

18.依憲法增修條文第10條規定意旨，國家應肯定何種文化？（100一般警察四等）

(A)宗教文化　(B)多元文化　(C)政黨文化　(D)媒體文化

19.依司法院釋字第533號解釋，中央健康保險局與各醫事服務機構締結保險特約後，各醫事服務機構嗣後對爭議案件之審議不服時，應循何途徑爭訟之？（100一般警察四等）

(A)民事訴訟程序　　　　　　(B)訴願及行政訴訟程序

(C)國家賠償程序　　　　　　(D)聲請上級主管機關調處

20.下列關於憲法內土地政策之規定，何者錯誤？（100警察四等）

(A)附著於土地之礦產屬於土地所有人所有，但應依法納稅

(B)私有土地應照價納稅，政府並得照價收買

(C)中華民國領土內之土地，屬於國民全體所有

(D)土地價值非因施以勞力資本而增加者，應由國家徵收土地增值稅

21.依據憲法第162條規定，全國公私立之教育文化機關，應：（100警察四等）

(A)保障其自主性，不受國家監督　　(B)由民間獨立團體監督

(C)由各地方自治團體依據自治規章監督　(D)依法律受國家之監督

22.有關受國民教育的保障,下列敘述何項錯誤?(101一般警察三等)

(A)國民接受國家教育主要是一種義務,不是權利,所以一般稱之為國民義務教育

(B)國家應保障教育內容客觀中立,不可強制國民接受特定思想或理念

(C)先進國家對受教育權利已發展為學習權理念

(D)設置並落實國民義務教育

23.依憲法增修條文第10條之規定,國家應尊重下列何者對社會之貢獻,故應對其後續就學、就業、就醫、就養予以保障?(101一般警察四等)

(A)軍人　(B)警察　(C)醫生　(D)公務員

24.依憲法本文及增修條文的規定,下列有關對婦女保護之敘述,何者尚未規定?(101一般警察四等)

(A)婦女從事勞動,國家應予以特別之保護

(B)立法委員當選席次中,婦女應占有一定比例之保障

(C)國家應維護婦女之人格尊嚴

(D)行政院部會首長中,婦女應占有一定比例之保障

25.憲法增修條文規定,「國家」應推行全民健康保險。依司法院釋字第550號解釋之見解,此規定所稱之「國家」係指下列何者?(101一般警察四等)

(A)中央　(B)地方　(C)兼指中央與地方　(D)各級地方自治團體

26.依憲法第155條之規定,國家應實施社會保險制度。下列何者不屬於社會保險?(101一般警察四等)

(A)全民健保　(B)公保　(C)農保　(D)投資保險

27.依憲法規定,國防之組織應如何定之?(101一般警察四等)

(A)以法律定之　　　　　　　(B)由總統基於統帥權發布命令定之

(C)由國防部發布命令定之　　(D)由參謀總長發布命令定之

28.憲法增修條文第10條第13項中，明定應對何者之政治參與特別予以保障？（101警察四等）

　　(A)僑居國外國民　　(B)勞工　　(C)軍人　　(D)身心障礙者

29.依憲法第143條之規定，土地價值非因施以勞力資本而增加者，應由國家徵收下列何種稅，歸人民共享之？（101警察四等）

　　(A)土地交易稅　　(B)地價稅　　(C)土地增值稅　　(D)土地契稅

┌─┤ 正確答案 ├─────────────────────┐
│ 1.C　　2.B　　3.B　　4.D　　5.B　　6.D　　7.D　　8.A　　9.A　　10.B │
│ 11.D　12.B　13.C　14.B　15.A　16.B　17.A　18.B　19.B │
│ 20.A　21.D　22.A　23.A　24.D　25.C　26.D　27.A　28.A　29.C │
└──────────────────────────────┘

第十四章　憲法之施行及修改

第一節、憲法本文釋義

第一項、法律之定義

> **第一百七十條**
>
> 本憲法所稱之法律，謂經立法院通過，總統公布之法律。

一、法律的定名

（一）總則

中央法規標準法第1條：中央法規之制定、施行、適用、修正及廢止，除憲法規定外，依本法之規定。

同法第2條：法律得定名為法、律、條例或通則。

第3條：各機關發布之命令，得依其性質，稱規程、規則、細則、辦法、綱要、標準或準則。

（二）法規之制定

中央法規標準法第4條：法律應經立法院通過，總統公布。

第5條規定，左列事項應以法律定之：

1. 憲法或法律有明文規定，應以法律定之者。

2. 關於人民之權利、義務者。

3. 關於國家各機關之組織者。

4. 其他重要事項之應以法律定之者。

第6條：應以法律規定之事項，不得以命令定之。

第7條：各機關依其法定職權或基於法律授權訂定之命令，應視其性質分別下達或發布，並即送立法院。

第9條：法規內容繁複或條文較多者，得劃分為第某編、第某章、第某節、第某款、第某目。

第11條：法律不得牴觸憲法，命令不得牴觸憲法或法律，下級機關訂定之命令不得牴觸上級機關之命令。

（三）法規之施行

中央法規標準法第12條：法規應規定施行日期，或授權以命令規定施行日期。

第13條：法規明定自公布或發布日施行者，自公布或發布之日起算至第3日起發生效力。

第14條：法規特定有施行日期，或以命令特定施行日期者，自該特定日起發生效力。

第15條：法規定有施行區域或授權以命令規定施行區域者，於該特定區域內發生效力。

（四）法規之適用

中央法規標準法第16條：法規對其他法規所規定之同一事項而為特別之規定者，應優先適用之。其他法規修正後，仍應優先適用。

第17條：法規對某一事項規定適用或準用其他法規之規定者，其他

法規修正後，適用或準用修正後之法規。

第18條：各機關受理人民聲請許可案件適用法規時，除依其性質應適用行為時之法規外，如在處理程序終結前，據以准許之法規有變更者，適用新法規。但舊法規有利於當事人而新法規未廢除或禁止所聲請之事項者，適用舊法規。

第19條：法規因國家遭遇非常事故，一時不能適用者，得暫停適用其一部或全部。法規停止或恢復適用之程序，準用本法有關法規廢止或制定之規定。

二、公文程式類別

公文程式條例第2條公文程式之類別如下：

1. 令：公布法律、任免、獎懲官員，總統、軍事機關、部隊發布命令時用之。
2. 呈：對總統有所呈請或報告時用之。
3. 咨：總統與立法院、監察院公文往復時用之。
4. 函：各機關間公文往復，或人民與機關間之申請與答復時用之。
5. 公告：各機關對公眾有所宣布時用之。
6. 其他公文。

前項各款之公文，必要時得以電報、電報交換、電傳文件、傳真或其他電子文件行之。

第二項、法律與憲法牴觸者無效，解釋由司法院為之

第一百七十一條

法律與憲法牴觸者無效。

法律與憲法有無牴觸發生疑義時，由司法院解釋之。

一、法律與憲法牴觸者無效

地方制度法第30條：自治條例與憲法、法律或基於法律授權之法規或上級自治團體自治條例牴觸者，無效。自治規則與憲法、法律、基於法律授權之法規、上級自治團體自治條例或該自治團體自治條例牴觸者，無效。委辦規則與憲法、法律、中央法令牴觸者，無效。

第1項及第2項發生牴觸無效者，分別由行政院、中央各該主管機關、縣政府予以函告。第3項發生牴觸無效者，由委辦機關予以函告無效。

自治法規與憲法、法律、基於法律授權之法規、上級自治團體自治條例或該自治團體自治條例有無牴觸發生疑義時，得聲請司法院解釋之。

地方制度法第31條：地方立法機關得訂定自律規則。

自律規則除法律或自治條例另有規定外，由各該立法機關發布，並報各該上級政府備查。自律規則與憲法、法律、中央法規或上級自治法規牴觸者，無效。

地方制度法第43條：直轄市議會議決自治事項與憲法、法律或基於法律授權之法規牴觸者無效；議決委辦事項與憲法、法律、中央法令牴觸者無效。

縣（市）議會議決自治事項與憲法、法律或基於法律授權之法規牴觸者無效；議決委辦事項與憲法、法律、中央法令牴觸者無效。

鄉（鎮、市）民代表會議決自治事項與憲法、法律、中央法規、縣規章牴觸者無效；議決委辦事項與憲法、法律、中央法令、縣規章、縣自治規則牴觸者無效。

前3項議決事項無效者，除總預算案應依第40條第5項規定處理外，直轄市議會議決事項由行政院予以函告；縣（市）議會議決事項由中央各該主管機關予以函告；鄉（鎮、市）民代表會議決事項由縣政府予以

函告。第1項至第3項議決自治事項與憲法、法律、中央法規、縣規章有無牴觸發生疑義時，得聲請司法院解釋之。

二、司法院解釋

（一）合議審理及憲法法庭

司法院大法官審理案件法第2條：司法院大法官，以會議方式，合議審理司法院解釋憲法與統一解釋法律及命令之案件；並組成憲法法庭，合議審理政黨違憲之解散案件。

（二）聲請解釋憲法

司法院大法官審理案件法第8條（前段）規定，聲請解釋憲法，應以聲請書敘明左列事項向司法院為之：

1. 聲請解釋憲法之目的。
2. 疑義或爭議之性質與經過，及涉及之憲法條文。
3. 聲請解釋憲法之理由及聲請人對本案所持之立場與見解。
4. 關係文件之名稱及件數。

（三）聲請統一解釋

司法院大法官審理案件法第8條（後段）規定，聲請統一解釋，應以聲請書敘明左列事項向司法院為之：

1. 聲請統一解釋之目的。
2. 法律或命令見解發生歧異之經過及涉及之法律或命令條文。
3. 聲請解釋之理由及聲請人對本案所持之立場與見解。
4. 關係文件之名稱及件數。

（四）接受聲請解釋案件

司法院大法官審理案件法第10條：司法院接受聲請解釋案件，應先推定大法官3人審查，除不合本法規定不予解釋者，應敘明理由報會決定外，其應予解釋之案件，應提會討論。前項解釋案件於推定大法官審查時，得限定提會時間。

（五）大法官決議之解釋文

司法院大法官審理案件法第17條：大法官決議之解釋文，應附具解釋理由書，連同各大法官對該解釋之協同意見書或不同意見書，一併由司法院公布之，並通知本案聲請人及其關係人。大法官所為之解釋，得諭知有關機關執行，並得確定執行之種類及方法。

第三項、命令與憲法或法律牴觸者無效

第一百七十二條

命令與憲法或法律牴觸者無效。

行政程序法第158條規定，法規命令，有下列情形之一者，無效：

1. 牴觸憲法、法律或上級機關之命令者。
2. 無法律之授權而剝奪或限制人民之自由、權利者。
3. 其訂定依法應經其他機關核准，而未經核准者。

法規命令之一部分無效者，其他部分仍為有效。但除去該無效部分，法規命令顯失規範目的者，全部無效。

第四項、憲法解釋

> ### 第一百七十三條
>
> 憲法之解釋，由司法院為之。

一、憲法解釋事項

司法院大法官審理案件法第2條：司法院大法官，以會議方式，合議審理司法院解釋憲法與統一解釋法律及命令之案件；並組成憲法法庭，合議審理政黨違憲之解散案件。

第4條規定，大法官解釋憲法之事項如左：

1. 關於適用憲法發生疑義之事項。

2. 關於法律或命令，有無牴觸憲法之事項。

3. 關於省自治法、縣自治法、省法規及縣規章有無牴觸憲法之事項。

前項解釋之事項，以憲法條文有規定者為限。

二、聲請憲法解釋的適用

司法院大法官審理案件法第5條規定，有左列情形之一者，得聲請解釋憲法：

1. 中央或地方機關，於其行使職權，適用憲法發生疑義，或因行使職權與其他機關之職權，發生適用憲法之爭議，或適用法律與命令發生有牴觸憲法之疑義者。

2. 人民、法人或政黨於其憲法上所保障之權利，遭受不法侵害，經依法定程序提起訴訟，對於確定終局裁判所適用之法律或命令發生有牴觸憲法之疑義者。

3. 依立法委員現有總額三分之一以上之聲請，就其行使職權，適用憲法發生疑義，或適用法律發生有牴觸憲法之疑義者。

最高法院或行政法院就其受理之案件，對所適用之法律或命令，確信有牴觸憲法之疑義時，得以裁定停止訴訟程序，聲請大法官解釋。聲請解釋憲法不合前2項規定者，應不受理。

第13條：大法官解釋案件，應參考制憲、修憲及立法資料，並得依請求或逕行通知聲請人、關係人及有關機關說明，或為調查。必要時，得行言詞辯論。

前項言詞辦論，準用憲法法庭言詞辯論之規定。

三、通過憲法解釋的要件

第14條：大法官解釋憲法，應有大法官現有總額三分之二之出席，及出席人三分之二同意，方得通過。但宣告命令牴觸憲法時，以出席人過半數同意行之。大法官統一解釋法律及命令，應有大法官現有總額過半數之出席，及出席人數過半數之同意，方得通過。

第五項、憲法修改程序

> **第一百七十四條**
>
> 憲法之修改，應依左列程序之一為之：
> 一　由國民大會代表總額五分之一之提議，三分之二之出席，及出席代表四分之三之決議，得修改之。
> 二　由立法院立法委員四分之一之提議，四分之三之出席，及出席委員四分之三之決議，擬定憲法修正案，提請國民大會複決。此項憲法修正案，應於國民大會開會前半年公告之。

本條文已不適用。另依依憲法增修條文第1條之規定要旨，中華民國自由地區選舉人於立法院提出憲法修正案、領土變更案，經公告半年，應於3個月內投票複決。

第六項、憲法施行之準備

第一百七十五條

本憲法規定事項，有另定實施程序之必要者，以法律定之。

本憲法施行之準備程序，由制定憲法之國民大會議定之。

憲法實施之準備程序第1條：自憲法公布之日起現行法令之與憲法相牴觸者，國民政府應迅速分別予以修改或廢止，並應於依照本憲法所產生之國民大會集會以前，完成此項工作。

第2條：憲法公布後，國民政府應依照憲法之規定，於3個月內制定公布左列法律。

1. 關於國民大會之組織，國民大會代表之選舉、罷免。

2. 關於總統、副總統之選舉、罷免。

3. 關於立法委員之選舉、罷免。

4. 關於監察委員之選舉、罷免。

5. 關於五院之組織。

第4條：依照本憲法產生之國民大會代表，首屆立法委員，與監察委員之選舉，應於各有關選舉法公布後6個月完成之。

第5條：依憲法產生之國民大會，由國民政府主席召集之。

第6條：依憲法產生之首屆立法院，於國民大會閉幕後之第7日自行集會。

第7條：依憲法產生之首屆監察院，於國民大會閉幕後由總統召集之。

第二節、憲法變遷與現況

第一項、移轉修憲的權力

> **憲法增修條文第一條**
>
> 　　中華民國自由地區選舉人於立法院提出憲法修正案、領土變更案，經公告半年，應於三個月內投票複決，不適用憲法第四條、第一百七十四條之規定。
>
> 　　憲法第二十五條至第三十四條及第一百三十五條之規定，停止適用。

增修條文與現行規定

　　依憲法增修條文第1條之規定要旨，中華民國自由地區選舉人於立法院提出憲法修正案、領土變更案，經公告半年，應於3個月內投票複決，不適用憲法第4條、第174條之規定。憲法第25條至第34條及第135條之規定，停止適用。

第二項、修改憲法的程序

> **憲法增修條文第十二條**
>
> 　　憲法之修改，須經立法院立法委員四分之一之提議，四分之三之出席，及出席委員四分之三之決議，提出憲法修正案，並於公告半年後，經中華民國自由地區選舉人投票複決，有效同意票過選舉人總額之半數，即通過之，不適用憲法第一百七十四條之規定。

依憲法增修條文第12條之規定，憲法之修改，須經立法院立法委員四分之一之提議，四分之三之出席，及出席委員四分之三之決議，提出憲法修正案，並於公告半年後，經中華民國自由地區選舉人投票複決，有效同意票過選舉人總額之半數，即通過之，不適用憲法第174條之規定。

立法院修憲委員會組織規程第2條：修憲委員會（以下簡稱本會）掌理憲法修正案之審議及相關事項。

第3條：本會之委員為立法委員總額三分之一加1人，由各政黨（政團）依其院會席次比例分配，並依保障少數參與原則組成之。

第4條：本會置召集委員5人，由委員互選之。

本會會議，除首次會議由委員互推1人為主席外，以召集委員1人為主席，由各召集委員輪流擔任。

第5條：本會得設若干審查小組，負責議案之審查。

第6條：本會會議須有委員三分之一之出席；本會之議決須有出席委員二分之一之同意。

第7條：本會職員，視事務之需要，由院長就本院職員派兼之。

第8條：本規程經院會通過後施行。

本規程中華民國96年12月7日院會通過之條文，自立法院第7屆立法委員就職日起施行。

第三節、憲法通識

第一項、行憲紀念日及節日相關規定

一、行憲紀念日

　　我國「行憲紀念日」定在每年的12月25日，依據規定，應懸掛國旗；中央及地方政府分別舉行紀念活動；各機關、團體、學校亦得分別舉行紀念活動。

二、我國現行各種紀念日

　　紀念日及節日實施辦法第2條規定紀念日如下：

1. 中華民國開國紀念日：1月1日。
2. 和平紀念日：2月28日。
3. 反侵略日：3月14日。
4. 革命先烈紀念日：3月29日。
5. 佛陀誕辰紀念日：農曆4月8日。
6. 解嚴紀念日：7月15日。
7. 孔子誕辰紀念日：9月28日。
8. 國慶日：10月10日。
9. 臺灣聯合國日：10月24日。
10. 國父誕辰紀念日：11月12日。
11. 行憲紀念日：12月25日。

　　另每年3月29日為青年節，係為紀念黃花崗起義殉難的青年烈士，惟目前未列入紀念日或節日實施辦法內，行政院允宜改進。

三、紀念日應行紀念方式

紀念日及節日實施辦法第3條規定，前條各紀念日，全國懸掛國旗，其紀念方式如下：

1. 中華民國開國紀念日、國慶日：中央及地方政府分別舉行紀念活動，各機關、團體、學校亦得分別舉行紀念活動，放假一日。
2. 和平紀念日：由有關機關、團體舉行紀念活動，放假一日。
3. 國父逝世紀念日：在植樹節植樹紀念。
4. 反侵略日、解嚴紀念日、臺灣聯合國日：由有關機關、團體舉行紀念活動。
5. 革命先烈紀念日：中央及地方政府分別春祭國殤。
6. 佛陀誕辰紀念日：由有關機關、團體舉行紀念活動。
7. 下列各紀念日，中央及地方政府分別舉行紀念活動，各機關、團體、學校亦得分別舉行紀念活動：
   (1)孔子誕辰紀念日。
   (2)國父誕辰紀念日。
   (3)行憲紀念日。

第二項、法官不得認定法律為違憲而逕行拒絕適用

民國84年1月20日，司法院大法官釋字第371號，解釋要旨：

> 憲法為國家最高規範，法律牴觸憲法者無效，法律與憲法有無牴觸發生疑義而須予以解釋時，由司法院大法官掌理，此觀憲法第一百七十一條、第一百七十三條、第七十八條及第七十九條第二項規定甚明。又法官依據法律獨立審判，憲法第八十條定有明文，故依法公布施行之法律，法官應以其為審判之依據，不得認定法律為違憲而逕行拒絕適用。惟憲法之效力既高於法律，法官

有優先遵守之義務，法官於審理案件時，對於應適用之法律，依其合理之確信，認為有牴觸憲法之疑義者，自應許其先行聲請解釋憲法，以求解決。是遇有前述情形，各級法院得以之為先決問題裁定停止訴訟程序，並提出客觀上形成確信法律為違憲之具體理由，聲請本院大法官解釋。司法院大法官審理案件法第五條第二項、第三項之規定，與上開意旨不符部分，應停止適用。

第三項、自治事項或法規是否牴觸應視性質分別處理

民國90年6月15日，司法院大法官釋字第527號，解釋要旨：

地方制度法第四十三條第一項至第三項規定各級地方立法機關議決之自治事項，或依同法第三十條第一項至第四項規定之自治法規，與憲法、法律、中央法規或上級自治團體自治法規牴觸者無效。同法第四十三條第五項及第三十條第五項均有：上述各項情形有無牴觸發生疑義得聲請司法院解釋之規定，係指就相關業務有監督自治團體權限之而未依各該條第四項逕予函告無效，向本院大法官聲請解釋而言。地方自治團體對函告無效之內容持不同意見時，應視受函告無效者為自治條例抑自治規則，分別由該地方自治團體之立法機關或行政機關，就事件之性質聲請本院解釋憲法或統一解釋法令。有關聲請程序分別適用司法院大法官審理案件法第八條第一項、第二項之規定，於此情形，無同法第九條規定之適用。至地方行政機關對同級立法機關議決事項發生執行之爭議時，應依地方制度法第三十八條、第三十九條等相關規定處理，尚不得逕向本院聲請解釋。原通過決議事項或自治法規之各級地方立法機關，本身亦不得通過決議案又同時認該決議有牴觸憲法、法律、中央法規或上級自治團體自治法規疑義而聲請解釋。

第十四章　學習自我評量

一、請試回答以下問題

1. 法律的名稱，可以定名的用詞有那些？各機關發布之命令，得依其性質，分別定為那些名稱？

2. 聲請解釋憲法，應以聲請書敘明那些事項向司法院為之？

3. 請說明大法官解釋憲法包括那些事項？

4. 依現行規定得聲請解釋憲法的主體包括那些？

二、請試作以下測驗題

1. 法官於個案審判時，若認為應適用之法律與憲法牴觸者，其可採取何種措施？（99三等身心障）

    (A)得宣告該法律無效　　　　　　　(B)得拒絕適用該法律

    (C)得向最高法院聲請解釋　　　　　(D)得向司法院聲請解釋

2. 依司法院大法官解釋，下列何種規定並未牴觸憲法第8條？（96第一次警察四特）

    (A)法院得裁定管收行政執行之義務人

    (B)警察得科處違警者拘留

    (C)檢察官得開押票羈押犯罪嫌疑人

    (D)行政機關得命安置兒童及青少年

3. 下列何者非屬憲法第170條規定立法院通過，總統公布之法律？（99警察三特）

(A)法　(B)通則　(C)條例　(D)自治條例

4. 依地方制度法第25條規定，自治法規由地方行政機關訂定，並發布或下達者，稱為何者？（99三等身心障）

(A)自治條例　(B)自治規則　(C)自治通則　(D)自治規程

5. 下列何者非法律之名稱？（97警察四特）

(A)律　(B)條例　(C)通則　(D)標準

6. 以下何種法律業經廢除：（97警察四特）

(A)貪污治罪條例　　　　　　　　(B)懲治盜匪條例

(C)殘害人群治罪條例　　　　　　(D)懲治走私條例

7. 司法院大法官為維護憲政秩序，在闡明憲法真義上所作出的憲法解釋，具有何種效力？（96第一次警察四特）

(A)效力僅及於司法機關，不包括立法與行政機關

(B)效力及於全國各機關，但不及於人民

(C)具有拘束全國各機關及人民之效力

(D)不具任何效力，僅供全國各機關及人民參考用

8. 下列何者雖未見諸憲法明文規定，但仍屬實質之憲法原理？（95警察三特）

(A)宗教自由之保障　　　　　　　(B)憲法施行之準備程序之制定

(C)憲法修正的實質界限　　　　　(D)提審制度

9. 立法機關制定法律，限制人權，應考量人權利益之減損及公共利益之增加情況，此為憲法理念中之：（95警察三特）

(A)比例原則　(B)公益原則　(C)法律保留原則　(D)程序正義原則

10. 下列何者並非立憲主義的平等理念？（95警察三特）

(A)現代的平等應該是實質的平等，而非形式的平等

(B)平等與自由面臨必須相互調整的狀態

(C)為落實實質平等，國家權力不應介入私人間的權利義務關係

(D)為落實平等理念，國家應保障包含生存權在內的社會權

11.某法律是否違憲的審查，只要其中有一種解釋結果可以避免宣告該法律違憲 時，便不應採納其他可能導致違憲的憲法解釋。此種憲法解釋方法可稱為：（100一般警察三等）

(A)合憲性解釋　(B)目的性解釋　(C)體系解釋　(D)擴大解釋

12.有關法令位階之敘述，下列何者錯誤？（100一般警察三等）

　(A)法律不得牴觸憲法增修條文　　(B)法規命令不得牴觸憲法

　(C)施行細則不得牴觸其母法　　　(D)法律之施行法不得牴觸法規命令

13.法律不得牴觸下列何者？（100一般警察四等）

　(A)憲法　(B)命令　(C)自治條例　(D)自治規則

14.依中央法規標準法之規定，法規明定自公布日施行者，自公布之當日起，算至何時起發生效力？（100一般警察四等）

　(A)即自公布當日起生效　　　　(B)自公布日之次日零時起生效

　(C)自公布當日起，算至第三日　(D)自公布當日起，算至第五日

15.當法律與憲法有無牴觸發生疑義時，應如何解決？（101一般警察四等）

　(A)由立法院重新修法　　　　(B)由總統召集五院院長會商解決

　(C)由司法院解釋之　　　　　(D)交由人民舉行公民投票決定

┌ **│正確答案│** ────────────────────────
│
│ 1.D　　2.A　　3.D　　4.B　　5.D　　6.B　　7.C　　8.C　　9.A　　10.C
│
│ 11.A　12.D　13.A　14.C　15.C
└─────────────────────────────────

參考文獻

中文部份

中央社東京專電，2008年10月7日，〈馬總統：兩岸關係是現實關係〉。

王育三，1983，《美國政府》，台北：商務。

王光慈、李光儀、鄭宏斌，2010年10月11日，〈國慶喊話，馬促對岸盡早撤彈〉，《聯合報》第A1版。

王光慈、楊湘鈞，2012年5月21日，〈馬提兩岸憲法定位：一個中華民國，兩個地區〉，《聯合報》第A1版。

尤英夫，2002年8月7日，〈全民指紋建檔個人隱私並未遭侵犯〉，《自由時報》15版。

甘嘉雯，2010年7月24日，〈臨檢偷吃步，抓色情書刊踢鐵板〉，《中國時報》第C2版。

石之瑜，1995，〈立國精神之意義〉，收於胡佛、沈清松、周陽山、石之瑜等著《中華民國憲法與立國精神》，台北：三民。

〈台北訊：國大走入歷史，未來修憲人民頭家〉，2005年6月8日，《中央日報》第3版。

朱芳瑤、黃雅苓，2010年8月26日，〈學貸壓力大，「窮忙青年」：35歲前薪水都還債〉，《中國時報》第A6版。

朱堅章，1988，〈人權思想的起源及其基本內涵〉，收入中國人權協會編，《人權呼聲》，台北：久大文化。

朱諶，1994，《中華民國憲法與孫中山思想》，台北：五南。

牟玉珮、蕭白雪，2007年12月26日，《聯合報》第6版。

《司法院公報》2000年5月，第42卷5期。

行政院人權保障推動小組編，2009，《2007-2008年國家人權報告（試行報告）》，台北：行政院。

行政院人權保障推動小組編，2007，《2005-2006年國家人權報告（試行報告）》，台北：行政院。

行政院研究發展考核委員會，2002，《人權立國與人權保障的基礎建設：2002年國家人權政策白皮書》，台北，行政院研究發展考核委員會。

李念祖，2000，《司法者的憲法》，台北：五南。

李宗惠，2003，《中華民國憲法概要》，台北：元照。

李鴻禧，1995，《李鴻禧憲法教室》，台北：月旦。

李震山，1993，《警察任務法論》，高雄：登文書局。

〈社論〉，2010年7月20日，《聯合報》第A2版。

江慧真，2010年10月10日，《中國時報》第A3版。

林郁平，2010年11月13日，〈攜手打擊犯罪，王卓鈞登陸，兩岸合力抓要犯〉，《中國時報》第A3版。

林河名、尚毅夫、周宗禎，2007年12月26日，〈拘陳○○違不違憲？休會！停會！檢方立院各自表述〉，《聯合報》第6版。

林良哲，2010年1月28日，〈避出庭，開議會保護傘，不只這一例〉，《自由時報》第A08版。

林紀東，1971，《中華民國憲法釋論》，台北：三民。

林紀東，1982，《中華民國憲法逐條釋義》（一），台北：三民。

林劍秋譯，1991，《政治學：政治科學導論》，台北：桂冠。

林騰鷂，2005，《中華民國憲法》，台北：三民。

林騰鷂，2006，《中華民國憲法概要》，台北：三民。

洪葦倉，2002，《中華民國憲法》，台北：揚智。

周世輔、周陽山，1995，《中山思想新詮：總論與民族主義》，台北：三民。

周志宏，2001，《私人興學自由與私立學校法制之研究》，台北：學林文化。

周繼祥，2000，《中華民國憲法概論》，台北：揚智。

耿雲卿，1982，《中華民國憲法論》，台北：華欣文化。

涂懷瑩，1986，《行政法原理》，台北：五南。

秦孝儀主編，1989，《國父全集》第1冊，台北：近代中國出版社。

郭乃日，2012年9月23日，〈學者解讀兩岸關係：敵對性、矛盾明顯增加〉，《聯合報》第A5版。

陳金松，2007年8月30日，〈警徽鴿頭，不該朝右〉，《聯合報》第14版。

陳志華，2005，《中華民國憲法》，台北：三民。

陳志華，2006，《中華民國憲法概要》，台北：三民。

陳志賢，2009年9月18日，〈馬：人權為何，公務員多不知〉，《中國時報》第A16版。

陳思豪，2011年3月10日，〈兩岸現狀，馬：互不承認主權、互不否認治權〉，《聯合報》第A1版。

陳宏銘，2008年1月23日，〈狩獵季打獵還被抓警方部落各說各話〉，《中國時報》第C1版。

陳新民，1999，〈論憲法人民基本權利之限制〉，《憲法基本權利之基本理論》上冊，台北：元照。

陳陽德、衛芷言，1997，《中華民國憲法動態新論》，台北：五南。

〈連宋柔性政變說，扁敗訴定讞〉，2008年6月6日，《民眾日報》第A04版。

許慶雄，1998，《憲法入門2：政府體制篇》，台北：月旦。

許慶雄，2001，《憲法入門》，台北：元照。

〈評論：憲政與立國精神〉，2008年6月24日，《青年日報》第4版。

張世熒，2001，《中華民國憲法與憲政》，台北：五南。

張治安，1993，《中華民國憲法最新釋義》，台北：標緻。

黃一翔，2010年10月19日，〈國軍籌建防衛戰力，維護國家安全〉，《青年日報》第3版。

黃良傑，2010年7月12日，〈警開單又當證人，法官撤銷罰單〉，《自由時報》第B01版。

曾薏蘋，2010年1月13日，〈政府組織再造，101年起跑，政院精簡為29個機關〉，《中國時報》第A1版。

蔡宗珍，1997年1月，〈國民主權於憲政國家之理論結構〉，《月旦法學雜誌》第20期。

蔡進閣，1997年6月，〈論溝通基本權與集會自由權〉，《警學叢刊》第23卷第4期。

管歐，2000，《中華民國憲法論》，台北：三民。

雷震，1989，〈法治國家的真諦〉，收於《雷震與自由人權》，台北：桂冠圖書。

詹文凱，1987年12月，〈政治表達之自由〉，《憲政思潮》第80期。

賴英照，2004，〈憲法與國民經濟問題〉，載於《司法週刊》第1166期。

董翔飛，1997，《中國憲法與政府》，台北：三民。

董翔飛，1998，《中國憲法與政府》，台北：自刊。

熊迺祺，2006年11月16日，〈犯法罰抄「靜思語」法官：違宗教平等〉，《聯合報》第11版。

熊迺祺，2010年11月13日，〈索賄、行賄，買無罪再逃亡〉，《聯合報》第A4版。

錢穆，1980，《國史大綱》（下冊），台北：台灣商務印書館。

聯合報系民意調查中心，2010年9月11日，〈2010兩岸關係年度大調查〉，《聯合報》
　　第A2版。

諸葛志一，2006年4月19日，〈市公園不得設土地公廟〉，《中華日報》大台中版。

薩孟武，1996，《政治學》，台北：三民。

蕭文生，2000年1月，〈自程序與組織觀點論基本權利之保障〉，《憲政時代》第25卷
　　第3期。

蕭白雪，2008年6月27日，〈顏○○帶職入監惹爭議〉，《聯合報》第4版。

薩孟武，1985、1990，《中國憲法新論》，台北：三民。

羅暐智、楊舒媚，2009年7月7日，〈國會犯罪偵察，考驗司法、立法互動〉，《中國時
　　報》第A4版。

西文部份

Wheare , K. C. 1966.Modern Constitution .London : Oxford University Press.

網路下載

中華民國總統府網頁
　　http://www.president.gov.tw/1_roc_intro/xpresident/index.html
　　下載日期：2012年9月1日。

中華民國外交部網頁
　　http://www.mofa.gov.tw/webapp/ct.asp?xItem=11624&CtNode=1426&mp=1
　　下載日期：2012年11月12日。

台灣原住民族資源資訊網
　　http://www.tipp.org.tw/formosan/population/population.jspx?codeid=-1
　　下載日期：2012年11月10日

李士珍紀念網頁
　　http://fatherofpolice.cpu.edu.tw/introduction.htm
　　下載日期：2012年11月12日下載

行政院蒙藏委員會網頁
　　http://www.mtac.gov.tw/pages.php?lang=1&page=1。
　　下載日期：2012年10月10日。

考選部全球資訊網「命題大綱」
　　http://www.moex.gov.tw
　　下載日期：2012年3月6日。

國民大會網頁

　　http://www.na.gov.tw/ch/intro/IntroView.jsp?itemid=3&titleid=10&sequence=1

　　下載日期：2012年10月25日

國民大會網頁

　　http://www.na.gov.tw/ch/intro/IntroView.jsp?itemid=1&titleid=1&sequence=1

　　下載日期：2012年10月30日

國民大會網頁

　　http://www.na.gov.tw/ch/intro/IntroView.jsp?itemid=5

　　下載日期：2012年11月10

國民大會網頁

　　http://www.na.gov.tw/ch/intro/IntroView.jsp?itemid=1&titleid=5&sequence=2.

　　下載日期：2012年12月25日。。

附篇
國考憲法範圍法律引讀

說明：「國考憲法範圍法律引讀」為該法律條文之重點整理，欲查考
　　　法律全文可在「全國法規資料庫」或其它相關網站查閱流瀏。

第 一 項　司法院大法官解釋重點引讀
第 二 項　總統府及五院組織法重點引讀
　　　　　一、中華民國總統府組織法
　　　　　二、行政院組織法
　　　　　三、立法院組織法
　　　　　四、司法院組織法
　　　　　五、考試院組織法
　　　　　六、監察院組織法
第 三 項　司法院大法官審理案件法重點引讀
第 四 項　國家安全會議組織法重點引讀
第 五 項　立法院職權行使法重點引讀
第 六 項　監察法重點引讀
第 七 項　公職人員選舉罷免法重點引讀
第 八 項　總統、副總統選舉罷免法重點引讀
第 九 項　國家賠償法重點引讀
第 十 項　地方制度法重點引讀
第十一項　公民投票法重點引讀

第一項　司法院大法官解釋重點引讀

一、大法官解釋

憲法第78條規定：「司法院解釋憲法，並有統一解釋法律及命令之權」；第117條規定：「省法規與國家法律有無牴觸發生疑義時，由司法院解釋之」；第171條規定：「法律與憲法牴觸者無效，法律與憲法有無牴觸發生疑義時，由司法院解釋之」；第173條規定：「憲法之解釋，由司法院為之」。憲法上述規定，賦予司法院維護憲法尊嚴，保障人民權利及維持憲政秩序之重任18。

隨著人民普遍法律素養提高，政府要如何向人民履行人權保障，成為具體要務。許多與警察職權有關的人權保障課題，例如包括人身自由的範圍、任意臨檢是否違憲等等，都在大法官解釋文中有所闡明。大法官解釋憲法，其意義即在以解釋理由作為憲法的補充或者確認。

二、大法官解釋憲法

我國憲法為鞏固國權，保障民權，奠定社會安寧，增進人民福利之根本大法，政府與人民均應遵守。建立憲法共識，乃是民主憲政國家的基本認識。如何解釋憲法，維護憲法以及解決憲法重大爭議，對憲政發展有鉅大影響。

我國司法院大法官第1號解釋憲法，係在民國38年1月6日作成，至最近一次，則為民國1001年12月21日作成的第706號解釋。縱觀706項憲法解釋內容及要旨，除少部份為政府組織疑義解釋之外，大多數都屬於

「限制政府權力」，或者與明確「保護人民權利」有關。由於卷帙浩繁，非本書所能完全列舉，建議讀者可從全國法規資料庫網頁之「司法判解」進入，即可閱讀到全部解釋（http://law.moj.gov.tw）。本文僅試舉近期若干受到輿論矚目的解釋文號。

（一）平等權

釋字第649號，宣告視障者始能從事按摩業違憲，應積極保障視障者工作權。

釋字第666號，社會秩序維護法「罰娼不罰嫖」違憲。

釋字第665號，刑事訴訟法重罪羈押，尚須審酌是否嫌疑重大、有無逃亡、滅證、串證及羈押必要，讓羈押要件更明確。

（二）人身自由

釋字第662號；可易科罰金的數罪併罰，定執行刑超過六個月仍得易科罰金。

釋字第664號，少年事件處理法就經常逃學、逃家的虞犯少年，令予收容或感化教育，是屬限制少年人格權，違憲。

（三）言論自由

釋字第656號，有關判決命加害人公開道歉，而未損及其人性尊嚴者，不牴觸不表意的自由。

（四）訴訟權保障

釋字第653號，有關羈押法就受押被告對監所處遇不許提起訴訟請求救濟的規定，違憲。

釋字654號，羈押法就律師接見在押被告時，予以監聽、錄音的規定，違憲。

（五）財產權保障

釋字第657號，所得稅法施行細則關於營利事業應將逾2年未付費用轉列其他收入規定，增加營利事業當年度所得及應納稅額，違憲。

此外，除了大法官釋憲之外，修訂現行法律，也是改善人權保障可以努力的方向之一。司法院針對司法人權，也提出了修法規劃。

在兩公約成為國內法之後，司法院列出需要檢討修正各種與審判有關的程序法，並最遲在兩公約施行後二年內完成，重點包括：

（一）修正刑事訴訟法89條

修正刑事訴訟法89條，明定執行拘提或逮捕，要當場告知拘提或逮捕原因、罪名及可以主張的權利。民眾以後被警察逮捕，可要求解釋自己到底做錯什麼。

（二）檢討修正刑訴法108條

刑事訴訟法108條第5項有關犯最重本刑10年以上徒刑之罪，審判中無限期羈押，及刑訴法有關預防性羈押，都將檢討修正。

（三）檢討偵查中案件人身自由保障

偵查中檢察官限制住居、出境和出海的強制處分，研究修訂應由法官審查，並從無期間限制，明訂期限的可行性；化解過度侵害人民遷徙自由的疑慮。

（四）刑事妥速審判

制訂刑事妥速審判法，改善刑事被告及被害者人權。

（五）落實實質辯護依賴權的保護

研修刑訴法保障偵查中被拘提或逮捕的被告或犯罪嫌疑人，與律師間合理無障礙的通信接見權及正當防禦權；另增訂沒有辯護人的被告表示要選任辯護人時，應立即停止訊問，落實實質辯護依賴權的保護。

（六）避免不必要的羈押

為避免不必要的羈押，研議增訂具保、責付或限制住居的被告，可接受適當的科技設備監控。

（七）確保青少年抗告救濟程序

在少年事件處理法增訂少年及其法定代理人的抗告救濟程序。

我國人權保障項目除了憲法本文列舉之外，還有「概括項目」，此一「概括項目」，在權利發生疑義的初期並無共識，需要一套制度來加以確認，並形成憲法人權保障的一部份，這個制度，即有賴於司法院大法官的憲法解釋。

二、大法官解釋憲法對人權保障的意義

二次大戰之後，檢討侵略國家迫害人權之慘痛經驗，激起了人權意識之高張與昂揚，人權保障成為戰後民主政治發展之主流。與其相伴而生，如影隨形之特徵，即為司法權之提昇與擴張。新興憲法不僅採違憲司法審查之制度，對司法機關之地位與審判程序亦多所明定。充份顯示人權之保障，實有賴司法機關之鼎助。

依據吳庚教授的分類，依照歷來我國大法官解釋所發展出來的模式，有以下6類。

(1)合憲宣告：作為審查對象的法令，屬於制定機關的權限，制定的程序也無重大瑕疵，內容亦與上位規範並無牴觸者，應認定

其合憲。

(2)合憲非難：對受審查的法規，一面認為尚不違憲，同時又指摘其不當，並要求制定法規的機關檢討改進。合憲非難通常解釋用語例如：「易滋誤解」、「未盡相符」、「宜由立法為適當之裁量」等。（例如釋字270、277、290、396、441號等解釋）。

(3)違憲但不失效：作為審查對象的法規，經認定違憲或與憲法意旨不符，但未使其立即失效或定期失效，只要求檢討改進，形成違憲法規仍長期有效的局面。（部份意見以為釋字第86、166號解釋屬之；但仍有不同意見）。

(4)違憲並立即失效：違憲的法規雖然立即失效，但究屬於自始溯及失效，或向將來失效，仍有差異。一般仍有不同情況的失效效力。

　　第一：拒絕適用主義。各級法院僅在個案中不適用被認為違憲之法律，但該項法令仍然存在，若經終審法院確認其違憲，則實際上亦失其效力。

　　第二：撤銷主義（或宣告無效說）。認為違憲的法規在未被宣告違憲之前，既為合憲的法規，因之違憲宣告只能向將來生效。此又發展出兩種不同模式，其一為「宣告無效」或「與憲法不符」。法規「無效」係一體失效；「不符」則是若立法者修改法律使其與判決意旨相符，形成自由空間，而非一律無效。

(5)違憲定期失效：這種模式有利於法的秩序安定，亦可提供制定法規機關過渡時間，使其修改或重新訂定法規。（例如釋字251號解釋）。

(6)代替立法者彌補漏洞的宣告：法律內容因立法者明顯的不作為有重大瑕疵，由大法官在解釋文逕行宣示準用其它條文予以彌補。（例如釋字477號解釋）。

由於基本人權之保障為憲法的核心部份，解釋憲法之主要目的，即在於排除政府公權力之介入，以維護基本人權。而通常需要保護者，卻多屬政治領域或社會現實中屈居下風之個人或弱勢團體，例如刑事被告、政治異議份子、少數民族、宗教團體等。

三、大法官釋憲保障人權例舉

司法院大法官釋憲與人權有關的要目甚多，例舉如下。

表：大法官釋憲擴大人權保障例舉

司法院大法官解釋	相關人權保障
釋字485、526、639、649號	平等權
釋字404、411、416、510、514、649、659號	工作權
釋字452、454、443號	居住權
釋字422、428號	生活權
釋字400、425、440、516號	財產權
釋字288、382、378、396、418、482號	訴訟權
釋字273號	訴願權
釋字414、445、509號	表達自由
釋字665號	媒介接近與使用權
釋字380、563號	講學自由
釋字407號	出版自由
釋字445號	集會自由
釋字479號	結社自由
釋字490號	宗教信仰自由
釋字372號	人權、人格權、隱私權、名譽權
釋字399號	隱私權
釋字509號	名譽權
釋字384、392、436、523號	人身自由為一切自由前題（法治國原則）
釋字50、51、80、272、436號	非軍人免受軍事審判
釋字476號	死刑與生命權

四、大法官憲法解釋文的應試方法

考生在面對憲法考試時，最難以準備的就是多達700餘則（還會不斷增加）的大法官釋憲文要旨內容，面對深奧的解釋文，考生往往不知如何下手。因此，許多考生除了做到的考古題之外，只能「放棄之後靠運氣」了。

確實，憲法考試已有數十年歷史，考題內容與樣態大致都很穩定，也很容易準備應試，往往為了能夠評鑑出考生的憲法實例，又或者為了使命題能出現一些變化，從釋憲文中擬題，就成了一個測驗考生的必要方法。

準備大法官解釋文的方法，最基本的要看解釋文中的三個關鍵要：

1. 解釋結論（是否與憲法精神、原則有違？）

2. 理由原則為何（符合或不符合憲法的何種精神？原則？）

3. 後續處理（現行法律停止適用或有落日期？）

試舉一例如下：

釋字第703號財團法人醫院固定資產支出提列折舊案

解釋公布日期：民國101年10月5日

解釋爭點：

公益團體醫院為符免稅條件選擇全額列資本支出者，否准嗣後提列折舊扣減應納稅額，違憲？

解釋文：

財政部賦稅署中華民國八十四年十二月十九日台稅一發第八四一六六四○四三號函一（五）決議1與3，關於財團法人醫院或財團法人附屬作業組織醫院依教育文化公益慈善機關或團體免納所得稅適用標準第二條第一項第八款規定之免稅要件，就其為醫療用途所購置之建物、設備等資產之支出，選擇全額列為購置年度之資本支出，於計算課稅所得額時，應自銷售貨物或勞

務以外之收入中減除及以後年度不得再提列折舊部分，違反憲法第十九條租稅法律主義，應自本解釋公布之日起不再援用。

理由書：

　　本件聲請人主張最高行政法院九十六年度判字第一八六二號判決、臺北高等行政法院九十五年度訴字第二六八六號、第三一〇三號、九十六年度訴字第二七三一號、九十七年度訴字第二八三八號、九十八年度訴字第一八六二號、九十九年度訴字第一八六六號及一〇〇年度訴字第一四七六號判決（下併稱確定終局判決）所援用之財政部賦稅署八十四年十二月十九日台稅一發第八四一六六四〇四三號函一（五）決議（下稱系爭決議）3有違憲疑義，聲請解釋。查其中臺北高等行政法院九十五年度訴字第三一〇三號判決理由中雖未明確援用系爭決議3，但由其所持法律見解判斷，應認其已實質援用，應併予受理（本院釋字第三九九號、第五八二號、第六二二號、第六七五號、第六九八號解釋參照）。

　　人民於其憲法上所保障之權利，遭受不法侵害，經依法定程序提起訴訟，對於確定終局裁判所適用之法律或命令發生有牴觸憲法之疑義，依司法院大法官審理案件法第五條第一項第二款規定聲請本院解釋憲法時，本院審查之對象，不以聲請書所指摘者為限，尚可包含該確定終局裁判援引為裁判基礎之法令中，與聲請人聲請釋憲之法令具有重要關聯者在內（本院釋字第六六四號、第五七六號解釋參照）。本件聲請人就確定終局判決援用之系爭決議3，認為有違憲疑義，聲請本院解釋，符合聲請解釋之要件。又同決議1關於「全額列為購置年度與其創設目的活動有關之資本支出，自銷售貨物或勞務以外之收入中減除」部分，因與決議3具有成本歸屬意義下之重要關聯，故應為本案審查之對象，一併納入解釋範圍。

　　憲法第十九條規定，人民有依法律納稅之義務，係指國家課人民以繳納稅捐之義務或給予人民減免稅捐之優惠時，應就租稅主體、租稅客體、租稅客體對租稅主體之歸屬、稅基、稅率、納稅方法及納稅期間等租稅構成要件，以法律明文規定。主管機關本於法定職權就相關法律所為之闡釋，自應秉持憲法原則及相關法律之立法意旨，遵守一般法律解釋方法而為之；如逾越法律解釋之範圍，而增加法律所無之租稅義務，則非憲法第十九條規定之租稅法律主義所許（本院釋字第六二〇號、第六二二號、第六四〇號、第六七四號、第六九二號解釋參照）。

　　由於全文十分冗長，讀者可從全國法規資料庫中檢索到全部內容，此處予以省略。然就以上文字線索，歸納出三項關鍵要素如下：

　　1. 解釋結論：違憲

　　2. 理由原則為何：違反憲法第十九條租稅法律主義

　　3. 後續處理：自本解釋公布之日起不再援用

　　因此，可能擬具的考題至少如下：

---

1. 憲法第十九條規定，人民有依法律納稅之義務，係指國家課人民以繳納稅捐之義務或給予人民減免稅捐之優惠時，應就租稅主體、租稅客體、租稅客體對租稅主體之歸屬、稅基、稅率、納稅方法及納稅期間等租稅構成要件，以法律明文規定，此一原則稱之為（釋字第703號）：
   (A)租稅公正主義　　　　　　　　(B)租稅公平原則
   (C)租稅平等原則　　　　　　　　(D)租稅法律主義

2. 司法院大法官釋字第703號，「財團法人醫院固定資產支出提列折舊案」，違反憲法第十九條，應自本解釋公布之日起不再援用。解釋文認為，主要是違反何者？
   (A)租稅公正主義　　　　　　　　(B)租稅公平原則
   (C)租稅平等原則　　　　　　　　(D)租稅法律主義

　　對於考生的建議是，考前2年的釋憲文是基本要準備的範圍，行有餘力者可擴大準備範圍至前3年、前5年不等。如此，就比「放棄準備、靠運氣」來得更穩妥一些。

第二項　總統府及五院組織法重點引讀

一、中華民國總統府組織法

・引用版本：民國99年9月1日修正版

・本法全文19條。

　　總統府設6個業務單位（局、室）。

　　第一局主要掌理關於公布法律、發布命令之擬議事項、文武官員之任免事項、立法院行使任命同意權之提名作業事項、五院及省、市政府之公文簽辦事項、外交函電之翻譯、簽辦事項以及關於政情之摘報事項等。

　　第二局主要掌理關於授予榮典事項、印信勳章製發事項、公文收發、分配、繕校及會議紀錄、檔案管理事項等。

　　第三局主要掌理關於典禮、交際、事務管理、交通管理、出納等事項。

　　機要室掌理總統、副總統機要事項。

　　侍衛室掌理有關侍衛、警衛事項。

　　公共事務室主要掌理政策宣導及闡釋、新聞聯繫及發布、輿情蒐集及反映、民眾陳情等事項。

　　總統府置秘書長1人、副秘書長2人。

　　總統府置資政30人（上限，可不聘足）、國策顧問90人（上限，可不聘足），由總統遴聘，為無給職，聘期不得逾越總統任期。

　　總統府置戰略顧問15人，上將，由總統任命之，對於戰略及有關國

防事項，得向總統提供意見，並備諮詢。

中央研究院、國史館、國父陵園管理委員會隸屬於總統府，其組織均另以法律定之。

二、行政院組織法

・引用版本：民國99年2月3日修正版
・本法全文15條。

行政院下設14部，分別是：內政部、外交部、國防部、財政部、教育部、法務部、經濟及能源部、交通及建設部、勞動部、農業部、衛生福利部、環境資源部、文化部、科技部。

行政院下設8委員會，分別是：國家發展委員會、大陸委員會、金融監督管理委員會、海洋委員會、僑務委員會、國軍退除役官兵輔導委員會、原住民族委員會、客家委員會。

行政院置政務委員7至9人，特任。政務委員得兼任前條委員會之主任委員。

行政院設行政院主計總處及行政院人事行政總處。

行政院設中央銀行、國立故宮博物院。

行政院設3個相當中央二級獨立機關：中央選舉委員會、公平交易委員會、國家通訊傳播委員會。

本法開始施行日期自中華民國101年1月1日。

三、立法院組織法

・引用版本：民國100年1月26日修正版
・本法全文35條。

立法院設院長、副院長各一人，由立法委員互選產生。立法院會議，以院長為主席。全院委員會亦同。院長因事故不能出席時，以副院長為主席；院長、副院長均因事故不能出席時，由出席委員互推一人為

主席。

立法院會議，公開舉行，必要時得開秘密會議。行政院院長或各部、會首長，得請開秘密會議。

立法院設程序委員會、紀律委員會、設修憲委員會。

立法院依憲法第67條之規定，設下列8委員會：內政委員會、外交及國防委員會、經濟委員會、財政委員會、教育及文化委員會、交通委員會、司法及法制委員會、社會福利及衛生環境委員會。

立法院於必要時，得增設特種委員會。

立法院設下列各處、局、館、中心：秘書處、議事處、公報處、總務處、資訊處、法制局、預算中心、國會圖書館、中南部服務中心、議政博物館。

立法委員每人得置公費助理8人至14人，由委員聘用；立法院應每年編列每一立法委員一定數額之助理費及其辦公事務預算。公費助理與委員同進退；其依勞動基準法所規定之相關費用，均由立法院編列預算支應之。

每屆立法委員選舉當選席次達3席且席次較多之5個政黨得各組成黨團；席次相同時，以抽籤決定組成之。立法委員依其所屬政黨參加黨團。每一政黨以組成一黨團為限；每一黨團至少須維持3人以上。

未能依前項規定組成黨團之政黨或無黨籍之委員，得加入其他黨團。黨團未達5個時，得合組4人以上之政團；依第四項將名單送交人事處之政團，以席次較多者優先組成，黨（政）團總數合計以五個為限。

前項政團準用有關黨團之規定。

各黨團應於每年首次會期開議日前1日，將各黨團所屬委員名單經黨團負責人簽名後，送交人事處，以供認定委員所參加之黨團。

黨團辦公室由立法院提供之。

各黨團置公費助理10人至16人，由各黨團遴選，並由其推派之委員聘用之；相關費用依前條之規定。

本法自公布日施行。

本法中華民國96年11月30日及12月7日修正之條文，自立法院第7屆立法委員就職日起施行。

四、司法院組織法

· 引用版本：民國98年1月21日修正版

· 本法全文23條。

司法院置大法官17人，審理解釋憲法及統一解釋法令案件，並組成憲法法庭，審理政黨違憲之解散事項，均以合議行之。

大法官會議，以司法院院長為主席。

憲法法庭審理案件，以資深大法官充審判長；資同者以年長者充之。

大法官應具有左列資格之一：

1. 曾任最高法院法官10年以上而成績卓著者。

2. 曾任立法委員9年以上而有特殊貢獻者。

3. 曾任大學法律主要科目教授10年以上而有專門著作者。

4. 曾任國際法庭法官或有公法學或比較法學之權威著作者。

5. 研究法學，富有政治經驗，聲譽卓著者。

具有前項任何一款資格之大法官，其人數不得超過總名額1/3。

大法官之任期，每屆為9年。民國92年起總統提名任命之大法官，其任期依憲法增修條文第5條之規定。

大法官出缺時，其繼任人之任期至原任期屆滿之日止。

司法院設各級法院、行政法院及公務員懲戒委員會。

司法院設秘書處、大法官書記處。

司法院設5廳：民事廳、刑事廳、行政訴訟及懲戒廳、少年及家事廳、司法行政廳。

司法院設人事審議委員會，依法審議各級法院法官及公務員懲戒委員會委員之任免、轉任、遷調、考核、獎懲事項。

司法院得因業務需要，於院內設各種委員會；其委員及所需工作人員，由院長就所屬人員中指派兼任之。

司法院設司法人員研習所。

本法自公布日施行。

五、考試院組織法

· 引用版本：民國83年7月1日修正

· 本法全文19條

考試院行使憲法所賦予之職權，對各機關執行有關考銓業務並有監督之權。

考試院考試委員之名額，定為19人。

考試委員應具有左列各款資格之一：

1. 曾任考試委員聲譽卓著者。

2. 曾任典試委員長而富有貢獻者。

3. 曾任大學教授10年以上，聲譽卓著，有專門著作者。

4. 高等考試及格20年以上，曾任簡任職滿10年，並達最高級，成績卓著，而有專門著作者。

5. 學識豐富，有特殊著作或發明，或富有政治經驗，聲譽卓著者。

考試院院長、副院長及考試委員之任期為6年。前項人員出缺時，繼任人員之任期至原任期屆滿之日為止。

考試院設考選部、銓敘部、公務人員保障暨培訓委員會。

考試院設考試院會議，以院長、副院長、考試委員及前條各部會首長組織之，決定憲法所定職掌之政策及其有關重大事項。前項會議以院長為主席。

考試院就其掌理或全國性人事行政事項，得召集有關機關會商解決之。

考試院於必要時得設各種委員會，其組織以法律定之。

考試院對於各公務人員之任用，除法律另有規定外，如查有不合法定資格時，得不經懲戒程序，逕請降免。

六、監察院組織法

・引用版本：民國99年5月19日

・本法全文15條

監察院得分設委員會，其組織另以法律定之。

監察院監察委員，須年滿35歲，並具有左列資格之一：

1. 曾任中央民意代表1任以上或省（市）議員2任以上，聲譽卓著者。

2. 任簡任司法官10年以上，並曾任高等法院、高等法院檢察署以上司法機關司法官，成績優異者。

3. 曾任簡任職公務員10年以上，成績優異者。

4. 曾任大學教授10年以上，聲譽卓著者。

5. 國內專門職業及技術人員高等考試及格，執行業務15年以上，聲譽卓著者。

6. 清廉正直，富有政治經驗或主持新聞文化事業，聲譽卓著者。

監察院設審計部，其職掌如左：

1. 監督政府所屬全國各機關預算之執行。

2. 核定政府所屬全國各機關收入命令及支付命令。

3. 審核政府所屬全國各機關財務收支及審定決算。

4. 稽察政府所屬全國各機關財務及財政上不法或不忠於職務之行為。

5. 考核政府所屬全國各機關財務效能。

6. 核定各機關人員對於財務上之責任。

7. 其他依法律應行辦理之審計事項。

審計部之組織，另以法律定之。

審計長綜理審計部事務。

監察院應為每位委員聘用助理1人，與監察委員同進退。

第三項　司法院大法官審理案件法重點引讀

· 引用版本：民國82年2月3日修正版本

· 本法全文35條

司法院大法官，以會議方式，合議審理司法院解釋憲法與統一解釋法律及命令之案件；並組成憲法法庭，合議審理政黨違憲之解散案件。

大法官審理案件之迴避，準用行政訴訟法之規定。

大法官解釋憲法之事項如下：

1. 關於適用憲法發生疑義之事項。

2. 關於法律或命令，有無牴觸憲法之事項。

3. 關於省自治法、縣自治法、省法規及縣規章有無牴觸憲法之事項。

前項解釋之事項，以憲法條文有規定者為限。

有下列情形之一者，得聲請解釋憲法：

1. 中央或地方機關，於其行使職權，適用憲法發生疑義，或因行使職權與其他機關之職權，發生適用憲法之爭議，或適用法律與命令發生有牴觸憲法之疑義者。

2. 人民、法人或政黨於其憲法上所保障之權利，遭受不法侵害，經依法定程序提起訴訟，對於確定終局裁判所適用之法律或命令發生有牴觸憲法之疑義者。

3. 依立法委員現有總額1/3以上之聲請，就其行使職權，適用憲法發生疑義，或適用法律發生有牴觸憲法之疑義者。

　　最高法院或行政法院就其受理之案件，對所適用之法律或命令，確信有牴觸憲法之疑義時，得以裁定停止訴訟程序，聲請大法官解釋。

　　聲請解釋憲法不合前2項規定者，應不受理。

　　有下列情形之一者，得聲請統一解釋：

1. 中央或地方機關，就其職權上適用法律或命令所持見解，與本機關或他機關適用同一法律或命令時所已表示之見解有異者。但該機關依法應受本機關或他機關見解之拘束，或得變更其見解者，不在此限。

2. 人民、法人或政黨於其權利遭受不法侵害，認確定終局裁判適用法律或命令所表示之見解，與其他審判機關之確定終局裁判，適用同一法律或命令時所已表示之見解有異者。但得依法定程序聲明不服，或後裁判已變更前裁判之見解者，不在此限。

　　前項第2款之聲請，應於裁判確定後3個月內為之。

　　聲請統一解釋不合前2項規定者，應不受理。

　　聲請解釋憲法，應以聲請書敘明下列事項向司法院為之：

1. 聲請解釋憲法之目的。

2. 疑義或爭議之性質與經過，及涉及之憲法條文。

3. 聲請解釋憲法之理由及聲請人對本案所持之立場與見解。

4. 關係文件之名稱及件數。

　　聲請統一解釋，應以聲請書敘明下列事項向司法院為之：

1. 聲請統一解釋之目的。

2. 法律或命令見解發生歧異之經過及涉及之法律或命令條文。

3. 聲請解釋之理由及聲請人對本案所持之立場與見解。

4. 關係文件之名稱及件數。

　　聲請解釋機關有上級機關者，其聲請應經由上級機關層轉，上級機關對於不合規定者，不得為之轉請，其應依職權予以解決者，亦同。

　　司法院接受聲請解釋案件，應先推定大法官3人審查，除不合本法

規定不予解釋者，應敘明理由報會決定外，其應予解釋之案件，應提會討論。

前項解釋案件於推定大法官審查時，得限定提會時間。

前條提會討論之解釋案件，應先由會決定原則，推大法官起草解釋文，會前印送全體大法官，再提會討論後表決之。

大法官會議時，其表決以舉手或點名為之。

大法官解釋案件，應參考制憲、修憲及立法資料，並得依請求或逕行通知聲請人、關係人及有關機關說明，或為調查。必要時，得行言詞辯論。

前項言詞辯論，準用憲法法庭言詞辯論之規定。

大法官解釋憲法，應有大法官現有總額2/3之出席，及出席人2/3同意，方得通過。但宣告命令牴觸憲法時，以出席人過半數同意行之。

大法官統一解釋法律及命令，應有大法官現有總額過半數之出席，及出席人數過半數之同意，方得通過。

大法官每星期開會3次，必要時得開臨時會議。

大法官會議以司法院院長為主席，院長不能主持時，以副院長為主席。院長、副院長均不能主持時，以出席會議之資深大法官為主席，資同以年長者充之。

大法官全體審查會議，由值月大法官召集，並由大法官輪流擔任主席。

大法官決議之解釋文，應附具解釋理由書，連同各大法官對該解釋之協同意見書或不同意見書，一併由司法院公布之，並通知本案聲請人及其關係人。

大法官所為之解釋，得諭知有關機關執行，並得確定執行之種類及方法。

政黨之目的或其行為，危害中華民國之存在或自由民主之憲政秩序者，主管機關得聲請司法院憲法法庭解散之。

憲法法庭審理案件，以參與審理之資深大法官充審判長；資同以年長者充之。

憲法法庭應本於言詞辯論而為裁判。但駁回聲請而認無行言詞辯論之必要者，不在此限。

前條言詞辯論，如委任訴訟代理人者，其受任人以律師或法學教授為限；其人數不得超過3人。

前項代理人應先經憲法法庭之許可。

憲法法庭為發見真實之必要，得囑託檢察官或調度司法警察為搜索、扣押。前項搜索、扣押及調度司法警察準用刑事訴訟法及調度司法警察條例有關之規定。

憲法法庭行言詞辯論，須有大法官現有總額3/4以上出席，始得為之。未參與辯論之大法官不得參與評議判決。

經言詞辯論之判決，應於言詞辯論終結後1個月內指定期日宣示之。

憲法法庭對於政黨違憲解散案件判決之評議，應經參與言詞辯論大法官2/3之同意決定之。

評議未獲前項人數同意，應為不予解散之判決。

憲法法庭對於政黨違憲解散案件裁定之評議，或依第21條但書為裁判時，應有大法官現有總額3/4之出席，及出席人過半數之同意行之。

憲法法庭認聲請有理由者，應以判決宣示被聲請解散之政黨違憲應予解散；認聲請無理由者，應以判決駁回其聲請。

憲法法庭之判決，除宣示或送達外，應公告之，其有協同意見書或不同意見書者，應一併公告之。

前項判決應送達聲請機關、受判決之政黨及判決書指定之執行機關，並通知有關機關。

對於憲法法庭之裁判，不得聲明不服。

被宣告解散之政黨，應即停止一切活動，並不得成立目的相同之代替組織，其依政黨比例方式產生之民意代表自判決生效時起喪失其

資格。

憲法法庭之判決，各關係機關應即為實現判決內容之必要處置。

政黨解散後，其財產之清算，準用民法法人有關之規定。

憲法法庭審理政黨違憲解散案件，如認該政黨之行為已足以危害國家安全或社會秩序，而有必要時，於判決前得依聲請機關之請求，以裁定命被聲請政黨停止全部或一部之活動。

憲法法庭審理政黨違憲解散案件之程序，除本法有規定者外，準用行政訴訟法之規定；其審理規則，由司法院定之。

第四項　國家安全會議組織法重點引讀

・引用版本：民國92年6月25日修正

・本法全文16條

　　國家安全會議，為總統決定國家安全有關之大政方針之諮詢機關。前項所稱國家安全係指國防、外交、兩岸關係及國家重大變故之相關事項。

　　國家安全會議以總統為主席；總統因事不能出席時，由副總統代理之。

　　國家安全會議之出席人員如下：

1. 副總統。
2. 行政院院長、副院長、內政部部長、外交部部長、國防部部長、財政部部長、經濟部部長、行政院大陸委員會主任委員、參謀總長。
3. 國家安全會議秘書長、國家安全局局長。
4. 總統得指定有關人員列席國家安全會議。

　　國家安全會議之決議，作為總統決策之參考。

　　國家安全會議置秘書長1人，特任，承總統之命，依據國家安全會議之決議，處理會務，並指揮、監督所屬職員。

　　國家安全會議及其所屬國家安全局應受立法院之監督，國家安全局組織另以法律定之。

　　國家安全會議置諮詢委員5人至7人，由總統特聘之。

第五項　立法院職權行使法重點引讀

・引用版本：民國99年6月15日修正

・本法全文77條

　　立法委員應分別於每年2月1日及9月1日起報到，開議日由各黨團協商決定之。但經總統解散時，由新任委員於選舉結果公告後第3日起報到，第10日開議。

　　前項報到及出席會議，應由委員親自為之。

　　立法院每屆第一會期報到首日舉行預備會議，進行委員就職宣誓及院長、副院長之選舉。

　　立法院會議，須有立法委員總額1/3出席，始得開會。

　　前項立法委員總額，以每會期實際報到人數為計算標準。但會期中辭職、去職或亡故者，應減除之。

　　立法院每次會期屆至，必要時，得由院長或立法委員提議或行政院之請求延長會期，經院會議決行之；立法委員之提議，並應有20人以上之連署或附議。

　　立法院會議之決議，除法令另有規定外，以出席委員過半數之同意行之；可否同數時，取決於主席。

　　立法院依憲法第63條規定所議決之議案，除法律案、預算案應經三讀會議決外，其餘均經二讀會議決之。

　　第一讀會，由主席將議案宣付朗讀行之。

　　政府機關提出之議案或立法委員提出之法律案，應先送程序委員會，提報院會朗讀標題後，即應交付有關委員會審查。但有出席委員提

議，20人以上連署或附議，經表決通過，得逕付二讀。

　　立法委員提出之其他議案，於朗讀標題後，得由提案人說明其旨趣，經大體討論，議決交付審查或逕付二讀，或不予審議。

　　第二讀會，於討論各委員會審查之議案，或經院會議決不經審查逕付二讀之議案時行之。

　　第二讀會，應將議案朗讀，依次或逐條提付討論。

　　第二讀會，得就審查意見或原案要旨，先作廣泛討論。廣泛討論後，如有出席委員提議，15人以上連署或附議，經表決通過，得重付審查或撤銷之。

　　法律案在第二讀會逐條討論，有一部分已經通過，其餘仍在進行中時，如對本案立法之原旨有異議，由出席委員提議，25人以上連署或附議，經表決通過，得將全案重付審查。但以一次為限。

　　第二讀會討論各委員會議決不須黨團協商之議案，得經院會同意，不須討論，逕依審查意見處理。

　　第三讀會，應於第二讀會之下次會議行之。但如有出席委員提議，15人以上連署或附議，經表決通過，得於二讀後繼續進行三讀。

　　第三讀會，除發現議案內容有互相牴觸，或與憲法、其他法律相牴觸者外，祇得為文字之修正。

　　第三讀會，應將議案全案付表決。

　　議案於完成二讀前，原提案者得經院會同意後撤回原案。

　　法律案交付審查後，性質相同者，得為併案審查。

　　法律案付委經逐條討論後，院會再為併案審查之交付時，審查會對已通過之條文，不再討論。

　　每屆立法委員任期屆滿時，除預（決）算案及人民請願案外，尚未議決之議案，下屆不予繼續審議。

　　立法委員提出之憲法修正案，除依憲法第174條第2款之規定處理外，審議之程序準用法律案之規定。

總統依憲法增修條文第2條第3項之規定發布緊急命令，提交立法院追認時，不經討論，交全院委員會審查；審查後提出院會以無記名投票表決。

未獲同意者，該緊急命令立即失效。

總統於立法院休會期間發布緊急命令提交追認時，立法院應即召開臨時會，依前項規定處理。

總統於立法院解散後發布緊急命令，提交立法院追認時，立法院應於3日內召開臨時會，並於開議7日內議決，如未獲同意，該緊急命令立即失效。但於新任立法委員選舉投票日後發布者，由新任立法委員於就職後依第1項規定處理。

依中華民國憲法增修條文第4條第3項規定，立法院得於每年集會時，聽取總統國情報告。

立法院得經全體立法委員1/4以上提議，院會決議後，由程序委員會排定議程，就國家安全大政方針，聽取總統國情報告。

總統就其職權相關之國家大政方針，得咨請立法院同意後，至立法院進行國情報告。

總統應於立法院聽取國情報告日前3日，將書面報告印送全體委員。

立法委員於總統國情報告完畢後，得就報告不明瞭處，提出問題；其發言時間、人數、順序、政黨比例等事項，由黨團協商決定。

就前項委員發言，經總統同意時，得綜合再做補充報告。

立法委員對國情報告所提問題之發言紀錄，於彙整後送請總統參考。

行政院依憲法增修條文第3條第2項第1款向立法院提出施政方針及施政報告，依下列之規定：

1. 行政院應於每年2月1日以前，將該年施政方針及上年7月至12月之施政報告印送全體立法委員，並由行政院院長於2月底前提出報告。

2. 行政院應於每年9月1日以前，將該年1月至6月之施政報告印送全體立法委員，並由行政院院長於9月底前提出報告。

3. 新任行政院院長應於就職後兩週內，向立法院提出施政方針之報告，並於報告日前3日將書面報告印送全體立法委員。

立法院依前項規定向行政院院長及行政院各部會首長提出口頭質詢之會議次數，由程序委員會定之。

行政院遇有重要事項發生，或施政方針變更時，行政院院長或有關部會首長應向立法院院會提出報告，並備質詢。

前項情事發生時，如有立法委員提議，15人以上連署或附議，經院會議決，亦得邀請行政院院長或有關部會首長向立法院院會報告，並備質詢。

立法委員對於行政院院長及各部會首長之施政方針、施政報告及其他事項，得提出口頭或書面質詢。

前項口頭質詢分為政黨質詢及立法委員個人質詢，均以即問即答方式為之，並得採用聯合質詢。但其人數不得超過3人。

政黨質詢先於個人質詢進行。

每一政黨詢答時間，以各政黨黨團提出人數乘以30分鐘行之。但其人數不得逾該黨團人數1/2。

前項參加政黨質詢之委員名單，由各政黨於行政院院長施政報告前1日向秘書長提出。

代表政黨質詢之立法委員，不得提出個人質詢。

政黨質詢時，行政院院長及各部會首長皆應列席備詢。

立法委員個人質詢應依各委員會之種類，以議題分組方式進行，行政院院長及與議題相關之部會首長應列席備詢。

議題分組進行質詢，依立法院組織法第10條第1項各款順序。但有委員15人連署，經議決後得變更議題順序。

立法委員個人質詢，以2議題為限，詢答時間合計不得逾30分鐘。

如以2議題進行時，各議題不得逾15分鐘。

　　施政方針及施政報告之質詢，於每會期集會委員報到日起至開議後7日內登記之。

　　立法委員為前項之質詢時，得將其質詢要旨以書面於質詢日前2日送交議事處，轉知行政院。但遇有重大突發事件，得於質詢前2小時提出。委員如採用聯合質詢，應併附親自簽名之同意書面。

　　已質詢委員，不得再登記口頭質詢。

　　依第17條及第18條提出之口頭質詢，應由行政院院長或質詢委員指定之有關部會首長答復；未及答復部分，應於20日內以書面答復。但質詢事項牽涉過廣者，得延長5日。

　　立法委員行使憲法增修條文第3條第2項第1款之質詢權，除依第16條至第21條規定處理外，應列入議事日程質詢事項，並由立法院送交行政院。

　　行政院應於收到前項質詢後20日內，將書面答復送由立法院轉知質詢委員，並列入議事日程質詢事項。但如質詢內容牽涉過廣者，答復時間得延長5日。

　　質詢之提出，以說明其所質詢之主旨為限。

　　質詢委員違反前項規定者，主席得予制止。

　　質詢之答復，不得超過質詢範圍之外。

　　被質詢人除為避免國防、外交明顯立即之危害或依法應秘密之事項者外，不得拒絕答復。

　　被質詢人違反第1項規定者，主席得予制止。

　　行政院院長、副院長及各部會首長應親自出席立法院院會，並備質詢。因故不能出席者，應於開會前檢送必須請假之理由及行政院院長批准之請假書。

　　質詢事項，不得作為討論之議題。

　　行政院向立法院提出預算案編製經過報告之質詢，應於報告首日登

記，詢答時間不得逾15分鐘。

前項質詢以即問即答方式為之。但經質詢委員同意，得採綜合答復。

審計長所提總決算審核報告之諮詢，應於報告日中午前登記；其詢答時間及答復方式，依前2項規定處理。

行政院或審計部對於質詢或諮詢未及答復部分，應於20日內以書面答復。但內容牽涉過廣者，得延長5日。

立法院依憲法第104條或憲法增修條文第5條第1項、第6條第2項、第7條第2項行使同意權時，不經討論，交付全院委員會審查，審查後提出院會以無記名投票表決，經超過全體立法委員1/2之同意為通過。

全院委員會就被提名人之資格及是否適任之相關事項進行審查與詢問，由立法院咨請總統通知被提名人列席說明與答詢。

全院委員會於必要時，得就司法院院長副院長、考試院院長副院長及監察院院長副院長與其他被提名人分開審查。

同意權行使之結果，由立法院咨復總統。如被提名人未獲同意，總統應另提他人咨請立法院同意。

行政院得就立法院決議之法律案、預算案、條約案之全部或一部，經總統核可後，移請立法院覆議。

覆議案不經討論，即交全院委員會，就是否維持原決議予以審查。

全院委員會審查時，得由立法院邀請行政院院長列席說明。

覆議案審查後，應於行政院送達15日內提出院會以記名投票表決。如贊成維持原決議者，超過全體立法委員1/2，即維持原決議；如未達全體立法委員1/2，即不維持原決議；逾期未作成決議者，原決議失效。

立法院休會期間，行政院移請覆議案，應於送達7日內舉行臨時會，並於開議15日內，依前2條規定處理之。

立法院依憲法增修條文第3條第2項第3款之規定，得經全體立法委員1/3以上連署，對行政院院長提出不信任案。

　　不信任案應於院會報告事項進行前提出，主席收受後應即報告院會，並不經討論，交付全院委員會審查。

　　全院委員會應自不信任案提報院會72小時後，立即召開審查，審查後提報院會表決。

　　前項全院委員會審查及提報院會表決時間，應於48小時內完成，未於時限完成者，視為不通過。

　　不信任案於審查前，連署人得撤回連署，未連署人亦得參加連署；提案人撤回原提案須經連署人同意。

　　前項不信任案經主席宣告審查後，提案人及連署人均不得撤回提案或連署。

　　審查時如不足全體立法委員1/3以上連署者，該不信任案視為撤回。

　　不信任案之表決，以記名投票表決之。如經全體立法委員1/2以上贊成，方為通過。

　　立法院處理不信任案之結果，應咨送總統。

　　不信任案未獲通過，1年內不得對同一行政院院長再提不信任案。

　　立法院依憲法增修條文第4條第7項之規定，對總統、副總統得提出彈劾案。

　　依前條規定彈劾總統或副總統，須經全體立法委員1/2以上提議，以書面詳列彈劾事由，交由程序委員會編列議程提報院會，並不經討論，交付全院委員會審查。

　　全院委員會審查時，得由立法院邀請被彈劾人列席說明。

　　全院委員會審查後，提出院會以無記名投票表決，如經全體立法委員2/3以上贊成，向司法院大法官提出彈劾案。

　　立法院依憲法增修條文第2條第9項規定提出罷免總統或副總統案，經全體立法委員1/4之提議，附具罷免理由，交由程序委員會編列議程提報院會，並不經討論，交付全院委員會於15日內完成審查。

　　全院委員會審查前，立法院應通知被提議罷免人於審查前7日內提

出答辯書。

前項答辯書，立法院於收到後，應即分送全體立法委員。

被提議罷免人不提出答辯書時，全院委員會仍得逕行審查。

全院委員會審查後，即提出院會以記名投票表決，經全體立法委員2/3同意，罷免案成立，當即宣告並咨復被提議罷免人。

立法院經院會決議，得設調閱委員會，或經委員會之決議，得設調閱專案小組，要求有關機關就特定議案涉及事項提供參考資料。

調閱委員會或調閱專案小組於必要時，得經院會之決議，向有關機關調閱前項議案涉及事項之文件原本。

調閱委員會或調閱專案小組之設立，均應於立法院會期中為之。但調閱文件之時間不在此限。

受要求調閱文件之機關，除依法律或其他正當理由得拒絕外，應於5日內提供之。但相關資料或文件原本業經司法機關或監察機關先為調取時，應敘明理由，並提供複本。如有正當理由，無法提供複本者，應提出已被他機關調取之證明。

被調閱文件之機關在調閱期間，應指派專人將調閱之文件送達立法院指定場所，以供查閱，並負保管責任。

政府機關或公務人員違反本法規定，於立法院調閱文件時拒絕、拖延或隱匿不提供者，得經立法院院會之決議，將其移送監察院依法提出糾正、糾舉或彈劾。

立法院所調取之文件，限由各該調閱委員會、調閱專案小組之委員或院長指派之專業人員親自查閱之。

前項查閱人員，對機密文件不得抄錄、攝影、影印、誦讀、錄音或為其他複製行為，亦不得將文件攜離查閱場所。

各委員會為審查院會交付之議案，得依憲法第67條第2項之規定舉行公聽會。如涉及外交、國防或其他依法令應秘密事項者，以秘密會議行之。

公聽會須經各委員會輪值之召集委員同意，或經各委員會全體委員1/3以上之連署或附議，並經議決，方得舉行。

公聽會以各委員會召集委員為主席，並得邀請政府人員及社會上有關係人員出席表達意見。

前項出席人員，應依正反意見之相當比例邀請，並以不超過15人為原則；其人選由各委員會決定之。

應邀出席人員非有正當理由，不得拒絕出席。

舉行公聽會之委員會，應於開會日5日前，將開會通知、議程等相關資料，以書面送達出席人員，並請其提供口頭或書面意見。

同一議案舉行多次公聽會時，得由公聽會主席於會中宣告下次舉行日期，不受5日之限制，但仍應發出書面通知。

立法院對應邀出席人員，得酌發出席費。

委員會應於公聽會終結後10日內，依出席者所提供之正、反意見提出公聽會報告，送交本院全體委員及出席者。

公聽會報告作為審查該特定議案之參考。

各機關依其法定職權或基於法律授權訂定之命令送達立法院後，應提報立法院會議。

出席委員對於前項命令，認為有違反、變更或牴觸法律者，或應以法律規定事項而以命令定之者，如有15人以上連署或附議，即交付有關委員會審查。

各委員會審查行政命令，應於院會交付審查後3個月內完成之；逾期未完成者，視為已經審查。但有特殊情形者，得經院會同意後展延；展延以1次為限。

前項期間，應扣除休會期日。

行政命令經審查後，發現有違反、變更或牴觸法律者，或應以法律規定事項而以命令定之者，應提報院會，經議決後，通知原訂頒之機關更正或廢止之。

　　前條第1項視為已經審查或經審查無前項情形之行政命令，由委員會報請院會存查。

　　第1項經通知更正或廢止之命令，原訂頒機關應於2個月內更正或廢止；逾期未為更正或廢止者，該命令失效。

　　各委員會審查行政命令，本章未規定者，得準用法律案之審查規定。

　　立法院於收受請願文書，應依下列規定辦理：

1. 秘書處收受請願文書後，應即送程序委員會。

2. 委員會收受請願文書後，應即送秘書處收文。

3. 院會議時，請願人面遞請願文書，由有關委員會召集委員代表接受，並於接見後，交秘書處收文。

4. 人向立法院集體請願，面遞請願文書有所陳述時，由院長指定之人員接見其代表。

　　前項請願人，包括經我國認許之外國法人。

　　請願文書經審查結果成為議案者，由程序委員會列入討論事項，經大體討論後，議決交付審查或逕付二讀或不予審議。

　　請願文書經審查結果不成為議案者，應敘明理由及處理經過，送由程序委員會報請院會存查，並通知請願人。但有出席委員提議，15人以上連署或附議，經表決通過，仍得成為議案。

　　為協商議案或解決爭議事項，得由院長或各黨團向院長請求進行黨團協商。

　　立法院院會於審議不須黨團協商之議案時，如有出席委員提出異議，10人以上連署或附議，該議案即交黨團協商。

　　各委員會審查議案遇有爭議時，主席得裁決進行協商。

　　黨團協商會議，由院長、副院長及各黨團負責人或黨鞭出席參加；並由院長主持，院長因故不能主持時，由副院長主持。

　　前項會議原則上於每週星期三舉行，在休會或停會期間，如有必要

時，亦得舉行，其協商日期由主席通知。

議案交由黨團協商時，由該議案之院會說明人所屬黨團負責召集，通知各黨團書面簽名指派代表2人參加，該院會說明人為當然代表，並由其擔任協商主席。但院會說明人更換黨團時，則由原所屬黨團另指派協商主席。

各黨團指派之代表，其中1人應為審查會委員。但黨團所屬委員均非審查會委員時，不在此限。

依第68條第2項提出異議之委員，得向負責召集之黨團，以書面簽名推派二人列席協商說明。

議案進行協商時，由秘書長派員支援，全程錄影、錄音、記錄，併同協商結論，刊登公報。

協商結論如與審查會之決議或原提案條文有明顯差異時，應由提出修正之黨團或提案委員，以書面附具條文及立法理由，併同協商結論，刊登公報。

黨團協商經各黨團代表達成共識後，應即簽名，作成協商結論，並經各黨團負責人簽名，於院會宣讀後，列入紀錄，刊登公報。

議案自交黨團協商逾1個月無法達成共識者，由院會定期處理。

黨團協商結論於院會宣讀後，如有出席委員提議，8人以上之連署或附議，得對其全部或一部提出異議，並由院會就異議部分表決。

黨團協商結論經院會宣讀通過，或依前項異議議決結果，出席委員不得再提出異議；逐條宣讀時，亦不得反對。

經協商之議案於廣泛討論時，除經黨團要求依政黨比例派員發言外，其他委員不得請求發言。

經協商留待院會表決之條文，得依政黨比例派員發言後，逕行處理。

前2項議案在逐條討論時，出席委員不得請求發言。

程序委員會應依各委員會提出審查報告及經院會議決交由黨團協商

之順序，依序將議案交由黨團協商。

議案有時效性者，負責召集之黨團及該議案之院會說明人應優先處理。

符合立法院組織法第33條規定之黨團，除憲法另有規定外，得以黨團名義提案，不受本法有關連署或附議人數之限制。

本法自公布日施行。

本法中華民國96年11月30日修正之條文，自立法院第7屆立法委員就職日起施行。

第六項　監察法重點引讀

・引用版本：民國81年11月13日修正

・本法全文32條

　　監察院依憲法及憲法增修條文之規定，行使彈劾、糾舉及審計權，並提出糾正案，除審計權之行使另有規定外，悉依本法之規定。

　　監察院以監察委員行使彈劾權、糾舉權及以各委員會提出糾正案。

　　監察委員得分區巡迴監察。

　　監察院及監察委員得收受人民書狀，其辦法由監察院定之。

　　監察院對總統、副總統提出彈劾案時，依憲法第30條及憲法增修條文第15條第5項之規定辦理。

　　監察委員對於公務人員認為有違法或失職之行為者，應經2人以上之提議向監察院提彈劾案。

　　彈劾案之提議，以書面為之，並應詳敘事實，在未經審查決定前，原提案委員得以書面補充之。

　　彈劾案經提案委員外之監察委員9人以上之審查及決定成立後，監察院應即向懲戒機關提出之。彈劾案向懲戒機關提出後，於同一案件如發現新事實或新證據，經審查後，應送懲戒機關併案辦理。

　　彈劾案之審查，應由全體監察委員按序輪流擔任之。

　　彈劾案經審查認為不成立，而提案委員有異議時，應即將該彈劾案另付其他監察委員9人以上審查，為最後之決定。

　　彈劾案之審查委員，與該案有關係者，應行迴避。

　　監察院院長對於彈劾案，不得指使或干涉。

監察院人員對於彈劾案，在未經移付懲戒機關前，不得對外宣洩。

監察院於彈劾案移付懲戒機關時，得公布之。

監察院向懲戒機關提出彈劾案時，如認為被彈劾人員違法，或失職之行為情節重大，有急速救濟之必要者，得通知該主管長官為急速救濟之處理。

主管長官接到前項通知，不為急速救濟之處理者，於被彈劾人員受懲戒時，應負失職責任。

監察院認為被彈劾人員違法或失職之行為有涉及刑事或軍法者，除向懲戒機關提出外，並應逕送各該管司法或軍法機關依法辦理。

彈劾案經向懲戒機關提出，及移送司法或軍法機關後，各該管機關應急速辦理，並將辦理結果，迅即通知監察院轉知原提案委員。

懲戒機關於收到被彈劾人員答辯時，應即通知監察院，轉知原提案委員；原提案委員接獲通知後，如有意見時，應於10日內提出，轉送懲戒機關。

懲戒機關對彈劾案逾3個月尚未結辦者，監察院得質問之，經質問後並經調查確有故意拖延之事實者，監察院對懲戒機關主辦人員，得逕依本法第6條或第119條之規定辦理之。

凡經彈劾而受懲戒之人員，在停止任用期間，任何機關不得任用。

被彈劾人員在懲戒案進行期間，如有依法升遷，應於懲戒處分後撤銷之。

但其懲戒處分為申誡者，不在此限。

監察委員對於公務人員認為有違法或失職之行為，應先予停職或其他急速處分時，得以書面糾舉，經其他監察委員3人以上之審查及決定，由監察院送交被糾舉人員之主管長官或其上級長官，其違法行為涉及刑事或軍法者，應逕送各該管司法或軍法機關依法辦理。

監察委員於分派執行職務之該管監察區內，對薦任以下公務人員，提議糾舉案於監察院，必要時得通知該主管長官或其上級長官予以注意。

　　糾舉案經審查認為不成立而提案委員有異議時，應即將該糾舉案另付其他監察委員3人以上審查，為最後之決定。

　　被糾舉人員之主管長官或其上級長官接到糾舉書後，除關於刑事或軍法部份另候各該管機關依法辦理外，至遲應於1個月內依公務員懲戒法之規定，予以處理，並得先予停職或為其他急速處分；其認為不應處分者，應即向監察院聲復理由。

　　監察院於調查行政院及其所屬各級機關之工作及設施後，經各有關委員會之審查及決議，得由監察院提出糾正案，移送行政院或有關部會，促其注意改善。

　　行政院或有關部會接到糾正案後，應即為適當之改善與處置，並應以書面答復監察院，如逾2個月仍未將改善與處置之事實答復監察院時，監察院得質問之。

　　監察院為行使監察職權，得由監察委員持監察證或派員持調查證，赴各機關、部隊、公私團體調查檔案冊籍及其他有關文件，各該機關，部隊或團體主管人員及其他關係人員不得拒絕；遇有詢問時，應就詢問地點負責為詳實之答復，作成筆錄，由受詢人署名簽押。

　　調查人員調查案件，於必要時得通知書狀具名人及被調查人員就指定地點詢問。

　　調查人員對案件內容不得對外宣洩。

　　監察證、調查證使用規則由監察院定之。

　　調查人員必要時得臨時封存有關證件，或攜去其全部或一部。

　　前項證件之封存或攜去，應經該主管長官之允許，除有妨害國家利益者外，該主管長官不得拒絕。

　　凡攜去之證件，該主管人員應加蓋圖章，由調查人員給予收據。

　　調查人員必要時，得知會當地政府法院或其他有關機關協助。

　　調查人員於調查證據遭遇抗拒或為保全證據時，得通知警憲當局協助，作必要之措施。

第七項　公職人員選舉罷免法重點引讀

・引用版本：民國100年5月25日修正

・本法全文134條

本法所稱公職人員，指下列人員：

1. 中央公職人員：立法院立法委員。

2. 地方公職人員：直轄市議會議員、縣（市）議會議員、鄉（鎮、市）民代表會代表、直轄市長、縣（市）長、鄉（鎮、市）長、村（里）長。

公職人員選舉，以普通、平等、直接及無記名單記投票之方法行之。

全國不分區及僑居國外國民立法委員選舉，依政黨名單投票選出。

公職人員罷免，由原選舉區之選舉人以無記名投票之方法決定。

公職人員選舉，中央、直轄市、縣（市）各設選舉委員會辦理之。

立法委員、直轄市議員、直轄市長、縣（市）議員及縣（市）長選舉，由中央選舉委員會主管，並指揮、監督直轄市、縣（市）選舉委員會辦理之。

鄉（鎮、市）民代表及鄉（鎮、市）長選舉，由縣選舉委員會辦理之。

村（里）長選舉，由各該直轄市、縣（市）選舉委員會辦理之。

直轄市、縣（市）選舉委員會辦理前2項之選舉，並受中央選舉委員會之監督。

辦理選舉期間，直轄市、縣（市）選舉委員會並於鄉（鎮、市、

區）設辦理選務單位。

中央選舉委員會隸屬行政院，置委員若干人，由行政院院長提請總統派充之，並指定1人為主任委員；其組織另以法律定之。

直轄市、縣（市）選舉委員會隸屬中央選舉委員會，各置委員若干人，由中央選舉委員會提請行政院院長派充之，並指定1人為主任委員。

直轄市、縣（市）選舉委員會組織規程，均由中央選舉委員會擬訂，報請行政院核定。

各選舉委員會委員，應有無黨籍人士；其具有同一黨籍者，在中央選舉委員會不得超過委員總額2/5，在直轄市、縣（市）選舉委員會不得超過各該選舉委員會委員總額1/2。

各級選舉委員會，應依據法令公正行使職權。

中央選舉委員會置巡迴監察員若干人，由中央選舉委員會，遴選具有選舉權之公正人士，報請行政院院長聘任，並指定1人為召集人；直轄市、縣（市）選舉委員會各設監察小組，置小組委員若干人，由直轄市選舉委員會及縣（市）選舉委員會，分別遴選具有選舉權之公正人士，報請中央選舉委員會聘任，並各指定1人為召集人。

中華民國國民，年滿20歲，除受監護宣告尚未撤銷者外，有選舉權。

有選舉權人在各該選舉區繼續居住四個月以上者，為公職人員選舉各該選舉區之選舉人。

前項之居住期間，在其行政區域劃分選舉區者，仍以行政區域為範圍計算之。但於選舉公告發布後，遷入各該選舉區者，無選舉投票權。

原住民公職人員選舉，以具有原住民身分並有前條資格之有選舉權人為選舉人。

選舉人，除另有規定外，應於戶籍地投票所投票。

投票所工作人員，得在戶籍地或工作地之投票所投票。但在工作地之投票所投票者，以戶籍地及工作地在同一選舉區，並在同一直轄市、

縣（市）為限。

　　選舉人領得選舉票後應自行圈投。但因身心障礙不能自行圈投而能表示其意思者，得依其請求，由家屬1人在場，依據本人意思，眼同協助或代為圈投；其無家屬在場者，亦得依其請求，由投票所管理員及監察員各1人，依據本人意思，眼同協助或代為圈投。

　　選舉人應於規定之投票時間內到投票所投票；逾時不得進入投票所。但已於規定時間內到達投票所尚未投票者，仍可投票。

　　選舉人年滿23歲，得於其行使選舉權之選舉區登記為公職人員候選人。但直轄市長、縣（市）長候選人須年滿30歲；鄉（鎮、市）長候選人須年滿26歲。

　　選舉人年滿23歲，得由依法設立之政黨登記為全國不分區及僑居國外國民立法委員選舉之全國不分區候選人。

　　僑居國外之中華民國國民年滿23歲，在國內未曾設有戶籍或已將戶籍遷出國外連續8年以上者，得由依法設立之政黨登記為全國不分區及僑居國外國民立法委員選舉之僑居國外國民候選人。

　　前2項政黨應符合下列規定之一：

1. 於最近一次總統、副總統選舉，其所推薦候選人得票數之和，達該次選舉有效票總和2％以上。2個以上政黨共同推薦一組總統、副總統候選人者，各該政黨推薦候選人之得票數，以推薦政黨數除其推薦候選人得票數計算之。

2. 於最近三次全國不分區及僑居國外國民立法委員選舉得票率，曾達2％以上。

3. 現有立法委員5人以上，並於申請候選人登記時，備具名冊及立法委員出具之切結書。

4. 該次區域及原住民立法委員選舉推薦候選人達10人以上，且經中央選舉委員會審查合格。

　　二種以上公職人員選舉同日舉行投票時，其申請登記之候選人，以

登記一種為限。為二種以上候選人登記時,其登記均無效。

同種公職人員選舉具有2個以上之候選人資格者,以登記1個為限。為2個以上候選人登記時,其登記均無效。

有下列情事之一者,不得登記為候選人:

1. 動員戡亂時期終止後,曾犯內亂、外患罪,經依刑法判刑確定。

2. 曾犯貪污罪,經判刑確定。

3. 曾犯刑法第142條、第144條之罪,經判刑確定。

4. 犯前3款以外之罪,判處有期徒刑以上之刑確定,尚未執行或執行未畢。但受緩刑宣告者,不在此限。

5. 受保安處分或感訓處分之裁判確定,尚未執行或執行未畢。

6. 受破產宣告確定,尚未復權。

7. 依法停止任用或受休職處分,尚未期滿。

8. 褫奪公權,尚未復權。

9. 受監護或輔助宣告,尚未撤銷。

下列人員不得登記為候選人:

1. 現役軍人。

2. 服替代役之現役役男。

3. 軍事學校學生。

4. 各級選舉委員會之委員、監察人員、職員、鄉(鎮、市、區)公所辦理選舉事務人員及投票所、開票所工作人員。

5. 依其他法律規定不得登記為候選人者。

現役軍人,屬於後備軍人或補充兵應召者,在應召未入營前,或係受教育、勤務及點閱召集,均不受限制。服替代役之現役役男,屬於服役期滿後受召集服勤者,亦同。

區域立法委員、直轄市長及縣(市)長選舉候選人於登記截止後至選舉投票日前死亡者,選舉委員會應即公告該選舉區停止該項選舉,並定期重行選舉。

　　其他公職人員選舉候選人登記截止後至選舉投票日前，因候選人死亡，致該選舉區之候選人數未超過或不足該選舉區應選出之名額時，應即公告停止選舉，並定期重行選舉。

　　經登記為候選人者，不得撤回其候選人登記。

　　經政黨推薦之區域、原住民立法委員及地方公職人員選舉候選人，政黨得於登記期間截止前，備具加蓋中央主管機關發給該政黨圖記之政黨撤回推薦書，向原受理登記之選舉委員會撤回推薦，逾期不予受理。

　　經登記為候選人者，於登記後將戶籍遷出其選舉區者，不影響其候選人資格，並仍在原選舉區行使選舉權。

　　登記為候選人時，應繳納保證金；其數額由選舉委員會先期公告。

　　全國不分區及僑居國外國民立法委員選舉候選人之保證金，依公告數額，由登記之政黨按登記人數繳納。

　　保證金之繳納，以現金、金融機構簽發之本票、保付支票或郵局之劃撥支票為限；繳納現金不得以硬幣為之。

　　保證金應於當選人名單公告日後30日內發還。但有下列情事之一者，不予發還：

1. 全國不分區及僑居國外國民立法委員選舉候選人未當選。

2. 前款以外選舉未當選之候選人，得票不足各該選舉區應選出名額除該選舉區選舉人總數所得商數10%。

立法委員選舉，其選舉區依下列規定：

1. 直轄市、縣（市）選出者，應選名額1人之縣（市），以其行政區域為選舉區；應選名額2人以上之直轄市、縣（市），按應選名額在其行政區域內劃分同額之選舉區。

2. 全國不分區及僑居國外國民選出者，以全國為選舉區。

3. 平地原住民及山地原住民選出者，以平地原住民、山地原住民為選舉區。

立法院對於前項選舉區變更案，應以直轄市、縣（市）為單位

行使同意或否決。如經否決，中央選舉委員會應就否決之直轄市、縣（市），參照立法院各黨團意見，修正選舉區變更案，並於否決之日起30日內，重行提出。

立法院應於立法委員任期屆滿1年1個月前，對選舉區變更案完成同意，未能於期限內完成同意部分，由行政、立法兩院院長協商解決之。

選舉委員會應依下列規定期間，發布各種公告：

1. 選舉公告，須載明選舉種類、名額、選舉區之劃分、投票日期及投票起、止時間，並應於公職人員任期或規定之日期屆滿40日前發布之。但總統解散立法院辦理之立法委員選舉、重行選舉、重行投票或補選之公告日期，不在此限。

2. 候選人登記，應於投票日20日前公告，其登記期間不得少於5日。但鄉（鎮、市）民代表、鄉（鎮、市）長、村（里）長之選舉，不得少於3日。

3. 選舉人名冊，應於投票日15日前公告，其公告期間，不得少於3日。

4. 候選人名單，應於競選活動開始前1日公告。

5. 選舉人人數，應於投票日3日前公告。

6. 當選人名單，應於投票日後7日內公告。

前項第一款之名額，其依人口數計算者，以選舉投票之月前第6個月月底戶籍統計之人口數為準。

公職人員選舉，候選人競選活動期間依下列規定：

1. 直轄市長為15日。

2. 立法委員、直轄市議員、縣（市）議員、縣（市）長、鄉（鎮、市）長為10日。

3. 鄉（鎮、市）民代表、村（里）長為5日。

前項期間，以投票日前1日向前推算；其每日競選活動時間，自上午7時起至下午10時止。

　　各種公職人員競選經費最高金額，除全國不分區及僑居國外國民立法委員選舉外，應由選舉委員會於發布選舉公告之日同時公告。

　　前項競選經費最高金額，依下列規定計算：

1. 立法委員、直轄市議員、縣（市）議員、鄉（鎮、市）民代表選舉為以各該選舉區之應選名額除選舉區人口總數70％，乘以基本金額新臺幣30元所得數額，加上一固定金額之和。

2. 直轄市長、縣（市）長、鄉（鎮、市）長、村（里）長選舉為以各該選舉區人口總數70％，乘以基本金額新臺幣20元所得數額，加上一固定金額之和。

　　前項所定固定金額，分別定為立法委員、直轄市議員新臺幣1千萬元、縣（市）議員新臺幣600萬元、鄉（鎮、市）民代表新臺幣200萬元、直轄市長新臺幣5千萬元、縣（市）長新臺幣3千萬元、鄉（鎮、市）長新臺幣600萬元、村（里）長新臺幣20萬元。

　　候選人除全國不分區及僑居國外國民立法委員選舉外，當選人在1人，得票數達各該選舉區當選票數1/3以上者，當選人在2人以上，得票數達各該選舉區當選票數1/2以上者，應補貼其競選費用，每票補貼新臺幣30元。但其最高額，不得超過各該選舉區候選人競選經費最高金額。

　　前項當選票數，當選人在2人以上者，以最低當選票數為準；其最低當選票數之當選人，以婦女保障名額當選，應以前1名當選人之得票數為最低當選票數。

　　第1項對候選人競選費用之補貼，應於當選人名單公告日後30日內，由選舉委員會核算補貼金額，並通知候選人於3個月內掣據，向選舉委員會領取。

　　國家應每年對政黨撥給競選費用補助金，其撥款標準以最近一次立法委員選舉為依據。全國不分區及僑居國外國民立法委員選舉政黨得票率達5％以上者，應補貼該政黨競選費用，每年每票補貼新臺幣50元，

按會計年度由中央選舉委員會核算補貼金額，並通知政黨於1個月內掣據，向中央選舉委員會領取，至該屆立法委員任期屆滿為止。

候選人未於規定期限內領取競選費用補貼者，選舉委員會應催告其於3個月內具領；屆期未領者，視為放棄領取。

候選人於競選活動期間，得在其選舉區內設立競選辦事處；其設立競選辦事處2所以上者，除主辦事處以候選人為負責人外，其餘各辦事處，應由候選人指定專人負責，並應將各辦事處地址、負責人姓名，向受理登記之選舉委員會登記。

候選人競選辦事處不得設於機關（構）、學校、依法設立之人民團體或經常定為投票所、開票所之處所及其他公共場所。但政黨之各級黨部辦公處，不在此限。

各級選舉委員會之委員、監察人員、職員、鄉（鎮、市、區）公所辦理選舉事務人員，於選舉公告發布後，不得有下列行為：

1. 公開演講或署名推薦為候選人宣傳。

2. 為候選人站台或亮相造勢。

3. 召開記者會或接受媒體採訪時為候選人宣傳。

4. 印發、張貼宣傳品為候選人宣傳。

5. 懸掛或豎立標語、看板、旗幟、布條等廣告物為候選人宣傳。

6. 利用大眾傳播媒體為候選人宣傳。

7. 參與候選人遊行、拜票、募款活動。

公職人員選舉，除全國不分區及僑居國外國民立法委員選舉外，選舉委員會應於競選活動期間內舉辦公辦政見發表會，候選人應親自到場發表政見。但經選舉區內候選人全體同意不辦理者，應予免辦；鄉（鎮、市）民代表及村（里）長選舉，得視實際情形辦理或免辦。

前項公辦政見發表會，得透過電視或其他大眾傳播媒體辦理。

前2項公辦政見發表會中候選人發表政見時間，每場每人以不少於15分鐘為原則；其舉辦之場數、時間、程序等事項之辦法，由中央選舉

委員會定之。

選舉委員會應彙集下列資料及選舉投票等有關規定，編印選舉公報，並得錄製有聲選舉公報：

1. 區域、原住民立法委員及地方公職人員選舉，各候選人之號次、相片、姓名、出生年月日、性別、出生地、推薦之政黨、學歷、經歷及政見。

2. 全國不分區及僑居國外國民立法委員選舉，各政黨之號次、名稱、政見及其登記候選人之姓名、出生年月日、性別、出生地、學歷及經歷。有政黨標章者，其標章。

選舉公報應於投票日2日前送達選舉區內各戶，並分別張貼適當地點。

選舉委員會得視實際需要，選定公職人員選舉種類，透過電視或其他大眾傳播媒體，辦理選舉及政黨選舉活動；其舉辦之次數、時間、程序等事項之辦法，由中央選舉委員會定之。

全國不分區及僑居國外國民立法委員選舉，中央選舉委員會應以公費，在全國性無線電視頻道，供登記之政黨從事競選宣傳，每次時間不得少於1小時，受指定之電視台不得拒絕；其舉辦之次數、時間、程序等事項之辦法，由中央選舉委員會定之。

廣播電視事業得有償提供時段，供推薦或登記候選人之政黨、候選人從事競選宣傳，並應為公正、公平之對待。

公共廣播電視台及非營利之廣播電台、無線電視或有線電視台不得播送競選宣傳廣告。

廣播電視事業從事選舉相關議題之新聞報導或邀請候選人參加節目，應為公正、公平之處理，不得為無正當理由之差別待遇。

廣播電視事業有違反前3項規定之情事者，任何人得於播出後1個月內，檢具錄影帶、錄音帶等具體事證，向選舉委員會舉發。

中央和地方政府各級機關於公職人員選舉競選活動期間，不得從事

任何與競選宣傳有關之活動。

　　報紙、雜誌所刊登之競選廣告，應於該廣告中載明刊登者之姓名；其為法人或團體者，並應載明法人或團體之名稱及其代表人姓名。

　　候選人印發以文字、圖畫從事競選之宣傳品，應親自簽名；政黨於競選活動期間，得為其所推薦之候選人印發以文字、圖畫從事競選之宣傳品，並應載明政黨名稱。宣傳品之張貼，以候選人競選辦事處、政黨辦公處及宣傳車輛為限。

　　政黨及任何人不得於道路、橋樑、公園、機關（構）、學校或其他公共設施及其用地，懸掛或豎立標語、看板、旗幟、布條等競選廣告物。但經直轄市、縣（市）政府公告供候選人或推薦候選人之政黨使用之地點，不在此限。

　　前項直轄市、縣（市）政府公告之地點，應公平合理提供各政黨或候選人使用；其使用管理規則，由直轄市、縣（市）政府定之。

　　競選廣告物之懸掛或豎立，不得妨礙公共安全或交通秩序，並應於投票日後7日內自行清除；違反者，依有關法令規定處理。

　　違反第1項或第2項規定所張貼之競選宣傳品或懸掛、豎立之競選廣告物，並通知直轄市、縣（市）政府相關主管機關（單位）依規定處理。

　　政黨及任何人自選舉公告發布之日起至投票日10日前所為有關候選人或選舉民意調查資料之發布，應載明負責調查單位或主持人、辦理時間、抽樣方式、母體及樣本數、經費來源及誤差值。

　　政黨及任何人於投票日前10起至投票時間截止前，不得以任何方式，發布有關候選人或選舉之民意調查資料，亦不得加以報導、散布、評論或引述。

　　政黨及候選人從事競選活動使用擴音器，不得製造噪音。違反者，由環境保護主管機關或警察機關依有關法律規定處理。

　　候選人或為其助選之人之競選言論，不得有下列情事：

1. 煽惑他人犯內亂罪或外患罪。

2. 煽惑他人以暴動破壞社會秩序。

3. 觸犯其他刑事法律規定之罪。

政黨及任何人,不得有下列情事:

1. 於競選活動期間之每日上午7時前或下午10時後,從事公開競選或助選活動。但不妨礙居民生活或社會安寧之活動,不在此限。

2. 於投票日從事競選或助選活動。

3. 妨害其他政黨或候選人競選活動。

4. 邀請外國人民、大陸地區人民或香港、澳門居民為第45條各款之行為。

選舉票及選舉人名冊,自開票完畢後,其保管期間如下:

1. 用餘票為1個月。

2. 有效票及無效票為6個月。

3. 選舉人名冊為6個月。

前項保管期間,發生訴訟時,其與訴訟有關部分,應延長保管至裁判確定後3個月。

投票所、開票所置主任管理員1人,管理員若干人,由選舉委員會派充,辦理投票、開票工作。

前項主任管理員須為現任公教人員,管理員須半數以上為現任公教人員,選舉委員會得洽請各級政府機關及公立學校推薦後遴派之,受洽請之政府機關、公立學校及受遴派之政府機關職員、學校教職員,均不得拒絕。

投票所、開票所置警衛人員,由直轄市、縣(市)選舉委員會洽請當地警察機關調派之。

投票所、開票所置主任監察員1人,監察員若干人,監察投票、開票工作。

主任監察員須為現任公教人員,由選舉委員會洽請各級政府機關及

公立學校推薦後遴派之；受洽請之政府機關、公立學校及受遴派之政府機關職員、學校教職員，均不得拒絕。

監察員依下列方式推薦後，由選舉委員會審核派充之：

1. 立法委員、直轄市長及縣（市）長選舉，僅由推薦候選人且其最近一次全國不分區及僑居國外國民立法委員選舉得票率達5％以上之政黨，於各投票所推薦監察員1人。

2. 其他地方公職人員選舉則由候選人就所需人數平均推薦，但經政黨推薦之候選人，由其所屬政黨推薦。如指定之監察員超過該投票所、開票所規定名額時，以抽籤定之。

3. 立法委員、直轄市長及縣（市）長選舉與其他地方公職人員選舉同日舉行投票時，依第1款規定推薦。

候選人或政黨得就其所推薦之監察員，指定投票所、開票所，執行投票、開票監察工作。但投、開票所監察員不得全屬同一政黨推薦。

除候選人僅1人外，各投票所推薦不足2名之監察員時，由選舉委員會就下列人員遴派之：

1. 地方公正人士。

2. 各機關（構）、團體、學校人員。

3. 大專校院成年學生。

選舉票由選舉委員會按選舉區，依下列各款規定印製、分發及應用：

1. 區域、原住民立法委員及地方公職人員選舉，選舉票應刊印各候選人之號次、姓名及相片；經政黨推薦之立法委員選舉候選人，應同時刊印推薦該候選人之政黨名稱；非經政黨推薦之候選人，刊印無。

2. 全國不分區及僑居國外國民立法委員選舉，選舉票應刊印政黨之號次、標章及名稱。

前項第2款之政黨標章，以經中央主管機關備案者為限；未經備案者不予刊登。

　　第1項選舉票，由直轄市、縣（市）選舉委員會依中央選舉委員會規定之式樣及顏色印製，並由監察小組委員到場監印，於投票日前1日交各該投票所主任管理員會同主任監察員當眾點清。

　　選舉之投票，由選舉人於選舉票圈選欄上，以選舉委員會製備之圈選工具圈選1人。但全國不分區及僑居國外國民立法委員選舉，圈選一政黨。

　　選舉人圈選後，不得將圈選內容出示他人。

　　選舉票有下列情事之一者，無效：

1. 圈選2政黨或2人以上。

2. 不用選舉委員會製發之選舉票。

3. 所圈位置不能辨別為何政黨或何人。

4. 圈後加以塗改。

5. 簽名、蓋章、按指印、加入任何文字或符號。

6. 將選舉票撕破致不完整。

7. 將選舉票污染致不能辨別所圈選為何政黨或何人。

8. 不加圈完全空白。

9. 不用選舉委員會製備之圈選工具。

　　前項無效票，應由開票所主任管理員會同主任監察員認定；認定有爭議時，由全體監察員表決之。表決結果正反意見同數者，該選舉票應為有效。

　　在投票所或開票所有下列情事之一者，主任管理員應會同主任監察員令其退出：

1. 在場喧嚷或干擾勸誘他人投票或不投票，不服制止。

2. 攜帶武器或危險物品入場。

3. 有其他不正當行為，不服制止。

　　選舉人有前項情事之一者，令其退出時，應將所持選舉票收回，並將事實附記於選舉人名冊內該選舉人姓名下；其情節重大者，並應專案

函報各該選舉委員會。

選舉人及第18條第3項規定之家屬，不得攜帶手機及其他攝影器材進入投票所。

任何人不得於投票所以攝影器材刺探選舉人圈選選舉票內容。

公職人員選舉，除另有規定外，按各選舉區應選出之名額，以候選人得票比較多數者為當選；票數相同時，以抽籤決定之。

全國不分區及僑居國外國民立法委員選舉當選名額之分配，依下列規定：

1. 以各政黨得票數相加之和，除各該政黨得票數，求得各該政黨得票比率。

2. 以應選名額乘前款得票比率所得積數之整數，即為各政黨分配之當選名額；按政黨名單順位依序當選。

3. 依前款規定分配當選名額後，如有剩餘名額，應按各政黨分配當選名額後之剩餘數大小，依序分配剩餘名額。剩餘數相同時，以抽籤決定之。

4. 政黨登記之候選人名單人數少於應分配之當選名額時，視同缺額。

5. 各該政黨之得票比率未達5％以上者，不予分配當選名額；其得票數不列入第1款計算。

6. 第1款至第3款及前款小數點均算至小數點第4位，第5位以下四捨五入。

前項各政黨當選之名額，婦女不得低於1/2。

各政黨分配之婦女當選名額，按各政黨登記之候選人名單順位依序分配當選名額；婦女當選人少於應行當選名額時，由名單在後之婦女優先分配當選。婦女候選人少於應分配之婦女當選名額時，視同缺額。

區域立法委員、直轄市長、縣（市）長選舉結果，得票數最高與次高之候選人得票數差距，或原住民立法委員選舉結果得票數第3高與第4

高之候選人得票數差距，在有效票數千分之3以內時，次高票或得票數第4高之候選人得於投票日後7日內，向第126條規定之管轄法院聲請查封全部或一部分投票所之選舉人名冊及選舉票，就查封之投票所於20日內完成重新計票，並將重新計票結果通知各主管選舉委員會。各主管選舉委員會應於7日內依管轄法院重新計票結果，重行審定選舉結果。審定結果，有不應當選而已公告當選之情形，應予撤銷；有應當選而未予公告之情形，應重行公告。

前項重新計票之申請，於得票數最高或原住民立法委員選舉得票數第3高之候選人有2人以上票數相同時，得由經抽籤而未抽中之候選人為之。

第1項聲請，應以書面載明重新計票之投票所，並繳納一定金額之保證金；其數額以投票所之投票數每票新臺幣3元計。

重新計票結果未改變當選或落選時，第3項保證金不予發還；重新計票結果改變當選或落選時，保證金應予發還。

任何人提起選舉訴訟時，依第1項規定查封之投票所選舉人名冊及選舉票，不得聲請重新計票。

第1項辦理重新計票所需費用，由第13條規定編列預算之機關負擔。

當選人於就職前死亡或於就職前經判決當選無效確定者，依下列規定辦理：

1. 區域立法委員、直轄市長、縣（市）長、鄉（鎮、市）長、村（里）長，應自死亡之日或選舉委員會收到法院確定判決證明書之日起3個月內完成重行選舉投票。

2. 原住民立法委員、直轄市議員、縣（市）議員、鄉（鎮、市）民代表，視同缺額；同一選舉區內缺額達1/2時，應自死亡之日或選舉委員會收到法院確定判決證明書之日起3個月內完成補選投票。

3. 全國不分區及僑居國外國民立法委員，除以書面聲明放棄遞補者外，由該政黨登記之候選人名單按順位依序遞補；該政黨登記之候選人名單無人遞補時，視同缺額。

全國不分區及僑居國外國民立法委員選舉當選人，在就職前喪失其所屬政黨黨籍者，自喪失黨籍之日起，喪失其當選資格；其所遺缺額，除以書面聲明放棄遞補者外，由該政黨登記之候選人名單按順位依序遞補；如該政黨登記之候選人名單無人遞補時，視同缺額。

全國不分區及僑居國外國民立法委員選舉婦女當選人，在就職前死亡、就職前經判決當選無效確定或喪失其所屬政黨黨籍而出缺，致該政黨婦女當選人不足婦女應當選名額時，其所遺缺額，除以書面聲明放棄遞補者外，由該政黨登記之候選人名單中之婦女候選人順位依序遞補；該政黨登記之候選人名單無婦女候選人遞補時，視同缺額。

前2項政黨黨籍之喪失，應由所屬政黨檢附黨籍喪失證明書，向中央選舉委員會備案。

當選人應於規定之日就職，重行選舉或重行投票之當選人未能於規定之日就職者，其任期仍應自該規定之日起算。

前項當選人因徵集入營服役，尚未就職者，不得就職；已就職者，視同辭職。

立法委員於就職後因死亡、辭職、經判決當選無效確定或其他事由出缺時，依下列規定辦理：

1. 區域選出者，應自死亡之日、辭職之日或選舉委員會收到法院確定判決證明書之日或其他出缺事由發生之日起3個月內完成補選投票。但其所遺任期不足1年時，不予補選。

2. 原住民選出者，同一選舉區內缺額達1/2時，應自死亡之日、辭職之日或選舉委員會收到法院確定判決證明書之日或其他出缺事由發生之日起3個月內完成補選投票。但其所遺任期不足1年時，不予補選。

3. 全國不分區及僑居國外國民選出者，其所遺缺額，除以書面聲明放棄遞補者外，由該政黨登記之候選人名單按順位依序遞補；如該政黨登記之候選人名單無人遞補時，視同缺額。

全國不分區及僑居國外國民立法委員，在就職後喪失其所屬政黨黨籍者，自喪失黨籍之日起，喪失其資格，由中央選舉委員會函請立法院予以註銷，其所遺缺額，除以書面聲明放棄遞補者外，由該政黨登記之候選人名單按順位依序遞補；如該政黨登記之候選人名單無人遞補時，視同缺額。

全國不分區及僑居國外國民立法委員選舉婦女當選人，於就職後因死亡、辭職、經判決當選無效確定、喪失其所屬政黨黨籍或其他事由出缺，致該政黨婦女當選人不足婦女應當選名額時，其所遺缺額，除以書面聲明放棄遞補者外，由該政黨登記之候選人名單中之婦女候選人順位依序遞補；如該政黨登記之候選人名單無婦女候選人遞補時，視同缺額。

前2項政黨黨籍之喪失，應由所屬政黨檢附黨籍喪失證明書，向中央選舉委員會備案。

當選人經判決當選無效確定，依法院確定判決認定之事實，候選人得票數有變動致影響當選或落選時，主管選舉委員會應依法院確定判決認定之事實，重行審定。審定結果，有不應當選而已公告當選之情形，應予撤銷；有應當選而未予公告之情形，應重行公告，不適用重行選舉或缺額補選之規定。

地方民意代表當選人因第120條第1項第3款之情事，經法院判決當選無效確定者或當選人有褫奪公權尚未復權之情形時，其缺額由落選人依得票數之高低順序遞補，不適用重行選舉或缺額補選之規定。但遞補人員之得票數不得低於選舉委員會原公告該選舉區得票數最低之當選人得票數1/2。

公職人員之罷免，得由原選舉區選舉人向選舉委員會提出罷免案。

但就職未滿1年者,不得罷免。

全國不分區及僑居國外國民立法委員選舉之當選人,不適用罷免之規定。

現役軍人、服替代役之現役役男或公務人員,不得為罷免案提議人。

前項所稱公務人員,為公務員服務法第24條規定之公務員。

選舉委員會收到罷免案提議後,應於25日內,查對提議人名冊。

提議人名冊,經依前項規定刪除後,如不足規定人數,由選舉委員會通知提議人之領銜人於5日內補提,屆期不補提或補提仍不足規定人數者,均不予受理。符合規定人數,即函告提議人之領銜人自收到通知之次日起10日內領取連署人名冊格式,並於一定期間內徵求連署,未依限領取連署人名冊格式者,視為放棄提議。

前項補提,以1次為限。補提之提議人名冊,應依第1項規定處理。

前條第2項所定徵求連署之期間如下:

1. 立法委員、直轄市議員、直轄市長、縣(市)長之罷免為30日。

2. 縣(市)議員、鄉(鎮、市)長之罷免為20日。

3. 鄉(鎮、市)民代表、村(里)長之罷免為10日。

罷免案之連署人,以被罷免人原選舉區選舉人為連署人,其人數應為原選舉區選舉人總數13%以上。

前項罷免案連署人人數,其計算數值尾數如為小數者,該小數即以整數一計算。

同一罷免案之提議人不得為連署人。提議人及連署人之人數應分別計算。

第76條及前條所稱選舉人總數,以被罷免人當選時原選舉區之選舉人總數為準;所稱選舉人,其年齡及居住期間之計算,以罷免案提出日為準。

罷免案之投票,應於罷免案宣告成立後30日內為之。但不得與各類

選舉之投票同時舉行。

罷免票應在票上刊印同意罷免、不同意罷免2欄，由投票人以選舉委員會製備之圈選工具圈定。

投票人圈定後，不得將圈定內容出示他人。

罷免案之投票人、投票人名冊及投票、開票，準用本法有關選舉人、選舉人名冊及投票、開票之規定。

罷免案投票人數不足原選舉區選舉人總數1/2以上或同意罷免票數未超過有效票數1/2以上者，均為否決。

罷免案經投票後，選舉委員會應於投票完畢7日內公告罷免投票結果。罷免案通過者，被罷免人應自公告之日起，解除職務。

前項罷免案通過後，依規定應辦理補選者，應自罷免投票結果公告之日起3個月內完成補選投票。但經提起罷免訴訟者，在訴訟程序終結前，不予補選。

罷免案通過者，被罷免人自解除職務之日起，4年內不得為同一公職人員候選人；其於罷免案進行程序中辭職者，亦同。

罷免案否決者，在該被罷免人之任期內，不得對其再為罷免案之提議。

中央公職人員選舉，由最高法院檢察署檢察總長督率各級檢察官；地方公職人員選舉，由該管法院檢察署檢察長督率所屬檢察官，分區查察，自動檢舉有關妨害選舉、罷免之刑事案件，並接受機關、團體或人民是類案件之告發、告訴、自首，即時開始偵查，為必要之處理。

前項案件之偵查，檢察官得依刑事訴訟法及調度司法警察條例等規定，指揮司法警察人員為之。

犯本章之罪或刑法第六章妨害投票罪之案件，各審受理法院應於6個月內審結。

選舉委員會辦理選舉、罷免違法，足以影響選舉或罷免結果，檢察官、候選人、被罷免人或罷免案提議人，得自當選人名單或罷免投票結

果公告之日起15日內，以各該選舉委員會為被告，向管轄法院提起選舉或罷免無效之訴。

選舉委員會辦理全國不分區及僑居國外國民立法委員選舉違法，足以影響選舉結果，申請登記之政黨，得依前項規定提起選舉無效之訴。

選舉或罷免無效之訴，經法院判決無效確定者，其選舉或罷免無效，並定期重行選舉或罷免。其違法屬選舉或罷免之局部者，局部之選舉或罷免無效，並就該局部無效部分，定期重行投票。

當選人有下列情事之一者，選舉委員會、檢察官或同一選舉區之候選人得以當選人為被告，自公告當選人名單之日起30日內，向該管轄法院提起當選無效之訴：

1. 當選票數不實，足認有影響選舉結果之虞。
2. 對於候選人、有投票權人或選務人員，以強暴、脅迫或其他非法之方法，妨害他人競選、自由行使投票權或執行職務。
3. 有第99條、第99條第1項、第101條第1項、第102條第1項第1款、刑法第146條第1、2項之行為。

全國不分區及僑居國外國民立法委員選舉之當選人，因政黨得票數不實，而足認有影響選舉結果之虞，或有前項第2款、第3款所列情事之一者，其他申請登記之政黨得依前項規定提起當選無效之訴。

當選無效之訴經判決確定者，不因同一事由經刑事判決無罪而受影響。

當選人有第29條第1項所列各款之1或第2項規定情事者，選舉委員會、檢察官或同一選舉區之候選人得以當選人為被告，於其任期或規定之日期屆滿前，向該管轄法院提起當選無效之訴。

全國不分區及僑居國外國民立法委員選舉之當選人，有前項情事時，其他申請登記之政黨亦得依前項規定提起當選無效之訴。

當選無效之訴經判決無效確定者，當選人之當選，無效；已就職者，並應自判決確定之日起，解除職務。

選舉無效或當選無效之判決，不影響當選人就職後職務上之行為。

罷免案之通過或否決，其票數不實足以影響投票結果者，選舉委員會、檢察官、被罷免人或罷免案提議人，得於罷免投票結果公告之日起15日內，以罷免案提議人或被罷免人為被告，向管轄法院提起罷免案通過或否決無效之訴。

罷免案通過或否決無效之訴，經法院判決無效確定者，其罷免案之通過或否決無效，並定期重行投票。

罷免案之通過經判決無效者，被罷免人之職務應予恢復。

選舉人發覺有構成選舉無效、當選無效或罷免無效、罷免案通過或否決無效之情事時，得於當選人名單或罷免投票結果公告之日起7日內，檢具事證，向檢察官或選舉委員會舉發之。

選舉、罷免訴訟之管轄法院，依下列之規定：

1. 第一審選舉、罷免訴訟，由選舉、罷免行為地之該管地方法院或其分 院管轄，其行為地跨連或散在數地方法院或分院管轄區域內者，各該 管地方法院或分院俱有管轄權。

2. 不服地方法院或分院第一審判決而上訴之選舉、罷免訴訟事件，由該 管高等法院或其分院管轄。

選舉、罷免訴訟，設選舉法庭，採合議制審理，並應先於其他訴訟審判之，以二審終結，並不得提起再審之訴。各審受理之法院應於6個月內審結。

法院審理選舉、罷免訴訟時，應依職權調查必要之事證。

選舉、罷免訴訟程序，除本法規定者外，準用民事訴訟法之規定。但關於捨棄、認諾、訴訟上自認或不爭執事實效力之規定，不在準用之列。

選舉訴訟程序中，訴訟當事人或其訴訟代理人得查閱、影印選舉票或選舉人名冊。

　　本法及組織犯罪防制條例第14條第1項所定罰鍰，由選舉委員會處罰之。

　　本法自公布日施行。

第八項　總統、副總統選舉罷免法重點引讀

・引用版本：民國98年5月27日修正

・本法全文117條

　　總統、副總統選舉、罷免，除另有規定外，以普通、平等、直接及無記名投票之方法行之。

　　總統、副總統選舉，以中華民國自由地區為選舉區。

　　選舉人、候選人年齡及居住期間之計算，除另有規定外，均以算至投票日前1日為準，並以戶籍登記資料為依據。

　　前項居住期間之計算，自戶籍遷入登記之日起算。

　　重行投票者，仍依原投票日計算。

　　總統、副總統選舉、罷免，由中央選舉委員會主管，並指揮、監督省（市）、縣（市）選舉委員會辦理之。但總統、副總統罷免案之提議、提出及副總統之缺位補選，由立法院辦理之。

　　中央選舉委員會辦理下列事項：

　　1. 選舉、罷免之公告事項。

　　2. 選舉、罷免事務進行程序及計畫事項。

　　3. 候選人申請登記事項。

　　4. 候選人資格之審定事項。

　　5. 選舉宣導之策劃事項。

　　6. 候選人電視政見發表會之辦理事項。

　　7. 選舉、罷免之監察事項。

8. 選舉、罷免結果之審定事項。

9. 當選證書之製發事項。

10. 候選人競選費用之補貼事項。

11. 其他有關選舉、罷免事項。

中華民國自由地區人民，年滿20歲，除受監護宣告尚未撤銷者外，有選舉權。

前條有選舉權人具下列條件之一者，為選舉人：

1. 現在中華民國自由地區繼續居住6個月以上者。

2. 曾在中華民國自由地區繼續居住6個月以上，現在國外，持有效中華民國護照，並在規定期間內向其最後遷出國外時之原戶籍地戶政機關辦理選舉人登記者。

前項第2款在國外之中華民國自由地區人民申請返國行使選舉權登記查核辦法，由中央選舉委員會會同外交部、僑務委員會另定之。

選舉人，除另有規定外，應於戶籍地投票所投票。

返國行使選舉權之選舉人，應於最後遷出國外時之原戶籍地投票所投票。

投票所工作人員，得在戶籍地或工作地之投票所投票。但在工作地之投票所投票者，以戶籍地及工作地在同一直轄市、縣（市）為限。總統、副總統選舉與他種公職人員選舉同日舉行投票時，並應在該選舉人行使他種公職人員選舉權之選舉區內。

選舉人投票時，除另有規定外，應憑本人國民身分證領取選舉票。

返國行使選舉權之選舉人應憑本人有效之中華民國護照領取選舉票。

選舉人領取選舉票時，應在選舉人名冊上簽名或蓋章或按指印，按指印者，並應有管理員及監察員各1人蓋章證明。選舉人名冊上無其姓名或姓名不符者，不得領取選舉票。但姓名顯係筆誤、因婚姻關係而冠姓或回復本姓致與國民身分證不符者，經主任管理員會同主任監察員辦

明後，應准領取選舉票。

選舉人領得選舉票後，應自行圈投。但因身心障礙不能自行圈投而能表示其意思者，得依其請求，由家屬1人在場，依據本人意思，眼同協助或代為圈投；其無家屬在場者，亦得依其請求，由投票所管理員及監察員各1人，依據本人意思，眼同協助或代為圈投。

選舉人應於規定之投票時間內到投票所投票；逾時不得進入投票所。但已於規定時間內到達投票所尚未投票者，仍可投票。

總統、副總統選舉與他種公職人員選舉同日舉行投票時，選舉人名冊得合併編造。

在中華民國自由地區繼續居住六個月以上且曾設籍15年以上之選舉人，年滿40歲，得申請登記為總統、副總統候選人。

回復中華民國國籍、因歸化取得中華民國國籍、大陸地區人民或香港、澳門居民經許可進入臺灣地區者，不得登記為總統、副總統候選人。

總統、副總統候選人，應備具中央選舉委員會規定之表件及保證金，於規定時間內，向該會聯名申請登記。未聯名申請登記、表件或保證金不合規定，或未於規定時間內辦理者，不予受理。

前項候選人，應經由政黨推薦或連署人連署。

同一組總統、副總統候選人，如經審定1人或2人資格不符規定，則該組候選人，應不准予登記。

依政黨推薦方式向中央選舉委員會申請登記為總統、副總統候選人者，應檢附加蓋內政部發給該政黨圖記之政黨推薦書；2個以上政黨共同推薦一組候選人時，應檢附一份政黨推薦書，排列推薦政黨之順序，並分別蓋用圖記。同一政黨，不得推薦2組以上候選人，推薦2組以上候選人者，其後登記者，不予受理。

前項之政黨，於最近任何一次總統、副總統或立法委員選舉，其所推薦候選人得票數之和，應達該次選舉有效票總和5％以上。2個以上

政黨共同推薦一組總統、副總統候選人者，各該政黨推薦候選人之得票數，以推薦政黨數除其推薦候選人得票數計算之。

依連署方式申請登記為總統、副總統候選人者，應於選舉公告發布後五日內，向中央選舉委員會申請為被連署人，申領連署人名冊格式，並繳交連署保證金新臺幣100萬元。

中華民國自由地區人民，於選舉公告日，年滿20歲者，得為前項之連署人。

連署人數，於第二項規定期間內，已達最近一次立法委員選舉選舉人總數1.5％者，中央選舉委員會應定期為完成連署之公告，發給被連署人完成連署證明書，並發還保證金。連署人數不足規定人數1/2者，保證金不予發還。

被連署人或其代理人應依中央選舉委員會規定之連署人名冊及切結書格式，依式印製，徵求連署。連署人連署時，並應附本人之國民身分證影本。同1連署人，以連署1組被連署人為限，同時為2組以上之連署時，其連署均無效。

直轄市、縣（市）選舉委員會受理前項連署書件後，應予抽查，並應於抽查後，將受理及抽查結果層報中央選舉委員會。連署人之連署有下列情事之一者，應予刪除：

1. 連署人不合第3項或第5項規定者。

2. 連署人之國民身分證影本記載資料不明或影印不清晰，致不能辨認連署人之姓名、出生年月日或國民身分證統一編號者。

3. 連署人名冊未經連署人簽名或蓋章者。

4. 連署人連署，有偽造情事者。

前項連署書件，應保管至開票後3個月。但保管期間，如有選舉訴訟者，應延長保管至裁判確定後3個月。

總統、副總統選舉與他種公職人員選舉同日舉行投票時，同時為2種以上候選人登記者，他種公職候選人之登記無效。

有下列情事之一，不得登記為總統、副總統候選人：

1. 動員戡亂時期終止後，曾犯內亂、外患罪，經判刑確定者。

2. 曾犯貪污罪，經判刑確定者。

3. 曾犯第84條第1項、第2項等之罪，經判刑確定者。

4. 曾犯組織犯罪防制條例之罪，經判刑確定者。

5. 犯前4款以外之罪，判處有期徒刑以上之刑確定，尚未執行、執行未畢或於緩刑期間者。

6. 受死刑、無期徒刑或10年以上有期徒刑之判決尚未確定者。

7. 受宣告強制工作之保安處分或流氓感訓處分之裁判確定，尚未執行、執行未畢或執行完畢未滿10年者。

8. 受其他保安處分之裁判確定，尚未執行或執行未畢者。

9. 受破產宣告確定，尚未復權者。

10. 依法停止任用或受休職處分，尚未期滿者。

11. 褫奪公權，尚未復權者。

12. 受監護或輔助宣告，尚未撤銷者。

下列人員不得申請登記為總統、副總統候選人：

1. 現役軍人。

2. 辦理選舉事務人員。

3. 具有外國國籍者。

前項第1款之現役軍人，屬於後備軍人應召者，在應召未入營前，或係受教育、勤務及點閱召集，均不受限制。

當選人因第104條第1項第2款至第四款所定情事之一，經法院判決當選無效確定者，不得申請登記為該次總統、副總統補選候選人。

經登記為總統、副總統候選人者，不得撤回其總統、副總統候選人登記。經政黨推薦為總統、副總統候選人者，其推薦之政黨，不得撤回其推薦。

登記為總統、副總統候選人時，各組應繳納保證金新臺幣1千5百

萬元。

　　前項保證金，應於公告當選人名單後10日內發還。但得票數不足選舉人總數5％者，不予發還。

　　總統、副總統選舉，應於總統、副總統任期屆滿30日前完成選舉投票。但重行選舉、重行投票或補選之投票完成日期，不在此限。

　　總統、副總統選舉，候選人競選活動期間為28日。

　　前項期間，以投票日前1日向前推算；其每日競選活動時間，自上午7時起至下午10時止。

　　政黨及候選人不得接受下列競選經費之捐贈：

　　1. 外國團體、法人、個人或主要成員為外國人之團體、法人。

　　2. 大陸地區人民、法人、團體或其他機構，或主要成員為大陸地區人民之法人、團體或其他機構。

　　3. 香港、澳門居民、法人、團體或其他機構，或主要成員為香港、澳門居民之法人、團體或其他機構。

　　4. 其他政黨或同一種選舉其他組候選人。但共同推薦候選人政黨，對於其所推薦同一組候選人之捐贈，不在此限。

　　5. 公營事業或接受政府捐助之財團法人。

　　政黨、候選人或為其助選之人，不得向不特定人以發行定期、不定期之無息、有息債券或其他有價證券方式，募集競選經費。

　　個人對於候選人競選經費之捐贈，不得超過新臺幣2萬元；其為營利事業捐贈者，不得超過新臺幣30萬元。同1組候選人接受競選經費捐贈之總額，不得超過第38條規定之候選人競選經費最高金額。

　　前項之捐贈，個人得於申報所得稅時，作為當年度列舉扣除額；其為營利事業捐贈者，得列為當年度之費用或損失。

　　營利事業連續虧損3年以上者，不得捐贈競選經費。

　　各組候選人選舉得票數達當選票數1/3以上者，應補貼其競選費用，每票補貼新臺幣30元。但其最高額，不得超過候選人競選經費最高金額。

政黨推薦之候選人其補貼費用，應由該推薦之政黨領取；2個以上政黨共同推薦1組候選人時，應共同具名領取。

總統、副總統選舉，中央選舉委員會應以公費，在全國性無線電視頻道提供時段，供候選人發表政見，同一組候選人每次時間不得少於30分鐘，受指定之電視台，不得拒絕；其實施辦法，由中央選舉委員會定之。

經2組以上候選人同意，個人或團體得舉辦全國性無線電視辯論會，電視台應予受理，並得向中央選舉委員會申請經費補助；其補助辦法，由中央選舉委員會定之。

前項總統電視辯論會以3場為限，每場每人限30分鐘。副總統候選人電視辯論得比照辦理。但以1場為限。

廣播電視事業得有償提供時段，供推薦候選人之政黨或候選人從事競選宣傳，並應為公正、公平之對待。

廣播電視事業從事選舉相關議題之論政、新聞報導或邀請候選人參加節目，應為公正、公平之處理，不得為無正當理由之差別待遇。

廣播電視事業有違反前2項規定之情事者，任何人得於播出後1個月內，檢具錄影帶、錄音帶等具體事證，向中央選舉委員會舉發。

報紙、雜誌所刊登之競選廣告，應於該廣告中載明政黨名稱或候選人姓名。

候選人印發以文字、圖畫從事競選之宣傳品，應親自簽名；政黨於競選活動期間，得為其所推薦之候選人印發以文字、圖畫從事競選之宣傳品，並應載明政黨名稱，2個以上政黨共同推薦1組候選人者，應同時載明共同推薦之所有政黨名稱。宣傳品之張貼，以候選人競選辦事處、政黨辦公處及宣傳車輛為限。

候選人或為其助選之人之競選言論，不得有下列情事：

1. 煽惑他人犯內亂罪或外患罪。

2. 煽惑他人以暴動破壞社會秩序。

3. 觸犯其他刑事法律規定之罪。

政黨及任何人，不得有下列情事：

1. 於競選活動期間之每日上午7時前或下午10時後，從事公開競選或助選活動。但不妨礙居民生活或社會安寧之活動，不在此限。

2. 於投票日從事競選或助選活動。

3. 妨害其他政黨或候選人競選活動。

4. 邀請外國人民、大陸地區人民或香港、澳門居民為第43條各款之行為。

政黨及任何人自選舉公告發布之日起至投票日10日前所為有關候選人或選舉民意調查資料之發布，應載明負責調查單位或主持人、抽樣方式、母體及樣本數、經費來源及誤差值。

政黨及任何人於投票日前10日起至投票時間截止前，不得以任何方式，發布有關候選人或選舉之民意調查資料，亦不得加以報導、散布、評論或引述。

第4項選舉票及選舉人名冊，自開票完畢後，其保管期間如下：

1. 用餘票為1個月。

2. 有效票及無效票為6個月。

3. 選舉人名冊為6個月。

前項保管期間，發生訴訟時，其與訴訟有關部分，應延長保管至裁判確定後3個月。

在投票所或開票所有下列情事之一者，主任管理員應會同主任監察員令其退出：

1. 在場喧嚷或干擾勸誘他人投票或不投票，不服制止者。

2. 攜帶武器或危險物品入場者。

3. 有其他不正當行為，不服制止者。

選舉人及第14條第4項規定之家屬，不得攜帶手機及其他攝影器材進入投票所。

　　任何人不得於投票所裝設足以刺探選舉人圈選選舉票內容之攝影器材。

　　選舉結果以候選人得票最多之1組為當選；得票相同時，應自投票之日起30日內重行投票。

　　候選人僅有1組時，其得票數須達選舉人總數20％以上，始為當選。選舉結果未能當選時，應自投票之日起3個月內，完成重行選舉投票。

　　選舉結果得票數最高與次高之候選人得票數差距，在有效票數千分之3以內時，次高票之候選人得於投票日後7日內，向第110條規定之管轄法院聲請查封全部或一部分投票所之選舉人名冊及選舉票，就查封之投票所於40日內完成重新計票，並將重新計票結果通知中央選舉委員會。中央選舉委員會應於7日內依管轄法院重新計票結果，重行審定選舉結果。審定結果，有不應當選而已公告當選之情形，應予撤銷；有應當選而未予公告之情形，應重行公告。前項聲請，應以書面載明重新計票之投票所，並繳納一定金額之保證金；其數額以投票所之投票數每票新臺幣3元計。

　　同1組副總統候選人死亡，該組總統候選人仍當選為總統時，其副總統視同缺位。

　　總統或副總統當選人之一在就職前死亡或就職前經判決當選無效確定者，視同缺位。

　　總統、副總統當選人在就職前死亡或就職前經判決當選無效確定，致同時視同缺位時，應自死亡之日或中央選舉委員會收到法院判決書之日起3個月內，完成重行選舉投票。

　　總統、副總統當選人應於現任總統、副總統任滿之日就職，重行選舉或重行投票之當選人，未能於現任總統、副總統任滿之日就職者，其任期仍應自該日起算。

　　總統、副總統之當選證書，由中央選舉委員會製發。副總統缺位時

之補選當選證書，由立法院製發。

副總統缺位時，總統應於3個月內提名候選人，由立法院補選之。

立法院補選之副總統，應於當選後20日內就任。

總統、副總統之罷免案，經全體立法委員1/4之提議，全體立法委員2/3之同意提出後，立法院應為罷免案成立之宣告。但就職未滿1年者，不得罷免。

前項罷免案宣告成立後10日內，立法院應將罷免案連同罷免理由書及被罷免人答辯書移送中央選舉委員會。

總統、副總統選舉、罷免，由最高法院檢察署檢察總長督率各級檢察官分區查察，自動檢舉有關妨害選舉、罷免之刑事案件，並接受機關、團體或人民是類案件之告發、告訴、自首，即時開始偵查，為必要之處理。

前項案件之偵查，檢察官得依刑事訴訟法及調度司法警察條例等規定，指揮司法警察人員為之。

犯本章之罪或刑法第六章妨害投票罪之案件，各審受理法院應於6個月內審結。

選舉罷免機關辦理選舉、罷免違法，足以影響選舉或罷免結果，檢察官、候選人、被罷免人或罷免案提議人，得自當選人名單或罷免投票結果公告之日起15日內，以各該選舉罷免機關為被告，向管轄法院提起選舉或罷免無效之訴。

選舉或罷免無效之訴，經法院判決無效確定者，其選舉或罷免無效，並定期重行選舉或罷免。其違法屬選舉或罷免之局部者，局部之選舉或罷免無效，並就該局部無效部分，定期重行投票。

當選人有下列情事之一者，選舉罷免機關、檢察官或候選人得以當選人為被告，自公告當選之日起30日內，向管轄法院提起當選無效之訴：

1. 當選票數不實，足認有影響選舉結果之虞者。

2. 對於候選人、有投票權人或選務人員，以強暴、脅迫或其他非法之方法，妨害他人競選、自由行使投票權或執行職務者。

3. 有第84條、第87條第1項第1款、第89條第1項或刑法第146條第1項之行為者。

4. 有第86條第1項之行為，足認有影響選舉結果之虞者。

前項各款情事，經判決當選無效確定者，不因同一事由經刑事判決無罪而受影響。

當選無效之訴經判決無效確定者，原當選人之當選，無效；如已就職，並應自判決確定之日起，解除職務。

選舉無效或當選無效之判決，不影響原當選人就職後職務上之行為。

選舉、罷免訴訟，專屬中央政府所在地之高等法院管轄。

選舉、罷免訴訟，設選舉法庭，採合議制審理，並應先於其他訴訟審判之，以二審終結，並不得提起再審之訴。各審受理之法院應於6個月內審結。

選舉、罷免訴訟程序，除本法規定者外，準用民事訴訟法之規定。但關於捨棄、認諾、訴訟上自認或不爭執事實效力之規定，不在準用之列。

自候選人完成登記日起，至選舉投票日之翌日止，國家安全局應協同有關機關掌理總統、副總統候選人在中華民國自由地區之安全維護事項；其安全維護實施辦法，由國家安全局定之。

第九項　國家賠償法重點引讀

· 引用版本：民國69年7月2日公布

· 本法全文17條

本法依中華民國憲法第24四條制定之。

本法所稱公務員者，謂依法令從事於公務之人員。

公務員於執行職務行使公權力時，因故意或過失不法侵害人民自由或權利者，國家應負損害賠償責任。公務員怠於執行職務，致人民自由或權利遭受損害者亦同。

前項情形，公務員有故意或重大過失時，賠償義務機關對之有求償權。

公有公共設施因設置或管理有欠缺，致人民生命、身體或財產受損害者，國家應負損害賠償責任。

前項情形，就損害原因有應負責任之人時，賠償義務機關對之有求償權。

受委託行使公權力之團體，其執行職務之人於行使公權力時，視同委託機關之公務員。受委託行使公權力之個人，於執行職務行使公權力時亦同。

前項執行職務之人有故意或重大過失時，賠償義務機關對受委託之團體或個人有求償權。

國家損害賠償，除依本法規定外，適用民法規定。

國家損害賠償，本法及民法以外其他法律有特別規定者，適用其他法律。

　　國家負損害賠償責任者，應以金錢為之。但以回復原狀為適當者，得依請求，回復損害發生前原狀。

　　前項賠償所需經費，應由各級政府編列預算支應之。

　　賠償請求權，自請求權人知有損害時起，因2年間不行使而消滅；自損害發生時起，逾五年者亦同。

　　第2條第3項、第3條第2項及第4條第2項之求償權，自支付賠償金或回復原狀之日起，因2年間不行使而消滅。

　　依第2條第2項請求損害賠償者，以該公務員所屬機關為賠償義務機關。

　　依第3條第1項請求損害賠償者，以該公共設施之設置或管理機關為賠償義務機關。

　　前2項賠償義務機關經裁撤或改組者，以承受其業務之機關為賠償義務機關。無承受其業務之機關者，以其上級機關為賠償義務機關。

　　不能依前3項確定賠償義務機關，或於賠償義務機關有爭議時，得請求其上級機關確定之。其上級機關自被請求之日起逾20日不為確定者，得逕以該上級機關為賠償義務機關。

　　依本法請求損害賠償時，應先以書面向賠償義務機關請求之。

　　賠償義務機關對於前項請求，應即與請求權人協議。協議成立時，應作成協議書，該項協議書得為執行名義。

　　賠償義務機關拒絕賠償，或自提出請求之日起逾30日不開始協議，或自開始協議之日起逾60日協議不成立時，請求權人得提起損害賠償之訴。

　　但已依行政訴訟法規定，附帶請求損害賠償者，就同一原因事實，不得更行起訴。

　　依本法請求損害賠償時，法院得依聲請為假處分，命賠償義務機關暫先支付醫療費或喪葬費。

　　損害賠償之訴，除依本法規定外，適用民事訴訟法之規定。

　　有審判或追訴職務之公務員，因執行職務侵害人民自由或權利，就其參與審判或追訴案件犯職務上之罪，經判決有罪確定者，適用本法規定。

　　本法於其他公法人準用之。

　　本法於外國人為被害人時，以依條約或其本國法令或慣例，中華民國人得在該國與該國人享受同等權利者為限，適用之。

第十項　地方制度法重點引讀

· 引用版本：民國99年2月3日修正

· 本法全文88條

本法用詞之定義如下：

1. 地方自治團體：指依本法實施地方自治，具公法人地位之團體。省政府為行政院派出機關，省為非地方自治團體。

2. 自治事項：指地方自治團體依憲法或本法規定，得自為立法並執行，或法律規定應由該團體辦理之事務，而負其政策規劃及行政執行責任之事項。

3. 委辦事項：指地方自治團體依法律、上級法規或規章規定，在上級政府指揮監督下，執行上級政府交付辦理之非屬該團體事務，而負其行政執行責任之事項。

4. 核定：指上級政府或主管機關，對於下級政府或機關所陳報之事項，加以審查，並作成決定，以完成該事項之法定效力之謂。

5. 備查：指下級政府或機關間就其得全權處理之業務，依法完成法定效力後，陳報上級政府或主管機關知悉之謂。

6. 去職：指依公務員懲戒法規定受撤職之懲戒處分、依公職人員選舉罷免法規定被罷免或依本法規定被解除職權或職務者。

地方劃分為省、直轄市。

省劃分為縣、市；縣劃分為鄉、鎮、縣轄市。

直轄市及市均劃分為區。

鄉以內之編組為村；鎮、縣轄市及區以內之編組為里。村、里以內

之編組為鄰。

人口聚居達125萬人以上，且在政治、經濟、文化及都會區域發展上，有特殊需要之地區得設直轄市。

縣人口聚居達200萬人以上，未改制為直轄市前，於第34條、第54條、第55條、第62條、第66條、第67條及其他法律關於直轄市之規定，準用之。

人口聚居達50萬人以上未滿125萬人，且在政治、經濟及文化上地位重要之地區，得設市。

人口聚居達15萬人以上未滿50萬人，且工商發達、自治財源充裕、交通便利及公共設施完全之地區，得設縣轄市。

本法施行前已設之直轄市、市及縣轄市，得不適用第1項、第3項及第4項之規定。

省設省政府、省諮議會。

直轄市設直轄市議會、直轄市政府；縣（市）設縣（市）議會、縣（市）政府；鄉（鎮、市）設鄉（鎮、市）民代表會、鄉（鎮、市）公所，分別為直轄市、縣（市）、鄉（鎮、市）之立法機關及行政機關。

直轄市、市之區設區公所。

村(里)設村(里)辦公處。

內政部基於全國國土合理規劃及區域均衡發展之需要，擬將縣（市）改制或與其他直轄市、縣（市）合併改制為直轄市者，應擬訂改制計畫，徵詢相關直轄市政府、縣（市）政府意見後，報請行政院核定之。

省政府受行政院指揮監督，辦理下列事項：

1. 監督縣（市）自治事項。

2. 執行省政府行政事務。

3. 其他法令授權或行政院交辦事項。

省政府置委員9人，組成省政府委員會議，行使職權，其中1人為主

席，由其他特任人員兼任，綜理省政業務，其餘委員為無給職，均由行政院院長提請總統任命之。

省諮議會對省政府業務提供諮詢及興革意見。

省諮議會置諮議員，任期3年，為無給職，其人數由行政院參酌轄區幅員大小、人口多寡及省政業務需要定之，至少5人，至多29人，並指定其中1人為諮議長，綜理會務，均由行政院院長提請總統任命之。

省政府及省諮議會之預算，由行政院納入中央政府總預算，其預算編列、執行及財務收支事項，依預算法、決算法、國庫法及其他相關法令規定辦理。

省政府組織規程及省諮議會組織規程，均由行政院定之。

直轄市、縣（市）、鄉（鎮、市）為地方自治團體，依本法辦理自治事項，並執行上級政府委辦事項。

中華民國國民，設籍在直轄市、縣（市）、鄉（鎮、市）地方自治區域內者，為直轄市民、縣（市）民、鄉（鎮、市）民。

直轄市、縣（市）、鄉（鎮、市）應依約定履行其義務；遇有爭議時，得報請共同上級業務主管機關協調或依司法程序處理。

直轄市、縣（市）、鄉（鎮、市）得就其自治事項或依法律及上級法規之授權，制定自治法規。自治法規經地方立法機關通過，並由各該行政機關公布者，稱自治條例；自治法規由地方行政機關訂定，並發布或下達者，稱自治規則。

自治條例應分別冠以各該地方自治團體之名稱，在直轄市稱直轄市法規，在縣（市）稱縣（市）規章，在鄉（鎮、市）稱鄉（鎮、市）規約。

直轄市法規、縣（市）規章就違反地方自治事項之行政業務者，得規定處以罰鍰或其他種類之行政罰。但法律另有規定者，不在此限。其為罰鍰之處罰，逾期不繳納者，得依相關法律移送強制執行。

前項罰鍰之處罰，最高以新臺幣10萬元為限；並得規定連續處罰

之。其他行政罰之種類限於勒令停工、停止營業、吊扣執照或其他一定期限內限制或禁止為一定行為之不利處分。

前項自治規則應分別冠以各該地方自治團體之名稱，並得依其性質，定名為規程、規則、細則、辦法、綱要、標準或準則。

直轄市政府、縣（市）政府、鄉（鎮、市）公所為辦理上級機關委辦事項，得依其法定職權或基於法律、中央法規之授權，訂定委辦規則。

委辦規則應函報委辦機關核定後發布之；其名稱準用自治規則之規定。

自治條例與憲法、法律或基於法律授權之法規或上級自治團體自治條例牴觸者，無效。

自治規則與憲法、法律、基於法律授權之法規、上級自治團體自治條例或該自治團體自治條例牴觸者，無效。

委辦規則與憲法、法律、中央法令牴觸者，無效。

第1項及第2項發生牴觸無效者，分別由行政院、中央各該主管機關、縣政府予以函告。第3項發生牴觸無效者，由委辦機關予以函告無效。

自治法規與憲法、法律、基於法律授權之法規、上級自治團體自治條例或該自治團體自治條例有無牴觸發生疑義時，得聲請司法院解釋之。

地方立法機關得訂定自律規則。

自律規則除法律或自治條例另有規定外，由各該立法機關發布，並報各該上級政府備查。

1.直轄市議員總額：

(1)區域議員名額：直轄市人口扣除原住民人口在200萬人以下者，不得超過55人；超過200萬人者，不得超過62人。

(2)原住民議員名額：有平地原住民人口在2千人以上者，應有平

地原住民選出之議員名額；有山地原住民人口在2千人以上或改制前有山地鄉者，應有山地原住民選出之議員名額。

2. 縣（市）議員總額：

(1)縣（市）人口在1萬人以下者，不得超過11人；人口在20萬人以下者，不得超過19人；人口在40萬人以下者，不得超過33人；人口在80萬人以下者，不得超過43人；人口在160萬人以下者，不得超過57人；人口超過160萬人者，不得超過60人。

(2)縣（市）有平地原住民人口在1千5百人以上者，於前目總額內應有平地原住民選出之縣（市）議員名額。有山地鄉者，於前目總額內應有山地原住民選出之縣議員名額。有離島鄉且該鄉人口在2千5百人以上者，於前目總額內應有該鄉選出之縣議員名額。

3. 鄉（鎮、市）民代表總額：

(1)鄉（鎮、市）人口在1千人以下者，不得超過5人；人口在1萬人以下者，不得超過7人；人口在5萬人以下者，不得超過11人；人口在15萬人以下者，不得超過19人；人口超過15萬人者，不得超過31人。

(2)鄉（鎮、市）有平地原住民人口在1千5百人以上者，於前目總額內應有平地原住民選出之鄉（鎮、市）民代表名額。

直轄市議員由原住民選出者，以其行政區域內之原住民為選舉區，並得按平地原住民、山地原住民或在其行政區域內劃分選舉區。

各選舉區選出之直轄市議員、縣（市）議員、鄉（鎮、市）民代表名額達4人者，應有婦女當選名額1人；超過4人者，每增加4人增1人。

直轄市議會、縣（市）議會、鄉（鎮、市）民代表會會議，除每屆成立大會外，定期會每6個月開會1次，由議長、主席召集之，議長、主席如未依法召集時，由副議長、副主席召集之；副議長、副主席亦不依法召集時，由過半數議員、代表互推1人召集之。每次會期包括例假日

或停會在內，依下列規定：

1. 直轄市議會不得超過70日。

2. 縣（市）議會議員總額40人以下者，不得超過30日；41人以上者不得超過40日。

3. 鄉（鎮、市）民代表會代表總額20人以下者，不得超過12日；21人以上者，不得超過16日。

前項每年審議總預算之定期會，會期屆滿而議案尚未議畢或有其他必要時，得應直轄市長、縣（市）長、鄉（鎮、市）長之要求，或由議長、主席或議員、代表1/3以上連署，提經大會決議延長會期。延長之會期，直轄市議會不得超過10日，縣（市）議會、鄉（鎮、市）民代表會不得超過5日，並不得作為質詢之用。

直轄市議會、縣（市）議會、鄉（鎮、市）民代表會遇有下列情事之一時，得召集臨時會：

1. 直轄市長、縣（市）長、鄉（鎮、市）長之請求。

2. 議長、主席請求或議員、代表1/3以上之請求。

3. 有第39條第4項之情事時。

前項臨時會之召開，議長、主席應於10日內為之，其會期包括例假日或停會在內，直轄市議會每次不得超過10日，每12個月不得多於8次；縣（市）議會每次不得超過5日，每12個月不得多於6次；鄉（鎮、市）民代表會每次不得超過3日，每12個月不得多於5次。但有第39條第4項之情事時，不在此限。

地方議會之職權如下：

1. 議決法規或規約。

2. 議決預算。

3. 議決特別稅課或臨時稅課、附加稅課。

4. 議決財產之處分。

5. 議決自治條例及所屬事業機構組織自治條例。

6. 議決提案事項。

7. 審議決算之審核報告。

8. 議決提案事項。

9. 接受人民請願。

10. 其他依法律賦予之職權。

直轄市政府、縣（市）政府、鄉（鎮、市）公所，對直轄市議會、縣（市）議會、鄉（鎮、市）民代表會之議決案應予執行，如延不執行或執行不當，直轄市議會、縣（市）議會、鄉（鎮、市）民代表會得請其說明理由，必要時得報請行政院、內政部、縣政府邀集各有關機關協商解決之。

直轄市議會、縣（市）議會置議長、副議長各1人，鄉（鎮、市）民代表會置主席、副主席各1人，由直轄市議員、縣（市）議員、鄉（鎮、市）民代表以無記名投票分別互選或罷免之。但就職未滿1年者，不得罷免。議長、主席對外代表各該議會、代表會，對內綜理各該議會、代表會會務。

直轄市議會、縣（市）議會議長、副議長，鄉（鎮、市）民代表會主席、副主席之選舉，應於議員、代表宣誓就職典禮後即時舉行，並應有議員、代表總額過半數之出席，以得票達出席總數之過半數者為當選。選舉結果無人當選時，應立即舉行第2次投票，以得票較多者為當選；得票相同者，以抽籤定之。補選時亦同。

直轄市議會、縣（市）議會、鄉（鎮、市）民代表會開會時，直轄市議員、縣（市）議員、鄉（鎮、市）民代表對於有關會議事項所為之言論及表決，對外不負責任。但就無關會議事項所為顯然違法之言論，不在此限。

直轄市議員、縣（市）議員、鄉（鎮、市）民代表除現行犯、通緝犯外，在會期內，非經直轄市議會、縣（市）議會、鄉（鎮、市）民代表會之同意，不得逮捕或拘禁。

直轄市政府置市長1人，對外代表該市，綜理市政，由市民依法選舉之，任期4年，連選得連任1次。置副市長2人，襄助市長處理市政；人口在250萬人以上之直轄市，得增置副市長1人，職務均比照簡任第十四職等，由市長任命，並報請行政院備查。

下列各款為地方政府收入：

1. 稅課收入。

2. 工程受益費收入。

3. 罰款及賠償收入。

4. 規費收入。

5. 信託管理收入。

6. 財產收入。

7. 營業盈餘及事業收入。

8. 補助收入。

9. 捐獻及贈與收入。

10. 自治稅捐收入。

11. 其他收入。

地方政府規費之範圍及課徵原則，依規費法之規定；其未經法律規定者，須經各該立法機關之決議徵收之。

直轄市、縣（市）預算收支之差短，得以發行公債、借款或移用以前年度歲計賸餘彌平；鄉（鎮、市）預算收支之差短，得以借款或移用以前年度歲計賸餘彌平。

直轄市議員、縣（市）議員、鄉（鎮、市）民代表辭職、去職或死亡，其缺額達總名額3/10以上或同一選舉區缺額達1/2以上時，均應補選。但其所遺任期不足2年，且缺額未達總名額1/2時，不再補選。

前項補選之直轄市議員、縣（市）議員、鄉（鎮、市）民代表，以補足所遺任期為限。

直轄市長、縣（市）長、鄉（鎮、市）長及村(里)長辭職、去職、

死亡者，直轄市長由行政院派員代理；縣（市）長由內政部報請行政院派員代理；鄉（鎮、市）長由縣政府派員代理；村(里)長由鄉（鎮、市、區）公所派員代理。

直轄市長停職者，由副市長代理，副市長出缺或不能代理者，由行政院派員代理。縣（市）長停職者，由副縣（市）長代理，副縣（市）長出缺或不能代理者，由內政部報請行政院派員代理。鄉（鎮、市）長停職者，由縣政府派員代理，置有副市長者，由副市長代理。村(里)長停職者，由鄉（鎮、市、區）公所派員代理。

直轄市長、縣（市）長、鄉（鎮、市）長及村(里)長辭職、去職或死亡者，應自事實發生之日起3個月內完成補選。但所遺任期不足2年者，不再補選，由代理人代理至該屆任期屆滿為止。

前項補選之當選人應於公告當選後10日內宣誓就職，其任期以補足本屆所遺任期為限，並視為1任。

直轄市長、縣（市）長、鄉（鎮、市）長適用公務員服務法；其行為有違法、廢弛職務或其他失職情事者，準用政務人員之懲戒規定。

省政府、省諮議會、直轄市議會、直轄市政府、縣（市）議會、縣（市）政府、鄉（鎮、市）民代表會、鄉（鎮、市）公所員工給與事項，應依公務人員俸給法及相關中央法令辦理。

第十一項　公民投票法重點引讀

・引用版本：民國98年6月17日修正

・本法全文64條

　　依據憲法主權在民之原則，為確保國民直接民權之行使，特制定本法。

　　本法所稱公民投票，包括全國性及地方性公民投票。

　　全國性公民投票適用事項如下：

　　1.法律之複決。

　　2.立法原則之創制。

　　3.重大政策之創制或複決。

　　4.憲法修正案之複決。

　　地方性公民投票適用事項如下：

　　1.地方自治法規之複決。

　　2.地方自治法規立法原則之創制。

　　3.地方自治事項重大政策之創制或複決。

　　預算、租稅、投資、薪俸及人事事項不得作為公民投票之提案。

　　公民投票事項之認定，由公民投票審議委員會為之。

　　全國性公民投票之主管機關為行政院；地方性公民投票之主管機關為直轄市政府、縣（市）政府。

　　各級選舉委員會於辦理公民投票期間，得調用各級政府職員辦理事務。

　　公民投票，以普通、平等、直接及無記名投票之方法行之。

　　本法所定各種期間之計算，準用公職人員選舉罷免法第4條第2項及第5條之規定。

　　中華民國國民，年滿20歲，除受監護宣告尚未撤銷者外，有公民投票權。

　　有公民投票權之人，在中華民國、各該直轄市、縣（市）繼續居住6個月以上，得分別為全國性、各該直轄市、縣（市）公民投票案之提案人、連署人及投票權人。

　　提案人年齡及居住期間之計算，以算至提案提出日為準；連署人年齡及居住期間之計算，以算至連署人名冊提出日為準；投票權人年齡及居住期間之計算，以算至投票日前1日為準，並均以戶籍登記資料為依據。

　　前項投票權人年齡及居住期間之計算，於重行投票時，仍以算至原投票日前1日為準。

　　公民投票案之提出，除另有規定外，應由提案人之領銜人檢具公民投票案主文、理由書及提案人正本、影本名冊各1份，向主管機關為之。

　　前項領銜人以1人為限；主文以不超過100字為限；理由書以不超過1千5百字為限。超過字數者，其超過部分，不予公告及刊登公報。

　　公民投票案之提出，以一案一事項為限。

　　公民投票案提案人人數，應達提案時最近1次總統、副總統選舉選舉人總數千分之5以上。

　　審議委員會應於收到公民投票提案後，10日內完成審核，提案不合規定者，應予駁回。審核期間並應函請戶政機關於7日內查對提案人名冊，及依該提案性質分別函請立法院及相關機關於收受該函文後1個月內提出意見書。

　　前項提案經審核完成符合規定者，審議委員會應於10日內舉行聽證，確定公民投票案之提案內容。並於確定後通知提案人之領銜人於10

日內向中央選舉委員會領取連署人名冊格式，自行印製，徵求連署；逾期未領取者，視為放棄連署。

公民投票案於中央選舉委員會通知連署前，得經提案人總數1/2以上同意，由提案人之領銜人以書面撤回之。

前項撤回之提案，自撤回之日起，原提案人於3年內不得就同一事項重行提出之。

除依本法規定外，行政機關不得藉用任何形式對各項議題辦理或委託辦理公民投票事項，行政機關對此亦不得動用任何經費及調用各級政府職員。

立法院對於第2條第2項第3款之事項，認有進行公民投票之必要者，得附具主文、理由書，經立法院院會通過後，交由中央選舉委員會辦理公民投票。

立法院之提案經否決者，自該否決之日起3年內，不得就該事項重行提出。

當國家遭受外力威脅，致國家主權有改變之虞，總統得經行政院院會之決議，就攸關國家安全事項，交付公民投票。

中央選舉委員會應於公民投票案公告成立後1個月起至6個月內舉行公民投票，並得與全國性之選舉同日舉行。

地方性公民投票案應分別向直轄市、縣（市）政府提出。

直轄市、縣（市）政府對於公民投票提案，是否屬地方自治事項有疑義時，應報請行政院認定。

地方性公民投票提案人數，應達提案時最近一次直轄市長、縣（市）長選舉選舉人總數千分之五以上。

公民投票案連署人數，應達提案時最近一次直轄市長、縣（市）長選舉選舉人總數5％以上。

公民投票案投票結果，投票人數達全國、直轄市、縣（市）投票權人總數1/2以上，且有效投票數超過1/2同意者，即為通過。

投票人數不足前項規定數額或未有有效投票數超過1/2同意者，均為否決。

公民投票案經通過者，各該選舉委員會應於投票完畢7日內公告公民投票結果，並依下列方式處理：

1. 有關法律、自治條例立法原則之創制案，行政院、直轄市政府、縣（市）政府應於3個月內研擬相關之法律、自治條例提案，並送立法院、直轄市議會、縣（市）議會審議。立法院、直轄市議會、縣（市）議會應於下一會期休會前完成審議程序。

2. 有關法律、自治條例之複決案，原法律或自治條例於公告之日算至第3日起，失其效力。

3. 有關重大政策者，應由權責機關為實現該公民投票案內容之必要處置。

4. 有關憲法修正案之公民投票，應依憲法修正程序為之。

公民投票案經否決者，各該選舉委員會應於投票完畢7日內公告公民投票結果，並通知提案人之領銜人。

公民投票案之提案經通過或否決者，自各該選舉委員會公告該投票結果之日起3年內，不得就同一事項重行提出。但有關公共設施之重大政策複決案經否決者，自投票結果公告之日起至該設施完工啟用後8年內，不得重行提出。

前項之同一事項，包括提案之基礎事實類似、擴張或減縮應受判斷事項者。前項之認定由審議委員會為之。

行政院應設全國性公民投票審議委員會，審議下列事項：

1. 全國性公民投票事項之認定。

2. 第33條公民投票提案是否為同一事項之認定。

行政院公民投票審議委員會，置委員21人，任期3年，由主管機關提請總統任命之。

前項委員具有同一黨籍者，不得超過委員總額1/2，且單一性別不

得少於1/3。

主任委員由委員互選之。審議委員會之組織規程及審議規則，應送立法院備查。

前條委員會議，由主任委員召集之。

開會時應有全體委員過半數之出席始得開議；議案之表決，以出席委員過半數之同意為通過；可否同數時，取決於主席。

直轄市政府、縣（市）政府應設地方性公民投票審議委員會，審議下列事項：

1. 地方性公民投票事項之認定。

2. 第33條公民投票提案是否為同一事項之認定。

前項委員會委員，應包括學者專家及當地各級民意代表，其組織及審議程序，由直轄市政府、縣（市）政府擬訂，送議會備查。

直轄市、縣（市）公民投票審議委員會之決定，應函送行政院核定。行政院對該事項是否屬地方性公民投票事項有疑義時，應提經行政院公民投票審議委員會認定之。

公民投票若涉及中央與地方職權劃分或法律之爭議或其他之行政爭議，應依大法官釋憲或依行政爭訟程序解決之。

公民投票訴訟之管轄法院，依下列之規定：

1. 第一審公民投票訴訟，由公民投票行為地之該管高等行政法院管轄，其行為地跨連或散在數高等行政法院管轄區域內者，各該高等行政法院均有管轄權。

2. 不服高等行政法院第一審裁判而上訴、抗告之公民投票訴訟事件，由最高行政法院管轄。

全國性或地方性公民投票案經審議委員會否決者，領銜提案人於收到通知後30日內，得依行政爭訟程序提起救濟。

前項案件經審議委員會核定，屬全國性者，立法委員現有總額1/3以上，屬地方性者，各該直轄市、縣（市）議會議員現有總額1/2以

上，認有違憲或違法之情事，於決定作成後60日內，得依行政爭訟程序提起救濟。

有關公共設施重大政策之公民投票案，該設施之設置或管理機構亦得提起前項救濟。

受理訴願之機關或行政法院得依職權或聲請為暫時停止舉辦投票之裁決。

各級選舉委員會辦理公民投票之投票違法，足以影響公民投票結果，檢察官、公民投票案提案人之領銜人，得自投票結果公告之日起15日內，以各該選舉委員會為被告，向管轄法院提起公民投票投票無效之訴。

公民投票無效之訴，經法院判決無效確定者，其公民投票之投票無效，並定期重行投票。其違法屬公民投票之局部者，局部之公民投票投票無效，並就該局部無效部分定期重行投票。但局部無效部分顯不足以影響結果者，不在此限。

前項重行投票後，變更投票結果者，依第31條之規定辦理。

投票權人發覺有構成公民投票投票無效、公民投票案通過或否決無效之情事時，得於投票結果公告之日起7日內，檢具事證，向檢察官舉發之。

公民投票訴訟不得提起再審之訴；各審受理之法院應於6個月內審結。

公民投票訴訟程序，除本法規定者外，適用行政訴訟法之規定。

高等行政法院實施保全證據，得囑託地方法院為之。

民事訴訟法第116條第3項之規定，於保全證據時，得準用之。

中華民國憲法增修條文

1.中華民國80年5月1日總統令制定公布全文10條
2.中華民國81年5月28日總統令增訂公布第11-18條條文
3.中華民國83年8月1日總統令修正公布全文10條
4.中華民國86年7月21日總統令修正公布全文11條
5.中華民國88年9月15日總統令修正公布第1、4、9、10條條文
（中華民國89年3月24日大法官解釋字第499號解釋該次修正條文因違背修憲正當程序，
故應自本解釋公布之日起失其效力，原86年7月21日之增修條文繼續適用）
6.中華民國89年4月25日總統令修正公布全文11條
7.中華民國94年6月10日總統令修正公布第1、2、4、5、8條條文；並增訂第12條條文

前言

　　為因應國家統一前之需要，依照憲法第二十七條第一項第三款及第一百七十四條第一款之規定，增修本憲法條文如左：

第一條

　　中華民國自由地區選舉人於立法院提出憲法修正案、領土變更案，經公告半年，應於三個月內投票複決，不適用憲法第四條、第一百七十四條之規定。

　　憲法第二十五條至第三十四條及第一百三十五條之規定，停止適用。

第二條

　　總統、副總統由中華民國自由地區全體人民直接選舉之，自中華民國八十五年第九任總統、副總統選舉實施。總統、副總統候選人應聯名

登記，在選票上同列一組圈選，以得票最多之一組為當選。在國外之中華民國自由地區人民返國行使選舉權，以法律定之。

總統發布行政院院長與依憲法經立法院同意任命人員之任免命令及解散立法院之命令，無須行政院院長之副署，不適用憲法第三十七條之規定。

總統為避免國家或人民遭遇緊急危難或應付財政經濟上重大變故，得經行政院會議之決議發布緊急命令，為必要之處置，不受憲法第四十三條之限制。但須於發布命令後十日內提交立法院追認，如立法院不同意時，該緊急命令立即失效。

總統為決定國家安全有關大政方針，得設國家安全會議及所屬國家安全局，其組織以法律定之。

總統於立法院通過對行政院院長之不信任案後十日內，經諮詢立法院院長後，得宣告解散立法院。但總統於戒嚴或緊急命令生效期間，不得解散立法院。立法院解散後，應於六十日內舉行立法委員選舉，並於選舉結果確認後十日內自行集會，其任期重新起算。

總統、副總統之任期為四年，連選得連任一次，不適用憲法第四十七條之規定。

副總統缺位時，總統應於三個月內提名候選人，由立法院補選，繼任至原任期屆滿為止。

總統、副總統均缺位時，由行政院院長代行其職權，並依本條第一項規定補選總統、副總統，繼任至原任期屆滿為止，不適用憲法第四十九條之有關規定。

總統、副總統之罷免案，須經全體立法委員四分之一之提議，全體立法委員三分之二之同意後提出，並經中華民國自由地區選舉人總額過半數之投票，有效票過半數同意罷免時，即為通過。

立法院提出總統、副總統彈劾案，聲請司法院大法官審理，經憲法法庭判決成立時，被彈劾人應即解職。

第三條

　　行政院院長由總統任命之。行政院院長辭職或出缺時，在總統未任命行政院院長前，由行政院副院長暫行代理。憲法第五十五條之規定，停止適用。

　　行政院依左列規定，對立法院負責，憲法第五十七條之規定，停止適用：

一　行政院有向立法院提出施政方針及施政報告之責。立法委員在開會時，有向行政院院長及行政院各部會首長質詢之權。

二　行政院對於立法院決議之法律案、預算案、條約案，如認為有窒礙難行時，得經總統之核可，於該決議案送達行政院十日內，移請立法院覆議。立法院對於行政院移請覆議案，應於送達十五日內作成決議。

　　　　如為休會期間，立法院應於七日內自行集會，並於開議十五日內作成決議。覆議案逾期未議決者，原決議失效。覆議時，如經全體立法委員二分之一以上決議維持原案，行政院院長應即接受該決議。

三　立法院得經全體立法委員三分之一以上連署，對行政院院長提出不信任案。不信任案提出七十二小時後，應於四十八小時內以記名投票表決之。如經全體立法委員二分之一以上贊成，行政院院長應於十日內提出辭職，並得同時呈請總統解散立法院；不信任案如未獲通過，一年內不得對同一行政院院長再提不信任案。

　　國家機關之職權、設立程序及總員額，得以法律為準則性之規定。

　　各機關之組織、編制及員額，應依前項法律，基於政策或業務需要決定之。

第四條

立法院立法委員自第七屆起一百一十三人,任期四年,連選得連任,於每屆任滿前三個月內,依左列規定選出之,不受憲法第六十四條及第六十五條之限制:

一　自由地區直轄市、縣市七十三人。每縣市至少一人。

二　自由地區平地原住民及山地原住民各三人。

三　全國不分區及僑居國外國民共三十四人。

前項第一款依各直轄市、縣市人口比例分配,並按應選名額劃分同額選舉區選出之。第三款依政黨名單投票選舉之,由獲得百分之五以上政黨選舉票之政黨依得票比率選出之,各政黨當選名單中,婦女不得低於二分之一。

立法院於每年集會時,得聽取總統國情報告。

立法院經總統解散後,在新選出之立法委員就職前,視同休會。

中華民國領土,依其固有疆域,非經全體立法委員四分之一之提議,全體立法委員四分之三之出席,及出席委員四分之三之決議,提出領土變更案,並於公告半年後,經中華民國自由地區選舉人投票複決,有效同意票過選舉人總額之半數,不得變更之。

總統於立法院解散後發布緊急命令,立法院應於三日內自行集會,並於開議七日內追認之。但於新任立法委員選舉投票日後發布者,應由新任立法委員於就職後追認之。如立法院不同意時,該緊急命令立即失效。

立法院對於總統、副總統之彈劾案,須經全體立法委員二分之一以上之提議,全體立法委員三分之二以上之決議,聲請司法院大法官審理,不適用憲法第九十條、第一百條及增修條文第七條第一項有關規定。

立法委員除現行犯外,在會期中,非經立法院許可,不得逮捕或拘禁。憲法第七十四條之規定,停止適用。

第五條

司法院設大法官十五人，並以其中一人為院長、一人為副院長，由總統提名，經立法院同意任命之，自中華民國九十二年起實施，不適用憲法第七十九條之規定。司法院大法官除法官轉任者外，不適用憲法第八十一條及有關法官終身職待遇之規定。

司法院大法官任期八年，不分屆次，個別計算，並不得連任。但並為院長、副院長之大法官，不受任期之保障。

中華民國九十二年總統提名之大法官，其中八位大法官，含院長、副院長，任期四年，其餘大法官任期為八年，不適用前項任期之規定。

司法院大法官，除依憲法第七十八條之規定外，並組成憲法法庭審理總統、副總統之彈劾及政黨違憲之解散事項。

政黨之目的或其行為，危害中華民國之存在或自由民主之憲政秩序者為違憲。

司法院所提出之年度司法概算，行政院不得刪減，但得加註意見，編入中央政府總預算案，送立法院審議。

第六條

考試院為國家最高考試機關，掌理左列事項，不適用憲法第八十三條之規定：

一　考試。

二　公務人員之銓敘、保障、撫卹、退休。

三　公務人員任免、考績、級俸、陞遷、褒獎之法制事項。

考試院設院長、副院長各一人，考試委員若干人，由總統提名，經立法院同意任命之，不適用憲法第八十四條之規定。

憲法第八十五條有關按省區分別規定名額，分區舉行考試之規定，停止適用。

第七條

監察院為國家最高監察機關，行使彈劾、糾舉及審計權，不適用憲法第九十條及第九十四條有關同意權之規定。

監察院設監察委員二十九人，並以其中一人為院長、一人為副院長，任期六年，由總統提名，經立法院同意任命之。憲法第九十一條至第九十三條之規定停止適用。

監察院對於中央、地方公務人員及司法院、考試院人員之彈劾案，須經監察委員二人以上之提議，九人以上之審查及決定，始得提出，不受憲法第九十八條之限制。

監察院對於監察院人員失職或違法之彈劾，適用憲法第九十五條、第九十七條第二項及前項之規定。

監察委員須超出黨派以外，依據法律獨立行使職權。

憲法第一百零一條及第一百零二條之規定，停止適用。

第八條

立法委員之報酬或待遇，應以法律定之。除年度通案調整者外，單獨增加報酬或待遇之規定，應自次屆起實施。

第九條

省、縣地方制度，應包括左列各款，以法律定之，不受憲法第一百零八條第一項第一款、第一百零九條、第一百十二條至第一百十五條及第一百二十二條之限制：

一　省設省政府，置委員九人，其中一人為主席，均由行政院院長提請總統任命之。

二　省設省諮議會，置省諮議會議員若干人，由行政院院長提請總統任命之。

三　縣設縣議會，縣議會議員由縣民選舉之。

四　屬於縣之立法權，由縣議會行之。

五　縣設縣政府，置縣長一人，由縣民選舉之。

六　中央與省、縣之關係。

七　省承行政院之命，監督縣自治事項。

台灣省政府之功能、業務與組織之調整，得以法律為特別之規定。

第十條

國家應獎勵科學技術發展及投資，促進產業升級，推動農漁業現代化，重視水資源之開發利用，加強國際經濟合作。

經濟及科學技術發展，應與環境及生態保護兼籌並顧。

國家對於人民興辦之中小型經濟事業，應扶助並保護其生存與發展。

國家對於公營金融機構之管理，應本企業化經營之原則；其管理、人事、預算、決算及審計，得以法律為特別之規定。

國家應推行全民健康保險，並促進現代和傳統醫藥之研究發展。

國家應維護婦女之人格尊嚴，保障婦女之人身安全，消除性別歧視，促進兩性地位之實質平等。

國家對於身心障礙者之保險與就醫、無障礙環境之建構、教育訓練與就業輔導及生活維護與救助，應予保障，並扶助其自立與發展。

國家應重視社會救助、福利服務、國民就業、社會保險及醫療保健等社會福利工作，對於社會救助和國民就業等救濟性支出應優先編列。

國家應尊重軍人對社會之貢獻，並對其退役後之就學、就業、就醫、就養予以保障。

教育、科學、文化之經費，尤其國民教育之經費應優先編列，不受憲法第一百六十四條規定之限制。

國家肯定多元文化，並積極維護發展原住民族語言及文化。

國家應依民族意願，保障原住民族之地位及政治參與，並對其教育文化、交通水利、衛生醫療、經濟土地及社會福利事業予以保障扶助並促其發展，其辦法另以法律定之。對於澎湖、金門及馬祖地區人民亦同。

國家對於僑居國外國民之政治參與，應予保障。

第十一條

自由地區與大陸地區間人民權利義務關係及其他事務之處理，得以法律為特別之規定。

第十二條

憲法之修改，須經立法院立法委員四分之一之提議，四分之三之出席，及出席委員四分之三之決議，提出憲法修正案，並於公告半年後，經中華民國自由地區選舉人投票複決，有效同意票過選舉人總額之半數，即通過之，不適用憲法第一百七十四條之規定。

中華民國憲法

中華民國35年12月25日國民大會通過
中華民國36年1月1日國民政府令公布
中華民國36年12月25日施行

前言

中華民國國民大會受全體國民之付託，依據　孫中山先生創立中華民國之遺教，為鞏固國權，保障民權，奠定社會安寧，增進人民福利，制定本憲法，頒行全國，永矢咸遵。

第一章　總綱

第一條　（國體）

中華民國基於三民主義，為民有民治民享之民主共和國。

第二條　（主權在民）

中華民國之主權屬於國民全體。

第三條　（國民）

具中華民國國籍者為中華民國國民。

第四條　　（國土）

中華民國領土，依其固有之疆域，非經國民大會之決議，不得變更之。

第五條　　（民族平等）

中華民國各民族一律平等。

第六條　　（國旗）

中華民國國旗定為紅地，左上角青天白日。

第二章　人民之權利義務

第七條

中華民國人民，無分男女、宗教、種族、階級、黨派，在法律上一律平等。

第八條

人民身體之自由應予保障。除現行犯之逮捕由法律另定外，非經司法或警察機關依法定程序，不得逮捕拘禁。非由法院依法定程序，不得審問處罰。非依法定程序之逮捕、拘禁、審問、處罰，得拒絕之。

人民因犯罪嫌疑被逮捕拘禁時，其逮捕拘禁機關應將逮捕拘禁原因，以書面告知本人及其本人指定之親友，並至遲於二十四小時內移送該管法院審問。本人或他人亦得聲請該管法院，於二十四小時內向逮捕之機關提審。

法院對於前項聲請，不得拒絕，並不得先令逮捕拘禁之機關查覆。逮捕拘禁之機關，對於法院之提審，不得拒絕或遲延。

　　人民遭受任何機關非法逮捕拘禁時，其本人或他人得向法院聲請追究，法院不得拒絕，並應於二十四小時內向逮捕拘禁之機關追究，依法處理。

第九條

　　人民除現役軍人外，不受軍事審判。

第十條

　　人民有居住及遷徙之自由。

第 十一 條

　　人民有言論、講學、著作及出版之自由。

第十二條

　　人民有秘密通訊之自由。

第十三條

　　人民有信仰宗教之自由。

第十四條

　　人民有集會及結社之自由。

第十五條

　　人民之生存權、工作權及財產權，應予保障。

第十六條

　　人民有請願、訴願及訴訟之權。

第十七條

人民有選舉、罷免、創制及複決之權。

第十八條

人民有應考試服公職之權。

第十九條

人民有依法律納稅之義務。

第二十條

人民有依法律服兵役之義務。

第二十一條

人民有受國民教育之權利與義務。

第二十二條

凡人民之其他自由及權利，不妨害社會秩序公共利益者，均受憲法之保障。

第二十三條

以上各條列舉之自由權利，除為防止妨礙他人自由、避免緊急危難、維持社會秩序，或增進公共利益所必要者外，不得以法律限制之。

第二十四條

凡公務員違法侵害人民之自由或權利者，除依法律受懲戒外，應負刑事及民事責任。被害人民就其所受損害，並得依法律向國家請求賠償。

第三章　國民大會

第二十五條

國民大會依本憲法之規定，代表全國國民行使政權。

第二十六條

國民大會以左列代表組織之：

一　每縣市及其同等區域各選出代表一人，但其人口逾五十萬人者，每增加五十萬人，增選代表一人。縣市同等區域以法律定之。

二　蒙古選出代表，每盟四人，每特別旗一人。

三　西藏選出代表，其名額以法律定之。

四　各民族在邊疆地區選出代表，其名額以法律定之。

五　僑居國外之國民選出代表，其名額以法律定之。

六　職業團體選出代表，其名額以法律定之。

七　婦女團體選出代表，其名額以法律定之。

第二十七條

國民大會之職權如左：

一　選舉總統、副總統。

二　罷免總統、副總統。

三　修改憲法。

四　複決立法院所提之憲法修正案。

關於創制複決兩權，除前項第三、第四兩款規定外，俟全國有半數之縣市曾經行使創制複決兩項政權時，由國民大會制定辦法並行使之。

第二十八條

國民大會代表每六年改選一次。

每屆國民大會代表之任期，至次屆國民大會開會之日為止。

現任官吏不得於其任所所在地之選舉區當選為國民大會代表。

第二十九條

國民大會於每屆總統任滿前九十日集會，由總統召集之。

第三十條

國民大會遇有左列情形之一時，召集臨時會：

一　依本憲法第四十九條之規定，應補選總統、副總統時。

二　依監察院之決議，對於總統、副總統提出彈劾案時。

三　依立法院之決議，提出憲法修正案時。

四　國民大會代表五分之二以上請求召集時。

國民大會臨時會，如依前項第一款或第二款應召集時，由立法院院長通告集會。依第三款或第四款應召集時，由總統召集之。

第三十一條

國民大會之開會地點在中央政府所在地。

第三十二條

國民大會代表在會議時所為之言論及表決，對會外不負責任。

第三十三條

國民大會代表，除現行犯外，在會期中，非經國民大會許可，不得逮捕或拘禁。

第三十四條

　　國民大會之組織，國民大會代表選舉、罷免，及國民大會行使職權之程序，以法律定之。

第四章　總統

第三十五條

　　總統為國家元首，對外代表中華民國。

第三十六條

　　總統統率全國陸海空軍。

第三十七條

　　總統依法公布法律，發布命令，須經行政院院長之副署，或行政院院長及有關部會首長之副署。

第三十八條

　　總統依本憲法之規定，行使締結條約及宣戰、媾和之權。

第三十九條

　　總統依法宣布戒嚴，但須經立法院之通過或追認。立法院認為必要時，得決議移請總統解嚴。

第四十條

　　總統依法行使大赦、特赦、減刑及復權之權。

第四十一條

總統依法任免文武官員。

第四十二條

總統依法授與榮典。

第四十三條

國家遇有天然災害、癘疫，或國家財政經濟上有重大變故，須為急速處分時，總統於立法院休會期間，得經行政院會議之決議，依緊急命令法，發布緊急命令，為必要之處置，但須於發布命令後一個月內提交立法院追認。如立法院不同意時，該緊急命令立即失效。

第四十四條

總統對於院與院間之爭執，除本憲法有規定者外，得召集有關各院院長會商解決之。

第四十五條

中華民國國民年滿四十歲者，得被選為總統、副總統。

第四十六條

總統、副總統之選舉，以法律定之。

第四十七條

總統、副總統之任期為六年，連選得連任一次。

第四十八條

總統應於就職時宣誓，誓詞如左：

「余謹以至誠，向全國人民宣誓，余必遵守憲法，盡忠職務，增進人民福利，保衛國家，無負國民付託。如違誓言，願受國家嚴厲之制裁。謹誓」。

第四十九條

總統缺位時，由副總統繼任，至總統任期屆滿為止。總統、副總統均缺位時，由行政院院長代行其職權，並依本憲法第三十條之規定，召集國民大會臨時會，補選總統、副總統，其任期以補足原任總統未滿之任期為止。

總統因故不能視事時，由副總統代行其職權。總統、副總統均不能視事時，由行政院院長代行其職權。

第五十條

總統於任滿之日解職，如屆期次任總統尚未選出，或選出後總統、副總統均未就職時，由行政院院長代行總統職權。

第五十一條

行政院院長代行總統職權時，其期限不得逾三個月。

第五十二條

總統除犯內亂或外患罪外，非經罷免或解職，不受刑事上之訴究。

第五章　行政

第五十三條

行政院為國家最高行政機關。

第五十四條

行政院設院長、副院長各一人，各部會首長若干人，及不管部會之政務委員若干人。

第五十五條

行政院院長由總統提名，經立法院同意任命之。

立法院休會期間，行政院院長辭職或出缺時，由行政院副院長代理其職務，但總統須於四十日內咨請立法院召集會議，提出行政院院長人選，徵求同意。行政院院長職務，在總統所提行政院院長人選未經立法院同意前，由行政院副院長暫行代理。

第五十六條

行政院副院長、各部會首長及不管部會之政務委員，由行政院院長提請總統任命之。

第五十七條

行政院依左列規定，對立法院負責：

一、行政院有向立法院提出施政方針及施政報告之責。立法委員在開會時，有向行政院院長及行政院各部會首長質詢之權。

二、立法院對於行政院之重要政策不贊同時，得以決議移請行政院

變更之。行政院對於立法院之決議，得經總統之核可，移請立法院覆議。覆議時，如經出席立法委員三分之二維持原決議，行政院院長應即接受該決議或辭職。

三、行政院對於立法院決議之法律案、預算案、條約案，如認為有窒礙難行時，得經總統之核可，於該決議案送達行政院十日內，移請立法院覆議。覆議時，如經出席立法委員三分之二維持原案，行政院院長應即接受該決議或辭職。

第五十八條

行政院設行政院會議，由行政院院長、副院長、各部會首長及不管部會之政務委員組織之，以院長為主席。

行政院院長、各部會首長，須將應行提出於立法院之法律案、預算案、戒嚴案、大赦案、宣戰案、媾和案、條約案及其他重要事項，或涉及各部會共同關係之事項，提出於行政院會議議決之。

第五十九條

行政院於會計年度開始三個月前，應將下年度預算案提出於立法院。

第六十條

行政院於會計年度結束後四個月內，應提出決算於監察院。

第六十一條

行政院之組織，以法律定之。

第六章　立法

第六十二條

立法院為國家最高立法機關，由人民選舉之立法委員組織之，代表人民行使立法權。

第六十三條

立法院有議決法律案、預算案、戒嚴案、大赦案、宣戰案、媾和案、條約案及國家其他重要事項之權。

第六十四條

立法院立法委員，依左列規定選出之：

一　各省、各直轄市選出者，其人口在三百萬以下者五人，其人口超過三百萬者，每滿一百萬人增選一人。

二　蒙古各盟旗選出者。

三　西藏選出者。

四　各民族在邊疆地區選出者。

五　僑居國外之國民選出者。

六　職業團體選出者。

立法委員之選舉及前項第二款至第六款立法委員名額之分配，以法律定之。婦女在第一項各款之名額，以法律定之。

第六十五條

立法委員之任期為三年，連選得連任，其選舉於每屆任滿前三個月內完成之。

第六十六條

　　立法院設院長、副院長各一人，由立法委員互選之。

第六十七條

　　立法院得設各種委員會。

　　各種委員會得邀請政府人員及社會上有關係人員到會備詢。

第六十八條

　　立法院會期，每年兩次，自行集會，第一次自二月至五月底，第二次自九月至十二月底，必要時得延長之。

第六十九條

　　立法院遇有左列情事之一時，得開臨時會：

一　總統之咨請。

二　立法委員四分之一以上之請求。

第七十條

　　立法院對於行政院所提預算案，不得為增加支出之提議。

第七十一條

　　立法院開會時，關係院院長及各部會首長得列席陳述意見。

第七十二條

　　立法院法律案通過後，移送總統及行政院，總統應於收到後十日內公布之，但總統得依照本憲法第五十七條之規定辦理。

第七十三條

立法院委員在院內所為之言論及表決，對院外不負責任。

第七十四條

立法委員，除現行犯外，非經立法院許可，不得逮捕或拘禁。

第七十五條

立法委員不得兼任官吏。

第七十六條

立法院之組織，以法律定之。

第七章　司法

第七十七條

司法院為國家最高司法機關，掌理民事、刑事、行政訴訟之審判及公務員之懲戒。

第七十八條

司法院解釋憲法，並有統一解釋法律及命令之權。

第七十九條

司法院設院長、副院長各一人，由總統提名，經監察院同意任命之。

司法院設大法官若干人，掌理本憲法第七十八條規定事項，由總統

提名，經監察院同意任命之。

第八十條

法官須超出黨派以外，依據法律獨立審判，不受任何干涉。

第八十一條

法官為終身職，非受刑事或懲戒處分，或禁治產之宣告，不得免職。非依法律，不得停職、轉任或減俸。

第八十二條

司法院及各級法院之組織，以法律定之。

第八章　考試

第八十三條

考試院為國家最高考試機關，掌理考試、任用、銓敘、考績、級俸、陞遷、保障、褒獎、撫卹、退休、養老等事項。

第八十四條

考試院設院長、副院長各一人，考試委員若干人，由總統提名，經監察院同意任命之。

第八十五條

公務人員之選拔，應實行公開競爭之考試制度，並應按省區分別規定名額，分區舉行考試。非經考試及格者，不得任用。

第八十六條

左列資格，應經考試院依法考選銓定之：

一　公務人員任用資格。

二　專門職業及技術人員執業資格。

第八十七條

考試院關於所掌事項，得向立法院提出法律案。

第八十八條

考試委員須超出黨派以外，依據法律獨立行使職權。

第八十九條

考試院之組織，以法律定之。

第九章　監察

第九十條

監察院為國家最高監察機關，行使同意、彈劾、糾舉及審計權。

第九十一條

監察院設監察委員，由各省市議會、蒙古西藏地方議會及華僑團體選舉之。其名額分配，依左列之規定：

一　每省五人。

二　每直轄市二人。

三　蒙古各盟旗共八人。

四　西藏八人。

五　僑居國外之國民八人。

第九十二條

監察院設院長、副院長各一人，由監察委員互選之。

第九十三條

監察委員之任期為六年，連選得連任。

第九十四條

監察院依本憲法行使同意權時，由出席委員過半數之議決行之。

第九十五條

監察院為行使監察權，得向行政院及其各部會調閱其所發布之命令及各種有關文件。

第九十六條

監察院得按行政院及其各部會之工作，分設若干委員會，調查一切設施，注意其是否違法或失職。

第九十七條

監察院經各該委員會之審查及決議，得提出糾正案，移送行政院及其有關部會，促其注意改善。

監察院對於中央及地方公務人員，認為有失職或違法情事，得提出糾舉案或彈劾案，如涉及刑事，應移送法院辦理。

第九十八條

監察院對於中央及地方公務人員之彈劾案，須經監察委員一人以上之提議，九人以上之審查及決定，始得提出。

第九十九條

監察院對於司法院或考試院人員失職或違法之彈劾，適用本憲法第九十五條、第九十七條及第九十八條之規定。

第一百條

監察院對於總統、副總統之彈劾案，須有全體監察委員四分之一以上之提議，全體監察委員過半數之審查及決議，向國民大會提出之。

第一百零一條

監察委員在院內所為之言論及表決，對院外不負責任。

第一百零二條

監察委員，除現行犯外，非經監察院許可，不得逮捕或拘禁。

第一百零三條

監察委員不得兼任其他公職或執行業務。

第一百零四條

監察院設審計長，由總統提名，經立法院同意任命之。

第一百零五條

審計長應於行政院提出決算後三個月內，依法完成其審核，並提出

審核報告於立法院。

第一百零六條

監察院之組織，以法律定之。

第十章　中央與地方之權限

第一百零七條

左列事項，由中央立法並執行之：

一　外交。

二　國防與國防軍事。

三　國籍法及刑事、民事、商事之法律。

四　司法制度。

五　航空、國道、國有鐵路、航政、郵政及電政。

六　中央財政與國稅。

七　國稅與省稅、縣稅之劃分。

八　國營經濟事業。

九　幣制及國家銀行。

十　度量衡。

十一　國際貿易政策。

十二　涉外之財政經濟事項。

十三　其他依本憲法所定關於中央之事項。

第一百零八條

左列事項，由中央立法並執行之，或交由省縣執行之：

一　省縣自治通則。

二　行政區劃。

三　森林、工礦及商業。

四　教育制度。

五　銀行及交易所制度。

六　航業及海洋漁業。

七　公用事業。

八　合作事業。

九　二省以上之水陸交通運輸。

十　二省以上之水利、河道及農牧事業。

十一　中央及地方官吏之銓敘、任用、糾察及保障。

十二　土地法。

十三　勞動法及其他社會立法。

十四　公用徵收。

十五　全國戶口調查及統計。

十六　移民及墾殖。

十七　警察制度。

十八　公共衛生。

十九　賑濟、撫卹及失業救濟。

二十　有關文化之古籍、古物及古蹟之保存。

前項各款，省於不牴觸國家法律內，得制定單行法規。

第一百零九條

左列事項，由省立法並執行之，或交由縣執行之：

一　省教育、衛生、實業及交通。

二　省財產之經營及處分。

三　省市政。

四　省公營事業。

五　省合作事業。

六　省農林、水利、漁牧及工程。

七　省財政及省稅。

八　省債。

九　省銀行。

十　省警政之實施。

十一　省慈善及公益事項。

十二　其他依國家法律賦予之事項。

前項各款，有涉及二省以上者，除法律別有規定外，得由有關各省共同辦理。

各省辦理第一項各款事務，其經費不足時，經立法院議決，由國庫補助之。

第一百十條

左列事項，由縣立法並執行之：

一　縣教育、衛生、實業及交通。

二　縣財產之經營及處分。

三　縣公營事業。

四　縣合作事業。

五　縣農林、水利、漁牧及工程。

六　縣財政及縣稅。

七　縣債。

八　縣銀行。

九　縣警衛之實施。

十　縣慈善及公益事業。

十一　其他依國家法律及省自治法賦予之事項。

前項各款，有涉及二縣以上者，除法律別有規定外，得由有關各縣

共同辦理。

第一百十一條 除第一百零七條、第一百零八條、第一百零九條及第一百十條列舉事項外，如有未列舉事項發生時，其事務有全國一致之性質者屬於中央，有全省一致之性質者屬於省，有一縣之性質者屬於縣。遇有爭議時，由立法院解決之。

第十一章 地方制度

第一節 省

第一百十二條

省得召集省民代表大會，依據省縣自治通則，制定省自治法，但不得與憲法牴觸。

省民代表大會之組織及選舉，以法律定之。

第一百十三條

省自治法應包含左列各款：

一 省設省議會，省議會議員由省民選舉之。

二 省設省政府，置省長一人。省長由省民選舉之。

三 省與縣之關係。

屬於省之立法權，由省議會行之。

第一百十四條

省自治法制定後，須即送司法院。司法院如認為有違憲之處，應將違憲條文宣布無效。

第一百十五條

省自治法施行中，如因其中某條發生重大障礙，經司法院召集有關方面陳述意見後，由行政院院長、立法院院長、司法院院長、考試院院長與監察院院長組織委員會，以司法院院長為主席，提出方案解決之。

第一百十六條

省法規與國家法律牴觸者無效。

第一百十七條

省法規與國家法律有無牴觸發生疑義時，由司法院解釋之。

第一百十八條

直轄市之自治，以法律定之。

第一百十九條

蒙古各盟旗地方自治制度，以法律定之。

第一百二十條

西藏自治制度，應予以保障。

第二節　縣

第一百二十一條

縣實行縣自治。

第一百二十二條

縣得召集縣民代表大會，依據省縣自治通則，制定縣自治法，但不得與憲法及省自治法牴觸。

第一百二十三條

縣民關於縣自治事項，依法律行使創制、複決之權，對於縣長及其他縣自治人員，依法律行使選舉、罷免之權。

第一百二十四條

縣設縣議會，縣議會議員由縣民選舉之。

屬於縣之立法權，由縣議會行之。

第一百二十五條

縣單行規章，與國家法律或省法規牴觸者無效。

第一百二十六條

縣設縣政府，置縣長一人。縣長由縣民選舉之。

第一百二十七條

縣長辦理縣自治，並執行中央及省委辦事項。

第一百二十八條

市準用縣之規定。

第十二章　選舉、罷免、創制、複決

第一百二十九條

　　本憲法所規定之各種選舉，除本憲法別有規定外，以普通、平等、直接及無記名投票之方法行之。

第一百三十條

　　中華民國國民年滿二十歲者，有依法選舉之權，除本憲法及法律別有規定者外，年滿二十三歲者，有依法被選舉之權。

第一百三十一條

　　本憲法所規定各種選舉之候選人，一律公開競選。

第一百三十二條

　　選舉應嚴禁威脅利誘。選舉訴訟，由法院審判之。

第一百三十三條

　　被選舉人得由原選舉區依法罷免之。

第一百三十四條

　　各種選舉，應規定婦女當選名額，其辦法以法律定之。

第一百三十五條

　　內地生活習慣特殊之國民代表名額及選舉，其辦法以法律定之。

第一百三十六條

創制複決兩權之行使，以法律定之。

第十三章　基本國策

第一節　國防

第一百三十七條

中華民國之國防，以保衛國家安全，維護世界和平為目的。

國防之組織，以法律定之。

第一百三十八條

全國陸海空軍，須超出個人、地域及黨派關係以外，效忠國家，愛護人民。

第一百三十九條

任何黨派及個人不得以武裝力量為政爭之工具。

第一百四十條

現役軍人不得兼任文官。

第二節　外交

第一百四十一條

中華民國之外交，應本獨立自主之精神，平等互惠之原則，敦睦邦

交，尊重條約及聯合國憲章，以保護僑民權益，促進國際合作，提倡國際正義，確保世界和平。

第三節　國民經濟

第一百四十二條

國民經濟應以民生主義為基本原則，實施平均地權，節制資本，以謀國計民生之均足。

第一百四十三條

中華民國領土內之土地屬於國民全體。人民依法取得之土地所有權，應受法律之保障與限制。私有土地應照價納稅，政府並得照價收買。

附著於土地之鑛，及經濟上可供公眾利用之天然力，屬於國家所有，不因人民取得土地所有權而受影響。

土地價值非因施以勞力資本而增加者，應由國家徵收土地增值稅，歸人民共享之。

國家對於土地之分配與整理，應以扶植自耕農及自行使用土地人為原則，並規定其適當經營之面積。

第一百四十四條

公用事業及其他有獨佔性之企業，以公營為原則，其經法律許可者，得由國民經營之。

第一百四十五條

國家對於私人財富及私營事業，認為有妨害國計民生之平衡發展者，應以法律限制之。

合作事業應受國家之獎勵與扶助。

國民生產事業及對外貿易，應受國家之獎勵、指導及保護。

第一百四十六條

國家應運用科學技術，以興修水利，增進地力，改善農業環境，規劃土地利用，開發農業資源，促成農業之工業化。

第一四十七條

中央為謀省與省間之經濟平衡發展，對於貧瘠之省，應酌予補助。

省為謀縣與縣間之經濟平衡發展，對於貧瘠之縣，應酌予補助。

第一百四十八條

中華民國領域內，一切貨物應許自由流通。

第一百四十九條

金融機構，應依法受國家之管理。

第一百五十條

國家應普設平民金融機構，以救濟失業。

第一百五十一條

國家對於僑居國外之國民，應扶助並保護其經濟事業之發展。

第四節　社會安全

第一百五十二條

人民具有工作能力者，國家應予以適當之工作機會。

第一百五十三條

國家為改良勞工及農民之生活，增進其生產技能，應制定保護勞工及農民之法律，實施保護勞工及農民之政策。

婦女兒童從事勞動者，應按其年齡及身體狀態，予以特別之保護。

第一百五十四條

勞資雙方應本協調合作原則，發展生產事業。勞資糾紛之調解與仲裁，以法律定之。

第一百五十五條

國家為謀社會福利，應實施社會保險制度。人民之老弱殘廢，無力生活，及受非常災害者，國家應予以適當之扶助與救濟。

第一百五十六條

國家為奠定民族生存發展之基礎，應保護母性，並實施婦女兒童福利政策。

第一百五十七條

國家為增進民族健康，應普遍推行衛生保健事業及公醫制度。

第五節　教育文化

第一百五十八條

教育文化，應發展國民之民族精神、自治精神、國民道德、健全體

格、科學及生活智能。

第一百五十九條

國民受教育之機會，一律平等。

第一百六十條

六歲至十二歲之學齡兒童，一律受基本教育，免納學費。其貧苦者，由政府供給書籍。

已逾學齡未受基本教育之國民，一律受補習教育，免納學費，其書籍亦由政府供給。

第一百六十一條

各級政府應廣設獎學金名額，以扶助學行俱優無力升學之學生。

第一百六十二條

全國公私立之教育文化機關，依法律受國家之監督。

第一百六十三條

國家應注重各地區教育之均衡發展，並推行社會教育，以提高一般國民之文化水準，邊遠及貧瘠地區之教育文化經費，由國庫補助之。其重要之教育文化事業，得由中央辦理或補助之。

第一百六十四條

教育、科學、文化之經費，在中央不得少於其預算總額百分之十五，在省不得少於其預算總額百分之二十五，在市縣不得少於其預算總額百分之三十五，其依法設置之教育文化基金及產業，應予以保障。

第一百六十五條

國家應保障教育、科學、藝術工作者之生活，並依國民經濟之進展，隨時提高其待遇。

第一百六十六條

國家應獎勵科學之發明與創造，並保護有關歷史、文化、藝術之古蹟、古物。

第一百六十七條

國家對於左列事業或個人，予以獎勵或補助：

一　國內私人經營之教育事業成績優良者。

二　僑居國外國民之教育事業成績優良者。

三　於學術或技術有發明者。

四　從事教育久於其職而成績優良者。

第六節　邊疆地區

第一百六十八條

國家對於邊疆地區各民族之地位，應予以合法之保障，並於其地方自治事業，特別予以扶植。

第一百六十九條

國家對於邊疆地區各民族之教育、文化、交通、水利、衛生及其他經濟、社會事業，應積極舉辦，並扶助其發展，對於土地使用，應依其氣候、土壤性質，及人民生活習慣之所宜，予以保障及發展。

第十四章　憲法之施行及修改

第一百七十條

本憲法所稱之法律，謂經立法院通過，總統公布之法律。

第一百七十一條

法律與憲法牴觸者無效。

法律與憲法有無牴觸發生疑義時，由司法院解釋之。

第一百七十二條

命令與憲法或法律牴觸者無效。

第一七十三條

憲法之解釋，由司法院為之。

第一百七十四條

憲法之修改，應依左列程序之一為之：

一　由國民大會代表總額五分之一之提議，三分之二之出席，及出席代表四分之三之決議，得修改之。

二　由立法院立法委員四分之一之提議，四分之三之出席，及出席委員四分之三之決議，擬定憲法修正案，提請國民大會複決。此項憲法修正案，應於國民大會開會前半年公告之。

第一百七十五條

本憲法規定事項，有另定實施程序之必要者，以法律定之。

本憲法施行之準備程序，由制定憲法之國民大會議定之。

社會科學類　PF0111

中華民國憲法概要

作　　者／汪子錫
責任編輯／林千惠
圖文排版／張慧雯
封面設計／王嵩賀

發 行 人／宋政坤
法律顧問／毛國樑　律師
出版發行／秀威資訊科技股份有限公司
　　　　　114台北市內湖區瑞光路76巷65號1樓
　　　　　電話：+886-2-2796-3638　傳真：+886-2-2796-1377
　　　　　http://www.showwe.com.tw
劃撥帳號／19563868　戶名：秀威資訊科技股份有限公司
　　　　　讀者服務信箱：service@showwe.com.tw
展售門市／國家書店（松江門市）
　　　　　104台北市中山區松江路209號1樓
　　　　　電話：+886-2-2518-0207　傳真：+886-2-2518-0778
網路訂購／秀威網路書店：http://www.bodbooks.com.tw
　　　　　國家網路書店：http://www.govbooks.com.tw

2013年3月BOD一版
定價：820元

國家圖書館出版品預行編目

中國民國憲法概要 / 汪子錫編著. -- 一版. -- 臺北
市 : 秀威資訊科技, 2013.03
面 ; 公分
BOD版
ISBN 978-986-326-061-5(平裝)

1.中華民國憲法

581.21   102000079

讀者回函卡

感謝您購買本書，為提升服務品質，請填妥以下資料，將讀者回函卡直接寄回或傳真本公司，收到您的寶貴意見後，我們會收藏記錄及檢討，謝謝！如您需要了解本公司最新出版書目、購書優惠或企劃活動，歡迎您上網查詢或下載相關資料：http:// www.showwe.com.tw

您購買的書名：＿＿＿＿＿＿＿＿＿＿＿＿＿＿＿＿＿＿＿＿＿＿＿

出生日期：＿＿＿＿＿年＿＿＿＿＿月＿＿＿＿＿日

學歷：□高中 (含) 以下　　□大專　　□研究所 (含) 以上

職業：□製造業　□金融業　□資訊業　□軍警　□傳播業　□自由業
　　　□服務業　□公務員　□教職　　□學生　□家管　　□其它＿＿＿

購書地點：□網路書店　□實體書店　□書展　□郵購　□贈閱　□其他

您從何得知本書的消息？

　□網路書店　□實體書店　□網路搜尋　□電子報　□書訊　□雜誌
　□傳播媒體　□親友推薦　□網站推薦　□部落格　□其他＿＿＿＿＿

您對本書的評價：(請填代號　1.非常滿意　2.滿意　3.尚可　4.再改進)

　封面設計＿＿＿　版面編排＿＿＿　內容＿＿＿　文／譯筆＿＿＿　價格＿＿＿

讀完書後您覺得：

　□很有收穫　□有收穫　□收穫不多　□沒收穫

對我們的建議：＿＿＿＿＿＿＿＿＿＿＿＿＿＿＿＿＿＿＿＿＿＿＿

＿＿＿＿＿＿＿＿＿＿＿＿＿＿＿＿＿＿＿＿＿＿＿＿＿＿＿＿＿＿＿

＿＿＿＿＿＿＿＿＿＿＿＿＿＿＿＿＿＿＿＿＿＿＿＿＿＿＿＿＿＿＿

＿＿＿＿＿＿＿＿＿＿＿＿＿＿＿＿＿＿＿＿＿＿＿＿＿＿＿＿＿＿＿

11466
台北市內湖區瑞光路 76 巷 65 號 1 樓

秀威資訊科技股份有限公司　　　收

BOD 數位出版事業部

....

（請沿線對折寄回，謝謝！）

姓　　名：＿＿＿＿＿＿＿＿　年齡：＿＿＿＿　性別：□女　□男

郵遞區號：□□□□□

地　　址：＿＿＿＿＿＿＿＿＿＿＿＿＿＿＿＿＿

聯絡電話：(日) ＿＿＿＿＿＿＿＿＿ (夜) ＿＿＿＿＿＿＿＿＿

E-mail：＿＿＿＿＿＿＿＿＿＿＿＿＿＿＿＿＿＿